법칙으로 통하는 세상
세상으로 통하는 법칙

• 이 책은 한국언론진흥재단 저술지원으로 출판되었습니다.

법칙으로 통하는 세상
세상으로 통하는 법칙

초판 1쇄 발행 2015년 12월 9일
초판 2쇄 발행 2017년 3월 27일

지은이 김규회
펴낸이 김찬희
펴낸곳 끌리는책

출판등록 신고번호 제 25100-2011-000073호
주소 서울시 구로구 경인로 55 206호(오류동 109-1 재도빌딩)
전화 영업부 (02)335-8936 편집부 (02)2060-5821 팩스 (02)335-0550
이메일 happybookpub@gmail.com

ISBN 978-89-90856-99-9 03320
값 19,800원

• 이 도서의 국립중앙도서관 출판예정도서목록(CIP)은 서지정보유통지원시스템 홈페이지(http://seoji.nl.go.kr)와 국가자료공동목록시스템(http://www.nl.go.kr/kolisnet)에서 이용하실 수 있습니다. (CIP제어번호: CIP2015 2015029354)

대화와 글쓰기를 빛나게 할 교양지식

법칙으로 통하는 세상 세상으로 통하는 법칙

김규회 지음

끌리는책

법칙을 알면
대화와 글쓰기가 쉬워진다

몇 해 전쯤 된다. 출판사 기획편집자와 식사를 같이하다가 법칙용어 아이템을 얘기했던 적이 있다. 그는 좋은 아이템이라며 이를 책으로 엮어보라고 권했다. 잘만 기획하면 예상외의 반응을 얻을 수 있겠다는 기대 어린 응원도 곁들였다. 그 말에 힘이 생겨 한번 해보자는 궁리를 했다.

그렇지만 이후 책이라는 옥동자를 탄생시키지 못했다. 이런저런 이유로 차일피일 미룬 탓이다. 한 광고의 카피처럼 '참 좋은데~'라고 하면서 세월만 흘려보냈다. 어쩌면 책에 대한 학습 효과를 통해 지레 겁을 먹고 있었는지도 모른다. 책을 쓴다는 게 결코 간단치 않은 작업이라는 것을 몸소 체험했기 때문이다. 이를 감당할 마음의 준비가 많이 부족했다. 이렇다 보니 내심 강제적으로 해야 하는 상황이 오지 않으면 결말을 낼 수 없겠구나 생각했다.

이런 와중에 한국언론진흥재단의 저술 지원사업에 응모했다. '죽느냐 사느냐, 그것이 문제로다'라는 햄릿의 독백처럼 선정되면 이참에 쓰고, 안 되면 아예 포기할 요량이었다. 최종 저술 지원대상자로 선정됐다는 소식을 접했을 때 '가뭄 끝 단비'처럼 반가웠다. 그렇지만 이런 기쁨과 안도감도 잠시, 부담감이 함께 밀려왔다. 어쨌든 죽이 되든 밥이 되든 결말은 볼 수 있게 됐다. 기회가 있을 때 달구자. 이때부터 전진 기어를 최대한 올려 데드라인(마감일)을 향해 질주했다.

이 책은 실용성에 방점을 둔 맞춤형 '법칙 상식서'이자 '법칙 실용 교양서'이다. 즉, 자주 쓰이거나 중요한 의미를 갖는 법칙, 원칙, 효과, 현상들을 종합적으로 정리한 책이다. 이런 용어들은 글을 작성할 때, 또는 비즈니스 상황에서 자주 활용된다. 일상생활의 대화에서도 마찬가지다. 용어들이 주는 의미의 전달력이 남다르기 때문이다. 그것을 잘 버무려서 쓰면 글과 말에 감칠맛이 돌고 윤기가 난다.

법칙용어의 활용 가치는 생각보다 높다. 다만 구사하는 법칙용어가 적다 보니 글이나 말의 확장성이 부족할 뿐이다. 그래서 법칙용어의 활용도를 배가할 필요가 있다. 요즘 미디어 매체에서 법칙용어의 쓰임새가 눈에 띄게 늘어나고 있다.

그런데 어떤 법칙용어들은 은유적으로 사용되는 경우도 있어 각별한 주의가 요구된다. 누구나 한 번쯤은 정확한 의미를 몰라 한 박자 늦게 답하거나, 애매모호하게 넘어가거나, 당황스러워한 경우를 경험했을 것이다.

이 책은 흔히 접하면서도 어떻게 쓰이는지 잘 알지 못했던 원칙이나 법칙, 효과 등에 대해 그 의미와 유래, 배경 그리고 연관어 등을 폭넓게 다루고 있다. 용어들을 단순히 설명하는 데 그치지 않았다. 법칙과 원칙 등의 쓰임새를 좀 더 정확하게 이해하고 이를 다양하게 활용할 수 있도록 구성했다. 가상의 화자(話者)가 등장한 문답식의 대화는 용어의 사용법을 쉽게 익히도록 한 묘책이다.

현대는 정보 홍수의 시대이지만, 쏟아지는 정보 속에서 혼돈을 겪는 '지식의 가뭄' 시대이기도 하다. 인터넷이라는 마법사가 모든 걸 해결해주지는 못한다. 그래서 맞춤형 정보의 필요성은 백 번 강조해도 모자람이 없다. 단순한 데이터나 정보는 그저 설익은 밥일 뿐이다. 백문불여일험(百聞不如一驗). 백 번 듣는 것보다 한 번 경험하는 것이 낫다. 이 책을 통해 많은 법칙용어를 온전히 자기 것으로 소화한다면 성공 방정식에 날개를 달게 될 것이다. 아는 만큼 보인다는 말이 있다. 부족하지만 이 책이 조금이나마 지식의 스펙트럼을 넓히는 데 도움이 됐다면 더할 나위 없겠다.

마라톤의 긴 여정은 끝났고, 나는 최선을 다해 달렸다. 평가는 독자의 몫으로 남긴다.

2015년 11월
겨울의 문턱에서
김규회

2장 👉 법칙으로 통하는 세상의 경제

3장 👉 법칙으로 통하는 사회의 변화

4장   법칙으로 통하는 자연의 이치

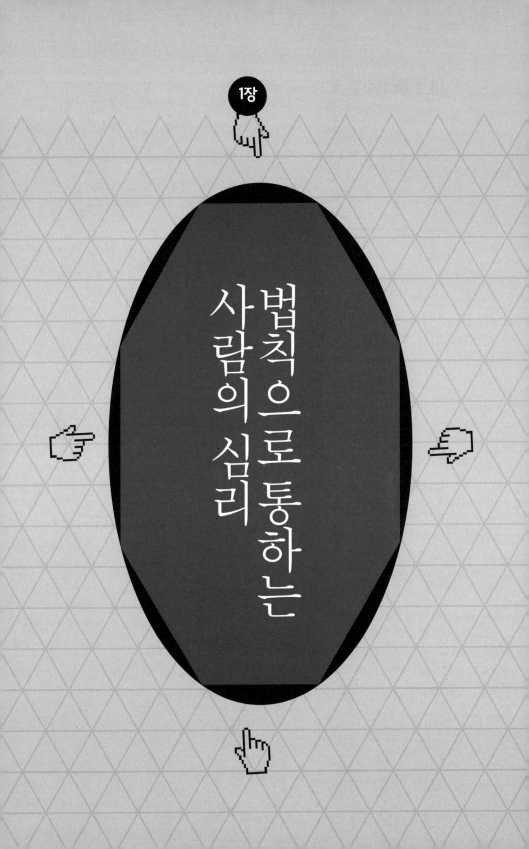

1장

법칙으로 통하는
사람의 심리

피그말리온 효과 *Pygmalion effect*

☞ 낙인 효과, 노세보 효과, 떠벌림 효과, 바넘 효과, 로젠탈 효과,
자기충족적 예언, 플라세보 효과, 호손 효과

장사원 : 이대리님, 무슨 일 있으세요?

이대리 : 과장님 말이야, 맨날 잔소리에 구박만 하니. 힘이 나겠어. 있던
힘도 없어지겠다.

장사원 : 과장님은 긍정적으로 기대하면 그 기대에 부응하는 행동을 하는
'피그말리온 효과'를 모르시나 봐요.

이대리 : 그러니까 만년 과장이지.

• 남자의 능력은 여자의 칭찬에 따라 상승하는 **피그말리온 효과**가 있다.

• **피그말리온 효과**는 고래도 춤추게 한다.

Q   **의미**   어떤 일을 간절하게 원하면 이뤄진다는 뜻으로
긍정적 사고가 사람에게 좋은 영향을 미치는 것
을 말한다. '피그말리온 효과'는 다른 사람이 나를 존중하고 기대하
는 것이 있으면, 그 기대에 부응하는 쪽으로 변하려고 노력해 그렇게
된다는 것을 의미한다. 긍정적인 믿음이 긍정적인 결과로 이어지는
현상이다.

♈ **유래**　그리스 신화에 나오는 조각가의 이름 피그말리
온(Pygmalion)에서 유래한다. 피그말리온은 그
리스 신화에 나오는 키프로스의 왕. 그리스 시대의 아프로디테 신전
이 있는 키프로스 섬에 살던 피그말리온은 외모 콤플렉스에 가득 차
있었다. 그래서 주변 사람과의 관계보다 자신 속에 갇혀 살았다. 그
는 '지상의 헤파이스토스(Hephaistos, 불과 대장장이의 신)'라고 불릴 정
도로 뛰어난 조각 솜씨로 자신만이 사랑할 수 있는 아름다운 여인을
조각했다. 늘 조각 여인상과 대화를 나누다 어느새 사랑에 빠졌다.
그는 여인상에 갈라테이아(Galatea)라는 이름을 붙였다. 아프로디테
(Aphrodite, 미의 여신) 축제일에 여신에게 간절한 기도를 올리면 소원
이 이뤄진다는 얘기를 들은 그는 조각상을 인간이 되게 해달라고 기
도했다. 그의 기도와 정성에 감복한 아프로디테는 조각 여인상에 생
명을 불어넣어 주었다. 피그말리온은 인간이 된 갈라테이아와 결혼
해 딸 파포스(Paphos)를 낳고 행복하게 살았다.

'피그말리온 효과'는 1968년에 미국 하버드대 사회심리학과 교수인
로버트 로젠탈(Robert Rosenthal, 1933~)의 실험에서 증명됐다. 영국의
극작가 조지 버나드 쇼(George Bernard Shaw, 1856~1950)는 이 신화를 현
대적으로 해석해 1913년에 〈피그말리온〉이라는 희곡을 발표했는가
하면, 1916년에 연극 〈피그말리온〉을 영국에서 공연했다.

 연관어　기대 효과. 관찰자 – 기대 효과(observer-expectancy effect,
관찰자의 기대가 대상에게 자기이행예언 상황을 만든다는 의미).

자기암시 효과. 갈라테이아 효과. 열 번 찍어 안 넘어가는 나무 없다.

연관법칙 ● **골름 효과** Golem effect 기대치와 효과의 반비례 현상. 주문을 하거나 생기를 불어넣는다는 '골름 효과'는 기대가 오히려 부정적인 영향을 준다는 뜻이다. 교육에서 특정 피교육자에게 피그말리온 효과를 기대하고 칭찬과 고무를 아끼지 않았으나, 실제로는 효과가 저조한 경우다. 객관적 데이터를 근거로 확신하고 시행한 사업에서 투자금에 비해 매출이 기대 이하이거나, 연료 소비에 비해 에너지 생산량이 저조하다거나, 외모 때문에 결혼했는데 결혼 후에 보니 화장발이었거나, 경제력이 있는 줄 알았는데 무능력한 실체를 봤다거나 하는 경우 등이 일종의 '골름 효과'라고 할 수 있다.

● **미켈란젤로 현상** Michelangelo phenomenon 연인이나 부부가 서로 존중하고 아껴주면 '사랑의 힘'이 발휘된다는 것. 원석이 보석이 될 수 있다는 의미. 르네상스 시대의 이탈리아 천재 예술가 미켈란젤로(1475~1564)는 어느 날 우연히 본 대리석에서 다비드(David, 미켈란젤로의 조각상)의 이미지를 발견했다. 마켈란젤로가 대리석을 다듬어 이상적인 형태를 만드는 것처럼, 연인이나 부부도 서로의 관계에서 상대방을 이상적으로 여기고 최선의 것들을 이끌어내고자 노력한다면 긍정적 효과가 더 커진다는 것이다.

로젠탈 효과 *Rosenthal effect*

☞ 링겔만 효과, 자기충족적 예언, 피그말리온 효과

나부장 : 상반기 결산도 얼마 안 남았으니, 좀 부지런히 움직여.

김과장 : 허구한 날, 실적 타령이네.

이대리 : 열심히 해도 잘했다고 칭찬받은 적이 한 번도 없어요.

장사원 : 우리 부서 방침이 역 '로젠탈 효과'인가 봅니다.

• 아이들의 잠재 역량을 키우는 칭찬의 기술로 **로젠탈 효과**가 있다.

• 교사의 기대가 학생에게 긍정적인 영향을 준다는 **로젠탈 효과**는 오랫동안 교육계의 주목

을 받았다.

Q **의미**　　타인의 기대나 관심으로 인해 어떤 행동의 능

률이 오른다거나, 성취도가 높아지거나, 결과

가 좋아지는 것을 말한다. 심리학의 피그말리온 효과를 교육학에 접

목시킨 긍정효과다. 타인이 나를 존중하고 긍정적인 기대를 하면, 그

기대에 부응하는 쪽으로 변하려고 노력해 실제로 그렇게 되는 현상

이다.

♈ 유래　　　미국 하버드대 사회심리학과 로버트 로젠탈 (Robert Rosenthal, 1933~) 교수가 1968년에 발표한 이론. 그가 주장한 효과를 '로젠탈 효과'라고 한다. 로젠탈은 초등학교 학생들과 선생님을 대상으로 주목할 만한 실험을 했다. 초등학교 교장이었던 레노어 제이콥슨(Leonore Jacobson)과 함께 교사의 기대가 학생들의 학업 성취에 실제로 어떤 영향을 미치는가를 알아보았다. 샌프란시스코의 오크초등학교 전교생에게 지능지수를 검사한 후, 검사 결과와 상관없이 무작위로 한 반에서 20퍼센트를 뽑아 명단을 만들었다. 그리고 그 명단을 선생님들에게 주면서 이 학생들이 "지적 잠재력이 풍부하니 학업 성취 향상 가능성이 매우 높을 것"이라고 말했다. 8개월 후 다시 지능검사를 실시했다. 그랬더니 20퍼센트에 선발됐던 학생들이 다른 학생들보다 평균 점수가 높게 나왔다. 게다가 학교 성적도 크게 향상됐다. 명단에 오른 학생들에 대한 교사의 기대와 격려가 큰 힘이 됐기 때문이다. 선생님의 기대심리와 학생의 부응심리가 서로 맞물리면서 상승효과를 나타낸다는 것을 입증한 셈이다. 로젠탈은 실험의 연구결과를 1966년에 논문으로, 1968년에 《교실에서의 피그말리온》이라는 책으로 발표했다. 다른 연구자들이 군대와 회사 등 조직생활을 하는 성인들을 대상으로 실시한 실험에서도 로젠탈 효과는 비슷하게 나타났다.

 연관어　　　기대 효과. 상승 효과. 자성적 예언.

연관법칙 ● **기대가치 이론** expectancy value theory '기대일치 이론', '가치 이론'이라고도 한다. 기대하는 것과 그것의 가치를 곱한 만큼에 따라 행동을 하게 된다는 것. 욕구와 만족 그리고 동기유발 사이에 기대라는 개념을 적용해 동기부여 과정을 설명하는 이론이다. 1970년대 심리학자 마틴 피시베인(Martin Fishbein, 1936~2009)이 주창했다. 피시베인은 1961년 박사 학위 논문 〈대상에 대한 믿음과 그 대상에 대한 태도〉에서 기대가치 분야를 다뤘다. 이후 그는 1970년대 중반에 피시베인의 기대가치 이론 또는 단순히 기대가치 모델로 형용된 초기 기대가치이론(EVT)을 명명했다. 기대가치 이론이 본격적으로 학계에 인용되기 시작한 것은 1975년 피시베인과 아이섹 아젠(Icek Ajzen)이 《신념, 태도, 의도 및 행동: 이론과 연구에 대한 소개》를 공동 출간된 이후다. 예컨대, 학점을 잘 받고 싶고, 학점을 잘 받는 것이 매우 중요한 일이라고 여겨지면 그 사람은 학점을 잘 받기 위해 최선을 다할 것이다. 즉, 기대도 높고 가치도 크기 때문에 바로 행동으로 이어진다고 볼 수 있다. 한 대학생이 어느 교수가 명강사로 명성이 높다는 정보를 접한다. 이 학생은 강의의 질에 높은 값을 할당하며 교수 강의를 듣는 경험이 자신에게 긍정적일 것이라는 기대를 갖고 있으므로, 그 수업에 참석하고 강의에 만족한다면 학생은 그것을 이득으로 계산할 것이다. 반면 학교 과제가 성적에 반영되지 않는 것이라면 과제를 해서 크게 도움이 되리라고 기대하지 않고, 가치도 없다면 과제를 하지 않게 될 것이다. 기대가치 이론은 커뮤니케이션, 마케팅, 경제학 등 다양한 분야에서 활용되고 있다.

● **안도라 현상** Andorra effect 로젠탈 효과의 이칭. 안도라 현상은 스위스 극작가 겸 소설가인 막스 프리쉬(Max Frisch, 1911~1991)의 대표적인 희곡 《안도라(Andorra)》에서 따온 말이다. 《안도라》는 한 개인을 파멸시킬 수 있는 집단의 편견을 주제로 다루고 있다.

● **펠츠만 효과** Peltzman effect 안전벨트, 에어백 등 자동차 안전장치가 오히려 운전자들이 이를 과신하는 바람에 난폭하게 운전해 사고가 더 늘어난다는 것. 사망 위험이 낮아짐에 따라 위험을 감수하고 속도를 더 내려는 운전자들의 심리 때문에 생기는 현상이다. 이를 처음 주장한 경제학자 샘 펠츠만(Sam Peltzman) 미국 시카고 대학 교수의 이름에서 따왔다. 펠츠만은 1975년에 안전장치를 의무화한 법률이 자동차 사고에 어떤 영향을 미치는지 조사했다.

● **플린 효과** Flynn effect 시간의 흐름에 따른 지능지수(IQ, Intelligence Quotient)의 증가현상. 시간이 흐를수록 성적, IQ 등이 높게 나오는 효과다. 1980년대 초반 뉴질랜드의 심리학자 제임스 플린(James Flynn)이 국가별 IQ지수의 변동추세를 조사하면서 밝혀졌다.

자기충족적 예언 *Self-fulfilling prophesy*

☞ 로젠탈 효과, 피그말리온 효과

김과장 : 이번에도 승진에서 누락될 것 같은 예감이야.

이대리 : 실적도 괜찮고, 어느 때보다 여건이 좋은데요.

김과장 : 그래도 불안해. 한두 번 떨어졌어야지.

이대리 : 그렇게 자꾸 생각하면 '자기충족적 예언'에 빠진다니까요.

- 나는 매일 아침 '오늘은 좋은 일만 일어난다'는 **자기충족적 예언**을 주문하면서 하루를 시작한다.
- 국제정치에서는 **자기충족적 예언**이라는 말이 있는데, 상황을 비관적으로 보면 정말 안 좋은 방향으로 흐른다는 것을 말한다.

🔍 의미

나쁜 일이 벌어질 것이라고 예상하면 그대로 나쁜 일이 벌어지고, 좋은 일이 생길 것이라고 믿으면 실제 성공으로 이어진다는 현상. 여기서 말이란 단순한 말이 아니라 미래에 대한 예상이나 예언을 의미한다. 미래에 관한 개인의 기대가 그 미래에 영향을 주는 것을 의미한다. '기대한 대로 보게 된다'는 말이 바로 그런 경향성을 말해준다.

♈ **유래** 20세기 초에 활약했던 미국의 사회심리학자 윌리엄 토머스(William Isaac Thomas, 1863~1947)에서부터 기원한다. 그는 사람들이 어떤 상황을 마음속에서 '실제'라고 결정해버리면, 결과적으로 그 상황이 실제가 된다고 주장했다. 사람은 객관적 상황에 반응하는 것이 아니라, 자신이 해석한 상황에 반응하기 마련이며 그러한 반응들이 모이면 해석한 그대로 상황이 전개된다는 것이다. 미국의 사회학자인 로버트 머턴(Robert King Merton, 1910~2003)은 이 이론을 다양한 상황에 적용시켰다. 그는 《사회이론과 사회구조》(1949)라는 책에서 '자기충족적 예언'이라는 개념을 최초로 언급했다. 청교도 윤리를 내세운 그는 성취에 있어 근면과 열성, 이성적 직업관과 교육의 역할을 중요시했다.

♻ **연관어** 자기 충족. 자기이행적 예언. 자성 예언. 자기달성 예언. 말이 씨가 된다.

🔗 **연관법칙** ● **엔도르핀 효과** Endorphin effect '내인성(內因性) 모르핀'이라는 뜻을 지닌 용어. 모르핀과 동일한 진통작용이 있어 기분을 좋게 하고 통증을 줄여주는 작용을 한다. 엔도르핀은 생체 내에서 생성되는 천연 마약으로 볼 수 있다. 엔도르핀이 나오면 쾌감을 느끼고 각성작용이 생기는 것은 뇌 속에서 도파민이라는 호르몬이 분비되기 때문이다. 운동을 할 때, 사랑을 느낄 때,

오르가즘을 느낄 때 등에서 엔도르핀이 분비된다.

● **자기부정적 예언** Self-negating prophecy 어떤 이벤트가 아주 붐빌 것이라 예상하고 모두 집에 있게 된다면 그 이벤트는 별로 붐비지 않게 된다. 또한 자신이 지지하는 후보가 압승을 거둘 것이라 믿고 투표장에 가지 않는 사람이 많다면 그 후보는 압승을 거두기는커녕 낙선할 수도 있다.

플라세보 효과 *Placebo effect*

☞ 노세보 효과, 바념 효과, 낙인 효과, 피그말리온 효과

이대리 : 건강검진에서 대장내시경을 하기로 했는데 약 먹기가 정말 끔찍
　　　　해요.

김과장 : 캡슐 약은 왜 없는 건지. 장을 비우려고 약품 탄 2리터의 물을 먹
　　　　는 건 정말 곤욕이야.

오차장 : 힘들지만 이 참에 장을 깨끗하게 해서 건강해진다고 생각해봐.

이대리 : 그래야겠네요. 억지로라도 '플라세보 효과'를 믿어야겠어요.

- 잠을 잘못 자도 '잘 잤다'고 생각하면 집중력과 기억력이 높아지는 **플라세보 효과**가 발생
  한다는 실험결과가 공개됐다.
- 기분 좋은 **플라세보 효과**가 주말을 풍성하게 한다.

Q **의미**　　플라세보는 '내가 기쁘게 하리라'는 뜻의 라틴
　　　　　　어. '플라시보'라고도 읽는다. 가짜약이 효과가
있을 것이라고 믿고 기대하기 때문에 정신적 · 신체적 변화를 유발시
키는 현상이다. 가짜약이란 뜻의 한자어를 써서 '위약(僞藥) 효과', 또
는 '속임약 효과'라고도 한다. 생물학적으로 아무런 효과가 없는 중

성적인 물질이지만 그것이 효과가 있다고 믿는 사람들에게는 실제로 효과가 나타나는 것을 말한다. 만성질환이나 심리상태에 영향을 받기 쉬운 질환에서는 비교적 높은 효과를 보인다. 실제로는 병을 치료하는 데 전혀 효과가 없는 물질이나 행위일지라도 환자에게 진짜 약이라고 말하고 복용하도록 했을 때 통증을 경감시키고 병을 치료하는 효과다.

약품을 개발했을 때 플라세보를 이용한 검사를 거치도록 하고 있다. 신약 효과는 위약(가짜 약)을 준 그룹보다 더 현저한 효과가 있어야 인정된다. 정신적인 측면으로는 위약 효과를 일종의 '암시 효과'라고 본다. '플라세보 효과'를 과학적으로 완벽히 설명할 수는 없지만, 일부 학자들에 따르면 환자가 약을 먹기 전에 이미 뇌를 통해 약을 먹으면 효과가 있을 것이라는 신호를 보내고, 그 신호를 통해 몸은 치료를 위한 시스템을 가동하기 때문에 가짜 약임에도 효과가 나타난다는 것이다. 환자에게 비타민 C에 불과한 벨라돈을 통증완화제로 소개한 뒤 그 약을 먹고 전기충격 실험을 했더니 실제로 통증을 덜 느꼈다. 벨라돈 값이 비쌀수록 통증완화 효과는 크게 나타났다.

우리나라의 민간요법은 의학적 근거가 있는 경우도 있지만 그렇지 않은 경우 플라세보 효과를 이용하는 경우가 많다. 몸에 좋다면 '개똥도 먹는다'는 우스갯소리도 있다. 하지만 위약을 함부로 사용하는 것에 대한 경고도 만만찮다.

플라세보라는 단어는 단순히 의학 분야를 넘어 경제, 사회분야 등 다양한 영역에서 활용되고 있다. 도움이 되게 하는 거짓이 사람들로 하여금 긍정적인 마인드를 가지게 해서 나쁜 상황을 호전되게 하는 효과라는 의미로 통용되고 있다.

Ⓠ 유래 제2차 세계대전 중에 부상당한 군인들에게 투여할 진통제가 없자 의사들이 식염수를 '특효약'이라고 속이고 투여했더니 통증이 감소하는 현상을 보였다고 한다. 프랑스의 약사이자 심리학자 에밀 쿠에(Emile Coue, 1857~1926)가 이런 '플라세보 효과'를 발견했다. 그는 자기암시의 힘을 이론적으로 체계화시킨 사람이다. 1882~1910년에 약국을 경영했는데, 당시 신약을 찾는 고객들이 내용보다는 포장이나 선전에 더욱 강한 효과를 받는다는 사실을 알아냈다.

어느 날 잘 아는 사람이 찾아와 시간이 늦어 병원에 갈 수도 없고, 당장 아파 죽을 지경이니 약을 지어 달라고 하소연을 했다. 처음에는 의사의 처방전이 없어 거절했으나 마지못해 약을 내주었다. 사실 그 약은 통증과는 상관없는 인체에 무해한 포도당 류의 알약이었다. 쿠에는 약을 주면서 약을 먹으면 좋아질 테니 내일 병원에 가서 치료를 받으라고 말했다. 며칠 후 그 사람을 만났다. 그런데 그가 "그게 무슨 약인지 참 신통하다며 다음날 병원에 갈 필요 없이 나았다"며 고맙다는 말을 했다. 이를 통해 쿠에는 새로운 사실을 발견했다. 좋아질 것이라는 약사의 말과 약에 대한 믿음에서 생긴 정신적 확신이 환자 스스로 병을 낫게 했다는 사실이다. 자기암시요법의 창시자인 쿠에는 자기계발서의 원조격인 《자기암시》(1922)를 펴내 응용심리학에 큰 영향을 끼쳤다. 쿠에는 책에서 '나는 날마다, 모든 면에서, 점점 더 좋아지고 있다'며 상상의 힘은 의지보다 강하다고 말했다.

긍정적 심리 효과. 자기 암시. 유인력의 법칙. 마음먹기에 달렸다. 모르는 게 약이다.

🔗 **연관법칙** ● **'엄마 손은 약손' 효과** 배탈이 나면 엄마가 자녀의 배를 살살 문질러 주면서 주문처럼 반복했던 "엄마 손은 약손이다"라는 말에서 연유한다. 놀라운 것은, 가벼운 증상의 경우에 엄마 손은 실제로 약손처럼 아픈 배를 말끔하게 치료하는 효과를 발휘한다는 것이다. '엄마 손은 약손 효과'도 바로 위약 효과에서 찾아볼 수 있다. 약손의 비밀은 엄마 손은 약손이라고 믿는 아이의 뇌에서 분비된 엔도르핀에 있었다. 우리의 눈으로는 감지할 수 없는 어떤 신비로운 물질이 엄마 손에서 분비되어서 아팠던 배를 치료한 것이 아니고, 엄마에 대한 아이의 믿음이 자신의 뇌에서 스스로 통증을 완화시키는 물질을 분비하게 해서 배의 통증이 사라지도록 만들었던 것이다.

● **모차르트 효과** Mozart effect 오스트리아 출신의 천재 음악가인 모차르트(1756~1791)의 클래식 음악을 들으면 머리가 좋아진다거나, 두통이 가신다고 하는 이야기에서 연유한다. 그런데 아이러니하게도 실제 모차르트는 평생 동안 천연두와 기관지염, 폐렴, 류머티즘 등 많은 병으로 고생했다. 또 35세의 길지 않은 생을 살았다.

노세보 효과 *Nocebo effect*

☞ 가르시아 효과, 플라세보 효과

이대리 : 이상하고 신기한 일이 벌어졌어요.

김과장 : 왜, 외계인이라도 쳐들어왔어?

이대리 : 그게 아니고요. 친구에게 감나무를 옻나무라고 하면서 팔에 문
질렀더니 실제로 옻이 올랐어요.

김과장 : 조금 있으면 괜찮아질 거야. '노세보 효과' 때문에 생긴 걸 거야.

• 우리는 지나친 불안감으로 경제에 악영향을 끼치는 **노세보 효과**를 경계해야 한다.

• 그를 짓누르는 스트레스는 일정 부분 **노세보 효과**가 그를 지배했기 때문이다.

Q　　**의미**　　노세보는 라틴어로 '나는 상처를 받게 될 것이
다'라는 뜻. 부정적인 믿음이 실제로 좋지 않은
결과를 초래한다는 것. '노세보 효과'는 부정에서 출발을 한다. 스스
로가 신뢰하거나 믿지 않고 효과가 없다고 의심을 한다.

어떤 것이 해롭다는 암시나 믿음으로 인해 약의 효과를 떨어뜨리는
현상이다. 약을 믿는 마음이 없으면 훌륭한 치료약임에도 불구하고
약효가 발휘되지 않는 경우를 말한다. '플라세보 효과'의 반대말이다.

부정적인 믿음이나 기대가 실제로 환자에게 해를 입힌다. 아무런 의학적 이유 없이 건강에 해로운 감정을 유발하게 되면 정말로 몸이 나빠지게 된다는 것이다. 의학적인 면에서 환자에게 실제로는 무해하지만 해롭다는 믿음 때문에 해로운 영향을 끼치는 물질을 가리킨다.

♈ **유래**　의학자 월터 케네디(Walter Kennedy)가 1961년에 플라세보에 대응하는 개념으로 처음 사용한 말이다. 노세보는 역시 라틴어에서 유래한 플라세보와 정반대가 되는 개념이다. 1990년대부터 의사들은 치료에 부정적 효과를 끼치는 요인들, 예컨대 환자의 믿음, 태도, 문화적 배경을 노세보라고 지칭했다.

🔗 **연관법칙**　● **미러링 효과** Mirroring effect　심리학에서 두 명 이상의 사람이 같은 자세나 행동을 하는 것 즉, 상대방의 행동을 똑같이 따라서 하는 것을 말한다. 같은 자세의 반향작용을 거울과 같이 따라하는 자세라고 해서 '미러링 효과'라고 한다. 미국의 심리학자 루이스 박사는 미러링을 잘 활용만 해도 50퍼센트 동의를 얻고 흥미를 이끌어내는 찬스가 두 배로 증가한다고 말한다. 미러링 효과는 사랑하는 사람과 닮은 것을 말하는 것이 아니라 좋아하는 사람, 닮고 싶은 사람과의 거리를 좁힐 수 있도록 하는 일명 사교성 효과다.

떠벌림 효과 *Profess effect*

김과장 : 담뱃값도 계속 오르는데 이번엔 정말 끊어야겠어.

이대리 : 작심삼일 아닌가요?

김과장 : 이번엔 달라. '떠벌림 효과' 덕을 봐야지. 전체 부원들 앞에서 공개적으로 금연 선언을 할 거야.

이대리 : 그렇게 하면 효과가 있겠는데요. 말한 책임 때문에 어쩔 수 없이 담배를 끊을 수도 있겠어요.

- 정치인들의 **떠벌림 효과**가 모두 성공적인 것은 아니다.

- 공부 계획을 제대로 지키기 위해 **떠벌림 효과**를 이용하는 것도 도움이 된다.

Q 의미   '공언하다'(profess)와 '효과'(effect)의 합성어. 자신이 목표한 것을 주위에 떠벌림으로써 스스로 책임을 갖고 주위의 지원을 받아 목표를 달성하게 되는 효과를 말한다. 주변에 공개적으로 자신의 결심을 밝히면 실행력이 증가되어 목표를 더욱 수월하게 성취할 수 있게 된다. 이런 효과를 노린 심리현상이다. 자신이 달성하고자 하는 목표를 공개적으로 밝혀둠으로써

성취에 대한 강한 동기와 책임을 부여하는 행위다. 이렇게 하면 자신이 한 말에 더 책임을 느끼고, 실없는 사람이 되지 않기 위해 약속을 더 잘 지키게 된다.

♈ **유래**   미국의 심리학자 도이치(Morton Deutsch) 박사와 게라트(Gerard, H. B) 박사의 1955년 실험에서 유래했다. 실험결과 개인이 자신의 결심을 다수의 대중에게 미리 알리면 신념이 강해지고 실행력이 높아졌다. 대중의 수가 많을수록 효과는 더 굳건하고 좋아졌다.

♳ **연관어**   공개. 공언. 공표. 책임감.

인지부조화 *Cognitive dissonance*

☞ 귀인 오류, 뮌하우젠 증후군

나부장 : 김과장, 아직도 담배 안 끊었어?

김과장 : 예, 그럴 만한 이유가 있어요. 금연을 하면 체중이 늘고 스트레스가 심해져서요.

이대리 : 오히려 금연이 정신건강에 좋지 않을 수도 있어요. 그래서 저도 담배를 못 끊고 있습니다.

나부장 : 이거 전형적인 '인지부조화' 아냐.

- 일상생활 중 경험하게 되는 **'인지부조화'**를 자기정당화로 극복하는 사례는 아주 많다.
- 사람이 군중심리에 휩쓸리게 되면 **'인지부조화'**에 빠질 수 있다.

Q **의미**   심리적으로 일치하지 않는 두 가지 인지(認知)를 가지게 됐을 때 생겨나는 긴장 상태. 여기서 인지는 사고, 태도, 신념, 의견 등을 말한다. 신념 간에 또는 신념과 실제로 보는 것 간에 불일치나 비일관성이 있을 때 발생한다. 개인이 믿는 것과 실제로 보는 것과의 차이가 불편하듯이 인지 간의 불일치

가 불편하므로 사람들은 이 불일치를 제거하려 한다. 자기모순에 빠지기 싫어하기 때문이다. 어떤 상황에 부딪혔는데 그로부터 이끌어낼 수 있는 합리적인 결론이 기존에 철석같이 믿고 있던 생각과 정면으로 모순될 때 나타난다. 합리적인 결론보다는 부조리하지만 기존 생각에 부합하는 생각을 선택한다. 이것이 바로 '인지부조화'다. '인지불협화(認知不協和)'라고도 한다. 모순되는 자신의 행동을 발견하더라도 자아상의 일관성이 무너지지 않도록 방어하고자 하는 것이다. 어리석은 선택을 하고 난 후에는 어떻게든 그 선택이 불가피한 것이었다고 믿으려 애쓴다. 명백한 판단 착오였어도 끝까지 자신이 옳았다고 우긴다. 이 이론에 따르면 사람의 의견 형성과 태도 변용에 영향을 끼치는 심리적 메커니즘은 조화를 이루기 위한 것이 아니라 부조화를 줄이기 위한 것이라고 한다. 인지부조화는 많은 사람이 갖고 있는 편견이나 고집을 설명하는 데 매우 유용하다.

개인적으로 하고 싶지 않은 일을 공개적으로 어쩔 수 없이 하게 될때, 인지부조화가 일어날 수 있다. "하고 싶지 않아"라고 말하는 인지와 행동 사이에 충돌이 빚어지는 것이다. 사람들은 사회적으로 바람직한 기준 때문에 솔직한 자신의 생각을 말하지 않고 거짓말을 하기도 한다. 인지부조화로부터 초래되는 심리적 압박을 피하기 위해 스스로를 속이고 태도와 행동을 바꾸는 것이다. 인지부조화 법칙은 개인 생활의 사소한 결정에서부터 나라를 좌지우지하는 중대한 결정까지 예외 없이 적용된다.

♈ **유래**   미국 심리학자 레온 페스팅거(Leon Festinger, 1919~1989)가 제시한 이론이다. 인지부조화 이론의 원전은 그가 공저로 출간한《예언이 틀렸을 때》(1956)와 단독으로 출간한《인지부조화 이론》(1957)이라는 책이다.

《예언이 틀렸을 때》에 나오는 내용. 미국 시카고에 곧 세상의 종말이 온다고 믿었던 사이비종교 집단이 있었다. 교주는 대홍수로 지구가 멸망할 것이며, 그 전에 외계인이 우주선을 몰고 와 신도들을 구원해 줄 것이라고 설교했다. 교주의 예언에 따라 신도들은 한자리에 모여 곧 다가올 말세에서 그들만을 구원해줄 비행접시의 출현을 기다렸다. 일부는 집을 팔거나 직장을 그만두기도 했다. 그런데 교주가 예언한 시간이 되었는데도 아무 일도 일어나지 않았다. 그러자 교주가 다시 신의 계시를 받았다면서 "여러분들의 믿음에 신이 감동해 지구를 멸망시키려는 마음을 바꾸었다. 이 사실을 세상에 널리 알려야 한다"고 설교했다. 이에 일부 신도들은 자신의 어리석음을 깨닫고 집단을 떠났다. 반면, 그 명분에 아주 강하게 집착했던 일부 신도들은 자신들의 믿음 때문에 구원을 받았다고 생각했다. 자신들의 이야기를 뒷받침할 증거를 재해석했다. 놀랍게도 이들은 누가 봐도 교주가 사기꾼이라는 것을 알 수 있는 상황에서도 교주를 신실하게 믿었다. 실망하기는커녕 세상이 구원받았다고 기뻐하며 이전보다 더욱 열심히 전도 활동을 벌였다.

페스팅거는 1959년에 '인지부조화' 같은 현상을 보여주는 실험을 했다. 참가자들에게 지루한 과제(초보적인 계산문제를 풀도록 하는 것)를 수행하도록 한 다음에 자신이 한 일이 재미있고 흥미로웠다고 설득

시키는 대가로 돈을 주었다. 한 그룹에는 수고비로 단돈 1달러를 주고, 다른 그룹에는 20달러를 주었다. 돈을 지급한 이유는 참가자들이 공개적으로 선언한 확신('과제가 재미있다')이 그들의 믿음('과제는 지루하다')과 모순을 일으킴으로써 참가자들의 마음을 불편하게 만들기 위해서였다. 이 불편한 마음 상태가 바로 '인지부조화'다. 놀라운 것은 일반적인 상식과는 반대로 20달러를 받은 그룹보다 1달러를 받은 그룹이 오히려 과제가 재미있었고 덜 지루했다는 평가를 내놓았다. 1달러를 받은 사람들은 낮은 보상으로 자신의 행동을 정당화하려 했다. 페스팅거는 가설 2개를 제시했다. 첫째, 불일치는 심리적 불편을 초래하기 때문에 사람들은 이것을 줄이기 위해 애를 쓴다. 둘째, 사람들은 그것을 줄이기 위해 애를 쓸 뿐만 아니라 부조화를 낳거나 증가시키는 상황이나 정보를 적극 피하려고 한다. 인지부조화 이론은 당시 미국 심리학회를 폭풍처럼 강타했다. 인간은 합리적 존재가 아니라 합리화하는 존재라는 걸 드라마틱하게 증명해 보였기 때문이다. 미국 심리학자 매슈 리버먼(Matthew Lieberman)은 페스팅거의 실험을 통해 아시아 사람들이 미국 사람들보다 합리화를 훨씬 적게 한다는 사실을 발견했다.

 연관어 사회적 선망 편향(social desirability bias, SDR). 선택적 사고(selective thinking). 확증 편향. 편의적 가설. 노력정당화 효과. 자기합리화. 강요된 동조. 긍정 편향. 한 번 좋게 보면 끝까지 좋게 보고, 한 번 밉게 보면 끝까지 밉게 본다.

　　　　　　　　　　　　　　法則으로 통하는 사람의 심리

연관법칙　● **브래들리 효과** Bradlley effect 사람들이 자신의 속마음과는 다르게 사회적으로 좋게 비처지는 거짓 대답을 하려는 '사회적 선망편향(Social Desirability Bias)' 현상이다. 1982년 캘리포니아 주지사 선거에 나선 흑인 LA 시장 톰 브래들리(Tom Bradlley)는 여론조사 및 출구조사에서 크게 이기고 있었다. 하지만 결과는 반대로 나타났다. 여론조사의 큰 실패로 기억되는 이 사건에서 백인 유권자들은 여론조사에서 흑인 후보에게 투표할 것이라고 대답하고 실제로는 백인 후보자에게 투표했다. 그래서 여론조사와 다른 투표 결과가 나온 것이다. 미국 사회에서는 소수자에 대한 배려 부족이 정치적으로 올바르지 않고, 사회적으로 바람직하지 않다고 여기는 경향이 강하기 때문에 진보적 유권자들보다 보수적 유권자들에게서 사회적 선망편향이 나타난다.

● **소크라테스 효과** Socratic effect 고대 그리스의 철학자 소크라테스(Socrates, 기원전 469~399)가 행한 문답법에서 기인한다. 그는 대화자들이 스스로 무지를 깨닫게 하는 문답법을 택했다. 자연스럽게 질의응답을 해감으로써 처음에는 어정쩡하고 불명료했던 생각이 점차 논리적이고 일관성 있게 변화되는 현상이다. 소크라테스는 상대의 대답에 따라 질문을 계속 바꾸는 방법으로 제자들이 스스로 깨닫게 했다. 이러한 문답을 통해 제자들의 결론은 점차 구체적이고 명확한 상태에 이르게 된다. 소크라테스는 자신의 변론에서 계속 질문하고 대답하면서 일관된 목소리를 냈다.

'소크라테스 효과'는 사람들이 어떤 대상에게 가지는 호오(好惡) 감정의 심리적 태도에 연유한다. 이 태도는 두 가지 특징을 가진다. 첫째, 좋고 싫음에 대한 태도는 시간이 흐를수록 강해진다. 호감도가 높은 사람의 경우, 단점을 봐도 실수일 뿐이라고 생각한다. 그러나 비호감도가 높은 사람은 좋은 점이 떠올라도 어디까지나 예외라고 생각하며 더 싫어하게 된다. 둘째, 태도는 시간이 갈수록 논리적이 된다. 사람들은 일관성에 대한 심리적 압박을 받고 있기 때문에 일관되지 않으면 자신의 태도를 스스로 바꿔 논리적으로 만든다.

법칙으로 통하는 사람의 심리

귀인오류 *Attribution error*

☞ 인지부조화

김과장 : 길이 막혀서 늦었어, 미안.

이대리 : 저도 좀 늦은 걸요.

김과장 : 늦은 이유가 좀 틀리지 않나 싶은데. 나는 불가항력의 상황 때문
에 어쩔수 없어서고, 이대리는 평소 행동으로 보아 아마 늦장을
부리다가 늦은 거겠지.

이대리 : 에이 과장님도. '귀인오류'가 따로 없네요. '내가 하면 로맨스고,
남이 하면 스캔들'인 거랑 뭐가 달라요.

- 우리는 너나 할 것 없이 원인의 뿌리를 제대로 찾지 못하는 **귀인오류**의 천재다.
- 어떤 조직이든 리더에게 모든 책임을 돌리려는 리더 **귀인오류**가 있다.

Q **의미**　　원인과 결과를 잘못 인지하는 사회심리 현상.
　　　　　　귀인(歸因)이라는 말은 '원인을 무엇의 탓으로
돌린다'는 뜻. 즉 '귀인오류'란 어떤 결과에 대한 원인을 규정하는 데
서 생기는 오류라는 말이다. 어떤 일이 성공했을 때 자신의 역할이나
영향은 과대평가하고, 당시 상황이나 다른 사람들의 영향은 과소평

가하는 경향이나 습성을 일컫는 말이다. '내가 치는 화투는 오락, 남이 치는 화투는 도박'이라는 이중 기준은 귀인오류를 단적으로 보여주는 예다. 어느 한쪽의 영향을 과대평가, 또는 과소평가하는 것이 귀인오류다.

'기본적 귀인오류'는 타인의 행동에 대해 귀인하는 경우 그 사람의 성격, 태도, 가치관 등과 같은 그 사람 내부 상황에서 원인을 설명하려는 경향이다. 내가 성공하면 나의 요인이고 실패하면 외부요인이며, 남이 성공하면 외부요인이고 실패하면 본인 탓이라고 한다. 이는 어떤 행동의 성공이나 실패를 평가할 때 냉철하게 상황을 따져보기보다는 초점이 되는 특정인의 특성 탓으로 돌리려는 심리다. 사람들은 상황 탓보다는 사람 탓을 많이 하는 귀인오류를 자주 범한다. 별다른 단서 없이 귀인오류라고 하면 보통은 기본적 귀인오류를 가리킨다. 귀인오류 가운데 너무나 흔히 관찰할 수 있는 편향이기에, '기본적'이라는 딱지가 붙었다.

♈ **유래**　　귀인이론은 1950년대 말부터 프리츠 하이더 (Fritz Heider), 에드워드 존스(Edward E. Jones), 리 로스(Lee Ross) 등 여러 사회심리학자들이 발전시켜 온 이론이다. 미국 심리학자 버나드 와이너(Bernard Weiner, 1935~)는 귀인이론을 체계화했다. 그에 따르면 귀인에는 상황적 귀인(situational attribution)과 기질적 귀인(dispositional attribution)이 있다. 어떤 사람이 저지른 살인에 대해 불우한 가정환경이나 가난 때문이라고 생각하는 건 상황적 귀

인이고, 성격 자체가 흉악하다는 등의 기질 탓으로 돌리는 건 기질적 귀인이다. 보통 자신에 대해선 상황적 귀인을 하는 반면, 타인에 대해선 기질적 귀인을 하는 경향이 있다. 미국 심리학자 리처드 니스벳(Richard Nisbett, 1941~) 등은 1971년에 발표한 논문에서 그런 성향을 '행위자—관찰자 편향(actor-observer bias)'으로 설명했다. 이를 '행위자—관찰자 비대칭(actor-observer asymmetry)'이라고도 한다. 내 문제는 내가 행위자이므로 내 행위에 가해진 상황적 제약에 대해 잘 아는 반면, 다른 사람의 문제는 내가 관찰자에 불과하므로 상황적 제약에 대해 알기 어려워 사람 탓을 한다는 것이다. 토머스 페티그루(Thomas Pettigrew)는 1979년에 기본적 귀인오류가 집단 간 편견과 결부되어 나타나는 걸 가리켜 '궁극적 귀인오류(ultimate attribution error)'라는 이름을 붙였다.

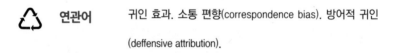

연관어   귀인 효과. 소통 편향(correspondence bias). 방어적 귀인 (deffensive attribution).

연관법칙   ● **라쇼몽 효과** Rashomon effect   동일한 사건에 대해 서로 다른 입장으로 해석하면서, 본질 자체를 다르게 인식하는 현상. 라쇼몽(羅生門, 영어 Rashomon)은 한 사무라이의 죽음에 대해 목격자들이 서로 다른 진술을 묘사한 영화의 제목이다. 영화 〈라쇼몽〉은 1950년 일본에서 흑백으로 제작된 범죄 미스터리 영화. 영화에서 증인들은 각자 자신에게 유리한 주관적 증언을 한다. 같은 사건에 대한 증언이지만 그 내용은 상당히 차이가 있다. 이 영화 제목에서 '라쇼몽 효과'라는 용어가 유래됐다.

● **이기적 편향** Self-serving bias 자기 자신의 장점은 대단하다고 생각하며, 단점은 누구에게나 있는 일반적인 것이라고 생각하는 경우. 자기 자신을 호의적으로 인식하고 유리한 설명을 찾으려는 본능에서 비롯된다. 일반적으로 성공했을 경우 자기 자신에게, 실패했을 경우에는 다른 사람이나 외부적인 상황으로 돌리는 오류를 말한다.

● **통제력 착각** Illusion of control 행동이 결과에 영향을 줄 수 있다고 믿는 현상. 자신이 아무런 영향력을 가질 수 없는 일에 대해 통제할 수 있다고 과대평가하거나, 적어도 영향을 미칠 수 있다고 생각하는 경향을 말한다. 미국 하버드 대학의 여성 심리학자인 엘렌 랑거(Ellen Jane Langer, 1947~)가 1975년에 정의했다. 주로 도박을 즐기는 사람들이나 초자연현상 같은 것을 깊이 믿는 사람들에게서 나타나는 심리다.

● **현저성 효과** Salience bias 특히 어떤 자극이 특출할 때 잘 나타난다. 사람들은 어떤 자극이 지각적으로 특출하면 그 자극을 어떤 현상의 원인으로 삼는 오류를 범한다. 이런 오류를 '현저성 효과' 또는 '독특성 효과'라고 한다. 뭔가 튀는 사람이 눈에 잘 들어오고 그 사람이 가장 영향력 있어 보이는 현상이다.

링겔만 효과 *Ringelmann effect*

☞ 메디치 효과

이대리 : 줄다리기는 제일 기대했던 종목인데 우리팀이 꼴찌라니.

장사원 : 힘 좀 쓴다는 사람들이 많아 꼴찌는 상상도 못했어요.

김과장 : 누군가 줄만 잡고 힘을 안 쓴 거지.

오차장 : 그게 '링겔만 효과'야. 서로 너무 믿었어. '내가 힘을 써야지' 하
　　　　는 생각을 안 한 거지.

• 변경된 두 규정이 시너지 효과가 아닌 **링겔만 효과**를 낳고 있다.

• 그의 연기와 외모가 서로 보완될지, 아니면 **링겔만 효과**를 낼지 이목이 집중되고 있다.

🔍 **의미**　　집단 속에 참여하는 개인의 수가 늘어갈수록 성
과에 대한 1인당 공헌도가 오히려 떨어지는 현
상. 한 집단의 구성원 증가와 집단의 역량이 비례하지 않는 현상을
뜻한다. 개인이 집단에 속해 있을 때 자신의 역량을 최대한으로 발휘
하지 않는다는 것이다. '링겔만 효과'를 발생시키는 대표적인 원인은
대중 속에서 '나 하나쯤이야'라는 안일함이다. 이것은 개개인이 자신
의 존재감을 완전히 인식하지 못하고 최선을 다하지 않기 때문이다.

링겔만 효과는 기업경영에서 조직을 구성하는 전략 등에 활용된다. 예컨대, 유능한 인재를 일정 인원 이상 같은 팀에 배치하지 않거나 팀원을 소수로 구성하는 것 등이다.

♈ **유래** 프랑스의 농공학 교수 막시밀리앙 링겔만 (Maximilien Ringelmann, 1861~1931)의 이름을 따서 '링겔만 효과'라고 한다. 링겔만 효과는 유명한 줄다리기 실험에서 비롯된 개념이다. 사회심리학 역사 중 최초의 발견으로 여겨지기 때문에, 어떤 사람들은 링겔만을 사회심리학의 창시자로 여기기도 한다. 링겔만은 1913년 말(馬)들의 능력에 대해 연구를 했다. 수레를 끄는 말 두 마리의 능력은 한 마리 말이 끌 때 보여주는 능력의 2배가 되지 못한다는 사실을 밝혀냈다. 이 결과에 놀란 링겔만은 사람들을 대상으로 밧줄 실험을 했다. 줄다리기 실험의 가설은 '참여하는 사람이 늘어날수록 개인이 발휘하는 힘도 증가할 것이다'는 내용이었다. 하지만 가설과 달리 실험결과는 차이를 보였다. 사람도 말과 크게 다르지 않았다. 줄다리기 실험을 통해 8명으로 이뤄진 팀은 4명만큼도 힘을 쓰지 않는다는 사실을 밝혀냈다. 이를 통해 여러 사람이 함께 일하면 열심히 일하지 않는 사회적 태만이 나타난다고 주장했다. 집단의 합이 커질수록 무임승차 성향으로 인해 집단의 효율성이 떨어지는 것을 알아냈다.

링겔만은 줄다리기를 통해 집단에 속한 각 개인들의 공헌도 변화를 측정했다. 개인이 당길 수 있는 힘의 크기를 100으로 보았을 때, 2명,

3명, 8명으로 이뤄진 각 그룹은 200, 300, 800의 힘이 발휘될 수 있을 것으로 기대했다. 그러나 실험결과에 따르면, 2명이 속한 그룹에서 한 명이 발휘하는 힘의 크기는 자신의 힘의 93퍼센트, 3명 그룹은 85퍼센트, 그리고 8명으로 이뤄진 그룹은 겨우 49퍼센트의 힘의 크기만이 작용한 것으로 나타났다. 즉, 그룹 속에 참여하는 개인의 수가 늘어날수록 1인당 공헌도가 현격하게 감소하는 현상이 발생한 것이다. 이는 개인이 여러 명 중 한 사람에 불과할 때는 자신의 전력을 모두 쏟지 않는다는 것을 나타내는 결과였다. 혼자서 일할 때보다 집단 속에서 함께 일할 때 노력을 덜 기울이기 때문에 나타나는 현상이라고 볼 수 있다.

 연관어　　사회적 일탈 현상. 방관자 효과. 무임승차.

연관법칙　　● **모험성 이행** Risky shift 집단은 개인보다 큰 위험 부담을 지는 경향이 있다. 이런 경향을 '모험성 이행'이라고 한다. 1961년 MIT 대학원생 제임스 스토너(James Stoner)가 석사학위 논문에서 제시한 개념이다. 일반의 상식과는 달리 집단적인 논의는 개인이 의사 결정을 내릴 때보다 모험적인 결정을 내린다. 실패하더라도 내가 모든 책임을 지지는 않는다는 생각 때문에 집단이 개인보다 모험적이거나 과격해질 수 있다는 것이다.

● **사회적 태만** Social loafing　방관자 효과를 낳는 책임감 분산현상이 조직에서 나타날 때 '사회적 태만'이라고 한다. 특히 집단의 구성원 수가 증가하면 증가할수록 개인이 집단의 과업수행에 기여하는 정도는 감소하는 것으로 나타났다. 즉, 집단 과업을 수행할 때 개인의 공헌도가 분명히 드러나지 않는 상황이나 과업의 결과에 대한 책임감이 분명하지 않은 상황에서는 사회적 태만이 발생할 가능성이 높아진다.

● **스파게티볼 효과** Spaghetti bowl effect　'누들볼 효과(noodle bowl effect)'라고도 부른다. 여러 국가와 자유무역협정(FTA)을 동시다발적으로 체결할 때 각 국가의 복잡한 절차와 규정으로 인해 FTA 활용률이 저하되는 상황. 애초 기대효과보다 반감되는 현상이다. 대상국별 혹은 지역별로 다른 규정이 적용돼 서로 얽히고설키는 부작용이 발생하게 되는데, 이 같은 현상이 마치 스파게티 접시 속 국수가닥과 닮았다는 뜻에서 차용됐다.

● **시너지 효과** Synergy effect　시너지는 시스템과 에너지의 합성어. 전체적 효과에 기여하는 각 기능의 공동작용, 협동을 뜻하는 말이다. 여러 요인이 함께 작용하면 하나씩 작용할 때보다 더 커지는 효과다. '1+1'이 2이상의 효과를 낼 경우를 가리킨다. '종합 효과' 또는 '상승 효과'로 불린다. 기업체에서는 특정한 생산자원을 여러 방면으로 활용해 시너지 효과를 추구하고 있다. 판매 시너지, 생산 시너지, 투자 시너지, 조업 시너지 등이 그 예다.

● **피자 2판의 규칙** Two-pizza team rule   인터넷 쇼핑기업 아마존은 소규모 팀으로 조직을 관리하는 기업으로 유명하다. 아마존에 따르면 라지 사이즈 피자 2판으로 한 끼 식사를 해결할 수 있는 6~10명이 최적의 팀 크기라는 것이다. 아마존 최고경영자 제프 베저스(Jeff Bezos, 1964~)는 "프로젝트 팀이 한 끼 식사에 피자 2판 이상이 필요하다면 너무 큰 팀"이라며 조직이 크면 관료화되고 혁신이 나올 수 없다고 말한다.

가르시아 효과 *Garcia effect*

이대리 : 이제 술이라면 넌더리가 나.

장사원 : 애주가께서 왜 그러세요.

이대리 : 어제 술 때문이지. 그 술이 '가르시아 효과'를 유발했어. 오늘부
터 음주 끝.

장사원 : 제가 보기에는 작심삼일 같은데요.

- **가르시아 효과**는 자기의 생명을 위협하는 먹거리를 제어하는 놀라운 재능이다.
- **가르시아 효과**를 잘못 사용하면 불편하다는 이유로 피해다니기만 하는 빌미가 될 수 있다.

Q **의미**　　미각 혐오 학습(Taste aversion learning). 특정 맛을
회피하는 현상이다. '조건부 미각 혐오'라고도
한다. 어떤 음식의 맛을 독, 변질, 독성 물질에 의해 일어나는 증상과
연관시켜 그로 인해 나타나는 결과에 대한 즉각적인 학습효과다. 예
컨대, 빵을 먹고 배탈이 나면 빵 먹는 것을 두려워한다.

사람과 동물은 자기의 생명을 위협하는 먹거리를 한 번의 경험만으
로도 터득하는 놀라운 재능을 가지고 있다. 먹는 행동과 나타나는 결

045   법칙으로 통하는 사람의 심리

과 사이에는 일정한 인과관계가 성립한다. 꼭 특정 음식 때문이 아니라 여러 가지 원인이 있을 수 있음에도 불구하고 마치 음식 때문이라고 착각해 그 먹거리를 피한다.

가르시아 효과는 행동주의 심리학의 이론으로, 고전적 조건형성의 하나다. 개 실험으로 유명한 러시아 심리학자 이반 파블로프가 보여준 조건반사의 한 유형이기도 하다.

♈ **유래** 이 현상을 최초로 발견한 학자 존 가르시아 (John Garicia, 1917~2012) 박사의 이름에서 유래한다. 미국 하버드 대학의 심리학자인 가르시아가 1966년 쥐에게 먹이를 주고 나서 방사능을 쬐어 복통을 일으키는 실험을 했다. 먹이를 먹은 후 몇 시간이 지나자 쥐들은 복통을 겪었다. 그 후부터는 똑같은 먹이를 주면 잘 먹으려 하지 않고 그런 종류의 먹이를 피했다. '가르시아 효과'는 1995년 가르시아가 발표한 논문 〈감마 방사능 노출로 인한 사카린에 대한 조건부 혐오〉에서 비롯됐다. 심리학에 진화생물학의 이론을 접목한 가르시아의 실험은 '진화심리학'이라는 새로운 분야를 발전시켰다.

♻ **연관어** 자극 일반화. 학습 효과. 혐오적 조건형성. 자라 보고 놀란 가슴 솥뚜껑 보고도 놀란다.

연관법칙　● **조건반사**　과거에 경험했던 어떤 자극이 제시되면, 즉 조건이 형성되면 그 상황에서 나타났던 반응들이 저절로 일어나는 것을 말한다. 조건반사는 동물이 학습을 통해서 익히는 후천적인 반응방식이며, 특정한 자극에 대해서 무의식적으로 일어나는 반응이다. 러시아의 생물학자 이반 파블로프(Ivan Petrovich Pavlov, 1849~1936)는 1900년경 소화에 관해 연구하던 중 개에게 종소리를 들려준 후 먹이를 주면, 나중에 먹이를 주지 않고 종소리만 들려줘도 침을 흘린다는 사실을 밝혀냈다. 파블로프는 동물의 반사 반응을 원래부터 타고난 선천적 반응방식인 무조건반사와 학습을 통해 인식함으로써 일어나는 후전적인 조건반사로 구분했다. 파블로프는 이 연구로 1904년에 노벨 생리의학상을 수상했다.

● **트라우마** Trauma　그리스어 'Traumat(상처)'에서 기원한다. 정신적 외상, 외상 후 스트레스 증후군이다. 트라우마는 어떤 사건에서 받은 충격이 사람의 마음속에 남아 삶에 부정적인 영향을 미치는 상처를 말한다. 일반적인 의학용어로는 외상을 뜻하지만 심리학에서는 '정신적, 심리적 외상'을 의미한다. 특히 영구적인 정신장애를 남기는 충격적인 사건을 경험한 후 생긴 상처라는 뜻으로 쓰인다. 주로 일상생활에서 경험할 수 없는 사건들, 예컨대 천재지변, 화재, 전쟁, 폭행, 고문, 강간, 성폭행, 인질사건, 소아학대, 자동차사고, 그밖의 대형사고 등을 겪은 뒤에 발생한다. 충격 후 즉시 시작될 수도 있고 수일, 수주, 수개월 또는 수년이 지나고 나서 나타날 수 있다. 트라우마는 유행어로 쓰일 만큼 우리 사회 곳곳에서 자주 접할 수 있다.

뮌하우젠 증후군 *Munchausen syndrome*

장사원 : 간단한 감기로 동네 병원에 가려고 해도 휴가를 내야 할 정도에요.

이대리 : 왜? 사람이 그렇게 많아? 하기야 요즘은 조금만 증상이 있어도
　　　　 병원엘 가니까.

장사원 : 예약자도 많고, 번호표를 받고 기다리는 사람도 많아요.

이대리 : 설마, '뮌하우젠 증후군' 환자는 없겠지?

- 전문가들은 특이한 방식의 아동학대라며 대리 **'뮌하우젠 증후군'**의 일종이라고 설명했다.

- 인터넷과 SNS로 개인을 표현하는 창구가 늘어난 디지털 시대에 **'뮌하우젠 증후군'**은 더욱
  심각해졌다.

의미　　　　 행동이 도를 넘어서는 '관심병' 환자. 주위 사람
들의 이목을 끌기 위해 꾀병 등 거짓말을 일삼
는 병리적 질환이다. '가장성 장애'라고도 한다. 주로 신체적인 징후
나 증상을 의도적으로 만들어내서 자신에게 관심과 동정을 이끌어내
는 정신과적 질환이다. 실제로는 아무 이상이 없는 데도 다른 사람의
관심을 끌기 위해 아픈 증상을 꾸며내거나 자해를 하는 등의 모습을

보인다. 또한 병이 있는 것처럼 가장해 이른바 병원, 의사 '쇼핑'을 하는 증상을 보인다. 어린 시절 과보호나 정신적 상처를 입은 사람에게서 주로 발견된다. 일부 환자는 자신의 자녀나 애완동물을 '대리환자'로 삼아 학대를 일삼기도 한다.

이와 비슷한 정신 질환으로 '뮌하우젠 신드롬 바이 프록시 (Munchausen Syndrome by Proxy)'라는 것도 있다. 남을 아프게 해서 자신의 보호본능을 만족시키려는 증상이다. 이는 부모나 간병인 등이 주변 사람들의 이목을 끌기 위해 끊임없이 자신이 돌보고 있는 어린이, 중환자 등에게 상처를 입히는 정신질환이다. 아동학대의 형태로 나타난다. 자신이 돌보는 아이를 아프게 해서 병원을 찾아가고 그것을 통해 자신의 보호본능을 대리만족시킨다.

♈ **유래**   영국 의사 리처드 어셔(Richard Alan John Asher, 1912~1969) 박사가 1951년에 세계적 권위 의학 저널인 〈랜싯〉을 통해 이 증세를 처음으로 명명했다. 기존 의학의 통념과 상식을 날카로운 시각으로 비판하고 뒤집어엎은 것으로 유명하다. 그는 의사와 환자의 상호 심리학적 관계에 주목했고 상당히 많은 환자가 의사의 관심을 받기 위해 병을 꾸며내고 있었음을 밝혀냈다. 이 병을 앓는 환자들은 자신의 증세를 극적으로 과장하며 의료진에게 신경질적으로 따지기 좋아하고 의학용어와 의료시술에 대해 아주 잘 안다고 말했다. 또 심할 경우 자신의 몸에 독극물을 주사하거나 혈액 샘플을 바꿔치기 하는 등 극단적인 방법까지 동원했다. 어셔

는 허풍으로 유명했던 뮌하우젠이 끊임없는 허풍과 과장을 진지하게 자신의 경험이라고 주장하는 부분이 환자들의 증세와 일치한다고 보고 이 병명을 뮌하우젠이라고 명명했다. 뮌하우젠(Hieronymus Karl Friedrich von Münchhausen, 1720~1797)은 실존 인물이다. 뮌하우젠은 18세기 독일 낭만주의에 흠뻑 물들어 있던 전형적인 한량이었다. 터키와 러시아 전쟁에 참전했던 그는 퇴역 후 하노버에 살았다. 그는 주변 사람들의 주목을 받고자 자신의 무용담을 하나둘씩 꾸며내기 시작했다. 이를 흥미 있게 여긴 독일 작가 루돌프 에리히 라스페(Rudolf Erich Raspe, 1736~1794)가 그의 이야기를 각색한 모험소설《허풍선이 뮌하우젠 백작의 놀라운 모험》(1793)을 출판했다. 이 책은 기대 이상의 폭발적인 인기를 얻었다. 이후 이 이야기는 수많은 독자들의 과장이 덧붙여지면서 점점 더 황당무계하고 기기묘묘한 모험담으로 변모해갔다. 미국 태생의 영국 영화감독 테리 길리엄(Terry Gilliam, 1940~)이 〈바른 뮌하우젠의 모험〉(1988)이라는 영화를 제작하기도 했다.

 연관어　관심병. 자기 기만(self deception). 망상증 환자. 작화증(있지도 않은 일을 계속 꾸며대는 것). 거짓말을 밥 먹듯이 한다.

로미오와 줄리엣 효과 *Romeo and Juliet effect*

☞ 인지부조화

김과장 : 사소한 것 가지고 괜히 부부싸움을 했나봐.

이대리 : 과장님의 결혼 전 순애보는 유명하잖아요.

김과장 : 그랬지. 당시 양가 부모님이 결혼은 절대 안 된다고 난리였지.
그럴수록 둘은 더 똘똘 뭉쳐 '로미와 줄리엣 효과'처럼 사랑의 불
꽃을 활활 피웠지.

이대리 : 아, 옛날이여~. 불꽃같은 사랑이 그립겠어요.

- 사랑에는 유효기간이 있어서 '**로미오와 줄리엣 효과**'의 효능이 끊어질 수 있다.
- 꼭, 성사시키고 싶은 계약이라면 오히려 여유를 갖고 전체적인 관점에서 고객을 대해야 '**로
미오와 줄리엣 효과**'를 피해갈 수 있다.

🔍 **의미**   연인들이 부모의 반대에 부딪쳤을 때 오히려 둘
의 사랑이 더 절실해지고 깊어지는 현상을 말
한다. 다른 사람이 반대하면 할수록 더 강렬하게 거꾸로 가는 반항적
심리현상이다. 연인들이 자신의 자유가 위협을 받거나, 생각이 반대
에 부딪칠 경우 그것을 원상태로 회복하기 위해 더 강하게 저항하는

심리적 현상들이 이에 해당한다. '로미오와 줄리엣 효과'는 사랑이야기에만 국한되지 않고 마케팅, 게임 등 여러 분야에서 비유적으로 활용된다.

♈ **유래** 영국의 대문호 윌리엄 셰익스피어(William Shakespeare, 1564~1616)가 쓴 비극 《로미오와 줄리엣》의 주인공 이름에서 유래했다. 연인의 교제를 양가가 지나치게 반대하면 그들의 사랑은 오히려 더욱 간절해진다는 것이다. 《로미오와 줄리엣》은 셰익스피어의 대표적 희곡작품. 창작 연도는 1595년경으로 추정되며, 초판은 1597년에 나왔다. 이 작품은 셰익스피어 극중에서도 가장 강렬한 운명적 연애 비극을 다루고 있다. 청년극작가 셰익스피어의 명성을 일시에 떨치게 한 대표작이다.

♳ **연관어** 반발 심리. 청개구리 효과

🔗 **연관법칙** ● **오이디푸스 콤플렉스** Oedipus complex 어머니에게는 애정을 아버지에게는 증오를 무의식적으로 품는 성적 애착이다. 아버지를 대신해 어머니와 성적 관계를 맺으려는 무의식의 욕망에서 발생한 관념의 복합 감정이다. 고대 그리스의 비극작가이자 정치가였던 소포클레스(Sophocles, 기원전 497?~406)의

비극인《오이디푸스 왕》의 이야기에서 유래했다. 오이디푸스 콤플렉스는 정신분석의 창시자인 오스트리아의 지그문트 프로이트(Sigmund Freud, 1856~1939)가 제시한 개념이다. 프로이트는 이러한 경향은 남근기(男根期, 3~5세)에서 분명하게 나타나며 잠재기에는 억압된다고 말했다. 오이디푸스는 테베 왕 라이오스와 이오카스테(호메로스의 서사시에서는 에피카스테)의 아들. 아버지를 살해하고 스핑크스의 수수께끼를 풀어 테베 왕이 됐다. 어머니인 줄 모르고 이오카스테와 결혼했으나 사실을 알게 된 후 이오카스테는 자살하고 오이디푸스는 자기 눈을 뺀다.

● **엘렉트라 콤플렉스** Electra complex 딸이 아버지를 유달리 좋아하는 현상. 정신분석학에서 '오이디푸스 콤플렉스'와 대비되는 개념이다. 프로이트가 이론을 세우고 스위스의 심리학자인 칼 구스타브 융(Carl Gustav Jung, 1875~1961)이 이름을 붙였다. 프로이트에 따르면 남근기에 여자아이들은 남동생이나 아버지가 갖고 있는 성기(penis)가 없다는 사실을 알고 남성을 부러워하는 한편 자신에게 남성 성기를 주지 않은 어머니를 원망한다고 한다. 그리스 신화에서 아가멤논의 딸 엘렉트라가 보여준 아버지에 대한 집념과 어머니에 대한 증오에서 유래했다. 미케네 왕 아가멤논은 10년 동안의 트로이 전쟁을 마치고 귀국한 날 밤에 아내인 클리타임네스트라와 간부(姦夫) 아이기스토스에게 살해당했다. 엘렉트라는 동생인 오레스테스와 힘을 합쳐 어머니와 간부를 죽여 복수했다.

● **자극포만 기법** Stimulus-station technique 비정상적인 행동을 그만두게 하기 위해 좋아하는 것을 물리도록 제공하는 심리적인 치료 방법. 로미오와 줄리엣을 공개적으로 만나게 해줌으로써 스스로 문제점을 깨닫고 정상적인 행동으로 돌아오게 한다는 것이다.

● **청개구리 심리** 하라고 하면 하기 싫어지고, 하지 말라고 하면 더욱더 하고 싶은 심리. 청개구리 이야기에서 유래한 용어다. 실제로 하고 싶은 행위를 하지 말라고 하면, 하고 싶은 마음이 도리어 120퍼센트 이상 증폭된다고 한다.

● **카멜레온 효과** Chamelon effect 상대방의 자세, 독특한 버릇, 얼굴 표정, 기타 행동을 무의식중에 따라하는 현상. 동조경향이다. 비슷한 행동을 보임으로써 서로에 대한 호감도에 영향을 미친다. 예컨대, 오래 같이 산 부부는 성격뿐만 아니라 외모도 닮아간다는 이야기가 있다.

리플리 증후군 *Ripley syndrome*

☞ 인지부조화, 뮌하우젠 증후군

장사원 : 어제 뉴스 보셨어요?

이대리 : 무슨 큰일이라도 벌어졌어?

장사원 : 일종의 '리플리 증후군'인데, 어떤 여성이 자신을 의사라고 속이고 결혼까지 했대요.

이대리 : 그거 아무나 하는 게 아냐. 그것도 재주라면 재주지. 심하면 병이지만.

- 전문가들은 **'리플리 증후군'**이 자신의 의지를 벗어난 행동이기 때문에 과도하게 나타나면 절도, 사기, 심각하게는 살인 등 큰 범죄로도 이어질 수 있다고 경고한다.
- 미국의 명문 대학에 동시 합격했다며 화제를 모았던 '수학 천재소녀' 이야기가 거짓말로 드러나면서 **'리플리 증후군'**에 대한 관심이 높아졌다.

🔍 의미

자신의 신분을 가짜로 만들어 진짜인 양 행세하는 것. 마음속으로 강하게 바라는 것을 진짜 현실이라 여기고 그에 맞는 거짓말과 행동을 반복하는 현상이다. 자신이 처한 현실을 부정하면서 거짓된 말과 행동으로 주변을 속이며 살아가는 반사회적 인격장애를 뜻한다. '리플리 병' 또는 '리플리 효과'라고도 한다.

현재 자신이 처한 상황이 스스로를 만족시키지 못해 열등감, 피해의식 등에 시달리는 사람에게서 주로 나타난다. 마음속으로 꿈꾸는 허구의 세계를 진실이라고 믿는 대신 현실은 철저히 부정한다. 이것이 거짓된 말과 행동으로 이어져 거짓말이 또 다른 거짓말을 낳으면서 상황은 걷잡을 수 없이 심각해진다. 초기에는 단순한 거짓말, 거짓 행동으로 시작되지만 이와 같은 행동이 반복되면서 거짓된 말과 행동을 진실로 믿고 행동한다는 점에서 심각한 문제가 된다. 주변 사람에게도 피해를 입힐 수 있다. '리플리 증후군'과 같은 정신 병리를 보이는 사람들은 대개 그 어떤 상황에서도 사람들로부터 지속적인 관심을 얻고자 한다는 공통점이 있다.

♈ 유래

미국의 소설가 패트리샤 하이스미스(Patricia Highsmith, 1921~1995)가 쓴 소설 《재능 있는 리플리 씨》(1955)에 나오는 주인공의 이름에서 유래했다. 이 소설을 원작으로 한 프랑스 미남 배우 알랭 들롱 주연의 영화 〈태양은 가득히〉(1960)가 흥행한 이후, '리플리 증후군'이 1970년대 정신 병리학자들에 의해 새로운 연구대상이 됐다. 1999년에는 맷 데이먼이 주연한 영화 〈리플리〉가 상영되기도 했다. 우리나라에서는 2007년에 신정아의 학력위조 사건을 영국의 일간지 〈인디펜던트〉가 보도하면서부터 이 용어가 널리 알려졌다.

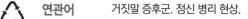 **연관어**　거짓말 증후군. 정신 병리 현상.

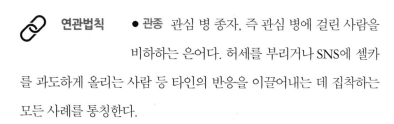 **연관법칙**　● 관종　관심 병 종자, 즉 관심 병에 걸린 사람을 비하하는 은어다. 허세를 부리거나 SNS에 셀카를 과도하게 올리는 사람 등 타인의 반응을 이끌어내는 데 집착하는 모든 사례를 통칭한다.

● '나 빼고 다 X' 리플리의 반대 사례. 주로 결혼이나 데이트 비용 등 젊은 층의 관심이 높은 주제에 대해 '가난한 남자친구와 사랑 하나로 결혼한다'거나 '데이트 비용을 항상 내가 낸다'는 등 상대 성별이 좋아할 만한 글을 올리는 것이다. '개념 있다'고 칭송받기도 하지만 혼자 칭찬받으려고 글 내용을 조작한 것 아니냐는 의심을 받기도 한다. 네티즌들은 이런 경우 '자작나무 타는 냄새'라는 표현을 쓰기도 한다.

● 어그로　비난을 감수하더라도 관심을 얻으려는 방식을 말한다. 공격적이라는 의미의 영어 'aggressive'에서 온 것으로 추정된다. 이들은 특정 계층이나 인물에게 심한 모욕이나 공격을 가한다. 거센 반발이 뻔히 예상되는 상황을 만드는 것이다. 한·일 관계나 정치 등이 단골 소재이며 스포츠 스타나 연예인의 팬 게시판에 일부러 비난하는 글을 올리기도 한다. 이런 사람들을 어그로꾼이라고 부른다.

● **피노키오 효과** Pinocchio effect 거짓말을 하면 코가 커지는 현상. 이탈리아 피렌체 출신의 아동문학 작가인 카를로 콜로디(Carlo Collodi, 1826~1890)의 명작 동화 《피노키오의 모험》에서 유래한다. 콜로디의 본명은 카를로 로렌치니(Carlo Lorenzini). 작품 《피노키오의 모험》에 나오는 주인공이 피노키오다. 피노키오는 거짓말을 할 때마다 코가 늘어난다. 잘못을 깨닫고 반성하면 코가 다시 줄어든다. 피노키오는 동일한 원작을 기반으로 제작한 디즈니 애니메이션 캐릭터로 더 많이 알려져 있다. 나무꾼이자 인형 제작자인 제페토(Geppetto)가 나무를 깎아 작은 인형을 만들어 피노키오라고 이름을 붙였다. 피노키오는 요정의 도움으로 사람처럼 말하고 행동하게 된다. 추운 겨울, 제페토가 자신의 옷까지 팔아가며 학교를 보내지만 서커스단에 현혹되어 온갖 모험을 하게 된다. 방탕한 생활을 하다가 커다란 고래 뱃속까지 들어가게 되지만 제페토의 헌신적인 사랑으로 구출되고 결국 사람이 된다는 교훈적인 내용을 담고 있다.

거짓말을 하면 코가 확 커진다는 설정이 다양하게 패러디 되면서 웃음을 던져준다. 실제 거짓말을 하면 코만 반응하는 것이 아니라 '들통나지 않을까' 하는 긴장과 불안감에 자율신경계의 변화가 나타나 혈압이 상승하고 입이 마르면서 얼굴이 붉어진다. 한 조사에 따르면 거짓말을 하면 카테콜아민(catecholamine)이라는 호르몬이 분비되어 콧속의 조직을 팽창시키고 혈압을 상승시켜 코끝의 신경조직을 가렵게 만드는 것으로 나타났다. 혈압 상승과 콧속 조직이 팽창하면서 코끝 조직이 간지러워서 거짓말을 하면 코를 만지게 된다. 자꾸 코를 만지거나 긁게 된다는 것이다.

빌 클린턴 전 미국 대통령이 르윈스키 스캔들 당시 성 추문 관련 연방 대배심에서 증언할 때 1분당 26번이나 코를 만졌다는 기록이 나온다. 미국에선 거짓말을 소재로 한 〈내게 거짓말을 해 봐〉라는 드라마까지 등장해 인기를 끌었다. 드라마의 모티브는 일반인이 10분 동안 세 번의 거짓말을 한다는 데서 착안했다. 베테랑 심리학자인 주인공은 테러범을 신문하면서 묵비권을 행사하거나 거짓말을 하라고 일러준다. 그러곤 신경을 건드리는 질문을 던져 얼굴 표정에 나타나는 찰나의 변화를 읽고 그걸 단서로 굵직굵직한 범죄 사건을 해결한다.

법칙으로 통하는 사람의 심리

바넘 효과 *Barnum effect*

☞ 스놉 효과, 인지부조화

이대리 : 어딜 가면 여자를 만날 수 있지. 이 좋은 날씨에 혼자라니.

장사원 : 신문 운세란 보셨어요? 귀인을 만난다고 하면 그게 이상형의 여자 친구일 거예요.

김과장 : 아침 신문이 도착하면 제일 먼저 보는 게 운세란이지.

오차장 : 그거 '바넘 효과' 아닐까?

• 긍정적 '**바넘 효과**'는 청소년에게 교육적으로 매우 유용할 수 있다.

• 그 학자의 예언은 수많은 해설 가운데 우리가 믿고 싶은 것만 믿는 '**바넘 효과**'로 해석할 수 있다.

🔍 **의미** 사람들이 보편적으로 가지고 있는 성격이나 심리적 특징을 자신만의 특성으로 여기는 심리적 경향. 누구에게나 해당되는 일반적인 성격 특성을 자신에게만 해당되는 것으로 받아들이는 심리상태를 말한다. 사람들은 보편적이고 일반적인 이야기 속에서 자기가 원하는 정보만 선별해 보고, 듣고, 믿는다. 사람들은 보통 막연하고 일반적인 특성을 자신의 성격으로

묘사하면, 다른 사람들에게도 그러한 특성이 있는지의 여부는 생각하지 않고, 자신만이 가지고 있는 독특한 특성으로 믿으려는 경향이 있다. 이러한 경향은 자신에게 유리하거나 좋은 것일수록 강해지는데, 이처럼 착각에 의해 주관적으로 끌어다 붙이거나 정당화하는 경향을 말한다. 긍정적이고 기분 좋은 진술이라면 설사 그것이 의심스럽고 거짓이라고 생각되더라도 합리화시켜 받아들이려고 한다. 반면 부정적이고 불편한 지적은 무의식적으로 피하고 부인하려 한다. '바넘 효과'는 일상생활에서 깊숙하게 들어와 있어 널리 나타나는 현상이다. 사례는 주변에 많다. 혈액형별 성격 유형, 별자리, 운세, 타로점, 사주 등을 믿는 현상이 그 대표적 사례다. 사람들이 답답할 때 용하다는 점쟁이를 찾아가 그의 신통력에 탄복한다는 것도 바넘 효과가 작용했다고 할 수 있다. 혈액형별 성격 분류 또한 누구나 믿을 수밖에 없는 애매한 말을 자신에 대한 설명으로 오인하는 바넘 효과의 결과라고 본다. 상품 광고에서 '당신만을 위한 특별한 상품'이라고 소개하거나, 유명인을 내세워 소비자의 구매욕을 자극하는 것도 이런 심리를 이용한 예다.

♈ **유래** 19세기 말 미국의 링링 서커스단을 이끌었던 유명한 곡예사이자, 자칭 심리조작의 대가였던 피니어스 바넘(Phineas Taylor Barnum, 1810~1891)의 이름에서 유래한다. 그는 19세기 서커스의 선구자이자 마케팅 천재였다. 엔터테이너, 기업인, 쇼맨 등 다양하게 불렸다. 링링 브로스 앤 바넘 · 베일리 서커

스를 설립한 것으로 잘 알려져 있다. 그는 몇몇 순회 서커스단과 함께 쇼를 연출하며 미국 전역을 돌아다녔다. 그는 무대에서 관객을 무작위로 불러내 직업이나 성격 등을 척척 알아맞히는 이벤트를 통해 관객들의 탄성을 자아내며 인기를 끌었다. 신통력이 뛰어나서가 아니었다. 그저 보편적으로 들어맞는, 이를테면 "당신은 활발한 성격이지만 때로는 혼자 있고 싶어 하는 내성적인 면도 가졌군요"라고 말해도 관객은 저절로 "어쩌면 그렇게 잘 맞출까?"하면서 감탄했다. 그는 종(種)의 다양성이라는 흥행요소를 선보였는데, 박제된 새와 미라, 복화술사, 난쟁이, 거인은 물론 뱀, 개, 원숭이 등도 쇼에 동원됐다. 바넘은 관객에게 많은 볼거리를 제공해 엄청난 성공을 거뒀다.

미국의 심리학자인 버트럼 포러(Bertram R. Forer, 1914~2000)가 성격진단실험을 통해 '바넘 효과'를 처음으로 증명한 까닭에 '포러 효과(Forer effect)'라고도 한다. 포러가 실험으로 입증하기 전에는 '바넘 효과'라는 용어가 일반적이었다. 보편적 특성을 개개인에게 적용할 때 사람들이 어떻게 반응하는가를 알아보고, 그 결과로 바넘 효과를 증명했다. 포러는 1948년에 성격검사를 실시했다. 자신이 가르치는 학생들에게 질문을 던져 평가점수를 받아보았다. 점수 분포는 0점(대체로 정확하지 않음)부터 5점(아주 정확함)까지로 결과는 5점 만점에 4.26점. 대부분의 학생들이 자신의 성격과 비슷하다는 답을 했다. 학생들의 성격진단 결과로 나눠준 것은 대부분의 사람들이 가지고 있는 보편적인 특성을 기술한 여러 잡지 운세란의 별자리 내용을 일부만 고친 것이다. 1950년대에 이르러 미국의 심리학자 폴 밀(Paul Everett Meehl, 1920~2003)이 바넘 효과라는 개념을 처음으로 확립했다.

연관법칙 ● **우물 효과** 어떤 말이 일반적일수록, 즉 어떤 말이 애매할수록(우물의 깊이가 깊을수록) 그것을 듣는 사람이 자기 자신의 모습을 더 많이 발견하게 되는 현상을 말한다. 점성술이나 점쟁이들이 사용하는 언어들은 독특한 구조를 지니고 있다. 사람들은 점쟁이가 애매한 일반적인 말과 구체적인 말을 함께 해줄 때에 일반적인 말을 자신이나 알고 있는 사람에 해당된다고 해석하는 경향이 있다. '우물 효과'는 많은 운세나 예언에 적용된다. 신문에 나오는 띠별 운세를 읽는 독자들은 '건강에 조심하라' 등의 애매모호하고 일반적인 예언을 각자 자신에게 맞춰서 해석한다. 그러다보면 정말 그럴듯하게 그럭저럭 맞는 것처럼 보이는 것으로 받아들인다. 프랑스의 천문학자이자 예언가인 노스트라다무스 (Nostradamus, 1503~1566)의 예언도 사실 우물 효과의 결정판이다. 그는 《예언집》으로 유명하다. 운을 맞춘 4행시를 100편 단위로 모은 것으로 1555년에 첫 출판했다. 노스트라다무스의 예언은 워낙 애매모호하고 시적이라, 사건이 일어난 후에 이것저것 갖다 맞춰서 해석하다보면 다 그럴듯해 보인다.

● **확증 편향** Confirmation bias 이미 마음속에 가지고 있는 신념에 비추어, 그것에 반대되는 증거보다는 지지하는 증거를 더 쉽게 받아들이는 경향이다.

법칙으로 통하는 사람의 심리

초두 효과 *Primacy effect*

☞ 닻내림 효과, 후광 효과

장사원 : 새로 오신 부장님이 엄청 깐깐해 보이던데요.

이대리 : '초두 효과'가 있어서 그래. 첫인상이 잘 안 바뀌더라고. 직원들
이 쉽게 다가가기 힘들겠어.

김과장 : 아, 후덕했던 옛 부장님이 그립다.

오차장 : 신임 부장님도 자주 보면 점점 좋아질 거야. 사내 평판이 좋아.

- 그 회사는 마케팅도 거의 없었고, **초두 효과**도 크게 누리지 못했다는 점을 고려하면 매우
  선전하고 있다고 볼 수 있다.

- 첫인상에 의한 **초두 효과**가 크게 작용하는 취업이나 면접을 앞둔 이들 사이에서는 취업성
  형이 유행하고 있다.

Q **의미**　　　초두 효과(또는 초두 현상)는 사회심리학 용어다.
　　　　　　처음에 얻은 정보가 나중에 얻은 정보보다 기억
에 훨씬 더 큰 영향력을 미치는 현상을 의미한다. '첫인상 효과'라고
도 한다. 상반되는 정보가 시간 간격을 두고 주어지면 정보처리과정
에서 초기정보가 후기정보보다 더 중요하게 작용하는 것을 말한다.

흔히 인상 형성에 첫인상이 중요하다는 말로 표현된다. 이때의 첫인상은 나중에 들어오는 정보를 해석하는 기준으로 작용한다.

♈ 유래   독일의 심리학자 헤르만 에빙하우스(Hermann Ebbinghaus, 1850~1909)가 1913년에 자신을 피험자로 삼아 실험한 기억실험의 결과로 발표한 《기억에 관하여》(1885)에서 처음 사용됐다. '에빙하우스의 망각 곡선'이 유명하다. 그는 "인간의 기억은 시간에 반비례 한다"며 학습 후 10분 뒤부터 망각이 시작된다고 한다. 미국 다트머스 대학의 뇌 과학자인 폴 왈렌(Paul J. Whalen) 교수의 연구에 따르면 '뇌의 편도체는 0.017초라는 짧은 순간에 상대방에 대한 호감과 신뢰 여부를 판단한다'고 한다.

미국의 사회심리학자 솔로먼 애쉬(Solomon Asch)는 실험을 통해 사람들이 첫인상에 강하게 좌우됨을 검증했다. 애쉬는 '초두 효과' 연구로 가장 유명한 사람이다. 애쉬는 피험자들에게 가상 인물의 성격을 묘사하는 형용사를 나열해 제시하고, 피험자들이 그 인물에 대해 느끼는 인상이 무엇인지를 쓰게 하고 이를 분석했다. 한 조건에서는 '똑똑하고, 근면하고, 충동적이고, 비판적이고, 고집 세고, 질투심이 강하다'고 열거했으며, 다른 비교 조건에서는 똑같은 형용사를 제시 순서만 뒤바꿨다. 실험결과, 피험자들은 긍정적인 형용사들이 먼저 제시됐을 때 상대 인물에 대해 더욱 호의적인 인상을 느끼는 것으로 나타났다.

법칙으로 통하는 사람의 심리

연관법칙　● **간섭 이론**　학습자료의 앞부분에 제시된 항목이 나중이나 중간에 제시된 것보다 기억흔적이 강해 더 잘 떠오르는 경향을 말한다. 이런 현상을 '간섭 이론'이라고 한다. 목록의 앞쪽에 제시된 학습자료는 중간에 제시된 항목들보다 순행간섭과 역행간섭의 영향을 덜 받는다. 그렇기 때문에 학습 후 일정한 시간 간격을 두고 생각할 경우 기억할 확률이 더 높다.

● **근접성 효과**　미국 미시간 대학 학생 기숙사를 대상으로 '근접성의 효과'를 확인하는 실험을 했다. 미국 전역에서 모인 학생들이 기숙사에서 어떤 교우관계를 맺는가를 추적해서 조사했다. 그랬더니 많은 학생들이 같은 방이나 가까운 방의 사람 등 가까운 곳에 있는 사람부터 친해졌다.

● **맥락 효과** Context effect　사전에 노출되는 단서들에 의해 인식이 편향되는 효과. 맥락이 과정에 영향을 미친다. 자극에 대한 인식에 미치는 환경적인 요인의 영향을 말한다. 우리 지각은 과거의 경험과 사전에 알고 있는 지식을 기준으로 더욱 고차원적인 추론과정을 거쳐 완성된다. 처음에 주어진 정보에 의해 나중에 수용되는 정보의 맥락이 구성되고 처리방식이 결정된다는 것이다. '맥락 효과'는 유인 효과, 타협 효과, 범주화 효과 등을 포함하는 개념이다. 처음에 제시됐던 정보가 나중에 들어오는 정보들의 처리 지침을 만들고 전반적인 맥락을 제공하는 것을 첫인상의 맥락 효과라고 한다. 일반적으로는 사전에 가지고 있는 선입견을 바탕으로 좋은 인상을 가진 사람의 행동

은 좋게 평가하고, 나쁜 인상을 가진 사람의 행동은 나쁘게 평가하는 것이다. 얼굴이 예쁜 여성이 공부를 잘하면 기특한 것이 되고, 못생긴 여성이 공부를 잘하면 독하다고 간주하는 것이 그 예다. 또는 성실한 사람이 머리가 좋으면 현명하고 지혜로운 것이 되지만, 이기적인 사람이 머리가 좋으면 교활한 것으로 생각하는 것도 맥락 효과의 예라고 볼 수 있다.

● **빈발 효과** Frequency effect 초두 효과와는 반대 의미. 반복해서 제시되는 행동이나 태도가 첫인상을 바꾸는 것을 말한다. 첫인상이 좋지 않게 형성됐다고 할지라도, 반복해서 제시되는 행동이나 태도가 첫인상과는 달리 진지하고 솔직하면 점차 좋은 인상으로 바뀌는 현상이다.

● **선도자(先導者)의 법칙** 더 좋은 것보다는 맨 처음이 낫다는 뜻. 첫인상이 중요하다는 의미다. 마케팅 법칙에서 많이 사용된다.

● **원근의 법칙** 사실은 그렇지 않은데 멀리 있는 큰 산과 가까이 있는 언덕 중 가까이 있는 언덕이 더 크게 보인다는 것이다. 사람은 단견을 갖기 쉽다는 세상의 이치를 비유적으로 설명한 것이다. 일본 소프트 뱅크의 손정의 사장은 "배를 탔을 때 사람들이 멀미를 하는 이유는 너무 가까이 보기 때문이다. 수 킬로미터 밖의 바다와 산이 어우러진 광경을 보고 있으면 멀미를 할 이유가 없다"고 말했다. 마케팅 전략가 알 리스와 잭 트라우트의 저서 《마케팅 불변의 법칙》에서 제

시한 마케팅 법칙 22가지 중 하나이기도 하다. 시장에서 세일이나 리베이트, 할인쿠폰제 같은 염가판매 마케팅 기법은 마약과 같다. 단기적으로는 매출액을 증대시키지만, 장기간으로 보면 오히려 손해라는 것이다.

● **유사성의 법칙** 근접성의 효과가 차츰 시간이 지나면서 서로의 태도나 성격, 사고방식 등을 알게 되면서 자신과 같은 취미나 관심, 태도, 사고방식을 지닌 사람끼리 모이는 것. 시간이 어느 정도 지나 이들에게서 친근감과 호의를 갖게 되면 끼리끼리 모이는 '유사성의 법칙'이 작용한다.

● **프라이밍 효과** Priming effect 머릿속에 떠오른 특정 개념이 이어 제시되는 자극물의 지각과 해석에 미치는 영향이다. '프라이밍(priming)'이란 최근에 빈번하게 활성화된 개념이 그렇지 않은 개념보다 머릿속에 쉽게 떠오르는 것을 나타내는 용어다.

● **피타고라스의 역설** 그리스 이오니아 사모스 섬에서 출생한 그리스 철학자인 피타고라스(Pythagoras, 기원전 580?~490?)는 모든 것을 숫자로 설명하려고 했다. 피타고라스는 수의 절대성을 믿었으며 수를 종교의 경지로 끌어올렸다. 그로 인해 탄생한 것이 이탈리아 남부에 자리한 피타고라스 학파다. 피타고라스는 수학사에 획기적인 이정표를 그은 '피타고라스의 정리'를 내놓았다. 피타고라스의 정리는 직각삼각형에서 길이가 작은 두 변의 제곱의 합은 빗변의 제곱과 같다는 내

용. 그런데 여기에서 피타고라스 비극의 시작이 됐다. 피타고라스는 세상의 모든 숫자를 1,2,3 등의 정수나 1/2, 1/3 등의 정수를 사용하는 분수로 나타낼 수 있다고 믿었다. 그런데 자신의 정리에서 두변의 길이가 각각 1인 정삼각형에서 빗변의 길이가 루트2가 되는 모순을 내포하는 미지의 숫자를 발견했다. 피타고라스의 제자인 히파소스가 두 변의 길이가 1인 정삼각형의 빗변 길이 루트2는 어떤 경우에도 정수를 사용하는 분수로 표기할 수 없음을 증명했다. 이는 피타고라스 학파의 오류를 암시했기 때문에, 피타고라스의 다른 제자들이 히파소스를 묶어서 배에 싣고 지중해로 끌고나가 던져버렸다고 전해진다. 이 사건을 계기로 피타고라스 학파는 서서히 그 신비의 막을 내리게 되었다.

● **제논의 역설** 그리스 엘레아 학파의 철학자 제논(Zenon, 기원전 490?~430?)이 반대자들의 공격으로부터 스승 파르메니데스의 학설을 지켜내기 위해 사용했던 논증 방법이다. 파르메니데스는 엘레아 학파의 철학체계 설립에 가장 큰 영향을 끼친 사상가. 파르메니데스는 일원론적인 철학사상을 토대로 참되고 진실한 실재는 하나밖에 없으며 이는 변화하지 않는 존재라고 주장했다. 이는 한곳에서 다른 비어 있는 공간으로 물질이 이동한다는 '운동' 개념의 거부로 이어졌다. 세상 사물의 움직임과 다양성은 인간의 감각으로부터 생긴 거짓된 착각이라는 것이다. 그러나 파르메니데스의 철학은 일반적인 상식에 맞지 않았다. 그 자체도 여러 가지 문제점을 지니고 있었기 때문에 많은 논쟁을 불러일으켰다. 이에 제논은 귀류법(歸謬法)을 사용해 스승

의 학설을 옹호하고자 했다. 파르메니데스 학설 자체의 타당성을 곧바로 증명하는 대신 이를 비판하는 견해가 참이라고 가정했을 때 생길 수 있는 모순을 드러내는 데 주력했다. 이중 '화살의 역설(Arrow paradox)'이 있다. 화살이 날아가고 있다고 가정할 때 시간이 지남에 따라 화살은 어느 점을 지날 것이다. 한 순간 동안이라면 화살은 어떤 한 점에 머물러 있을 것이고, 그 다음 순간에도 화살은 어느 점에 머물러 있을 것이다. 화살은 항상 머물러 있으므로 사실은 움직이지 않는 것이라는 이야기다. 또 '아킬레스와 거북이'라는 역설도 있다. 마라톤의 영웅인 아킬레스도 발이 느린 거북이를 결코 따라잡을 수 없다는 것이다. 왜냐하면 거북이를 뒤쫓는 아킬레스는 우선 거북이가 걷기 시작한 출발점에 도달하지 않으면 안 되는데 그 사이에 거북이는 그 출발점보다 더 앞서 나가 있기 때문이다. 아킬레스가 그 점에 도달하기까지 거북이는 또 이미 그 앞에 간다. 이 때문에 서로의 거리는 좁혀질 수 있어도 결코 따라잡을 수는 없다는 것이다. 제논의 논증은 후대 사상가들의 동의와 비판을 번갈아 받아왔다. 그러나 그의 역설은 방식의 옳고 그름을 떠나 당연하고 상식적이라고 생각했던 것들에서도 논리적 허점을 발견할 수 있음을 보여줬다는 점에서 의의가 있다. 제논의 역설은 논리학과 철학뿐 아니라 과학, 문학, 예술, 교육 등 다양한 분야에서 폭넓게 응용되고 있다. 특히 시공간의 상대성 이론에 중요한 기원으로 평가받으며 과학철학 및 물리학, 수학 등에서 비중 있게 다뤄지고 있다.

● **주의감소 현상** Attention decrement phenomenon 첫인상이 강력한 효과를

발휘하기 때문에 후기 정보에 주의를 기울이는 정도가 줄어드는 현상. 첫인상이 나쁘면 나중에 아무리 잘해도 개선되기 어렵다. 나중에 들어오는 정보의 중요성이 처음 들어오는 정보에 비해 가볍게 취급되는 현상인 '중요성 절감 현상(Discounting Phenomenon)'과 유사하다.

● **최신 효과** Recency effect 가장 최근인 것일수록 유리하게 작용한다는 것. 예컨대, 선거에서 2명의 후보자 있다고 가정하자. 1번이 연설한 후 연이어 2번이 연설을 하게 되면 초두 효과가 발생해 1번이 더 유리하게 된다. 반면 1번이 연설한 후 한참 뒤에 2번이 연설하고 바로 이어 투표를 하게 되면 최신 효과가 생기면서 2번이 더 유리하게 된다. 같은 내용임에도 순서와 시간 간격에 따라 설득 효과가 달라지는 것이다.

닻내림 효과 *Anchoring effect*

☞ 초두 효과

이대리 : 월급쟁이가 서울에서 집 사기는 정말 더 어려워졌어.

장사원 : 요즘 평당 가격이 많이 올랐던데요.

김과장 : 분양가 상한제가 없어지면서 건설사가 너나 할 것 없이 평당 가격의 기준점을 올렸기 때문이지.

오차장 : '닻내림 효과' 때문에 분양가가 쉽게 내려가지 않을 거야. 이제 서울 아파트는 서민에게 '그림의 떡'이 된 거지.

• 소비자는 어떤 제품에 대한 가치가 모호할 때 **닻내림 효과**에 영향을 많이 받는다.

• 만약 처벌 상한선이 징역 5년에서 징역 30년으로 올라가면, 법원이 징역 30년을 기준 삼아 형량을 선고하게 되는 심리적 현상인 **닻내림 효과**가 나타날 수 있다.

Q **의미**   '정박 효과' 또는 '앵커링 효과'라고 한다. 앵커 (anchor)는 배가 항구에 정박할 때 내리는 '닻'을 의미한다. 닻은 은유적으로 안정을 가져다주는 '지주(支柱)'라는 뜻으로 쓰인다. 즉, 'The anchor of the family' 하면 '가족의 정신적 지주'라는 뜻이다. 예컨대, 뉴스 프로그램의 앵커는 기자들의 뉴스 보

도를 총괄해 그 어떤 질서와 조화를 부여하는 중심적인 역할을 하는 사람이다. 닻내림(anchoring effect)도 그런 은유적 의미를 끌어다 쓴 작명이다.

'닻내림 효과'는 행동경제학 용어. 닻을 내린 배가 크게 움직이지 않듯, 처음 접한 정보가 기준점이 되어 판단에 영향을 미치는 일종의 편향(왜곡) 현상이다. 처음에 제시된 하나의 이미지나 기억의 영향을 받아 새로운 정보를 수용하지 않거나 이를 부분적으로만 수정하는 행동 특성을 보인다. 행동이나 의사결정의 과정이 애매하고 복잡할 경우 먼저 제시된 행동이나 의견이 하나의 조건이 되고 기준점이 된다. 기준점을 고정한다는 의미에서 '닻내림'이라고 하고, 이후로 제시되는 것들은 이미 내려진 닻의 위치에 대한 조정형태로 나타난다. 그래서 '기준점과 조정 휴리스틱'이라고도 한다. 기준점을 토대로 약간의 조정과정을 거치기는 하나, 그런 조정과정이 불완전하므로 최초 기준점에 영향을 받는 경우가 많다. 닻내림 효과는 여러 곳에서 적용되고 있다. 특히 마케팅 기법에서는 자주 활용된다. 사람을 평가할 때에나 법정 등에서도 나타난다. 미국의 유명 부동산 재벌인 도널드 트럼프는 돈을 많이 버는 비결이 "언제나 가격에 5000만 달러나 6000만 달러 정도를 더 붙인다"며 닻내림 효과를 잘 이용하는 데 있다고 강조했다.

♈ 유래 이스라엘 출신의 미국 심리학자 대니얼 카너먼(Daniel Kahneman, 1934~)과 그의 친구이자 공

동 저자인 아모스 트버스키(Amos Nathan Tversky, 1937~1996)가 1974
년 〈사이언스〉에 발표한 논문 '불확실한 상황의 의사결정:발견 학습
과 편향'에서 처음 언급했다. 그들은 회전판을 돌려 우연히 선택된
숫자가 참가자들의 대답을 결정짓는다는 사실을 증명했다. 인지과
학의 선구자로 꼽히는 카너먼은 미국 프린스턴 대학 명예교수로 심
리학과 경제학의 경계를 허문 행동경제학을 창시했다. 이에 기초한
'전망이론'으로 2002년에 노벨 경제학상을 받았다. 심리학자가 노벨
경제학상을 수상한 건 사상 두 번째. 1978년에 첫 수상한 허버트 사
이먼(Herbert Alexander Simon, 1916~2001)이 수학·경제학 등 학제 간
연구자였던 반면 카너먼은 대학에서 경제학 강의를 들어본 적도 없
는 정통 심리학자라는 점이 다르다. 전망이론은 인간이 합리적 의사
결정을 하는 존재라는 주류경제학의 기본 전제를 부정하는 데서 출
발한다. 카너먼은 수십 년의 연구결과를 묶어 《빠르고 느리게 생각
하기》(2011)라는 책을 펴냈다. 이 책은 흥미로운 실험과 이론들로 가
득하다. 카너먼은 인간의 생각을 크게 빠른 직관과 느린 이성으로 구
분했다.

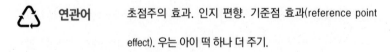

연관어　초점주의 효과. 인지 편향. 기준점 효과(reference point
effect). 우는 아이 떡 하나 더 주기.

연관법칙　● **각인 효과**　세상은 1등만 기억한다. 인간의 인
식구조는 새로운 영역, 새로운 개념을 받아들

일 때 하나의 이름, 명사를 가지고 그 영역을 정의한다고 한다. 새로운 분야에서 접하는 첫 번째 단어가 그 영역의 아이콘 역할을 하게 되는 것이다. 첫사랑이 잊혀지지 않는 것은 사랑이라는 개념공간에 첫 번째로 자리한 이름이기 때문이다. 생물학의 대부로 꼽히는 미국 하버드 대학 교수였던 에드워드 윌슨(Edward Wilson, 1929~)에 따르면 오리나 거위와 같은 조류에는 각인 효과가 있다고 한다. 그들은 알에서 깨어난 후 처음 목격한 존재를 자신의 어미로 인식한다.

● **경로의존의 법칙** Law of path dependency   한 번 일정한 경로에 의존하기 시작하면 그 경로를 벗어나지 못하는 것이 경로의존의 덫이다. 경로의존성은 현상유지를 위해 애쓰는 경향이다. 즉 사고의 관성과 유사한 개념이다. 다시 말해, '초기 조건(initial condition)'이 중요하다는 것이다. 이처럼 한 번 경로가 정해지면 나중에 그 경로가 비효율적이라는 사실을 알면서도 관성과 경로의 기득권 때문에 경로를 바꾸기 어렵거나 아예 불가능해진다. 경로의존성은 사회심리학에서 등장하는 개념으로 경제, 정치, 심리 분야에서 다양하게 통용되고 있다. 미국의 경제학자인 폴 데이비드(Paul Allan David, 1935~)와 브라이언 아서(William Brian Arthur, 1946~)가 처음 제기했다. 미국 역사사회학자인 찰스 틸리(Charles Tilly, 1929~2008)는 주어진 시점에서의 결과가 나중 시점에 가능한 결과물을 제약한다는 의미로 경로의존 개념을 개진했다.

● **관성의 법칙** The law of inertia   'inertia'(관성)의 어원은 '게으르다, 쉬다'

라는 뜻을 가진 라틴어 'iners'에서 유래한다. 관성이란 어떤 물체가 계속 멈춰 있거나 움직이려는 성질, 운동 상태의 변화에 대한 저항력이다. 예컨대, 버스가 갑자기 설 경우에 관성의 법칙이 작용한다. 정지하고 있던 버스가 갑자기 출발하면 그대로 있으려는 관성으로 몸은 순간 뒤로 쏠린다. 반대로 달리던 버스가 갑자기 멈추면 가던 상태를 유지하려는 관성에 의해 몸이 앞으로 쏠린다. 관성이 큰 물체는 운동 상태가 잘 바뀌지 않는다. 타성에 젖어 지금까지의 방식대로 움직인다. '관성의 법칙'은 외부에서 힘이 작용하지 않을 때 성립한다. 즉, 외부에서 힘이 작용할 때 관성은 깨진다. 관성을 바꾸고 싶으면 밖에서 어떻게든 힘이 작용해야 한다. 사람들은 대개 자신의 습관이나 버릇을 쉽게 바꾸려 하지 않는다. 이를 두고 우리는 흔히 관성적이라고 표현한다. 영국의 세계적 물리학자인 아이작 뉴턴(Isaac Newton, 1642~1727)이 1687년《프린키피아》에서 고전역학을 집대성하며 자신의 운동법칙 3가지를 제시했다. 원제는《자연철학의 수학적 원리》. 뉴턴이 발견한 모든 물리학적 법칙들을 정리한 책으로 만유인력의 원리를 처음으로 세상에 널리 알린 것으로 유명하다. 그 첫 번째가 관성의 법칙이다.

● **대조 효과** Contrast effect 연이어 제시된 두 사물의 차이점을 인식하는 과정에 영향력을 미치는 효과. 큰 것과 작은 것, 좋은 것과 나쁜 것을 대비시키면 후자에 대한 거부감이 줄어든다. 이를 '대조 효과' 또는 '대비 효과'라고 한다. 대조 효과는 어떤 사람이나 사물에 대해 비교를 할 만한 그 무엇이 있을 때에 판단을 내리기가 쉽다. 수많은 곳에

서 발견할 수 있는 인간의 기본적인 심리 현상이다. 마케팅에서는 앞서 본 제품의 잔상이 남아 있는 소비자에게 뚜렷이 대비되는 제품을 보여줌으로써 나중의 제품을 객관적으로 볼 수 없게 만드는 일종의 착시 현상을 의미한다. 즉, 뒤이어 뭔가 추하고 값싸고 부족한 것을 보여주면 앞의 것이 더 아름답다거나, 더 값지다거나, 더 크다는 식으로 판단하게 된다는 것이다. 대조 효과는 소비자의 무의식을 이용하는 마케팅 기법이다. "미지근한 물은 손을 담그기 전에 뜨거운 물을 만졌는지 차가운 물을 만졌는지에 따라 차갑게 여겨지거나 뜨겁게 여겨질 수 있다." 영국 사상가 존 로크(John Locke)의 말이다. 너무 잘생긴 사람 옆에 있어 비교가 되느니 자신보다 못한 사람과 함께 있어 상대적으로 우월감을 느끼는 것도 대조 효과다. 대조 효과는 여러 분야에서 다양한 유형으로 나타난다.

● **방사 효과** Radiation effect 매력 있는 짝과 함께 있을 때 사회적인 지위나 자존심이 고양되는 것. 외모가 뛰어나거나 성공한 사람과 함께 있으면 덩달아 높게 평가되는 효과를 말한다.

● **베토벤 오류** Beethoven fallacy '뭔가 있을 거야'라고 단정 짓는 습관을 말한다. 과정과 결과가 서로 비슷하리라는 편견을 꼬집는 말이다. 일반적으로 음악계의 거성 베토벤의 장엄하고 웅장한 음악의 창조 뒤에는 훌륭한 여건과 환경이 뒷받침됐을 것이라고 짐작한다. 하지만 베토벤 성공의 이면에는 장애물이 많았다. 특히 음악가에게 귀가 안 들리는 장애를 갖고 있었다는 것은 치명적이었다. 그렇지만 베토벤

은 이를 극복하고 세계 음악사에 한 획을 그었다. 어떤 기업이 성공 스토리의 주인공으로 화려하게 등장할 때 으레 그곳엔 성공할 수밖에 없는 이유가 존재할 것이라고 미루어 짐작하는 것도 베토벤의 오류 중 하나다.

● **요요 효과** Yo-yo effect 다이어트 성공 후 다시 체중이 불어나는 현상. '요요 다이어트' 또는 '웨이트 사이클링'이라고도 한다. 식이요법에 의한 다이어트로 체중감량에 성공했다가 다시 원래의 체중으로 급속하게 복귀하거나 그 이상으로 증가하는 현상을 일컫는다. 미국 듀크 대학 심리학 · 신경과학과 켈리 브라우넬(Kelly David Brownell, 1951~) 교수가 처음 만들어낸 용어다. 요요가 위아래로 계속 왔다갔다 하는 것에서 착안했다. 요요는 동그란 원형 가운데에 막대를 축으로 하여 끈을 매단 것. 이 끈을 감아 손가락에 끼우고 늘어뜨리면 내려갔던 요요가 다시 빠르게 위로 올라온다.

● **정보의 제시 순서 효과** 대부분의 경우 처음에 제시된 정보가 전체적인 인상에 크게 영향을 미치고 그 이후의 정보일수록 효과가 약화되는 경향이 있다는 것. 실험을 통해 첫인상이 그 사람의 전체적인 인상을 결정하는 데 중요한 영향을 미친다는 사실을 알 수 있다.

낙인 효과 *Labeling effect*

이대리 : 인사팀 김대리가 많이 달라졌어요.

김과장 : 그런 것 같아. 인사팀은 사원들과의 접촉이 많은 부서인데 담당자가 너무 신경질적이고 독선적이야.

이대리 : 원래 본성은 착하고 친근한 성격인데, 인사팀으로 발령받고 나서 일처리 못한다고 매일 구박받더니 지금처럼 된 듯해요.

오차장 : 그게 '낙인 효과'라는 거야. 자꾸 못한다고 하면 점점 부정적인 행동을 보이게 되지.

- 의료진 가족들과 격리자들에게서 메르스 사태로 인한 **낙인 효과**가 나타나고 있다.

- 단순히 **낙인 효과**만을 노린 의혹 제기는 국회의원의 품격을 떨어뜨릴 뿐이다.

$\mathcal{Q}$ **의미** 과거 경력이 현재의 인물평가에 영향을 미치는 것으로 사회심리학에서 일탈행동을 설명하는 한 방법이다. '스티그마 효과(Stigma effect)'라고도 한다. 범죄학뿐 아니라 사회학, 심리학, 정치학, 경제학 등 광범위한 분야에서 두루 쓰인다. 부정적으로 평가해 낙인찍히면 의식적이든 무의식적이든 부정

　　　　　　　　　　　　법칙으로 통하는 사람의 심리

적인 형태의 행동을 하게 되는 경향을 말한다. '불량품'이라는 낙인
이 찍혀 제대로 된 능력을 가졌음에도 이를 평가받기 어려워지는 현
상이다. 예컨대, 전과나 이혼 등과 같은 좋지 않은 과거 경력이 현재
의 인물평가에 영향을 미치는 것이다. 타인이 자신을 긍정적으로 생
각해주면 그 기대에 부응하려고 노력하는 것(피그말리온 효과)과는 반
대 의미다.

《마시멜로 이야기》로 세계적 베스트셀러 작가에 오른 호아킴 데 포
사다(Joachim de Posada)의 《바보 빅터》(2011)라는 책에서 낙인 효과의
현상을 엿볼 수 있다. 훗날 국제멘사협회 회장이 된 빅터 세리브리아
코프는 17년 동안 바보로 살았다. 빅터는 학창시절 말을 더듬어 친
구들에게 놀림을 받았다. 어느 날 학교에서 IQ검사를 했고 선생님은
빅터에게 IQ가 73이라고 알려주었다. 이후 빅터는 말더듬이에서 저
능아라고 조롱을 받아 급기야 학교를 자퇴하고 아버지의 정비소에
서 일을 한다. 어느 날 빅터는 국도변 광고판에서 최고의 천재를 뽑
기 위한 수학문제 광고를 보게 된다. 빅터는 이 문제를 풀어 여자 친
구를 통해 답을 제출했다. 결국 정답을 맞춘 빅터는 그 회사에 특별
채용됐다. 천재가 바보로 추락하게 된 것은 당시 선생님이 IQ 173을
오타라 생각하고 73이라고 이야기해 주었기 때문. 그때의 낙인 효과
가 천재를 바보의 나락으로 떨어뜨렸다.

♈ 유래　　　'낙인 효과'는 사회제도 등을 근거로 해서 특
　　　　　　정인을 범죄자로 인식하게 되면 결국 그 사람

이 범죄자가 된다는 '낙인 이론(Labeling theory)'에서 유래한다. 낙인 이론은 1960년대 미국의 사회학자 에드윈 레머트(Edwin M. Lemert, 1912~1996), 하워드 베커(Howard S. Becker, 1928~)로 대표된다. 낙인 이론은 '사회통제 이론', '사회적 반작용 이론', '사회상호작용 이론'으로도 불린다. 범죄를 사회화 과정으로 이해하는 사회과정 이론으로 볼 수 있다. 낙인 이론은 일탈행위를 이해하는 유용한 방법론이다. 제도, 관습, 규범, 법규 등 사회를 유지하기 위한 기본적인 제도적 장치들이 오히려 범죄를 유발한다고 보고 있다. 사회적 규범에서 볼 때 어떤 특정인의 행위가 이 규범에서 벗어났을 경우, 구성원들이 단지 도덕적인 이유만으로 나쁜 행위라고 규정하고 당사자를 일탈자로 낙인찍으면 결국 그 사람은 범죄자가 되고 만다. 당사자의 행위 자체가 범죄가 되거나 반도덕적 행위가 아님에도 불구하고 사회가 그렇게 규정함으로써 범죄를 유발하게 된다. 낙인 이론에 따르면 일탈행동과 일탈행위자에 대한 판단은 맥락에 따라 달리 이뤄져야 한다는 것이다. 일탈의 예방과 치유를 위해 설립된 교도소, 소년원, 정신병원, 복지갱생시설 등이 흔히 그 본래 임무를 저버리고 일탈을 영속화하고 있음을 비판하기도 한다. 학교 역시 학생들의 생활과 진로를 지도하는 과정에서 일부 집단에게 부당한 낙인을 부여하는 경향이 존재한다는 것도 지적했다. 낙인 이론은 1960년대 이후 미국과 유럽의 범죄학에 큰 영향을 끼쳤다. 범죄정책은 물론 사회, 정치, 경제, 교육 분야에서도 중요한 의미를 갖는다.

법칙으로 통하는 사람의 심리

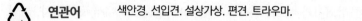

연관어　　색안경. 선입견. 설상가상. 편견. 트라우마.

연관법칙　　● **경마장 심리**　경마장에서 사람들은 베팅을 할 말을 선택하기 전에는 특정한 말에 별로 관심을 보이지 않는다. 하지만 일단 베팅을 할 말을 선택한 뒤에는 그 말에 열광적인 신뢰를 보낸다. 이런 심리를 '경마장 심리'라고 한다.

에펠탑 효과 *Eiffel tower effect*

이대리 : 회사 신사옥이 주위 건물에 비해 밋밋하고 특징이 없어 보이지
　　　　않나요?.

김과장 : 맞아. 인텔리전트 빌딩이라고 하면서 전혀 인텔리 같지 않은 모
　　　　습이야.

오차장 : 처음에는 나도 그랬지만. 자꾸 보니까 좋아지던데. 지금은 신사옥
　　　　이 회사 상징을 가장 잘 표현해주는 건물이 된 것 같아.

나부장 : 그거 '에펠탑 효과' 아냐. 어쨌든 나도 오차장 생각에 한 표!

- 그 사람을 처음 만났을 때는 싫었는데 자주 보니 **'에펠탑 효과'**가 생겼다.
- 그 광고는 **'에펠탑 효과'**를 톡톡히 누렸다.

Q　**의미**　　　자꾸 보면 정이 든다. 어떤 대상을 자주 접하게
　　　　　　　　되면 그 대상에게 좋은 감정을 느끼게 되는 현
상이다. 처음에는 싫어하거나 무관심했지만 계속해서 마주치게 되면
나중에는 정이 들고 좋아지는 상황을 말한다. 차츰 접하는 횟수가 늘
어나면서 점점 친근감을 느끼고 호감이 생기는 경우다. 이 효과를 상

업적으로 가장 잘 이용하고 있는 분야가 광고다. 똑같은 광고를 계속 반복해서 보거나 듣게 되면 자기도 모르게 어느새 흥얼거리며 따라 하게 되고 그 상품을 선호하게 된다.

♈ **유래** 프랑스의 명물 에펠탑에서 유래한다. 에펠탑은 알렉상드르 귀스타브 에펠(Alexandre Gustave Eiffel, 1832~1923)에 의해 프랑스 대혁명과 1889년 파리에서 개최되는 파리 만국박람회를 기념하기 위해 건립됐다.

에펠탑은 처음 건립됐을 때에는 혐오의 대상이었다. 설계단계부터 흉물 소리를 수없이 들었다. 탑을 세우기 위해 건립계획과 설계도가 발표되자, 시민들은 에펠탑 건립을 결사적으로 반대했다. 그들은 파리가 5, 6층짜리 고풍스러운 고딕양식 건물로 이뤄진 도시인데, 거대하고 흉측한 철탑이 파리의 정경을 완전히 망쳐놓을 것이라고 비난했다. 악마의 표식 같다는 혹평도 했다. 파리의 작가, 화가, 조각가, 건축가들은 〈르땅지〉에 '예술가의 항의'라는 글을 발표하고 이를 공식적으로 배척했다. 시인 베를렌(Paul Verlaine, 1844~1896)은 흉측한 에펠탑이 보기 싫다며 탑 근처에도 가지 않겠다고 공언했다. 심지어 대문호인 모파상(Guy de Maupassant, 1850~1893)은 에펠탑이 완공되면 파리를 떠나겠다는 글을 남기기도 했다. 언론매체들도 에펠탑이 도중에 쓰러질 가능성이 높다는 악의적인 기사들을 쏟아냈다. 물론 아무런 과학적 근거는 없었다.

에펠탑은 끝내 해체되지 않았다. 우여곡절 끝에 1889년 3월 31일에 완공됐고, 그해 5월 15일에 관람객들에게 공개됐다. 결과는 대성공이었다. 6개월 동안의 박람회 기간 동안 많게는 하루에 2만여 명이 에펠탑을 보기 위해 입장했다. 그러자 언론은 태도를 바꿔 에펠탑을 찬양하는 기사를 내보냈다. 일반 시민들에서 상류층에 이르기까지 파리 시민은 모두 에펠탑의 매력에 빠졌다. 반면 모파상은 여전히 에펠탑이 하루빨리 해체되기를 바랐다. 심지어 몽소공원에 세워진 자신의 동상이 에펠탑을 등지도록 돌려놓았다. 그는 에펠탑 1층에서 자주 식사를 했다고 하는데, 이는 파리에서 에펠탑이 보이지 않는 유일한 식당이 에펠탑 내의 식당이었기 때문이었다고 한다.

박람회가 끝나자마자 에펠탑의 인기는 급속도로 식어버렸다. 그렇지만 에펠탑은 당시 무선 송신의 중계소로 더할 나위 없이 좋은 시설이었다. 도시 한복판에 있는 세계에서 가장 높은 건축물이었기에 이런 역할을 수행하는 데 적합했다. 1935년에는 최초의 텔레비전 실험방송을 위한 송신 안테나가 설치됐다. 에펠탑은 오늘날까지도 지상파 및 케이블 방송을 위한 안테나로서의 역할을 충실히 수행하고 있다. 300m 높이로 설계됐지만 안테나가 설치되면서 현재의 높이인 324m로 확장됐다.

파리 시민들은 눈만 뜨면 파리 시내 한복판에 세워진 거대한 탑을 본다. 오랫동안 에펠탑을 보다 보니 자연스레 정이 들고 좋아졌다. 이제 에펠탑은 프랑스 사람들이 가장 자랑스럽게 여기는 프랑스와 파리의 대표적 상징물이 되었고, 세계의 수많은 관광객을 끌어들이는 대표적인 관광명소로 자리매김했다.

연관어　노이즈 마케팅. 다홍치마 효과. 친숙함. Out of sight, out of mind.

연관법칙　● **에펠탑 콤플렉스**　전 세계 여러 나라에서 에펠 탑을 능가하는 건축물을 지으려고 노력했지만, 아직까지 그 어떤 건축물도 에펠탑만큼의 상징성을 부여받지 못하고 있다는 의미다.

● **단순노출 효과** Mere exposure effect　'단순접촉 효과', '단순친숙 효과' 라고도 한다. 단지 자주 보는 것만으로도 호감을 느끼게 된다는 것. 자주 노출되면 그에 대한 친숙성이 증가하는 현상이다. 의도적인 인 식이 없이도 노출의 빈도에 따라 그 대상에 대해 호감이 생길 수 있 다음을 말한다. 폴란드 출신의 미국 사회심리학자 로버트 자이언스 (Robert Boleslaw Zajonc, 1923~2008)가 1960년대 처음으로 이를 언급했 다. 그는 실험을 통해 단순노출 효과를 입증했다. 대학의 한 강의실 에 그다지 눈에 띄지 않는 외모의 여학생들을 들여보냈다. 여학생에 따라 15회에서 0회까지 수업에 들어가는 횟수에 차등을 두어 조정했 다. 또한 강의실의 학생들과 어떤 이야기도 나누지 말고, 수업이 끝 난 후 따로 만나지도 못하게 했다. 한 학기가 끝난 후 강의실의 남녀 학생들에게 이들 여학생의 사진을 보여주고, 가장 매력적으로 느껴 지는 얼굴을 순서대로 나열하라고 했다. 그랬더니 15회 들어간 여학 생을 가장 매력적인 얼굴로, 한 번도 들어간 적 없는 낯선 얼굴을 가

장 매력 없는 얼굴로 뽑았다. 완전히 들어맞진 않아도 선호도는 강의실에 들어간 횟수와 비례하는 양상을 보였다. 자이언스와 그의 동료들은 얼굴에 대한 태도가 노출의 횟수에 따라 달라지는 이러한 현상에 대해 '단순노출 효과'라는 이름을 붙였다. 또 학생들에게 12장의 얼굴 사진을 무작위로 여러 번 보여주고 얼마나 호감을 느끼는지를 측정했다. 사진을 보여주는 횟수를 0회, 1회, 2회, 5회, 10회, 25회 등 6가지 조건으로 나누고, 호감도를 분석한 결과 사진을 보여주는 횟수가 증가함에 따라 호감도도 증가하는 것으로 나타났다. 또 순간노출기를 이용해서 여러 개의 다각형을 5회씩 보여주고 선호도를 측정했다. 그가 다각형을 피험자에게 제시한 시간은 사람들이 형태를 인식할 수 없을 정도로 짧은 1000분의 1초였다. 이 정도의 시간은 사람들이 제시한 자극의 형태를 인식할 수 없을 뿐 아니라, 자극을 제시했는지조차 알아차리기 힘들 정도로 짧은 시간. 그리고 나서 노출시켰던 다각형을 각기 노출시키지 않았던 다각형과 짝을 지어 제시하면서 어떤 것이 보았던 것인지, 그리고 두 다각형 중에서 어떤 것이 마음에 드는지를 측정했다. 그 결과 순간노출기로 노출했던 도형을 더 선호하는 것으로 나타났다. 미국심리학회(APA)의 전임 회장인 허버트 크루그먼(Herbert E. Krugman, 1921~)이 광고와 소비자심리 분야에서 이를 심층적으로 연구했다. 크루그먼은 한 광고에 세 번 정도 노출되도록 하는 것이 광고효과에 좋다는 '3회 노출 이론'을 주장해 주목을 받았다.

법칙으로 통하는 사람의 심리

후광 효과 *Halo effect*

이대리 : 동기 중에 외모가 영화배우 뺨치는 친구가 있던데.

장사원 : 그 친구는 여자들한테 인기가 많아요.

이대리 : 학벌과 집안도 좋을 것 같고. 하여튼 부익부 빈익빈이라니까.

오차장 : 그런 게 바로 '후광 효과'라는 거야.

- 그 음식점은 TV방송의 **'후광 효과'**를 톡톡히 보고 있다.

- 여당이 보궐선거에서 승리하자 당 대표의 지지율이 급등하는 등 **'후광 효과'** 덕을 톡톡히 누리고 있다.

Q **의미**　　후광처럼 사람들의 본질을 달리 비춘다는 뜻이다. 외모나 지명도, 학력과 같이 어떤 사람이 갖고 있는 한 가지 장점이나 매력 때문에 관찰하기 어려운 다른 성격적인 특성들도 좋게 평가되는 것을 의미한다. 사물이나 사람을 평가함에 있어서 부분적인 속성에서 받은 인상 때문에 다른 측면에서의 평가나 전체적인 평가가 영향을 받는 부적절한 일반화의 경향을 뜻한다. 미팅 자리에서 만난 상대가 그저 그렇다가도 그 사람의 학력, 직

업 등의 배경을 듣고 나서는 그 사람에 대한 평가가 달라지는 것이 그 예다. 외모가 호감이 가면 연쇄작용을 일으켜 성격도 좋을 것 같고, 머리도 좋을 것 같다는 생각을 갖게 하는 것이다. 회사 면접시험에서의 후광효과는 대표적인 예다. 지원자 정보 중 출신학교, 성적, 학위 등이 특출하면 그 사람이 다른 지원자보다 더 일을 잘하고 뛰어날 것으로 판단하게 된다는 것이다. 후광효과는 무의식적으로 자주 사용한다. 첫인상의 성급함을 지적한 문제가 있기는 하다. 첫인상이 평가로 이어져 판단의 객관성을 잃어버릴 우려가 있기 때문이다.

♈ **유래**   후광이란 부처의 머리 뒤에서 비추는 광채, 또는 혜성의 꼬리를 가리킨다. 그 덕분에 부처의 얼굴이 더욱 인자하게 보이는 효과를 준다. 미국의 경제학자 대니얼 해머메시(Daniel Selim Hamermesh, 1943~)는 외모가 실제로 임금에 어떤 영향을 미치는지를 연구했다. 그는 1994년에 아름다움(pulchritude)과 경제(economic)를 합친 '펄크리노믹(pulchrinomic)'이라는 아름다움의 경제 연구에 대한 논문을 발표했다. 그는 논문에서 1970년대 미국과 캐나다 근로자들의 외모와 보수를 비교 평가했다. 그 결과 매력적인 외모의 근로자가 평균 외모의 근로자보다 보수를 5퍼센트 더 받는다는 사실을 밝혀냈다. 잘생긴 남성은 못생긴 남성에 비해 임금이 평균 14퍼센트 더 높았고, 여성의 경우는 9퍼센트 정도 더 높았다. 잘생긴 사람들에게 '외모 프리미엄'이 작용한 덕분이다. 해머메시는 《미인 경제학》의 저자이기도 하다.

외모에 대한 또 다른 연구로는 비만과 임금의 관계에 대한 것이 있다. 수전 에버렛(Susan Everett)은 1996년에 미국인을 상대로 체중을 기준으로 한 임금분포를 조사했다. 비만인 여성은 정상 체중인 여성에 비해 12퍼센트, 비만인 남성은 정상 체중인 남성에 비해 9퍼센트 임금이 낮았다는 결과를 얻었다.

♲ **연관어**   선입견. 편견. 첫인상. 선호에 기반을 둔 차별.

🔗 **연관법칙**   ● **권위자의 보증**   제약회사의 세일즈맨이 약효를 설명하는 것보다 그 분야의 전문가인 대학 교수나 약학자의 의견을 소개하는 자료를 보이면 효과가 배가된다는 것. 악용해서는 결코 안 되지만, 권위자나 전문가의 의견을 원용하는 것으로 자신의 의견에 대한 설득력을 높이는 매우 유효한 수단으로 활용된다.

● **발산 효과** Radiation effect   매력 있는 사람과 함께 있을 때 내 평가가 높이 올라가는 것. 매력적인 사람과 어울림으로써 자신이 더욱 돋보인다고 여기는 것을 말한다.

● **스타벅스 효과** Starbucks effect   제품 하나가 혁신을 이뤄 성공, 히트함으로써 그 제품이 속해 있는 시장 전체가 프리미엄급으로 격상되는

효과. 스타벅스가 등장하기 전까지 커피시장은 하향세에 있었다. 그런데 스타벅스가 새로운 문화공간으로서 인기를 누리게 되자 커피시장 전체가 부흥을 맞게 됐다. 이처럼 스타 브랜드가 뜨면서 해당 산업 전체가 활성화되거나 성장하는 현상을 말한다.

● **신호 효과** Signal effect 1991년에 노벨경제학상을 수상한 미국의 경제학자 마이클 스펜스(Andrew Michael Spence)가 고안한 이론. 정보경제학에 '신호'라는 개념을 처음 도입했다. 모든 사람이 똑같은 정보를 가지고 있지 않은 '정보 비대칭 상황'에서 많은 정보를 가진 사람이 적은 정보를 가진 사람에게 신호를 보낼 때 나타나는 효과를 말한다. 예컨대, 입사 지원자들은 고학력을 취득함으로써 자신의 능력을 입증하는 신호를 보낸다. 그러면 회사는 고학력자가 그만큼 뛰어난 능력을 발휘할 것이라 생각해 더 높은 봉급 등의 처우를 제공한다.

● **악마 효과** Devil effect 못 생긴 외모 때문에 그 사람의 다른 측면까지 부정적으로 평가하는 경향을 말한다. 호감이 가지 않는 인상이면 그 사람은 지능이 떨어지거나 이기적이고 좋지 않은 행동을 할 것이라고 생각하는 경우다.

쿨리지 효과 *Coolidge effect*

이대리 : 우리나라는 '일부일처제'니까 결혼하면 오직 한 사람만을 해바
라기처럼 바라보고 살아야 해.

장사원 : 하지만 요즘은 이혼을 많이 하던데요. 황혼 이혼도 늘고 있고요.

이대리 : 조선시대 왕만 해도 왕비 이외에 많은 후궁을 두었지. '쿨리지
효과'를 톡톡히 봤겠어.

장사원 : 그렇지도 않을 것 같아요. 과유불급이라는 말이 있잖아요.

- 남자들은 이미 본 여자 사진을 다시 보여주면 선호도가 떨어진다며 이를 일종의 **쿨리지 효
과**에 비교했다.

- 내 떡이 작아 보이고, 남의 떡이 커 보이는 것 또한 **쿨리지 효과**로 볼 수 있다.

Q 의미

상대를 바꾸었을 때 욕망이 증대되는 경우를 일
컫는 용어다. 고정된 상대에게는 어느 정도 시
간이 지나면 성적 욕구가 식어버리지만 상대가 바뀌면 새로운 성욕
이 돋는 현상이다. 새로운 암컷에 대해 새로운 자극을 얻는 효과를
말한다. 수컷이 여러 암컷과 관계를 원하고, 암컷이 새롭게 바뀔수록

092

강한 자극을 얻는다는 것이다. 심리학에서는 반복되는 일로 권태감을 줄이기 위해 일시적으로 다른 일에 관심을 돌림으로써 일의 효율을 높일 수 있다는 의미로도 쓰인다.

♈ **유래** 미국의 제30대 대통령인 존 캘빈 쿨리지(John Calvin Coolidge, 1872~1933)의 이름에서 유래한다. 대통령 쿨리지와 그의 부인 그레이스 안나 쿨리지(Grace Anna Coolidge, 1879~1957)의 일화에서 나온 말이다. 쿨리지는 전직 대통령인 하딩(Warren Gamaliel Harding, 1865~1923) 시절 부통령을 지냈다. 하딩 대통령이 갑자기 심장마비로 사망하자, 부통령이었던 쿨리지가 부친의 고향집에서 휴식을 취하던 중 대통령직을 이어받았다. 쿨리지는 평소에 잠을 많이 자기로 유명했다. 대통령이 된 후에도 매일 11시간 이상을 잤다. 이 때문에 언론으로부터 "그의 업적은 다른 어떤 대통령보다 잠을 더 많이 잔 것"이라는 혹평을 듣기도 했다. 하지만 검소함과 도덕성을 높이 평가받아 재선에 성공했다. 그도 퇴임 4년 후 하딩처럼 심장마비로 세상을 떠났다.

대통령 재직 시절인 어느 날 쿨리지 대통령 부부는 시골의 한 농장을 방문했다. 농장의 닭장 속에는 수탉이 암탉보다 훨씬 적었다. 이를 의아하게 여긴 쿨리지 부인이 농부에게 "수탉은 몇 마리에 불과한데, 어떻게 그토록 많은 알들을 생산할 수 있냐"며 "수탉은 하루에 몇 번이나 암탉들과 관계를 갖느냐"고 물었다. 이에 농부가 "수탉은 암탉과 셀 수 없이 관계를 가진다"고 대답했다. 그러자 부인이 농부에게 귀엣말로 "남편에게도 이 이야기를 꼭 좀 전해달라"며 속삭였다. 이 말을 엿들은 대통령이 대뜸 농부에게 "수탉이 항상 같은 암탉하고만 관계를 갖는 거냐"고 되물었다. 이에 농부는 "수탉은 항상 다른 암탉하고만 관계를 가진다"고 대답했다. 그러자 대통령이 "그럼 그 얘기를 꼭 내 아내에게도 전해 달라"며 재치 있게 응수했다.

여러 학자들은 수컷과 암컷 간의 성적 취향을 알아보기 위해 쥐, 닭, 양, 황소 등을 통한 동물실험을 했다. 그 결과 수컷들은 동일한 암컷과의 관계에서는 쉽게 지치고 싫증을 느꼈다. 하지만 새로운 암컷이 나타나면 언제 그랬느냐는 듯 다시 원기를 회복했다. 이러한 현상에 대해 미국 심리학회에서는 1948년 '쿨리지 효과(Coolidge effect)'를 심리학 용어로 정식 채택했다.

독일의 심리학자인 디트리히 클루스만(Dietrich Klusmann)은 2002년 19세에서 32세까지의 성인 남녀 1865명을 대상으로 쿨리지 효과를 조사했다. 조사에서 남성은 시간이 지나도 파트너와 잠자리를 하고 싶다는 욕구가 별로 줄지 않는 반면, 여성은 급격히 감소해 8년이 지나면 20퍼센트의 여성만이 남편과 자고 싶다고 대답했다. 예상과는 달리 쿨리지 효과가 극적으로 나타나는 것은 남성이 아니라 여성이었다. 클루스만이 발견한 또 다른 결과도 관심을 끈다. 여성은 시간이 지날수록 남편과의 잠자리를 꺼리지만, 남편을 다정하게 대하려는 마음은 더 깊어진다고 한다. 젊었을 때는 성적 매력으로 남편을 잡았다면, 나이가 들면서는 다정함과 포근함으로 남편을 매료시킨다는 것이다.

연관어   심리적 피로감. 수탉 효과.

연관법칙   ● **'황소 이론'** '황소의 법칙'이라고도 한다. 황소
는 '쿨리지 효과'에 반응하는 대표적인 동물. 황
소는 성질이 사납고, 암소 욕심이 많다. 그래서 한 우리 안에 황소 두
마리 이상을 둘 수가 없다. 결국 한 울타리 안에 한 마리의 황소와 여
러 마리의 암소가 지내게 된다. 황소는 새로운 암소가 지속적으로 등
장하는 조건이면 한 번 관계를 맺은 암소와는 다시 짝짓기를 하지 않
는다.

루키즘 _Lookism_

☞ 쿨리지 효과, 후광 효과

김과장 : 요즘 젊은이들은 모두 미남미녀야.

이대리 : 맞아요. 신입채용 면접자들이 회사 로비에 있는데 모두 키가 크고, 이쁘고….

장사원 : '루키즘'에 더 신경을 쓰는 세대라 더 그렇게 보일 거예요.

김과장 : 요즘 같으면 이대리는 회사 입사가 쉽지 않았겠어.

- 연예인들이 일정 부분 우리 사회에 만연된 **'루키즘'**을 부추기고 있다.

- 주식투자자도 **'루키즘'**에 빠질 수 있다. 간판만 번지르르한 기업이나 핑크빛 증시재료에 현혹되기 쉽다.

Q **의미** 'Look+ism'의 조어. 외모 지상주의를 말한다. 외모가 개인 간의 우열과 성패를 가름한다고 믿고 외모에 지나치게 집착하는 경향이나 현상이다. 또는 그러한 사회 풍조, 외모 차별주의, 외모 집착증 등의 의미를 담고 있다.

♈ **유래**　풀리처상 수상자이자 〈뉴욕타임스〉의 저명
칼럼니스트인 윌리엄 새파이어(William Safire,
1929~2009)가 2000년 자신의 칼럼 '언어에 대하여(On Language)'에서
처음 사용했다. 이후 이 말은 신조어로 급부상하며 널리 쓰이게 됐
다. 그에 의하면 인류역사상 인종, 성별, 종교, 이념 등에 이어 '외모'
가 사람들 사이에 불평등을 만들어내는 새로운 원인으로 지목되고
있다는 것이다. 리처드 닉슨(Richard Nixon, 1913~1994) 전 미국 대통령
의 연설문을 담당하기도 했던 그는 〈뉴욕타임스〉에서 1973~2005년
까지 격주로 3000편 이상의 칼럼을 썼다. 특히 영어 단어와 문장의
어원을 밝힌 '언어에 대하여' 칼럼은 언어학 분야에서 영향력 있는
평론으로 평가를 받았다. 그는 이 칼럼을 1979년부터 30년 동안 연
재했다.

18세기 영국의 철학자 데이비드 흄(David Home, 1711~1776)은 멋진 외
모는 곧 성공이라는 것은 연상작용의 결과라며 이를 처음으로 체계
적으로 이론화했다. 흄은 지독하게도 의심이 많은 성격으로 유명했
는데, 본질이라는 것은 원래 없다고 했다. 다만 우리의 머리가 만들
어낸 하나의 작품이고, 우리는 그저 하나의 대상을 보면 머릿속에 여
러 가지 이미지들을 떠올린다는 것이다.

 연관어　꽃미남. 완소남.

연관법칙 ● **아도니스 신드롬** Adonis syndrome 남성들의 외모 집착증. 아도니스는 아름다운 용모로 인해 미의 여신 아프로디테의 극진한 사랑을 받았다는 그리스 신화에 나오는 미남 청년이다. 그는 사냥을 하다가 멧돼지에게 물려 죽었다. 아도니스가 죽으면서 흘린 피에서는 아네모네가 피어났고, 여신 아프로디테의 눈물에서는 장미꽃이 피어났다고 전해진다.

● **워런하딩 효과** Warren Harding effect 외모 덕분에 유능하거나 정직해 보이는 현상. 워런 하딩(Warren Gamaliel Harding, 1865~1923)은 1920년 공화당 후보로 나서 미국의 제29대 대통령으로 선출됐다. 키가 크고 근엄하게 생긴 데다 중후한 목소리를 지녀 외모로 대통령까지 됐다는 말이 돌 정도로 매력적이었다. 대통령직(1921~1923) 평가는 낙제점 수준. 미국 역사상 가장 무능한 대통령으로 평가받았다.

신데렐라 콤플렉스 *Cinderella complex*

☞ 피터팬 신드롬

이대리 : 총무부 미스 김 이야기인데….

장사원 : 무슨 일 있어요?

이대리 : 좋은 직장에 키 크고 잘생긴 남자를 소개해줬는데 몇 번 만나더니 더 이상 안 만날 모양이야. 집안 형편이 좀 여유가 없는 것 빼고는 거의 완벽한데. 참, 여자 속마음은 알 수가 없어.

장사원 : 혹, 미스 김에게 '신데렐라 콤플렉스'가 있는 거 아닐까요?

- 그 드라마는 여성들의 **'신데렐라 콤플렉스'**를 자극했다.
- 구두 매장의 남자 직원은 여성 고객들에게 구두를 직접 신겨주면서 잃어버린 유리구두를 찾는 **'신데렐라 컴플렉스'**를 자극해 구매욕을 부추긴다.

Q 의미   남성에게 의탁해 안정된 삶을 꾀하려는 여성의 의존심리상태를 말한다. 자신의 능력으로 자립할 수 없는 여성이 동화 속의 신데렐라처럼 일시에 자신의 인생을 변화시켜줄 남성의 출현을 기다리는 심리적 의존상태를 표현한 말이다. 이런 여성들은 자신만을 위해주는 백마 탄 왕자님이 갑자기 나타

나 모든 것을 변화시켜주기를 기대한다. 왕자님을 만나 신분상승과 함께 찬란한 행복을 꿈꾸며, 남자를 통해 마음의 안정을 찾고 또 그로부터 보호받기를 원한다. 이 증상의 특징으로는 의존성, 두려움, 열등감, 결혼에 대한 경제적·정서적 집착과 무기력증, 취업이나 자신의 일에 대한 회의와 공포심 등이 있다. '신데렐라 콤플렉스'에 빠진 여성은 어릴 때는 부모에게, 성인이 된 뒤에는 애인이나 남편에게 의지하려고 한다. 이 증상은 꿈과 현실 사이에서 갈등하는 심리가 깊어지면 나타난다.

♈ **유래**　미국의 여성 심리학자 콜레트 다울링(Colette Dowling, 1938~)이 1982년에 자신의 저서를 펴내며 《신데렐라 콤플렉스》라는 제목을 붙였다. 그가 이 작품을 통해 여성의 자립을 촉구하면서 유명해진 용어다. '신데렐라 증후군(Cinderella syndrome)'이란 말은 캐나다의 의사인 피터 르윈(Peter K. Lewin)이 1976년에 의학 잡지에 기고한 글에서 처음 사용했다.

동화 《신데렐라》는 계모에게 학대받던 여성이 왕자를 만나 결혼하게 된다는 내용이다. 우리가 일반적으로 알고 있는 《신데렐라》는 민담으로 전해 내려오던 것을 프랑스의 동화작가 샤를 페로(Charles Perrault, 1628~1703)가 1697년에 옛 이야기를 모아 출판한 것이다. 영어명 신데렐라(Cinderella)는 '재를 뒤집어쓰다'는 뜻. 항상 부엌 아궁이 앞에서 일을 하는 데서 붙여진 별명이다. 착하고 예쁜 신데렐라는 귀족의 딸이지만 새엄마의 학대와 이복자매인 두 언니들의 심술로,

하녀와도 같은 혹독한 나날을 보낸다. 그러던 중 요정의 도움을 받아 무도회에 나가 왕자를 만나게 된다. 우연히도 무도회장에 남겨놓고 떠난 유리구두가 왕자와의 인연을 연결하는 끈이 된다. 왕자는 구두 주인인 신데렐라를 만나 사랑을 나누게 되고 결국 자신의 아내로 삼는다. 외적인 아름다움도 중요하지만, 착한 성품은 그 가치를 매길 수 없을 만큼 귀중한 것이라는 교훈을 던져주고 있다. '착한 여자' 신데렐라 이야기는 세계적으로 1000여 종에 달한다. 이탈리아의 '센드라외울라', 러시아의 '부레누슈카', 이라크의 '가난한 소녀와 암소', 베트남의 '카종과 할록' 등이 모두 고난 끝에 행복해지는 이야기다. 우리나라의 '콩쥐 팥쥐'도 마찬가지다. 지금까지 발견된 가장 오래된 신데렐라 이야기는 중국에 있다. 당나라 때 단성식(段成式, ?~863)이 편찬한 《유양잡조(酉陽雜俎)》에 신데렐라와 같은 착한 여자 이야기가 나온다.

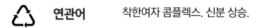

연관어   착한여자 콤플렉스. 신분 상승.

연관법칙   ● 신데렐라 법 영국에서 추진하는 가칭 법 이름. 영국 일간 〈텔레그래프〉는 2014년 3월 영국에서 부모가 아이들을 사랑하지 않는 것도 처벌할 수 있는 법이 만들어진다고 보도했다. 새로운 법은 '신데렐라 법'으로 불린다. 신체적, 성적 학대뿐 아니라 신데렐라를 구박하는 계모처럼 일부러 아동을 무시하고 사랑을 주지 않는 등 아동의 감정 발달을 저해하는 행동을 하는 부모가 처벌 대상이다. 아이가 가정폭력을 지켜보도록 하거나 모욕적인 처벌을 하는 것도 금지된다. 학대의 경중에 따라 최고 10년의 징역형까지 가능하다. 그동안 공권력은 신체적, 성적 학대로 건강상 문제가 발생했을 때만 제재할 수 있었다.

● **온달 콤플렉스** 부와 능력을 갖춘 여성과 결혼해 안정적인 생활을 보장받고 출세를 하고 싶은 남성들의 심리적 의존상태. 평강공주가 바보 온달을 명장으로 만든 것처럼 자신의 성공을 도와줄 재력 있는 처가를 만나거나 능력 있는 여성을 아내로 맞고 싶은 남성들의 의존심리다. 평강공주는 고구려 25대 왕이었던 평원왕의 외동딸. 경제적, 사회적으로 능력이 부족한 남성들뿐 아니라 남보다 빠르게 부와 지위를 얻고자 하는 남성들에게서도 이와 같은 현상이 나타난다. 이들은 결혼을 통해 처가와 부인 덕을 바라면서도 이에 대해 열등감을 가진다. 그런데 시간이 지날수록 열등감이 사라지고 처가와 부인 덕을 보는 것을 당연하게 여긴다.

● **평강공주 콤플렉스** 자신보다 능력이 모자라는 남성을 남편으로 맞아 든든한 내조를 함으로써 배우자의 능력을 키워주고 성공으로 이끄는 데에 성취감을 느끼는 여성들의 심리다.

피터팬 증후군 *Peter Pan syndrome*

나부장 : 키덜트(kid+adult)족이 늘어간다며?

오차장 : 그렇다나 봐요. 어른아이가 많아지는 거죠.

나부장 : 소설《양철북》의 오스카는 성장이 멈춰 1미터도 안 되는 키로 평
　　　　생을 살았다지. 하지만 오스카는 양철북을 두들기며 사회에 경
　　　　종을 울리는 등 생각만큼은 웬만한 어른보다 나았지.

오차장 : 덩치는 어른인데 아이로 남고 싶어 하는 '피터팬 증후군'이 문제
　　　　인 거죠.

- 우리나라 기업에서도 정부 지원을 계속 받기 위해 근로자 고용을 더 이상 늘리지 않거나
  오히려 줄이는 소위 **피터팬 증후군** 현상이 발생하고 있다.
- 중견기업으로 성장하지 않고 중소기업으로 남아 정부지원의 수혜를 보려는 현상을 중소기
  업의 **피터팬 증후군**이라고 할 수 있다.

Q　　**의미**　　신체적으로는 어른이 되었지만 그에 따른 책임
　　　　　　　　과 역할을 거부하고 어린이로 남아 있기를 바라
는 심리상태. 성인이 되어서도 유아기의 심리성향을 보이는 것을 뜻

한다. 보통 남성들에게 붙이는 용어다. 경제적인 상황에 이끌려 어쩔 수 없이 독립이 늦어지거나 못하게 된 것이 아니라, 책임지는 상황을 회피하고 싶은 마음이 더 커서 어른아이에 머무르고자 하는 심리다. 남성에게 깃들은 정신적인 미숙함과 응석의 심리를 교묘하게 표현한 말이다. '피터팬 증후군'은 심리적인 취약성에 집중하는 개념이라고 할 수 있다. 하지만 의학계에서 공식 질병으로 인정하는 것은 아니다. 정부의 보호정책 그늘에서 의존적인 모습을 보이며 무책임한 경영을 하고 있는 기업들을 '피터팬 증후군'으로 설명하기도 한다. 이중 하나가 중소기업의 피터팬 증후군이다. 중소기업이 계속해서 혜택을 받으려고 성장을 기피하는 현상을 말한다. 중소기업에 계속 머물며 보호받으려는 심리를 뜻한다. 심지어 성장 여력이 충분한 중소기업 조차 성장을 기피하거나, 회사를 쪼개 일부를 해외에 이전하는 방법으로 성장을 은폐한다. 중소기업의 잘못이라기보다 중소기업이 중견 기업이 되면 지원이 줄고 규제가 늘어나기 때문에 생기는 전형적인 칸막이 현상이다.

♈ 유래　　　영국 동화 《피터팬》에서 유래한다. 영원히 늙지 않는 동화 속 주인공 피터팬에 비유한 것이다. 미국의 임상 심리학자 댄 카일리(Dan Kiley)는 1983년에 《피터팬 증후군:어른이 되지 않는 사람들》을 펴냈다. 이 책에서 몸은 어른이지만 어른의 세계에 끼지 못하는 '어른아이'가 늘어나는 사회현상을 반영해 '피터팬 증후군'이라 이름 붙였다. 그는 피터팬 증후군이 출현한

사회적 배경으로 가정의 불안정, 학교 및 가정교육의 기능 저하와 미국의 페미니즘 정착에 따른 여성, 특히 주부들의 자립을 꼽았다. 또 1970년대 후반부터 여권신장과 경기침체로 인해 상대적으로 남성들의 사회적, 정치적 힘이 약해지면서 여성들에게 의존적인 모습을 보이는 남성들이 증가한 것도 원인이라고 보았다. 이제 이 개념은 성별에 상관없이 지나치게 타인에게 의존적인 사람의 모습을 설명하는 데 사용되고 있다.

《피터팬》은 영국의 소설가이자 극작가인 제임스 매튜 배리(James Matthew Barrie, 1860~1937)가 1911년에 발표한 동화다. 원래 피터팬은 그의 소설 《켄싱턴 공원의 피터팬》에서 새와 요정에 둘러싸여 신비한 삶을 사는 아기로 등장했었다. 그러던 피터팬의 모습은 희곡 〈피터팬〉에서 네버랜드의 날아다니는 소년 영웅으로 바뀌었고, 이 작품은 1911년에 《피터와 웬디》로 소설화됐다. 피터팬은 네버랜드라는 상상의 섬에 사는 영원한 소년에 관한 동화다. 네버랜드는 영원히 어른이 되지 않는 나라. 그곳에는 어렸을 적 부모를 잃은 아이들이 있는데, 피터팬도 그중 한 명이다. 어느 날 피터팬은 달링 부부의 집에 들어갔다가 그 집의 개에게 그림자를 빼앗기고, 이를 되찾기 위해 요정 팅커벨과 함께 다시 그곳을 찾는다. 달링 부부의 딸 웬디 덕분에 그림자를 찾게 된 피터팬은 웬디에게 네버랜드를 소개하며 그곳에 살고 있는 아이들의 엄마가 되어줄 것을 부탁한다. 그렇게 해서 피터팬, 팅커벨, 웬디, 그리고 웬디의 두 동생 마이클과 존은 네버랜드로의 여행을 시작한다. 그곳에서 피터팬과 아이들은 즐거운 나날을 보낸다. 하지만 피터팬을 시기하는 해적 후크가 호시탐탐 피터팬을 노리고 공격한다. 피터팬과 아이들은 힘을 모아 해적 일당을 물리치고 웬디, 마이클, 존은 다시 부모 곁으로 돌아간다. 그 후 피터팬은 또 다른 순수한 아이들을 찾아다니고 웬디, 마이클, 존은 매년 피터팬을 보기 위해 네버랜드로 향한다. 피터팬은 이후 영화, 애니메이션 등 수많은 피터팬 이야기들로 재탄생했다.

♻ **연관어**   고착. 칸막이 현상.

🔗 **연관법칙**   ● **상위인지** Meta cognition **결핍 현상** 상위인지는 자신에 대한 생각을 말한다. 내가 지금 하는 생각이 어떤 모습인가를 객관적으로 평가할 수 있는 능력이다. 이 능력이 결핍된 것이 '상위인지 결핍 현상'이다.

● **캥거루족** 어른이 되었음에도 경제적으로 부모에게 의지하면서 유학이나 대학원 진학 등을 이유로 사회진출을 차일피일 미루는 젊은 이를 말한다. 이들은 일은 하지 않고 부모에게 등록금과 용돈을 받으며 부모와 함께 산다. 일본에서는 정규직 취직에 관심이 없고 아르바이트를 전전하면서 자유롭게 생활하는 사람들을 '프리터'(freeter, 'free'와 'arbeit'의 합성어)라고 부른다. 중국에서는 빈둥거리며 부모를 등쳐먹는 사람이라는 뜻으로 '컨라오족(啃老族)'이라고 한다. 캐나다에서는 '부메랑족(boomerang kids)', 영국에서는 '키퍼스(kippers)'라고 부른다.

● **후크 증후군** Hook syndrome 피부가 검고 얼굴이 길며 매부리코인 후크 선장(Captain Hook, '피터팬'에 나오는 인물)의 외모를 빗댄 말. 광대뼈가 튀어나오고 아래턱이 유난히 긴 경우다. '실제 나이보다 늙어 보이는 것', 즉 '노안(老顏)'을 뜻하는 신조어다.

이상한 나라의 앨리스 증후군

Alices in Wonderland syndrome

이사원 : 술을 너무 먹었는지 아직까지 머리가 띵하네요.

김과장 : 편두통이 있는 거 아냐?

이사원 : 술 마시고 집에 가는데 땅이 올라오고 하늘이 빙빙 돌았어요.

김과장 : 그거 '이상한 나라의 앨리스 증후군' 아냐?

* 그는 의사에게 **'이상한 나라의 앨리스 증후군'** 대해 이야기하며 자신의 심정을 얘기했다.

* 그는 "법과 질서를 지키고자 하는 큰일은 오히려 작게 보이고, 사소한 일은 아주 크게 보이는 이 현상은 분명히 **'이상한 나라의 앨리스 증후군'**"이라고 말했다.

Q 의미

아주 이상한 시각적 환영(optical illusion)을 겪는 증상. 사람이나 사물의 형태가 왜곡되어 보이는데, 보통 실제보다 더 크거나 더 작게 보이는 경우다. 시각적 환영 탓에 매일매일 동화 속을 보게 되는 질환이다. 정신의학과에서는 대체로 편두통을 앓고 있으며 지각된 사물 크기나 여러 가지 주관적인 이미지의 변용을 일으키는 증후군이다. 이 증후군의 환자들은 물체가 왜곡돼 작거나 크게 보이고, 렌즈를 통해 보는 것처럼 가깝거나 멀어

보이는 등의 증상을 호소한다. 이 증후군의 의학적 원인은 아직 규명되지 않은 상태다. 현재까지 가장 설득력 있는 가설은 측두엽의 이상으로 인해 시각정보를 받아들이는 과정에서 문제가 생긴 것으로 본다. 비유적으로 자기가 보고 싶은 대로만 보고, 믿고 싶은 대로만 믿으려 하는 것을 뜻한다.

♈ 유래

'이상한 앨리스 증후군'은 토드(Todd)라는 학자가 심리학적으로 이론을 제시했다고 해서 '토드 증후군(Todd's syndrome)'이라고도 한다. 영국의 정신과 의사인 존 토드(John Todd, 1914~1987)는 1955년 자신의 논문에서 이를 처음 발표했다. 그는 드물지만 기이한 일련의 증상들이 마치 《이상한 나라의 앨리스》의 장면과 비슷하다고 해서 '이상한 나라의 앨리스 증후군'이라고 명명했다. 이 증후군을 앓고 있는 환자 대부분은 편두통을 앓고 있다고 한다. 한 가지 흥미로운 점은 《이상한 나라의 앨리스》를 지은 루이스 캐럴(Lewis Carrol, 1832~1898) 역시 심한 편두통을 앓고 있었다는 점이다. 즉, 이상한 나라의 앨리스 증후군의 증상을 그 증후군의 유래가 된 작품의 저자도 겪은 것이다. 그래서 어떤 사람들은 루이스 캐럴이 편두통을 앓다가 겪었던 환각, 혹은 아편과 같은 마약을 통한 환각상태에서 느꼈던 세계를 《이상한 나라의 앨리스》를 통해 표현한 것이 아닐까라는 추측을 하기도 한다.
《이상한 나라의 앨리스》는 수학자 루이스 캐럴이 1865년에 발표한 동화. 2015년에 책 출간 150주년을 맞았다. 캐럴의 본명은 찰스 루

법칙으로 통하는 사람의 심리

트위지 도지슨(Charles Lutwidge Dodgson)이다. 그는 영국 체셔 테어스베리에서 성공회 사제의 아들로 태어났다. 훗날 영국 옥스퍼드 크라이스트처치 대학 수학교수를 지냈다. 이 동화는 174개 이상의 언어로 번역됐다. 어린이는 물론 어른들까지 많은 독자들의 사랑을 받았으며, 디즈니 애니메이션으로 만들어져 꾸준한 인기를 얻고 있다. 동화는 1862년 7월 4일 헨리 리델 크라이스트 칼리지 학장의 어린 세 딸과 놀던 그 자리에서 즉흥적으로 들려주었던 모험담이 모티브가 됐다. 앨리스라는 이름은 당시 검은 단발을 지닌 가냘픈 소녀였던 둘째 딸의 이름. 딸들은 그의 이야기에 열중했고, 그가 한 이야기를 글로 적어달라고 요청받았다. 이렇게 시작한 동화는 3년 후에 완성됐다. 앨리스라는 소녀가 꿈속에서 '이상한 나라'로 들어가 모험을 하는 이야기가 주된 내용. 주인공 앨리스는 회중시계를 꺼내 보는 토끼를 따라 이상한 나라로 들어가 이후 신비로운 경험을 하게 된다. 이 나라에는 비현실적인 패러독스와 부조리가 난무한다. 담배 피우는 애벌레, 가발 쓴 두꺼비, 체셔 고양이 같은 희한한 동물들과 이야기를 나누고 춤을 추고 이상한 나라 재판에도 참석한다. 또 트럼프 나라에 가서 여왕과 크로켓 경기도 하고, 안고 있던 아기가 돼지로 변하는 황당한 일도 겪는다. 이상한 나라에는 기쁨도 있고 눈물도 있다. 터무니없는 오해에다 억울한 누명 등 반대되는 일들이 한없이 뒤죽박죽 얽혀 있다.

↻ **연관어**　편두통. 편향.

🔗 **연관법칙**　● **베르니케 증후군** Wernicke syndrome　알코올성 건망증후군이다. 장기간의 음주로 인해 나타나는 기억력 장애. 독일의 신경정신과 의사인 칼 베르니케(Carl Wernicke, 1848~1905)가 발견했다. 그는 실어증과 반맹증 등의 연구로 유명하다. 기질적 정신병으로, 티아민 결핍으로 인한 코르샤코프 증후군보다 의식장애가 두드러진다. 알코올 정신병 중에서도 가장 정도가 심하고 예후가 나쁜 것으로 알려져 있다.

● **아스페르거 증후군** Asperger syndrome　자폐와 비슷한 특징을 보이는 발달 장애. 사회성 발달에 심각한 지연이 나타나는 증상이다. 이 증후군의 정확한 원인은 밝혀지지 않았으나 유전자 변이에 의한 것으로 추정된다. 오스트리아의 소아과 의사인 한스 아스페르거(Hans Asperger, 1906~1980)가 1944년에 처음 보고했다. 이 증후군 중에는 대인관계나 사회적인 적응이 힘들 정도로 감정표현에 서툰 대신 자신의 관심사를 찾아 내면의 세계로 깊이 몰입하는 경향을 보이기도 한다. 더러 천재적인 재능을 보이는 경우도 있다. 일반인의 능력을 초월하는 한두 가지 재능을 발휘하는 일명 백치천재를 '서번트 증후군(Savant syndrome)이라고 한다.

● **코르샤코프 증후군** Korsakoff syndrome　알코올로 유발된 지속적인 기억

상실 장애. 과다한 알코올 섭취 등의 원인으로 인해 티아민과 비타민 B1이 결핍되어 나타나는 기억력 장애다. 이 증상이 심각해지는 경우 알코올성 치매로 진행될 수 있으며, 알코올 중독 환자들의 경우 이를 자주 경험하게 된다. 과음한 다음날, 아무것도 기억하지 못하거나 중간중간 기억이 사라지는 현상이다. 전날 무슨 일이 있었는지 기억나지 않는 현상을 흔히 '필름이 끊겼다'고 표현한다. 러시아 의사인 세르게이 세르게이비치 코르샤코프(Sergei Sergeivich Korsakoff, 1854~1900)가 '코르샤코프 증후군' 증세를 최초로 기술했기에 그의 이름을 붙였다. 코르샤코프의 삶은 거의 알려진 게 없다. 모스크바에서 동쪽으로 250km 떨어진 작은 마을 구스치루스탈니에서 태어났다. 10세 때 집을 떠나 모스크바의 중등학교에서 공부했다. 의학 공부를 마친 그는 신경과와 정신과에서 일했다. 1887년에 종합병원 내과의로 있으면서 '알코올성 마비'와 그밖에 알코올 중독의 신체적 · 정신적 영향에 관한 논문으로 박사 학위를 받았다. 의사, 저자, 연구자로서 탄탄대로를 걷던 그는 잠행성 심장병에 걸려 46세의 나이로 세상을 떠났다.

● **폴터가이스트** Poltergeist 초자연 현상. 독일어로 '시끄러운 소리를 내는(poltern) 영(geist)'을 뜻한다. '폴터가이스트'라는 이름에는 '시끄러운 유령'이라는 의미가 있다. 집안을 흔들고 물건을 날아다니게 하거나 가구 등을 부숴버리는 정령의 일종, 또는 그런 현상 자체를 일컫는 말이다. 기묘한 소리만이 들리는 가벼운 경우에서, 마치 지진처럼 집이 흔들리는 심한 경우도 있으며, 갑자기 불을 내거나 주변 사람에게 상처를 입히는 경우도 있다. '폴터가이스트 현상'이란 이유 없이

이상한 소리나 비명이 들리거나 물체가 스스로 움직이거나 파괴되는 현상을 말한다. 19세기 전까지는 이러한 폴터가이스트 현상은 악마, 마녀, 또는 죽은 자의 영혼에 의해서 발생한다고 생각했으나 이후 살아있는 사람에 의해 발생한다는 주장이 나왔다. 미국의 정신분석학자 낸더 포더(Nandor Fodor, 1895~1964)가 1930년대에 심리기능장애 이론으로 설명했다. 포더에 따르면 폴터가이스트 소동은 영혼이 아니라, 심하게 억제된 분노나 적개심 또는 성적 긴장상태로 고통받는 사람에 의해 일어난다는 것이다.

법칙으로 통하는 사람의 심리

마지노선 *Maginot Line* 법칙

나부장 : 모두들 우리 부서의 이달 목표치가 전월대비 105퍼센트인 것 알고 있지?

김과장 : 이제 닷새밖에 안 남았는데 현재 80퍼센트 수준이네요.

이대리 : 외부 여건이 더 안 좋아져서 목표달성이 어려워요.

나부장 : 그래도 어쩔 수 없어. 더 이상 '마지노선'을 낮출 수는 없어.

• 서울 인구가 **'마지노선'**으로 여겨온 1000만 명이 무너졌다.

• 재테크 설계사는 안정적 노후를 위해 소득의 10퍼센트를 저축의 **'마지노선'**으로 제시했다.

🔍 의미

버틸 수 있는 마지막 한계선. 더 이상 허용할 수 없는 마지막 경계선이란 뜻이다. 마지노선은 뚫릴 수 없는, 또는 뚫려서는 곤란하다는 의미다. 더 이상 양보하기 힘든 것이나 최후의 보루로 반드시 고수해야 할 목표를 나타내기도 한다. '최후의 방어선', '넘어서는 안 되는 선', '넘지 못하는 선' 등을 일컬을 때 마지노선이라는 표현을 사용한다.

♈ 유래   프랑스와 독일 국경 사이에 설치한 콘크리트
방벽의 철통 방어선. 프랑스 국방장관 앙드레
마지노(Andre Maginot, 1877~1932)의 이름을 따서 붙인 명칭이다. 제1
차 세계대전 후 프랑스는 독일군의 전차공격을 효율적으로 방어하기
위해 양국의 국경을 중심으로 대규모의 요새선(要塞線)을 구축했다.
마지노선은 당대 최고의 기술과 엄청난 인력, 자금이 총동원됐다. 총
연장은 약 750km로 북서부 벨기에 국경에서 남동부 스위스의 국경
까지 달했다. 1927년에 착수해서 10년 뒤인 1936년에 완성했다. 총
공사비는 160억 프랑. 당시로서는 어마어마한 돈이 투입됐는데, 이
때문에 공군력을 비롯한 여타 전력의 확충에 실패해 전쟁에 패했다
는 평가까지 나올 정도였다.

마지노선은 전투 공간뿐만 아니라 대규모 병력이 상주해 생활할 수
있는 기반 시설이 완벽히 구비된 난공불락(難攻不落)의 요새였다. 암
반을 뚫고 만들어진 요새는 어지간한 포격이나 폭격도 충분히 받아
낼 수 있을 만큼 든든하게 축성됐다. 외부와 단절되더라도 자급자족
이 가능한 작은 도시처럼 장기간 항전을 지속할 수 있는 거대한 요새
를 주요 거점마다 만들고 이를 지하로 연결했다. 독립적으로 작전을
펼칠 수 있는 142개의 요새와 352개의 포대 그리고 5000여 개가 넘
는 벙커가 촘촘히 설치됐다. 이 때문에 프랑스 국민들은 마지노선이
독일의 침략으로부터 안전하게 지켜줄 것이라 철석같이 믿었다. 그
러나 프랑스인들의 기대는 어긋났다.

독일군의 입장에서는 이곳으로 진격하는 것은 자살 행위와 다름없었
다. 그래서 독일군은 우회작전을 펼쳤다. 1940년 5월 벨기에로 침공

한 후, 마지노선을 우회해 프랑스로 진격해 들어갔다. 프랑스와 벨기에 사이는 진지 같은 비교적 단순한 방어선만 구축되어 있었기 때문이다. 결국 마지노선은 너무나 허무하게 무용지물로 전락해버렸다. 독일 기갑병단의 기습과 전격작전으로 벨기에 방면의 일각이 돌파당해 함락되고 말았다. 마지노선은 아무 역할도 하지 못했다. 모든 방어 전략이 마지노선을 중심으로 수립됐기 때문에 프랑스군은 속수무책으로 당했다. 여기서 '마지노선 법칙'이 생겨났다. 견고한 방어선은 심리적 무장해제를 부른다는 뜻이다. 독일 공군이 1940년 6월 14일에 요새를 격파했다. 이로써 공군력 앞에는 아무리 견고한 요새라도 당해낼 수 없음을 실증했고 요새전은 사실상의 종지부를 찍었다.

페리숑 씨의 콤플렉스 *Perrichon complex*

이대리 : 좋은 일 하고도 뺨 맞은 격이니.

장사원 : 무슨 일 있었어요?

이대리 : 지하철역에서 아주머니의 무거운 짐을 1층까지 올려다줬지. 마
침 남편이 마중 나와 있었는데 그 남자는 고마워하기는커녕 째
려보더라고.

장사원 : 그 남편이라는 사람 혹시 '페리숑 씨의 콤플렉스'가 있는 사람이 아
닐까요?

- 우리에게는 '페리숑 씨의 콤플렉스'가 있는지도 모른다.
- 자기가 잘한 것을 크게 보는 것도 '페리숑 씨의 콤플렉스'와 관련이 있어 보인다.

Q **의미**   '배은망덕'의 묘한 심리를 비꼰 것. 시간이 갈수
록 도움받은 사실을 과소평가하고 나아가 자신
을 도와줬다는 사실 자체를 의심하기에 이른다는 뜻이다. 인간은 왜
자신을 도와준 사람보다 자신이 도와준 사람에게 더 호감을 느끼게
되는지를 설명하는 용어다.

♈ 유래   19세기 프랑스의 극작가 외젠 마랭 라비슈
           (Eugene Marin Labiche, 1815~1888)의《페리숑 씨의

여행》(1860)이라는 희극 작품에서 차용했다. 그는 이 작품에서 인간
의 묘한 심리를 드러내는 행동을 흥미롭게 묘사했다.

파리의 부르주아 페리숑 씨는 아내와 딸을 데리고 알프스로 여행을
떠났다. 딸에게 반한 두 젊은이 아르망과 다니엘도 청혼할 기회를 얻
기 위해 페리숑 씨와 동행했다.

여행 중이던 어느 날 페리숑 씨가 승마를 하다가 말에서 떨어지는 순
간에 마침 근처를 지나던 아르망이 달려들어 그를 구해주었다. 딸과
아내는 아르망에 대해서 대단히 고마워했다. 그런데 페리숑 씨는 달
랐다. 처음에는 생명의 은인이기에 기꺼이 고마워했다. 그런데 시간
이 지날수록 그의 도움을 과소평가하려고 애썼다. 절벽 아래로 떨어
지면서 전나무를 보고 막 붙잡으려던 참이었고 설령 떨어졌다 해도
멀쩡했을 거라는 식이다.

다음날 페리숑 씨는 두 번째 젊은이 다니엘과 함께 빙하 쪽으로 트레
킹을 나갔다. 도중에 다니엘이 발을 헛디뎌 크레바스로 추락할 위기
에 처했다. 페리숑 씨는 가이드와 합심해 다니엘을 구했다. 산장으로
돌아온 페리숑 씨는 딸과 아내 앞에서 자랑스럽게 그 일을 떠벌렸다.
다니엘 또한 페리숑 씨의 도움이 없었다면 본인은 죽었을 거라면서
아낌없는 찬사로 그를 거들었다. 이후 페리숑 씨는 아르망보다는 다
니엘에게 관심을 갖도록 딸을 부추겼다. 나중에는 아르망이 도와주
었다는 사실조차 잊어버리고 그를 의심하기까지 했다.

연관법칙 ● **프로보노** Pro bono 라틴어 문구인 '공익을 위하여(pro bono publico)'의 약어. 변호사를 선임할 여유가 없는 개인 혹은 단체에 대해 무보수로 변론이나 자문을 해주는 봉사활동을 말한다. 전문적인 분야에서 도움을 준다는 점에서 일반적인 자원봉사와는 다르다고 할 수 있다. 주로 저소득층을 위한 일이나 형사사건을 맡는다. 미국 변호사협회가 해마다 발표하는 프로보노 활동 순위는 로펌의 명성을 평가하는 중요한 요소가 된다. 1989년 미국 변호사협회 산하의 '프로보노 및 공익활동위원회'가 만든 '로펌 프로보노 챌린지'라는 프로젝트에서 비롯됐다. 변호사들의 법률 서비스를 통한 공익활동을 의미했던 '프로보노'는 의료, 교육, 경영, 노무, 세무, 전문기술, 문화예술 등 다양한 분야의 전문가들이 전문지식과 기술을 활용해 봉사활동을 하는 것으로 의미가 확장됐다.

● **테레사 효과** The Mother Teresa effect 테레사 수녀의 남을 돕는 활동을 비유적으로 차용해 이를 통해 일어나는 정신적, 신체적, 사회적 변화를 뜻한다. 테레사 수녀(1910~1997)는 평생 헐벗고 굶주린 이웃을 돌보았다. 이처럼 남을 위한 봉사활동을 하거나 선한 일을 보기만 해도 신체의 면역기능이 크게 향상되는 효과를 말한다. '테레사 효과'라는 용어는 1998년 하버드 대학의 연구진이 명명했다. 연구진은 자선활동을 보고 듣거나 생각하는 것만으로도 행복하고 건강해지는 현상을 관찰하고, 이런 효과에 봉사와 사랑으로 일생을 보낸 테레사 수녀의 이름을 붙였다.

● **헬퍼스 하이** Helper's high   남을 도우며 느끼는 최고조의 기분. 남을 돕는 봉사를 하고 난 뒤에는 거의 모든 경우 심리적 포만감을 느낀다. 즉 '하이(high)' 상태가 며칠에서 몇 주 동안 지속된다. 의학적으로도 혈압과 콜레스테롤 수치가 현저히 낮아지고 엔도르핀이 정상치의 3배 이상 분비되어 몸과 마음에 활력이 넘친다고 한다.

스탕달 신드롬 *Stendhal syndrome*

김과장 : 지난 주말에 미술관에 가서 명화 감상을 좀 했지.

이대리 : 아니, 과장님께서 어쩐 일이세요?

김과장 : 그러게. 딸 숙제 때문에 따라 갔는데 그 그림이 그 그림 같고 별 감흥이 없었어. '스탕달 신드롬'은 고사하고 지루해서 혼났어.

이대리 : 아이, 참. 문화인 좀 되세요. 문외한이 되지 마시고요.

- 작가는 '**스탕달 신드롬**'을 관람객들과 함께 나누고 싶다고 한다.
- 그는 '**스탕달 신드롬**'에 빠진 사람처럼 감정을 억누를 수가 없다.

Q **의미** 뛰어난 미술품이나 멋진 예술작품을 보고 순간적으로 느끼는 정신적 충동이나 혼란, 흥분, 압박감이 생기는 증상. 감정적 충격에 빠져 갑자기 기절하거나 감정적 제어가 어려워지는 현상이다. 역사적으로 유명한 미술품을 감상한 사람들 중에는 순간적으로 가슴이 뛰거나 정신적 일체감, 격렬한 흥분이나 감흥, 우울증, 현기증, 위경련, 전신마비 등 각종 분열 증세를 느끼는 경우가 있었다. 어떤 사람은 훌륭한 조각상을 보고 모방충동

을 일으켜 그 조각상과 같은 자세를 취하기도 하고, 어떤 사람은 그림 앞에서 불안과 평화를 동시에 느끼기도 하는 등 사람에 따라서 다양한 증상이 나타난다. 미술작품만이 아니다. 문학작품이나 유명한 사람의 전기를 읽고도 이러한 증세를 일으키기도 한다. 주로 감수성이 예민한 사람들에게서 나타난다. 그러나 증상이 오랫동안 지속되지는 않고, 안정제를 복용하거나 익숙한 환경으로 돌아오면 회복된다. '스탕달 신드롬'은 환자들에게 의기소침, 피해망상, 자아상실, 정서혼란 등의 증상을 겪게 한다.

이탈리아의 호러 거장인 다리오 아르젠토(Dario Argento, 1940~) 감독은 이를 소재로 동명 영화 〈스탕달 신드롬〉(1996)을 제작하기도 했다. 예술작품에서 받은 충격적 영감을 가공할 만한 범죄로 연결시키는 내용이다.

♈ 유래　　심리학자들이 이 현상을 처음으로 기록한 스탕달의 이름을 따서 붙인 명칭이다. 프랑스 문호 스탕달(Stendhal, 1783~1842)이 1817년 이탈리아 피렌체의 산타 크로체 성당에 진열된 명화를 보고 느낀 증상이다. 그는 중세 바로크 시대에 활동한 이탈리아 화가 귀도 레니(Guido Reni, 1575~1642)의 '베아트리체 첸치(Beatrice Cenci)의 초상'을 관람했다. 그 후 격렬한 흥분을 느꼈고 계단을 내려오는 도중에 심장이 뛰고 무릎에 힘이 빠지면서 황홀경을 맛보는 특이한 경험을 했다. 이를 자신의 일기에 적었고, 치료하는 데 1개월 이상이 걸렸다고 한다. 전 세계에서 고전미술품

을 가장 많이 보유하고 있는 피렌체에는 수많은 관광객들이 집단적으로 이와 유사한 증상에 시달렸다는 보고가 입수됐다. 그러자 심리학자들은 이와 같은 현상을 최초로 경험한 스탕달의 이름에서 따서 스탕달 신드롬이라고 명명했다.

그림 속 인물 베아트리체 첸치(1577~1599)는 실존 인물. 이탈리아의 귀족인 그는 1599년 부도덕한 아버지를 살해한 죄로 공개 처형을 당한 비운의 여자다. 14세 때 아버지인 프란체스코 첸치 백작에게 능욕을 당했다. 복수심에 불탔던 그는 어머니와 오빠의 도움으로 아버지를 죽였고, 일가족이 모두 존속살해죄로 사형판결을 받았다. 결국 그도 로마의 산탄젤로 다리 앞 광장에서 단두대의 이슬로 사라졌다. 당시 나이 불과 16세. 그는 세기의 미녀라 불릴 만큼 이탈리아에서 유명한 미인이었다. 처형 당일 그의 죽음을 안타깝게 여긴 로마 시민들이 구름같이 몰려들었다. 이 일로 로마 시민들은 그를 오만한 귀족계급에 대한 저항의 상징으로 여겼다. 그 후 매년 그가 죽기 전날이 되면 그의 유령이 산탄젤로 다리에 나타난다는 괴담이 생겼다.

고슴도치 딜레마 *Hedgehog's dilemma*

이대리 : 과장님하고는 일만 같이하면 부딪치니 어떻게 하면 좋을지 모르겠네.

장사원 : 그거 '고슴도치 딜레마'와 유사한 것 아닌가요?

이대리 : 사무실에서 매일 보는데 '불가근 불가원' 하기도 쉽지 않고.

장사원 : 그런데 고슴도치와 우리와 다른 게 있어요. 우리 몸에는 가시가 없잖아요. 과장님하고 터놓고 얘기하다보면 해답이 보이지 않을까요?

• 고슴도치는 추운 겨울에는 그 가시 때문에 **'고슴도치 딜레마'**에 빠진다.

• 나와 당신의 거리는 **'고슴도치 딜레마'**에 빠져 있다.

Q **의미** 인간관계 초기부터 상대방과 일정한 거리를 두고 자기를 방어하려는 심리. 고슴도치는 빽빽한 가시를 갖고 있다. 이는 자신을 보호하기 위한 방어책이다. 추위가 엄습해올 때 두 마리의 고슴도치가 몸을 기대면 서로의 가시에 찔리고, 떨어져 있으면 추위를 견디기 힘들어진다는 딜레마다. 고슴도치들

이 추운 날씨에 온기를 나누려고 모여들었지만 서로의 날카로운 가시 때문에 상처입지 않으려면 거리를 두어야 한다는 딜레마를 통해 인간의 애착형성의 어려움을 빗대어 표현한 것이다. 누구와도 가까워질 수 없는 상태를 인간의 마음상태에 적용시킨 심리학 용어다. 즉, 인간관계를 멀리해 혼자가 되면 외로워지고, 너무 가깝게 지내면 마음에 상처를 받게 되는 사람의 심리를 말한다. 고슴도치형 인간은 누구와도 사이좋게 지내지 않고 자기의 삶과 자기 일에만 몰두해서 남들이 보기에는 이기적이라고 할 정도로 자기중심적이다. 늘 자기를 감추고 상대방과 일정한 거리를 두려고 한다.

'고슴도치 딜레마'는 내향성과 고립주의를 설명하기 위해 사용되는 용어다. 실제 고슴도치들은 바늘이 없는 머리를 맞대고 체온을 유지하거나 수면을 취한다.

♈ **유래**　　독일의 철학자 아투어 쇼펜하우어(Arthur Schopenhauer, 1788~1869)의 우화인 '고슴도치 이야기'에서 차용한 용어다. '고슴도치 딜레마'는 쇼펜하우어가 1851년 6년의 작업 끝에 에세이와 주석들을 모아 출판한 《부록과 추가》에 등장한다. 쇼펜하우어는 이 현상을 통해 외부로부터 따뜻함을 구하는 사람은 어느 정도 타인에게 상처받을 것을 각오해야 한다고 말한다. 고슴도치 딜레마는 정신분석의 창시자인 지그문트 프로이트(Sigmumd Freud, 1856~1939)의 발견과 채택으로 심리학의 영역으로 인정됐다. 프로이트는 《집단 심리학과 자아의 분석》에서 이를 인용했

다. 쇼펜하우어와 프로이트는 이런 상황을 사회에서 각각의 인간이 서로에게 어떠한 느낌을 갖는지 설명하기 위해 사용했다. 프로이트의 많은 저서는 친밀함에 초점이 맞춰져 있다. 어느 정도까지가 적절한 수준의 친밀함인지, 우리의 생존에 필요한 친밀함의 수준은 어느 정도인지, 인간이 어떻게 친밀함을 갈구함과 동시에 거부하는지 탐구했다.

🔗 **연관법칙** ● **민모션 증후군** Minmotion Syndrome 울고 싶은데도 소리 내어 울지 못하는 증후군. 울고 싶을 때 소리 내지 못하고 입술을 깨물거나 손으로 입을 막으며 자신의 울음소리를 밖으로 내지 않으려는 심리. 자신의 감정을 잘 드러내지 않는 내성적이고 소극적인 성격에서 잘 나타난다.

● **호저 딜레마** Porcupine's dilemma 인간관계를 맺을 때 처음부터 상대방과 일정한 거리를 두고 자기를 방어하려는 심리. 호저는 몸에 뾰족한 가시털이 빽빽이 나 있는 동물. 호저는 날씨가 추울 때는 서로 체온을 나눔으로써 몸을 녹이지만, 몸이 녹은 뒤에는 가시털이 쿡쿡 찔러 상처가 나게 한다. 그들은 상대방을 찌르는 가시털 때문에 떨어져 지낸다. 가까울수록 서로 미워하고 상처 주는 일이 많이 생기는 인간관계의 어려움을 일컫는 용어다.

데자뷰 *Deja vu*

이대리 : 분명히 어디서 본 듯한 얼굴인데.

장사원 : 누구 말씀하시는 거죠?

이대리 : 어제 영화관 로비에서 본 여자 말이야.

장사원 : 모르는 사람이던데요? 이쁘니까 '데자뷰' 현상이 저절로 생긴
거겠죠.

• '**데자뷰**'처럼 어디선가 본 듯한 광경과 마주할 때가 있다.

• 중국 증시가 큰 폭으로 롤러코스트를 타고 있다. 현재의 중국 증시를 보고 '옛 한국 증시의
복사판'이라는 평가가 나오며, 1989년 한국 증시의 '**데자뷰**'라고 말한다.

🔍 **의미** 기시감(旣視感)이라도 한다. '이미 본'이란 뜻의
프랑스어. 영어로는 'already seen'. 처음 접하는
것이지만 낯설지 않은 느낌을 말한다. 최초의 경험임에도 불구하고,
이미 본 적이 있거나 경험한 적이 있는 이상한 느낌이나 착각, 환상
을 일컫는다. 처음 가본 곳인데 이전에 와본 적이 있다고 느끼거나,
처음 하는 일을 전에 똑같은 일을 한 것처럼 느끼거나, 주변의 환경

이 마치 이전에 경험한 듯한 느낌이 들 때를 말한다. 대부분 꿈속에서 본 적이 있는 것 같다고 말하는데 이를 '데자뷰 현상'이라고 한다. 일부 학설에서는 무의식에 의한 행동이나 망각된 기억이 뇌에 저장되어 있다가 그것이 유사한 경험을 만났을 때 되살아나는 것으로 보기도 한다.

♈ **유래** 프랑스 의학자 플로랑스 아르노(Florance Arnaud)가 1900년 최초로 이러한 현상을 규정하고, 이후 초능력 현상에 강한 관심을 갖고 있던 프랑스 철학자 에밀 보아락(Emile Boirac, 1851~1917)이 데자뷰란 단어를 처음 사용했다. 보아락은 데자뷰 현상의 원인을 과거의 망각한 경험이나 무의식에서 비롯한 기억의 재현이 아니라고 주장했다. 데자뷰 현상은 그 자체로서 이상하다고 느끼는 뇌의 신경화학적 요인에 의한 것이라고 해석했다.

♻ **연관어** 환각. 낯설게 하기. 신사고 이론.

🔗 **연관법칙** ● **뷰자데** Vu jade 데자뷰의 반대말. 뷰자데는 늘 접하는 익숙한 상황이지만 처음 접하는 것처럼 낯설게 보이는 것이다.

● **수면자 효과** Sleeper effect 늘 접하는 익숙한 상황이지만 처음 접하는 것처럼 낯설게 보는 뷰자데와 의미는 비슷하다. 초기에 제시된 정보도 시간이 지나고 난 다음에는 점차 망각되는 현상. 처음에는 '별 이익이 없다'고 나쁜 인상을 가지고 있던 것이 시간이 지남에 따라 나쁜 인상은 기억에서 사라지고 긍정적인 감정을 가지게 되는 경우를 말한다. 신뢰성이나 동의하는 정도가 낮은 메시지가 시간이 지나면서 상대적으로 설득력이 높아지는 현상을 말한다. '수면자 효과'는 설득과 태도 변화, 광고 등의 분야에서 흥미로운 현상으로 여겨지고 있다. 시간이 지남에 따라 광고와 메시지 사이의 연상이 사라지게 되어 처음에 느꼈던 생각이나 태도를 잊어버리고, 결과적으로 메시지의 강도만 남게 된다는 것이다. 처음 만났거나 좋지 않은 인상을 가지고 있는 상대와 협상 도중 신뢰를 얻어 경계심을 누그러뜨리기란 쉽지 않다. 이럴 때 잠시 냉각기간을 갖고 수면자 효과를 이용하면 좋다.

● **착시 효과** Optical illusion effect 특정한 사물의 크기, 방향, 각도, 길이 등이 실제와 다르게 보이는 현상. 착시를 일상생활에 응용한 대표적인 예가 옷의 줄무늬를 이용한 착시현상이다. 착시에는 크게 3가지 종류가 있다. 첫째는 사물의 이미지를 받아들이면서 착각을 일으키는 글자 그대로의 착시 현상. 둘째는 명암, 기울기, 색상, 움직임 등의 특정한 자극의 과도한 수용으로 인해 일어나는 생리적 착시. 셋째는 뇌가 눈에서 받아들인 자극을 무의식적으로 추론하는 과정에서 발생하는 인지적 착시다. 우리의 대뇌가 망막이 제공하는 정보

를 그대로 받아들이는 것이 아니라 주변에 있는 것들과의 비교를 하고 있기 때문에 생기는 현상이다. 예컨대, '1+1 상품 구입=이익'은 일종의 착시 현상이다. 결합상품은 결국 계속 혜택을 받기 위해 회사를 변경하지 못하는 '잠김(lock-in)' 현상을 경험하게 된다. 제주 '신비의 도로'(일명 도깨비 도로)도 착시 효과에 기인한다. 일상의 착시는 흔하게 나타난다. 하이힐, 코르셋은 착시를 응용해 여성의 하체가 길어보이고 날씬하게 보이게 한다. 헤어스타일과 줄무늬 옷으로 얼굴, 체형의 단점을 커버하는 것도 마찬가지다. 하지만 착시가 유발하는 위험도 만만찮다. 전투기 조종사들이 가속도로 인해 하늘과 바다를 혼동하는 비행착시(vertigo)는 추락사고의 원인이 되기도 한다. 남극에선 대기가 워낙 투명해 얼음의 원근을 혼동하게 한다. 신기루(mirage)는 불안정한 대기층에서 빛이 굴절되어 물체의 위치가 다른 곳에서 보이게 한다. 독일의 수학자 프란츠 뮐러리어(Franz Muller-Lyer, 1857~1916)가 1889년에 고안한 '뮐러리어 도형'도 일종의 착시다. 같은 길이의 두 직선이 양쪽 끝의 화살표시가 안쪽이냐 바깥쪽이냐에 따라 길이가 달라 보인다. 네덜란드의 판화가 마우리츠 코르넬리스 에셔(Maurits Cornelis Escher, 1898~1972)는 영국의 수학자 로저 펜로즈(Roger Penrose, 1931~)의 '불가능한 도형'을 응용해 착시를 일으키는 작품을 많이 남겼다.

운칠기삼 運七技三

이대리 : 어제 고스톱에서는 속절없이 잃기만 했어요. 타짜로 불린 내가

　　　　왜 이렇게 됐는지.

김과장 : 맞아. 이대리가 잃는 거 처음 봤어.

장사원 : 저는 초짜인데 패도 잘 들어오고 뒤끝도 척척 붙던데요.

김과장 : 그걸 '운칠기삼'이라고 하지.

• 어떤 이들은 승진을 두고 **'운칠기삼'**이라고 표현한다.

• 사업의 성패에 대해서도 **'운칠기삼'**이라는 말이 회자된다.

   🔍　　**의미**　　　운(運)이 기(技)보다 더 중요하다는 말. 사람이
　　　　　　　　　　　살아가면서 일어나는 모든 일의 성패는 운에 달
려 있는 것이지 노력에 달려 있는 것이 아니라는 말. 일의 성패는 70
퍼센트의 운과 30퍼센트의 기술(재주, 노력)이 좌우한다는 뜻이다. 곧
운이 따라주지 않으면 일을 이루기 어렵다는 뜻이다.

아무리 노력해도 일이 이뤄지지 않거나, 노력을 들이지 않았는데 운
좋게 어떤 일이 성사되었을 때 쓰는 말이다. 인생사는 모두 운수나

재수에 달려 있어 인간의 노력 가지고는 되지 않는다는 체념의 뜻으로 쓰이기도 한다.

♈ **유래** 　중국 괴이담의 태두로 알려진 청나라 포송령(蒲松齡, 1640~1715)이 지은 《요재지이(聊齋志異)》에 이와 관련된 내용이 실려 있다. 포송령은 과거시험에 몇 번 떨어진 뒤 평생을 민간설화 수집에 매달렸다. 《요재지이》는 《삼국지》, 《수호전》, 《서유기》, 《금병매》, 《유림외사》, 《홍루몽》, 《금고기관》과 함께 중국 팔대기서(八大奇書)에 속하는 고전. 약 500여 이야기가 수록된 유일한 단편소설집이다.

그중 한 이야기다. 한 선비가 자신보다 변변치 못한 사람들이 버젓이 과거에 급제하는데, 자신은 늙도록 급제하지 못하고 패가망신하자 옥황상제에게 그 이유를 따져 물었다. 옥황상제는 정의의 신과 운명의 신에게 술 내기를 시키고, 만약 정의의 신이 술을 많이 마시면 선비가 옳은 것이고, 운명의 신이 많이 마시면 세상사가 그런 것이니 선비가 체념해야 한다는 다짐을 받았다. 내기 결과 정의의 신은 석 잔밖에 마시지 못했지만, 운명의 신은 일곱 잔이나 마셨다. 옥황상제는 세상사는 정의에 따라 행해지는 것이 아니라 운명의 장난에 따라 행해지되, 3푼의 이치도 있는 법이니 운수만이 모든 것을 지배하는 것은 아니라는 말로 선비를 꾸짖고 돌려보냈다.

연관어 사람의 인생을 지배하는 것은 지혜가 아니라 운이다(영국 속담).

연관법칙 ● **마칠기삼** 馬七騎三 승마나 경마에서 통하는 '운칠기삼'과 비슷한 용어. 말이 뛰는 데는 말 본래의 능력이 7할, 말을 모는 기수의 능력이 3할을 차지한다는 뜻이다.

● **우공이산** 愚公移山 쉬지 않고 꾸준하게 한 가지 일만 열심히 하면 마침내 큰일을 이룰 수 있음을 비유한 것. '운칠기삼'과는 정반대의 뜻이다.

법칙으로 통하는 사람의 심리

사면초가四面楚歌

이대리 : 오차장님 마음이 많이 타들어가겠어.

김과장 : 맞아. 승진에서 밀렸지, 사모님은 아프지, 큰 애는 대학 입학시 험에서 떨어졌지.

장사원 : 그야말로 '사면초가'네요.

김과장 : 뭐, 사람 죽으라는 법은 없으니 곧 좋은 일이 있겠지.

• 한국경제가 최악의 악재들로 **사면초가** 상태다.

• 여야가 등을 돌리면서 대통령이 **사면초가**의 처지에 놓였다.

Q 의미   곤궁에 빠져 옴짝달싹할 수 없는 처지. 사방이 적에게 포위당해 고립되어 있거나 몹시 어려운 일을 당해 극복할 방법이 전혀 없는 곤경에 처한 상태를 비유하는 말이다.

♈ **유래** 중국 《사기(史記)》의 '항우본기(項羽本紀)'에 나오는 말이다. 진(秦)나라 말기 군웅들의 물고 물리는 싸움은 초(楚)나라 항우(項羽)와 한(漢)나라 유방(劉邦) 양대 세력의 천하 쟁탈전으로 좁혀졌다. 처음에는 항우가 우세했으나 점점 균형의 저울추가 유방 쪽으로 기울었다. 결국 홍구(鴻溝)를 경계로 천하를 양분하는 조건으로 패권 다툼을 그만두고 각자 도읍으로 철수하기로 했다. 그런데 유방이 배신해 갑자기 공격하는 바람에 항우는 참패하고 해하(垓下)에서 한나라 명장인 한신(韓信)에게 포위당하고 말았다. 성 안에 포위된 항우는 빠져나갈 길이 보이지 않았다. 게다가 군사들은 지쳤고 군량마저 바닥을 보였다. 이런 절체절명의 상황에서 한나라 군대는 점점 포위망을 좁혀 왔다. 어느 날 밤, 한나라 진영에서 고향을 그리는 구슬픈 초나라의 노래가 사방에서 들려왔다. 한나라가 항복한 초나라 병사들을 시켜 고향의 노래를 부르게 한 것이다. 항우는 그 노래를 듣고 "이미 초나라가 유방에게 넘어갔다는 말인가. 어찌 적진에 포로의 수가 저렇게 많은가"라며 탄식했다. 한나라의 심리 작전은 맞아떨어져 항우의 진영에서 도망자가 속출했다. 항우는 진중에서 마지막 연회를 베풀고 비분한 감정을 노래로 읊었다.

"역발산 기개세(力拔山 氣蓋世)

힘은 산을 뽑고 기개는 세상을 덮을 만큼 드높은데

시불리혜 추불서(時不利兮 騅不逝)

때가 이롭지 못하니 추는 나아가지 않는구나

법칙으로 통하는 사람의 심리

추불서혜 가내하(騅不逝兮 可奈何)

추가 가지 않으니 어찌하면 좋을까

우혜우혜 내약하(虞兮虞兮 奈若何)

우여, 우여, 그대를 어찌하면 좋을까"

('騅(추)'는 항우의 준마 오추마(烏騅馬)를, '虞(우)'는 항우가 총애하던 우미인(虞美人, 우희)을

가리킨다.)

이 노래를 끝으로 우희는 자결했고, 항우는 죽을 힘을 다해 결전을
벌여 포위망을 돌파했다. 항우는 가까스로 오강(烏江)까지 도착했으
나 차마 건너지 못하고 몸을 던져 장렬한 최후를 선택했다. 이때가
기원전 202년 그의 나이 겨우 30세. 이렇듯 '사면초가(사방에서 들려오
는 초나라의 노래)'는 원래 노래를 일컬었으나, 후에 곤궁에 빠져 옴짝
달싹할 수 없는 처지를 이르는 말로 바뀌었다.

연관어   진퇴양난. 궁지.

연관법칙   ● **딜레마** Dilemma   그리스어로 '둘'을 뜻하는 'Di'
와 '제안' 또는 '명제'를 뜻하는 'Lemma(정리를
증명하기 위해 사용되는 보조 명제)'의 합성어. '곤혹' 또는 '당혹감'을
일으키는 상황을 의미한다. 선택해야 할 길은 두 가지 중 하나로 정
해져 있는데, 그 어느 쪽을 선택해도 바람직하지 못한 결과가 나오게

되는 곤란한 상황을 말한다. 두 가지 옵션 중 각각 받아들이기 어렵거나 불리한 상태를 말한다. 세 가지의 경우는 '트릴레마'라고 한다. 햄릿의 '죽느냐, 사느냐 그것이 문제로다'라는 유명한 독백이 있다.

● **엑소더스** Exodus '탈출'이라는 의미를 지닌 단어. 일반적으로는 많은 사람들이 동시에 특정 장소를 떠나는 상황을 의미한다. 증권시장에서 투자금이 한꺼번에 빠져나가는 경우에 '엑소더스'라는 용어를 쓰기도 한다. 모세가 이스라엘 민족들을 이끌고 이집트에서 탈출한 내용이 담긴 성서의 '출애굽기'에서 유래한다. 원래 출애굽기의 히브리어 성경 명칭은 '웨엘레 쉐오트'. 히브리어 성경을 헬라어로 번역할 때 출애굽기의 명칭을 '엑소더스'로 붙였다. 우리나라 성경의 '출애굽기'라는 역시 이 '엑소더스'를 의역한 것이다.

● **트리핀의 딜레마** Triffin's dilemma 미국 예일 대학 교수였던 로버트 트리핀(Robert Triffin)이 1960년대 주장한 내용. 이럴 수도 저럴 수도 없는 진퇴양난(進退兩難)의 상황을 지칭. 트리핀은 1944년에 출범한 브레턴우즈 체제가 기축통화라는 내적 모순을 안고 있다고 진단했다. 브레턴우즈 체제는 기존의 금 대신 미국 달러화를 국제결제에 사용하도록 했다. 이는 금 1온스의 가격을 35달러로 고정해 바꿀 수 있도록 하고, 다른 국가의 통화는 조정 가능한 환율로 달러 교환이 가능하도록 해 달러를 기축통화로 만든 것이다. 기축통화 발행국은 기축통화의 국제 유동성을 유지하기 위해 국제수지(경상수지) 적자를 지속해야 하는데, 이는 기축통화에 대한 신뢰도 하락으로 연결될 수밖에 없

다. 그런데 신뢰도를 유지하기 위해 긴축정책을 펴면 경기침체를 불러 역시 기축통화에 대한 신뢰를 떨어뜨릴 수밖에 없는 딜레마에 빠지게 된다는 이론이다. 트리핀은 의회 연설에서 "미국이 경상적자를 허용하지 않고 국제 유동성 공급을 중단하면 세계경제는 크게 위축될 것"이라면서도 "적자 상태가 지속돼 달러화가 과잉 공급되면 달러화 가치가 하락해 준비자산으로서 신뢰도가 저하되고 고정환율제도가 붕괴될 것"이라고 증언했다. 적자와 흑자의 상황에도 연출될 수밖에 없는 달러화의 이럴 수도 저럴 수도 없는 모순을 가리켜 '트리핀의 딜레마'라고 한다.

● **풍선 효과** Balloon effect 풍선의 한 곳을 누르면 다른 곳이 불룩 튀어나오는 것처럼 문제 하나가 해결되면 또 다른 문제가 생겨나는 현상. 사회적으로 문제가 되는 특정 사안을 규제 등의 조치를 통해 억압하거나 금지하면 규제조치가 통하지 않는 또 다른 경로로 우회해 유사한 문제를 일으키는 사회적 현상을 의미한다. '풍선 효과'의 사례는 수없이 많다. 어떤 범죄의 단속으로 인해 뜻하지 않게 다른 방향으로 범죄가 표출되는 경우, 합법 시장을 단속하면 불법 시장이 커지는 경우, 성매매 문제 해결을 위해 집창촌을 단속하자 주택가로 옮겨가 은밀한 성매매가 이뤄지는 경우 등이 있다. 풍선 효과는 여러 경우에 비유적으로 자주 사용된다. 2004년에 국립국어원 '신어' 자료집에 수록됐다.

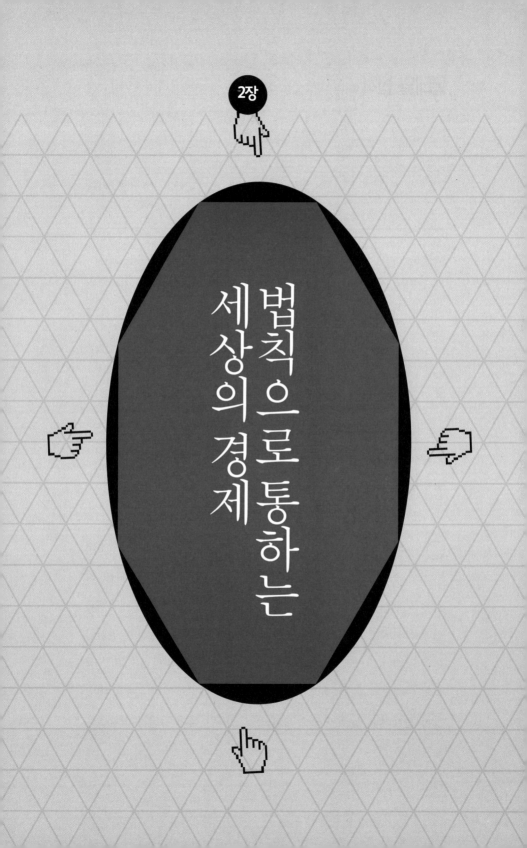

2장

법칙으로 통하는
세상의 경제

롱테일 법칙 *Long Tail law*

☞ 파레토의 법칙

김과장 : 부서별로 영업전략 방안 보고서를 내기로 했다면서요.

나부장 : 옆 부서는 아이디어맨 김대리가 있어서 걱정 없는데 우리는?

이대리 : '롱테일 법칙'이 있잖아요. 아이디어를 십시일반 모으다 보면 대박을 칠 수도 있어요.

나부장 : 롱테일도 롱테일 나름이지. 바랄 걸 바라야지.

- 모바일 앱도 **'롱테일 법칙'**이 통했다.

- **'롱테일 법칙'**처럼 묵묵히 제자리에서 최선을 다하는 다수가 필요한 시점이다.

Q **의미**　'사소한' 다수 80퍼센트가 '핵심적인' 소수 20퍼센트보다 더 뛰어난 가치를 창출한다는 이론. 하위 80퍼센트의 역할이 점점 커지는 현상을 말한다. 상품을 매출액과 판매량의 막대 그래프로 나타낼 때, 공룡의 머리에 해당하는 인기상품의 막대는 그렇지 않은 상품에 비해 불룩 솟아 높지만 꼬리부분 상품의 판매금액과 수량을 모두 합하면 인기상품을 능가한다는 것이다. 많이 판매되는 상품 순으로 그래프를 그리면 적게 팔리는 상품들은

선의 높이는 낮지만 긴 꼬리(Long Tail)처럼 길게 이어져 있다. 이 긴 꼬리에 해당하는 상품을 모두 합치면 많이 팔리는 머리 상품을 넘어선다는 것이다. '롱테일 법칙'은 인터넷의 발달과 함께 온라인 시장에서 나타나기 시작한 마케팅 기법의 일종이다. 롱테일 법칙은 '파레토 법칙'과는 반대되는 개념이지만 파레토 법칙을 뒤엎는 개념은 아니다. 더욱 다변화된 사회현상을 균형적으로 설명해주는 역할을 한다.

♈ 유래

미국의 IT 전문매체인 〈와이어드〉의 편집장 크리스 앤더슨(Chris Anderson, 1961~)이 2004년 10월 롱테일 이론을 최초로 정립했다. 인터넷 세상의 무한한 가능성을 제시하는 롱테일 이론은 〈와이어드〉 창간 이래 가장 많이 인용되었을 만큼, 처음부터 많은 주목과 관심을 받았다. 그는 넷플릭스, 아마존, 이베이, 구글 등의 인터넷 기반 비즈니스 모델을 설명하기 위해 처음 '롱테일 법칙' 용어를 사용했다. 온라인 서점 '아마존'의 매출을 분석한 결과, 한 해에 몇 권 팔리지 않는 비인기 서적의 매출 총액이 베스트셀러의 매출 총액을 넘어선다는 사실을 발견했다. 그는 이러한 현상을 공룡의 긴 꼬리에 비유해 롱테일 법칙이라고 명명했다. 공간이나 상권 개념이 없는 인터넷에서는 모래처럼 흩어져 있는 자투리 고객과 이들이 찾는 자투리 상품들이 모여 큰 산을 이룬다는 것이다.

연관어   긴꼬리 효과. 역파레토의 법칙. 유용한 다수. 티끌 모아 태산.

연관법칙   ● 박싱 데이 Boxing day   선물상자를 의미하는 영
어 단어 'Box'에서 차용했다. 권투(Boxing)와는
관련이 없다. 크리스마스 다음날인 12월 26일을 일컫는다. 옛 유럽
의 영주들이 이날 주민들에게 상자에 담은 선물을 전달한 데서 유래
했다. 미국, 영국 등에선 이날 소매점들이 연말에 재고를 털어내기
위해 대규모 할인판매를 실시한다. 많은 영연방 국가에서 크리스마
스와 함께 휴일로 정해 성탄 연휴로 지내고 있다. '박싱 데이'가 토요
일이면 이틀 뒤 월요일(12월 28일)을 대체 공휴일로 하고, 크리스마스
가 토요일이면 12월 27일(월요일)과 12월 28일(화요일)을 모두 공휴
일로 한다.

파레토의 법칙 *Paretos law*

☞ 롱테일 법칙

나부장 : 오차장 외에는 믿을 맨이 없으니 큰일이야.

김과장 : 저희들도 열심히 하는데 유독 오차장님만 높게 평가하시니.

이대리 : 저도 그렇게 생각합니다.

나부장 : '롱테일 법칙'을 생각하는 것 같은데 우리 부서 특성상 '파레토
　　　　의 법칙'이 더 중요해.

- 그는 일부 상위 제약사를 중심으로 협회가 운영된다는 지적에 대해서 **파레토의 법칙**을 들어 자신의 견해를 피력했다.
- 백화점 업계에 따르면 누계 고객과 전체 매출액을 분석한 결과, 상위 20퍼센트의 VIP 매출액이 전체 매출액의 80퍼센트를 넘는 **파레토의 법칙**이 현실로 드러났다.

Q 의미　　　사회전반에서 나타나는 현상의 80퍼센트는 20퍼센트의 원인으로 인해 발생한다는 경험법칙. 80퍼센트의 효과는 20퍼센트의 노력으로 얻어진다는 것이다. '20대 80의 법칙'이라고도 한다. 중요한 소수가 결과의 대다수를 이끌어내는 것을 의미한다. 개인의 차원으로 적용하면 20퍼센트의 중요한 일

에 노력을 집중해 성공적인 삶을 살 수 있다는 의미로 쓰인다. 예컨대, 20퍼센트의 기업구성원이 전체 업무의 80퍼센트를 수행한다든가, 20퍼센트의 범죄자가 전체 범죄의 80퍼센트를 차지한다든가, 20퍼센트의 옷이 평소 즐겨 입는 옷의 80퍼센트에 해당한다는 것 등 모든 분야에 응용된다. 이 법칙을 가장 많이 활용하는 곳은 마케팅 분야다. 20퍼센트의 우수고객이 백화점 전체 매출의 80퍼센트를 차지하고, 생산기업에서 상위 20퍼센트의 제품이 전체 매출이나 이익의 80퍼센트 이상을 차지하는 현상이 그 예다. 전체 비용항목 중 20퍼센트인 분야에서 전체 비용절감액 중 80퍼센트를 줄이는 등 경영전반에 활용되고 있다.

여기서 모든 분야의 분할 비율이 정확하게 20대 80으로 떨어지는 것은 아니다. 하지만 경험적으로 이 비율이 광범위하게 나타나고 있어 '파레토의 법칙'은 일종의 황금비율로 인정받고 있다. 정확히 상위 20퍼센트는 아니더라도 소수의 비중이 더욱 심화되는 비중을 보이고 있기 때문이다.

♈ 유래   이탈리아의 경제학자 빌프레도 파레토(Vilfredo Pareto, 1848~1923)의 이름에서 따왔다. 저명한 후생경제학자인 파레토는 자원 배분에 대해 깊이 연구했다. 그는 이탈리아 부의 분포를 분석하는 과정에서 인구의 20퍼센트가 국가 전체 부의 80퍼센트를 차지하고 있다는 사실을 알아냈다. 이후 루마니아 태생의 미국 경영컨설턴트 조셉 주란(Joseph Moses Juran, 1904~2008)

이 경영학에서 '파레토의 법칙'을 처음으로 사용했다. 그는 20퍼센트의 주요 문제를 해결하면 나머지 80퍼센트는 저절로 해결된다는 '주요한 소수와 사소한 다수'라는 주장을 펼쳤다. 파레토 법칙은 경영학 분야에 도입돼 다양한 산업에서 주요한 마케팅 전략으로 사용되고 있다.

연관어 중요한 소수의 법칙. 희소인자의 원리. 선택과 집중의 성공 정책. 승자독식의 법칙. 멱법칙(冪法則, power law). 넘버원의 법칙.

연관법칙 ● **지프의 법칙** Zipf's law 일명 언어학에서의 파레토 법칙. 수학적 통계를 바탕으로 밝혀진 경험 법칙이다. 미국의 언어학자 조지 킹슬리 지프(George Kingsley Zipf, 1902~1950)가 최초로 이 법칙을 공식 제안함에 따라 그의 이름을 따 '지프의 법칙'으로 부르게 됐다. 평소 많이 쓰이는 어휘는 전체의 5퍼센트 정도밖에 되지 않고, 그 5퍼센트의 어휘로 대화의 80퍼센트를 해결할 수 있다는 것이다. 모든 단어의 사용 빈도는 해당 단어의 순위에 반비례한다. 가장 사용빈도가 높은 단어는 두 번째 단어보다 빈도가 약 두 배 높으며, 세 번째 단어보다는 빈도가 세 배 높다. 예컨대, 영어로 쓴 어떤 글에서 가장 사용빈도가 높은 단어를 영어 정관사 'the'라고 하고, 'the'를 1000번 썼다고 가정하면, 그다음 'of'는

법칙으로 통하는 세상의 경제

'the'가 나온 수의 절반인 약 500번이며, 그다음으로 'and'는 약 333번 나온다. 지프의 법칙은 도시의 인구 순위나 기업의 크기, 소득 순위 등과 같은 언어학과 관련이 없는 다른 여러 가지 순위에서도 동일하게 발견된다.

● **메라비언의 법칙** The law of mehrabian   대화에서 시각과 청각 이미지가 중요시된다는 커뮤니케이션 이론. 한 사람이 상대방으로부터 받는 이미지는 시각과 청각이 각각 55퍼센트와 38퍼센트, 언어가 7퍼센트에 불과하다는 내용으로 '7퍼센트-38퍼센트-55퍼센트'법칙이라고 한다. 즉, 효과적인 소통에 있어 말보다 비언어적 요소인 시각과 청각에 의해 더 큰 영향을 받는다는 것이다. 시각 이미지는 자세, 용모와 복장, 제스처 등 외적으로 보이는 부분을 말하며, 청각은 목소리의 톤이나 음색처럼 언어의 품질을 말하고, 언어는 말의 내용을 말한다. 이 이론에 따르면, 대화를 통해 상대방에 대한 호감 또는 비호감을 느끼는 데에는 상대방이 하는 말의 내용이 차지하는 비중이 7퍼센트로 그 영향이 미미하다. 반면에 말을 할 때의 태도나 목소리 등 말의 내용과 직접적으로 관계가 없는 요소가 93퍼센트를 차지해 상대방에 대한 받는 이미지를 좌우한다는 것이다. 미국 캘리포니아 대학 심리학과 명예교수이자 심리학자 앨버트 메라비언(Albert Mehrabian, 1939~)이 1971년에 출간한 저서 《침묵의 메시지》에서 발표한 것으로, 커뮤니케이션 이론에서 중요시된다.

● **1대 99의 법칙**   천재의 역할을 중시하는 법칙. 1퍼센트의 천재가 인

류 역사를 주도하고, 나머지 대중은 우매하다는 것이다. 우생학도 여기에서 나왔다. 영국의 인류학자이자 우생학의 창시자 프랜시스 골턴(Francis Galton, 1822~1911)은 찰스 다윈(1809~1882)의 사촌으로 자신의 가문에서 훌륭한 인재들이 많이 배출되는 원인을 우생학에서 찾았다. 그는 자신의 이론을 뒷받침하기 위해 800명을 모아놓고 소의 무게를 알아맞히는 대회를 열었다. 결과를 본 그는 경악했다. 그의 생각과는 달리 개인보다 집단을 이루면 훨씬 현명한 판단을 내릴 수 있다는 것을 알아냈기 때문이다. 소의 실제 무게와 집단이 적어낸 평균값은 불과 500g밖에 차이가 나지 않았다.

● **90대 9대 1 법칙** 인터넷 이용자의 정보창출 및 참여도를 나타낸 법칙. 인터넷 이용자의 90퍼센트는 관망하며, 9퍼센트는 재전송이나 댓글로 확산에 기여하고, 1퍼센트만이 콘텐츠를 창출한다는 법칙이다. 영향력 있는 소수의 의견이나 자료가 일방향으로 흐르는 현상을 가리킨다. 덴마크 출신의 인터넷 전문가 제이컵 닐슨(Jakob Nielsen, 1957~)은 이 법칙을 들어 인터넷과 SNS를 통해 생각과 의견을 교환하는 쌍방향 소통이 활발해질 것이라는 예상과 달리, 대부분의 이용자들이 게시된 정보에 대한 비판이나 참여 없이 일방적으로 관망만 하는 참여 불균등이 심해질 수 있다고 지적했다.

게임 이론 *Game theory*

☞ 제로섬 게임, 죄수의 딜레마, 치킨 게임

나부장 : 오차장, 뉴스 봤어? 우리 경쟁사가 다른 회사와의 원자재 값 담
합으로 공정위로부터 수억 원의 과징금을 부과받았대.

오차장 : 저도 들었어요.

나부장 : 당국 참 대단해. 어떻게 기업들의 불법거래를 쪽집게처럼 잘 잡
아내지? 모두 자기는 잘못 없다고 발뺌할 텐데.

오차장 : '먼저 자백하면 처벌을 면해준다'든가 '자수를 하면 과징금을 면
제해준다'는 식의 '게임 이론'을 활용하지 않을까요?

- 미국은 글로벌 환율전쟁을 **'게임 이론'**으로 접근하고 있다.
- 전통적인 **'게임 이론'**에서 '죄수의 딜레마'는 널리 알려져 있는 사례다.

Q **의미**　　　게임은 상대방의 결정에 따라 나도 어떤 결정을
내릴지 전략적으로 판단해야 하는 맥락. 경쟁의
참가자가 상대방의 전략에 맞춰 자신의 이익을 최대화하기 위해 선
택하는 행동을 수학적으로 분석하는 이론이다. 게임에 참가하는 사
람들의 행동전략, 행동에 의해 참가자들이 받게 되는 보상에 대한 이

론을 말한다. '게임 이론'이란 용어는 화투, 장기, 축구경기 등의 놀이 게임과 비슷하다. 놀이 게임의 공통점은 게임의 결과가 자신뿐 아니라 상대방의 행동에 의해 결정된다는 점. 사람은 일상적으로 하루에도 몇 번씩 상대방을 의식하며 선택해야 할 상황이 생긴다.

경기자, 전략, 보상이라는 세 요소만 있으면 하나의 게임이 만들어진다. 게임의 참가자를 '경쟁자' 또는 '경기자'라 하고, 이들이 선택하는 행동을 '전략'이라 하며, 게임의 결과로 경쟁자가 얻는 것을 '성과' 또는 '이익'이라고 한다. 합리적인 선택을 했는 데도 불리한 결과가 발생하는 모순도 있다.

♈ 유래 게임 이론은 폰 노이만과 독일 태생의 미국 경제학자 오스카 모르겐슈테른(Oskar Morgenstern, 1902~1977)의 공저 《게임 이론과 경제행동》(1944)을 통해 현대적인 경제이론으로 틀이 마련됐다. 포커에 대한 연구에서 비롯된 이들의 논문은 게임 이론의 바이블로 꼽힌다.

헝가리 출신의 미국 수학자 존 폰 노이만(Johann von Neumann, 1903~1957)은 게임 이론의 아버지로 불린다. 이후 미국의 수학자 존 내쉬(John Nash, 1928~2015)가 전략 사이에 최적의 선택 조합이라는 '내쉬 균형' 개념을 정리하면서 경제학 이론으로 완성됐다. 내쉬 이후 '게임 이론'은 획기적으로 발전했다. 치킨 게임, 승자의 저주, 죄수의 딜레마가 모두 게임 이론에서 나왔다. 내쉬는 죄수의 딜레마에 따른 '내쉬 균형 이론'으로 1994년에 노벨 경제학상을 받았다. 초기에는 군사학에서 주로 적용되었던 게임 이론은 경제학 분야는 물론 경영학, 정치학, 사회학, 심리학, 생물학 분야까지 응용범위가 넓어졌다.

♻ **연관어** 넌 제로섬 게임(non zero-sum game). 윈윈 게임. 완전 정보 게임. 불완전 정보 게임. 비대칭 정보 게임. 협조적 게임. 비협조적 게임. 정적 게임. 동적 게임. 포커 필승의 원칙.

🔗 **연관법칙** ● **내쉬 균형** Nash Equilibrium 경쟁자들의 전략 변경, 즉 선택의 이탈 유인이 없어진 상태를 말한다. 양쪽 다 전략을 바꿀 이유가 없는 '최적의 상태'를 가리킨다. 내쉬균형을 학계에선 '경제학을 바꾼 역사적 사건'으로 꼽는다. 20세기 최고의 수학자로 손꼽히는 존 내쉬는 1950년에 쓴 프린스턴 대학 박사 학위 논문 〈비협조 게임〉을 통해 '내쉬 균형' 개념을 처음으로 제시하면서 주목을 받았다. 그의 천재성은 일찌감치 두각을 나타냈다. 지도교수였던 리처드 더핀 박사가 "이 사람은 천재다(This is a genius)"라는 단 한 문장의 추천서를 써준 일화가 있다. 그가 1948년 카네기 멜론 대학(당시 카네기 공과대학)을 졸업하고 프린스턴 대학원에 지원했을 당시다. 이 논문은 '게임 이론'을 한단계 업그레이드시켰다.

내쉬 균형은 게임 참가자들이 각자 상대방 선택이 주어진 것으로 보고 서로 자신에게 최선의 전략을 선택하면 그 결과가 균형을 이루는 최적 전략의 조합을 말한다. 비협조적 게임에서 한쪽 경쟁자가 최선의 전략을 선택하고, 상대방 역시 예측한 대로 최선을 선택을 했을 때에는 최적의 선택 조합이 균형을 이루게 된다는 것이다. 논문은 이런 균형상태가 참여자 모두에게 최대의 이익을 제공하지는 않는다는 점도 입증했다. 이른바 '죄수의 딜레마'가 바로 '내쉬 균형'의 대표적인 예이다. 갈등과 협조의 상관관계를 수학적으로 분석한 내쉬 균형 이론은 이후 무역협상과 정치협상의 기본모델이 됐다. 내쉬 이론은 경제학 외에도 사회과학, 생물학 등의 분야에서 광범위하게 활용돼 경제학의 지평을 확대시켰다는 평가를 받았다.

내쉬는 학자로서 최고 전성기였던 30대에 과도한 스트레스로 인한 조현증(정신분열증) 진단을 받고 이후 30년 동안 망상과 환각에 시달렸다. 동서 냉전시대였던 당시 미국 정부의 요청으로 비밀리에 소련 군부의 암호를 해독하는 일을 하기도 했던 그는 소련 스파이가 자신을 감시하고 따라다닌다는 망상에 사로잡혀 교수직에서 물러나 정신병원에서 오랜 시간 치료를 받았다. 부인 얼리샤 라드(Alicia Larde)는 그를 헌신적으로 보살피면서 정상생활로 복귀할 수 있도록 도왔다. 영화 〈뷰티풀 마인드〉는 내쉬의 파란만장한 삶을 다룬 실화다. 인생의 대부분을 따라다닌 정신분열증과 싸우면서도 1994년에 노벨 경제학상을 받은 내쉬의 드라마틱한 삶은 많은 관중에게 감동을 주었다. 〈뷰티풀 마인드〉는 2002년 아카데미 시상식에서 작품상, 감독상, 여우조연상, 각색상 등 4개 부문을 석권했다. 내쉬와 그의 부인은 2015년 5월 갑작스런 교통사고로 세상을 떠났다.

● **게임 체인저** Game changer 판을 뒤흔들어 시장의 흐름을 통째로 바꾸거나 어떤 일의 결과나 흐름 및 판도를 뒤집어 놓을 만한 결정적인 역할을 한 사건, 사람, 서비스, 제품을 말한다.

경영에서는 기존 시장에 엄청난 충격을 가할 정도로 혁신적인 아이디어를 가진 사람을 가리키는 용어로 사용된다. 즉, 특출나고 독창적인 아이디어로 새로운 분야를 개척하며, 나아가 업계와 사회 전반에 큰 지각변동을 일으킨 인물을 뜻한다. 대표적으로 애플 창업자인 스티브 잡스, 페이스북 창업자인 마크 저커버그, 구글 창업자인 래리 페이지와 세르게이 브린 등이 이에 속한다. 또한 기업과 조직원이 함께 성장한 사례로 마이크로소프트의 윈도, 애플의 아이폰, 페이스북 등을 들 수 있다.

● **노 리스크 노 리턴의 법칙** No risk no return 노 페인 노 게인(No pain no gain). '세상에 공짜 점심은 없다'는 말. 위험 없이는 이익도 없다는 뜻이다. 경제학에는 질량보존의 법칙이 적용된다. 남의 것을 얻기 위해서는 반드시 대가를 치러야 한다는 의미다. 기업이 돈을 버는 것도 위험을 감수한 것에 대한 대가라는 것이다. 이 말은 미국의 한 술집에서 유래했다. 미국 서부의 한 술집에서 일정 금액 이상을 팔아주는 손님에게는 공짜로 점심을 대접한다고 하자 많은 사람들이 몰려들었다고 한다.

● **포커 페이스** Poker face 얼굴에 표정이 드러나지 않는 카드 게임자를 지칭하는 말이다. 포커를 할 때에, 갖고 있는 카드의 좋고 나쁨을 상

대편이 눈치 채지 못하도록 표정을 바꾸지 않는 데서 유래한다. 운동 경기에서는 기술과 체력이 비슷한 상황이면, 정신력이 승패를 가르는 중요한 요소로 작용한다. 매치포인트까지 몰리는 불리한 입장에 있으면서도 당황하는 기색을 보이지 않고 자신의 마음을 조절하는 선수를 포커 페이스를 가진 선수라고 부르기도 한다.

법칙으로 통하는 세상의 경제

윈윈 전략 *Win－Win strategy*

나부장 : 도대체 얘기가 통하질 않으니.

김과장 : 경쟁업체과의 협상을 말씀하시는 건가요?

나부장 : 내가 제시한 안이 합리적이고 서로에게도 큰 도움이 되는 '윈윈
전략'인데. 정말 아쉽네.

이대리 : 꼭 뒤탈이 생기는 건 독식하려고 하다가 독배를 마시는 건데.

• 국내기업과 외국기업은 클라우드 서비스 유형이 달라 **'윈윈 전략'**을 구사할 여지가 크다.

• 협상의 법칙은 **'윈윈 전략'** 기초에서 이뤄져야 한다.

Q **의미**　　　양쪽 모두에게 좋고, 양쪽 모두 원하는 대로 되
는 것이다. '윈윈 전략'은 군사 용어에서 유래했
지만 모든 분야에서 비유적으로 쓰인다. 회담을 할 때 모두에게 이익
이 되도록 하는 방안이라는 의미로 광범위하게 사용된다.

윈윈 전략은 경제분야에도 도입되어 두 사업체 모두에게 이익이 되
는 전략적 제휴의 뜻으로 널리 사용되고 있다. 거래 상대방과의 교류
에서 서로의 장점만을 취하는 전략을 말하기도 한다.

♈ **유래**　두 지역에서 일어난 전쟁을 동시에 승리로 이끈다는 미국의 전략을 말한다. 한반도와 중동에서 동시에 전쟁이 일어나더라도 두 전쟁에서 모두 승리할 수 있도록 항상 최소한의 병력과 전투기, 전함 및 기타 필수장비를 갖추고 있어야 한다는 개념이다.

조지 부시 행정부 때인 1991년 당시 국방장관이던 딕 체니(Dick Cheney, 1941~)와 콜린 파월(Colin Powell, 1937~) 합참의장이 주도한 군사보고서에서 처음 제기됐다. 후에 체니는 부통령을, 파월은 국무장관을 지냈다.

'윈윈 전략'은 1993년부터 공식적으로 채택되어 2001년 초반까지 군사분쟁에 대응하는 미국의 핵심전략 역할을 했다. 그러나 국방예산비가 너무 많이 든다는 문제 때문에 여러 차례 폐기 요구가 있었다. 결국 2001년 5월, 미국은 윈윈 전략에 대한 공식 폐기를 선언했다.

♲ **연관어**　원플러스 전략. 상생 전략. 일거양득. 일석이조. 상부상조. 누이 좋고 매부 좋고. 꿩 먹고 알 먹고. 벼랑 끝 전술.

🔗 **연관법칙**　● **윈 홀드 윈** Win-hold-win **전략**　세계의 두 지역에서 동시에 전쟁이 발발했을 때 적용된다. 한곳의 전장에서 우선 승리하는 동안 나머지 한곳에서는 더 적은 병력을 파견해 적의 발을 묶어 둔다는 전략이다. 나중에 다시 병력을 이동시

켜 나머지 한곳도 이기고자 하는 전략이다.

● **51대 49의 법칙** 비즈니스에서 이익을 분배할 때 내가 49를 갖고 상대방에게 51을 준다는 것. 비록 1을 양보하지만 상대방은 2를 받았다고 생각한다. 차이가 2가 나기 때문에 생기는 현상. 조금만 양보해도 상대방은 내가 준 것보다 많이 받았다고 생각하게 된다.

제로섬 게임 *Zero—sum game*

김과장 : 국회의원 선거일이 1주일 정도 남았네.

이대리 : 후보자들의 유세전이 더 치열해지고 있어요.

장사원 : 지역구별로 1명만 선출하기 때문에 2등은 아무 의미가 없죠.

오차장 : 그게 바로 '제로섬 게임'이라는 거야. 어느 한쪽의 후보자가 많
　　　　은 표를 획득하면 그만큼 상대 후보자의 득표는 적어지고, 둘 사
　　　　이에 공통 이익이 존재하지 않기 때문에 둘의 협력관계는 없으
　　　　면서 필연적으로 대립구도를 형성하게 되는 거지.

• 국내 광고의 총 물량은 상당 기간 늘어나기 힘든 **제로섬 게임**의 양상이다.

• 신구 미디어 매체가 **제로섬 게임**에 빠지면 기자들이 내몰릴 수밖에 없다.

Q　의미　　참가자가 선택하는 행동이 무엇이든 모든 참가
　　　　　　　자의 이득과 손실의 총합이 제로가 되는 게임.
승패의 합계가 일정한 일정합 게임(Constant sum game)이다. 승자의 득
점과 패자의 실점의 합계가 제로가 되는 게임. 게임에 참가하는 양측
중 승자가 되는 쪽이 얻는 이득과 패자가 되는 쪽이 잃는 손실의 총

합이 제로가 되는 게임이다. 즉, 내가 10을 얻으면 상대가 10을 잃고, 상대가 10을 얻으면 내가 10을 잃게 되는 게임. 이처럼 내가 얻는 만큼 상대가 잃고, 상대가 얻는 만큼 내가 잃는 승자독식의 게임으로 치열한 대립과 경쟁을 불러일으킨다.

'제로섬 게임'이라는 용어는 게임 이론에서 나왔지만 정치, 경제, 사회 분야 등의 무한경쟁 상황에서 패자는 모든 것을 잃고 절대강자만 이득을 독식하는 현상을 설명할 때에 종종 사용된다. 대표적인 제로섬 게임으로는 포커나 경마 등 도박을 들 수 있으며, 경쟁스포츠나 정치에서의 선거, 선물거래나 옵션거래 등도 제로섬 게임에 해당된다.

제로섬 게임의 대표적인 예가 증권시장이다. 매매 계약으로 가격이 결정되므로, 누군가가 이득을 보면 누군가는 반드시 손실을 본다. 무역수지도 일종의 게임으로 볼 때, 무역수지의 흑자국이 있으면 반드시 동액의 적자국이 존재하는 것을 말한다.

♈ **유래**   게임 이론에서 나온 용어. 미국 매사추세츠 공과대학 레스터 서로우(Lester Carl Thurow, 1938~) 교수의 저서《제로섬 사회》(1980)가 발간된 이후 이 용어가 유명해졌다. 이후 성장과 분배, 자유무역 등에 대한 경제적인 개념으로 주로 사용된다.

♺ 연관어　　　벼랑 끝 전술. 오프 제로섬.

🔗 연관법칙　　　● **넌 제로섬 게임** Non zero-sum game　합이 제로가 아닌 포지티브(-)나 네거티브(+)가 나오는 경우를 말한다. 양측 경쟁자의 이득과 손실 합계가 '0'이 아닌 경우는 '넌 제로섬 게임(non-zero-sum game)'이라 한다. 한쪽에 이득이 생겼어도 다른 쪽에 별로 손해가 없는 관계는 넌 제로섬 게임이 된다.

● **네거티브섬 게임** Negative sum game　복권이나 도박은 원천적으로 '네거티브섬 게임'이다. 전체적인 재화의 증가는 전혀 없다. 게임의 규칙 자체가 참가비용을 요구하며, 게임 개설자가 일부 금액을 가져가게 되어 있기 때문이다. 따라서 이런 게임은 오래 하면 할수록 도박장 주인만 돈을 벌게 해준다. 그래서 주인은 손님이 끊어지지 않도록, 돈을 딸 수 있다는 '대박'에 대한 환상을 늘 심어주려고 한다.

● **변동합 게임** Variable sum game　승패의 합계가 제로가 아닌 경우의 게임은 '넌 제로섬 게임'이고, 게임의 결과에 따라 합이 달라지는 것은 '변동합 게임'이라고 한다.

● **포지티브섬 게임** Positive sum game　주식의 총액이 올라가는 경우 일시적인 '포지티브섬 게임'이 나온다. 이비즈니스(e-business)나 자유무역을 옹호하는 편에서는 새로운 경제가 '제로섬 게임'이 아닌 '포지티

브섬 게임'이라고 말한다. 제로섬 게임이 현실에 맞지 않는 오류라는 것이다. 공급자 중심의 경제를 수요 중심으로 바꾼 인터넷 비즈니스는 공급자의 부당한 이득을 차단하며, 수요에 부응한 공급이 이루어짐으로써 지속적으로 시장을 창출할 수 있다. 2008년 노벨 경제학상 수상자인 프린스턴 대학 경제학 교수 폴 크루그먼(Paul Krugman, 1953~)은 국가 간의 무역이 어느 한쪽의 희생을 강요하는 '제로섬 게임'이 아니라, 무역을 통한 서로의 발전이 '서로에게 이득(윈-윈 게임)'이 되는 '포지티브섬 게임'이라고 주장했다.

● **보아뱀 전략** 자신보다 규모가 큰 기업을 인수하는 전략. 작은 규모의 회사가 자기보다 큰 회사를 인수합병(M&A)하는 것을 일컫는다. 프랑스의 작가 생텍쥐페리의 동화 《어린 왕자》에서 보아뱀이 자기 몸집보다 몇 배나 큰 코끼리를 삼킨 이야기에 빗대어 생겨났다.

72의 법칙 *The rule of 72*

☞ 그레샴의 법칙

이대리 : 원금을 두 배로 불리는 방법 없을까?

장사원 : 은행예금은 이율이 너무 낮아 어려워요.

이대리 : 차장님, 혹시 원금 두 배로 불리는 계산법 아세요?

오차장 : 그거 재테크 상식 아닌가? '72의 법칙'이라는 게 있잖아. 기본
공식은 72÷수익률=원금이 두 배가 되는 시기(년). 또는 72÷기
간=연수익률. 이제 알겠어?

• 기준금리 1퍼센트대 시대가 열리면서 **'72의 법칙'**은 이제 '복리의 마술'이 아니라 '저금리
의 저주'가 됐다.

• **72의 법칙**'이란 게 있다. 이는 독일 출신의 세계적인 물리학자 아인슈타인도 감탄했다는
마법의 법칙이다. 아인슈타인은 "복리는 가장 위대한 수학의 발견이다"라고 말했다.

$\mathbb{Q}$ **의미**　　자산이 두 배로 늘어나는 데 걸리는 시간과 수
익률을 구하는 공식. 숫자 72를 기대수익률로
나눌 경우 원금의 두 배로 늘어나는 데 필요한 시간을 알 수 있다. 예
컨대, 72를 이자율 10으로 나누면 원금이 2배로 되는 데 7.2년이 소

요된다. 다시 말해, 복리가 5퍼센트일 경우 투자 자산이 2배가 되는 데 걸리는 시간은 72÷5로 계산해 14.4년이 걸린다. 100만 원의 돈을 연 5퍼센트의 복리상품에 넣을 경우 원금의 2배인 200만 원으로 불어나는 데 걸리는 시간은 14.4년이라는 것이다(72÷5=14.4). A라는 사람이 100만 원으로 200만 원을 만들 계획이고 이때, 은행의 일반 정기예금 이자율은 연간 3퍼센트라고 가정해보자. 72를 3(정기예금이자율)으로 나누면 24가 나온다. 여기서 24는 100만 원을 가지고 매년 3퍼센트의 수익률을 올릴 경우 200만 원에 도달하는 기간, 즉 24년을 뜻한다.

투자 기간이 길면 길수록 복리의 마법은 더욱 커진다. 기간을 20년으로 늘리면 단리로는 300만 원이 되지만, 복리로는 672만 원이 된다. 이러한 복리를 효과적으로 키우는 3대 요소는 '기간, 금액, 수익률'이다.

복리의 마법에 관한 상징적 사례가 있다. 미국 뉴욕의 맨해튼은 월가가 있어 세계 금융의 중심지로 유명하다. 맨해튼은 전 세계에서 땅 값이 가장 비싸기로 소문난 곳이다. 이 맨해튼의 유래와 관련해 재미난 이야기가 전해진다. 맨해튼은 본래 인디언 말로 '돌섬'이다. 17세기 유럽 강대국들은 식민지 확보 경쟁을 벌였다. 맨해튼에도 네덜란드계 이민자들이 진출했다. 네덜란드는 1626년 본국에서 건너온 이민자들이 살 땅을 마련하기 위해 땅 주인인 인디언들과의 계약을 통해 맨해튼에 대한 소유권을 넘겨받았다. 그리고 이 지역을 자기나라 수도 이름을 따서 '뉴 암스테르담'으로 명명했다. 후에 이 도시를 차지하게 된 영국의 찰스 왕은 도시 이름을 그의 동생 '요크(York)공'의 이름을 따 'New York'이라고 불렀다. 현재 맨해튼은 미국 뉴욕 주(州) 뉴욕에 있는 자치구. 1626년 당시 네덜란드인들이 인디언에게 맨해튼을 통째로 넘기는 대가로 지급한 돈은 고작 60길더(24달러)였다. 그것도 현금이 아닌 장신구와 구슬로 대신했다. 누가 보더라도 인디언들이 '바보짓'을 했구나 싶을 수밖에 없다. 하지만 복리 효과로 계산하면 사정은 달라진다. 당시 인디언들이 정복자들에게 미국 맨해튼 섬을 겨우 24달러에 팔아넘긴 것을 놓고 많은 사람은 어리석은 짓이라고 비웃었다. 하지만 월가의 전설적인 펀드매니저 피터 린치는 이 액수가 그리 작지만은 않다고 주장했다. 24달러를 연리 8퍼센트 복리로 계산했을 경우 그 가치는 363년이 흐른 1989년에는 그 가치가 32조 달러에 이르기 때문이다. 월가 역사상 가장 뛰어난 투자자 중 하나로 꼽히는 존 템플턴(John Templeton, 1912~2008)도 "24달러를 받은 인디언이 매년 8퍼센트의 복리 수익률을 올렸다면 지금 맨해튼은 물론 로스앤젤레스를 두 번 사고도 남는 돈이 됐을 것"이라고 말했다. 24달러에 매년 이자가 지급되고, 불어난 이자에 또 이자가 지급되는 복리로 계산하면 379년이 지난 지금 약 110조 달러(약 15경 원)라는 천문학적 금액이 된다. 이게 바로 복리의 마법이다.

복리의 마법에 관한 또 다른 사례는 미국의 49번째 주 알래스카에 관한 이야기다. 알래스카는 남한 면적의 약 7배 크기다. 미국 신문의 한 칼럼니스트는 알래스카 매입 대금 720만 달러를 140년 동안의 복리로 계산해보았다. 바로 '72의 법칙' 공식을 활용해 알래스카를 되팔면 1조 달러 이상을 받을 수 있다고 했다. 알래스카는 원래 제정 러시아 영토였다. 당시 오스만 터키와 크림전쟁을 치르면서 국

고가 바닥나자 당시 러시아 황제 알렉산드로 2세는 주미 러시아 공사 에두아르트 스테클에게 알래스카 매각을 위한 협상을 지시했다. 미국 측 협상 당사자는 국무장관 윌리엄 수어드(William Henry Seward, 1801~1872). 두 사람은 밀고 당기는 협상을 벌였다. 양측은 1867년 3월 30일 새벽 4시에 720만 달러에 알래스카를 매매한다는 계약서에 서명했다. 같은 해 10월 18일 미국은 알래스카에 성조기를 올렸다. 이 금액을 에이커 당으로 환산하면 1에이커(약1224평) 당 2센트 정도다. 알래스카 매입 사실이 알려지자, 수어드는 동물을 잡아 모피를 얻는 것 외에는 아무 짝에도 쓸모없는 땅을 거금을 주고 샀다는 비난에 시달렸다. 그러나 이 섬을 사들인 후 30년 만에 금광이 발견되고 엄청난 매장량의 석유와 천연가스가 발견되자 얼음덩어리였던 동토는 일약 보물섬으로 떠올랐다.

♈ 유래   피터 린치(Peter Lynch, 1944~)가 고안한 법칙. 린치는 월스트리트 역사상 가장 성공한 펀드매니저이자 마젤란 펀드를 세계 최대의 뮤추얼펀드로 키워낸 '월가의 영웅'이다. 이 투자공식은 2000년 초 저금리 기조에 발맞추어 '복리의 마법'으로 소개되면서 널리 인용됐다. 금리가 바닥이니 저축 대신 고수익 투자상품에 가입하라는 금융회사의 마케팅 도구로 활용하기에 안성맞춤이었기 때문이다.

연관어　복리의 마술. 복리의 마법. 수익률. 이자율. 복리 효과. 단리와 복리. 배수의 법칙. 재테크. 장기 투자.

연관법칙　● **'100-나이' 법칙**　투자자산과 안전자산을 어떻게 배분하느냐가 중요하다. 100에서 자신의 나이를 빼서 나온 값만큼은 수익성 위주의 투자자산에 투자하고 나머지는 안정성 위주의 자산에 배분하라는 의미다.

● **'-50=+100의 법칙'**　72법칙의 반대어. 이 법칙은 투자자본의 절반을 잃는다면 원금을 회복하기 위해서는 두 배의 수익률을 올려야만 같아진다는 의미를 담고 있다.

● **레버리지 효과**　지렛대를 의미하는 레버(lever)에서 파생된 말. 타인에게 빌린 자본을 지렛대 삼아 자기자본이익률을 높이는 것을 말한다. 빌린 돈을 지렛대 삼아 이익을 창출한다는 의미에서 '지렛대 효과'라고도 부른다. 이 레버리지는 기대수익률이 차입금 이자보다 높을 때 사용한다. 그리스의 철학자이자 수학자였던 아르키메데스는 시라쿠사 왕 히에론(Hieron) 앞에서 "긴 지렛대와 지렛목만 있으면 지구라도 움직여 보이겠다"고 장담했다는 일화가 있다. 과학에서 지레는 일의 원리를 설명할 수 있는 중요한 도구다. 일을 할 때 지렛대를 이용하면 힘의 크기를 줄일 수 있어 적은 힘으로도 같은 일을 할 수 있다. 경제에서 레버리지 효과가 갖는 의미도 과학에서 말하는 지레의

원리와 크게 다르지 않다.

● **'부자지수의 법칙'** 부자가 되려면 내가 가진 총자산에서 총부채를 뺀 순자산금액을 늘려야만 한다. 부자지수＝(순자산액 × 10)/(나이 × 총소득)이라고 정의한다.

● **스노 이펙트** Snow effect 눈덩이 효과. 작은 눈덩이를 굴릴 때보다 큰 눈덩이를 굴릴 때 눈이 더 많이 붙는 현상을 말한다. 특히 투자의 귀재 워런 버핏(Warren Buffett, 1930~)이 이자의 복리효과를 설명하기 위해 사용하면서 유명해졌다. 작은 사업에 가속도가 붙어 빠른 속도로 성장하는 것을 나타내는 말로도 사용되면서 금융업뿐만 아니라 여러 산업으로 그 의미가 확대되고 있다.

● **정액분할 투자법** 일정한 시점에 일정한 금액을 꼬박꼬박 투자해 나가는 방법을 말한다. 일종의 분할매입방식. 투자론에서는 달러 코스트 에버리징 효과(dollar cost averaging effect)로 설명된다. 한 상품에 단 한번의 투자로 투자금 전액을 투입했을 때의 리스크를 분산시키는 효과가 있다. 이 투자법은 장기간에 걸쳐 투자를 하기 때문에 매입단가를 낮추는 효과가 있다. 대표적인 상품으로 '적립식 펀드'가 있다.

● **포트폴리오** Portfolio 금융자산 등 각종 자산들의 전략적인 설계를 의미한다. 자산의 효용극대화를 위해 위험 및 수익에 저마다 다른 수많은 자산들의 보유 비중을 결정하는 투자형태를 의미한다. 일반적으

로는 주식투자를 할 때 위험을 줄이고 투자수익을 극대화하기 위한 방법으로 이용된다. 은행이나 투자자 등이 가지고 있는 유가증권 목록 또는 투자 자산의 집합을 뜻하기도 한다. 원래 의미는 자신의 이력이나 경력 등을 알아볼 수 있도록 만든 작품이나 관련 내용 등을 모아 놓은 자료철 또는 작품집을 뜻한다. 1952년 마코위츠(Harry Max Markowitz, 1927~)가 〈포트폴리오의 선택〉이라는 논문을 발표한 이후 이에 입각한 투자분석이 본격화됐다.

● **피보나치의 수열** Fibonacci sequence 인접한 두 숫자를 더한 게 바로 그다음 수가 되는 수열을 말한다. 이 수열을 처음 소개한 사람의 이름을 따서 피보나치의 수열이라고 한다. 레오나르도 피보나치(Leonardo Fibonacci, 1170~1250)는 이탈리아의 수학자. 이집트, 시리아, 그리스, 시칠리아 등의 나라를 여행하며 아라비아에서 발전된 수학을 두루 섭렵했고, 이를 유럽인들에게 소개해 유럽 여러 나라의 수학 발전에 큰 영향을 끼쳤다. 특히 아라비아 숫자를 유럽에 보급시킨 것으로 유명하다. 피사의 사탑으로 유명한 상업도시 피사에서 태어나 정부 관리였던 아버지를 따라 여러 나라를 다니면서 어린 시절을 보냈다. 이때 인도의 수학 학교를 다니면서 인도 수학을 접했다. 고향으로 돌아온 피보나치는 《Liber Abaci》이라는 수학책을 저술했다. 번역하면 '계산법' 정도가 된다. 이 책 속 12장에 피보나치의 수열이 나온다. 피보나치의 수열이라는 이름은 후세에 붙여졌다. 피보나치는 복리 계산법을 토끼의 증식과정에 비유했다. 아주 간략한 계산법을 제시했는데, 이웃한 두 숫자를 합하면 다음에 나타날 숫자가 된다는 것이

다. 피보나치의 수열은 동물의 증식과정뿐만 아니라 식물의 성장과 정에서도 그대로 반영되고 있다. 자연의 증식과정은 기본적으로 복리를 지향하고 있기 때문이다. 자연뿐 아니라 사회현상도 복리의 구조를 닮아 있다. 피보나치의 수열이 더욱 신비로운 것은 이들 숫자가 인간이 가장 아름답게 느낀다는 황금분할의 비율인 1:1.618을 향해 나아간다는 점이다. 고대 이집트의 피라미드나 파르테논 신전, 우리나라 최고의 목조 건물로 꼽히는 영주 부석사의 무량수전도 이 비율을 따르고 있다. 이러한 황금분할의 비율은 예로부터 자연계의 가장 안정된 상태를 나타내는 것으로 알려져 있으며, 수학, 음악, 미술 등의 분야에서 매우 중요하게 다뤄졌다. 레오나르도 다 빈치(Leonardo da Vinci, 1452~1519, 이탈리아)의 미술작품들이 철저히 황금분할을 이용했고, 음악에서 고전파의 소나타 형식이 황금분할의 비를 나타내고 있는 것 등이 대표적인 예다. 특히 헝가리의 작곡가 바르토크(Bela Bartok, 1881~1945, 헝가리)의 〈현악기와 타악기 및 첼레스타를 위한 음악〉은 피보나치 수열에 따라 새로운 주제의 도입, 악기의 배치, 음색 변경 등의 시점을 정한 것으로 유명하다. 20세기에 들어 사회과학 분야에서도 이 수열을 적용하려는 시도가 잇따랐다.

밴드왜건 효과 *Band−Wagon effect*

☞ 언더독 효과, 스놉 효과, 베블런 효과, 펭귄 효과

나부장 : 이대리 의견에 대해 어떻게 생각하나, 김과장?

김과장 : 제 의견보다 좋다고 생각합니다.

조차장 : 저도 김과장 생각과 같습니다.

나부장 : 이거 '밴드왜건 효과' 아니야?

- 우세를 보이는 후보 쪽으로 투표를 하는 **'밴드왜건 효과'**가 나타나고 있다.
- 그 책은 베스트셀러 상위권에 진입하면서 뚜렷한 **'밴드왜건 효과'**를 보이고 있다.

🔍 의미

남이 하니까 나도 한다는 식의 의사결정을 의미한다. '친구 따라 강남 간다'는 뜻과 같다. 어떤 재화에 대해 수요가 많아지면 다른 사람들도 그 경향에 따라서 수요를 증가시키는 효과다. 즉, 타인의 사용 여부에 따라 구매의도가 증가하는 현상을 말한다. 유행을 따라 다른 사람들이 사는 물건은 나도 산다는 모방 소비심리에서 비롯된다. 곡마단이나 축제 퍼레이드의 맨 앞에서 풍악을 울리는 차량이 지나가면 사람들이 그 뒤를 줄줄이 따라가는 모양을 빗댄 용어다. '밴드왜건'은 퍼레이드 행렬의 가

장 앞에 위치하는 악대 차량. 영어로 '밴드왜건을 탄다는 것'은 곧 시류에 편승한다는 의미다. 유행에 민감한 여성복 시장에서 특정 패션의 유행이나 국제 금융시장, 주식 및 부동산 시장 등에서 보이는 '묻지마 투자' 등이 그 예다. 이런 현상을 기업에서는 충동구매를 유도하는 마케팅으로 활용하고 있다. 특히 선전과 광고 활동에 밴드왜건 효과를 이용하는 기법이 자주 사용된다. 정치계에서는 특정 유력후보를 위한 선전용으로 활용한다.

♈ **유래** 미국의 경제학자 하비 레이번슈타인(Harvey Leibenstein, 1922~1994)이 1950년에 처음 언급한 경제용어. 그가 발표한 네트워크 효과의 일종으로 스놉 효과(Snob effect)와 함께 사용한 용어다. 서부개척시대의 역마차 밴드왜건에서 힌트를 얻었다.

밴드왜건은 서커스 행렬을 선도하는 악대가 탄 악대차(樂隊車). 곡예나 퍼레이드의 맨 앞에서 행렬을 선도하는 악대차가 연주하면서 지나가면 사람들이 궁금해서 모여들기 시작했다. 이를 본 많은 사람들이 무엇인가 있다고 생각하고 무작정 뒤따르면서 군중들이 점점 더 증가하는 것에 비유해 붙여진 이름이 '밴드왜건 효과'다. 대중이 투표나 여론조사 등에서 뚜렷한 주관 없이 대세를 따른다는 뜻의 '밴드왜건 효과'는 여기서 비롯된 말이다. 승산이 있을 것으로 보이는 후보를 지지하는 현상을 표현할 때 사용한다.

미국 선거유세에 밴드왜건이 처음 등장한 것은 1848년 대선 때. 휘

그당 후보인 재커리 테일러(Zachary Taylor, 1784~1850)의 열성 지지자 중 댄 라이스(Dan Rice, 1823~1900)라는 서커스단 광대가 있었다. 라이스는 테일러를 밴드왜건에 초대해 함께 선거유세를 하곤 했다. 밴드왜건은 군중이 별 생각 없이 뒤를 졸졸 따르게 하는 데 최고의 효과를 발휘했다. 그 효과 덕분에 테일러는 대선에 승리해 제12대 대통령(재임기간 1849~1850)에 취임했고, 이 같은 소문이 퍼지자 정치인들이 선거 때마다 앞 다퉈 악대차를 동원했다.

현대판 밴드왜건은 1952년 대선에서 등장했다. 공화당은 25톤짜리 트레일러를 화려한 밴드왜건으로 개조해 드와이트 아이젠하워(1890~1969)의 유세지에 파견해 분위기를 한껏 띄웠다. 밤에는 10마일 떨어진 곳에서도 보이는 대형 서치라이트를 설치해 각종 놀이판을 벌이게 했다. 이 밴드왜건은 32일 동안 29개 도시에서 활약함으로써 아이젠하워(제34대 대통령) 승리에 일조했다.

♻ **연관어** 동조 행위. 대세의존 경향. 심리적 의존. 중독적 구매자. 지름신. 충동 구매. 비이성적 소비.

🔗 **연관법칙** ● **감성 소비** Emotional consumption 감각이나 기분에 따라 소비행위를 하는 것. 싸고 질이 좋은 제품을 찾아다니면서 구매하는 이성적 소비와는 상대되는 개념이다. 소비의 다양화, 개성화, 분산화 경향이 높아짐에 따라 단순히 좋고

싫음이라는 감성에 의해 선택하는 소비행동이다. 패션성, 기호성이 강한 상품이 대상이 된다.

● **거울 이론** 심리학적인 모방심리. 타인을 통해 스스로의 모습을 볼 수 있는 거울자아 이론(looking-glass self)이다. 인생에서 가장 중요한 사람이 나를 어떻게 바라보느냐에 따라 그대로 된다는 뜻. 같이 느끼고 따라하는 정서적 전염이다. 예컨대, 하품을 따라하는 것, 부모가 비만이면 자녀가 비만인 것, 부부가 함께 오래 살수록 서로 닮아가는 것 등이 있다. 이는 '거울 신경세포(mirror neuron)' 이론으로 풀이되고 있다. 이 이론은 이탈리아 신경화학자 자코모 리촐라티(Giacomo Rizzolatti)와 파르마 대학 연구팀에 의해 1990년대 초에 발견됐다. 거울 신경세포는 동물이 움직일 때나 동물이 자신과 같은 행동을 하는 다른 동물을 관찰할 때 활동하는 신경세포다. 이 세포들로 인해 우리의 행동뿐만 아니라 정신상태까지 다른 사람들의 것들과 접촉을 유지할 수 있고 이런 방식으로 그것들의 의미와 의도를 알아낼 수 있다. 프랑스의 철학자이자 정신분석학자인 자크 라캉의 철학적 결과물 중에 거울단계 이론이라는 것이 있다. 실제 거울 욕구는 누구에게나 존재한다. 거울 속에 비친 자기 모습을 통해 자신을 확인하고픈 욕구는 끊을 수 없는 인간의 본능이기 때문이다.

● **네트워크 효과** 특정 상품에 대한 수요가 형성되면 이것이 다른 사람들의 상품 선택에 영향을 미치게 하는 효과. 사람들이 네트워크를 형성해 다른 사람의 수요에 영향을 준다는 뜻에서 붙여진 경제현상

이다. 특정 제품을 사용하는 소비자가 많아질수록 해당 상품의 가치가 더욱 높아지는 현상인 '네트워크 외부성'과도 상통하는 개념이다. 즉, 구매하는 사람들이 다른 사람들에게 영향을 받게 되는 현상이다. 사용자들이 몰리면 몰릴수록 사용자가 계속 늘어난다. '네트워크 효과'는 제품이나 서비스 자체 품질보다는 얼마나 많은 사람이 사용하고 있느냐가 더 중요하다. 특히 네트워크 효과는 인터넷이 광범위하게 이용되고 있는 현대의 IT 관련제품에서 폭발적인 영향력을 행사하고 있다. 정보통신 분야가 가진 이런 속성은 네트워크 효과와 결합해 상승작용을 일으킨다. 1950년에 미국의 경제학자 하비 라이벤스타인(Harvey Leibenstein, 1922~1994)이 소개한 개념이다.

● **메칼프의 법칙** Metcalf's Law 네트워크의 가치는 네트워크에 참가하는 구성원의 수에 비례하는 것이 아니라 구성원 수의 '제곱'에 비례한다는 것. 즉 네트워크에 일정 수 이상의 사용자가 모이면 그 가치가 폭발적으로 늘어난다는 의미다. 미국의 네트워크 장비업체 3COM의 설립자인 밥 메칼프(Bob Metcalfe, 1946~)가 내놓은 이론이다. 메칼프는 3COM의 창시자이며 이더넷(Ethernet)을 발명한 인물.

● **작은 세상 효과** Small world effect 네트워크가 확대되어 거대한 지구 사회가 몇 단계 만에 연결되는 것을 말한다. '작은 세상 네트워크', '작은 세상 이론'이라고도 한다. 미국의 할리우드 영화배우 케빈 베이컨(Kevin Bacon)의 이름을 딴 '케빈 베이컨 게임'에서 비롯됐다. 케빈 베이컨의 여섯 단계 법칙(six degrees of Kevin Bacon)이 있다. 인터넷으로

연결된 사이버 세상의 촌수 개념으로 따져볼 때 최소 단계의 연결 수인 '베이컨 넘버'가 6을 넘어가는 경우가 거의 없다는 사실에 근거한다. 케빈 베이컨 게임은 사람들이 어떻게 하면 케빈 베이컨과 여섯 단계 이내로 연결되는지를 맞히는 게임으로 엄청난 호응을 받았다.

● **데이 마케팅** Day marketing 기념일을 이용해 수요를 창출하는 마케팅 기법. 각종 데이 마케팅이 성행하는 이유는 매일 반복되는 지루한 일상(학교생활, 회사생활 등) 속에 특별한 이벤트처럼 느껴질 수 있기 때문이다. 데이 마케팅은 소비자의 감성을 자극해 남들도 다 하는데 당연히 해야 되는 것으로 압박을 주기도 한다. 기업 입장에서는 특별한 날을 빌미로 거부감 없이 제품을 홍보하고 판매할 수 있는 장점이 있다. 우리나라에서는 1990년대부터 데이 마케팅이 유행하기 시작했다.

● **레밍스 효과** Lemmings effect 무모한 집단행동의식. 레밍스는 툰드라 지역에 사는 쥐의 일종. '레밍스 효과'는 레밍스의 습성에서 비롯됐다. 군집생활을 하는 레밍스는 이상한 행동특성을 보이는데 앞에 가던 레밍스가 절벽에서 뛰어내리면 그다음 레밍스도 죽는다는 사실을 모르고 경쟁적으로 뛰어내린다. 집값이나 주가가 한창 오를 때, 상승장에서 뒤처지는 것이 두려워 남을 따라 경쟁적으로 위험한 투기를 하는 현상을 말한다.

● **부화뇌동** 附和雷同 우레 소리에 맞춰 함께한다는 뜻. 줏대 없이 남들

이 하는 대로 휩쓸려 가는 행동을 말한다.

● **소비자 중독** Consumer addiction 지나치게 구매에 이끌리고 이런 구매 욕구를 억제하지 못하는 구매행동. 중독적 구매는 통제할 수 없는 구매욕구로, 내적 요인으로 생기는 심리적 긴장에 의해 강요된다.

● **충동구매** Impulse buying 미리 계획을 세워서 결정한 대로 물건을 구입하는 계획구매에 대립되는 개념. 사전계획 없이 순간적 충동으로 구매를 결정하는 행위다. 갑작스러운 광고 자극에 노출, 주변사람의 상품 보유, 진열된 상품 노출 등 여러 가지 자극에 의해 즉석에서 구매를 결정하는 비계획적 행동이다. 효용을 생각하지 않거나, 계획하지 않을 경우가 많아 구매 후 후회하는 경우가 많다. 이 유형으로는 순수한 충동구매, 회상적 충동구매, 제안형 충동구매, 계획적 충동구매 등이 있다. 순수한 충동구매는 가장 일반적인 방식의 충동구매. 일상 습관이나 패턴을 벗어난 구매를 말한다. 회상적 충동구매는 계획에는 없지만 구매시점에서 필요한 물건을 생각해내거나 과거에 본 광고를 떠올려 구매하는 형태다. 제안형 충동구매는 사전지식이 없는 상품을 점포에서 수행하는 POP광고(Point of purchase advertisement) 등에 의해 필요성을 느끼고 구매하는 것이다. 계획적 충동구매는 품목이나 브랜드를 결정하지 않고 점포를 방문해 할인쿠폰을 이용하거나 세일을 하는 상품을 구매한다. 1980년대 미국과 일본 등 선진국에서 주류를 이뤘으며, 우리나라에서는 1990년대부터 널리 유행되기 시작했다.

● **편승 효과** 어떤 선택이 대중적으로 유행하고 있다는 정보로 인해 그 선택에 더욱 힘을 실어주게 되는 효과를 말한다. 선거에서는 우세해 보이는 사람을 지지하는 현상이다. 상품시장에서는 어떤 상품이 유행함에 따라 그 상품의 소비가 촉진되는 현상이라고 할 수 있다. 타인의 사용 여부에 따라 구매의도가 증가한다. 많은 사람들이 사는 물건이라고 하면 필요 여부에 상관없이 따라서 사는 소비심리를 이용하는 것이다.

언더독 효과 *Underdog effect*

나부장 : 이번 대선도 볼만하겠어.

김과장 : 제3후보가 파죽지세의 기세여서 선거판이 언제 뒤집힐지 모르겠어요.

나부장 : '언더독 효과'도 한몫하고 있어 판세가 요동치네.

오차장 : 글쎄요. 우리나라 같은 양당제에서는 제3후보가 승리한 적이 많지 않아서 실제 득표에서 동정 심리가 조직표를 따라잡기는 쉽지 않아 보여요.

- 그들의 반전이 감동적인 것은 약자가 성공하기를 바라는 **'언더독 효과'** 때문이라는 생각이 든다.

- 올해 프로야구에서는 상대적으로 약팀으로 분류되던 팀들이 선전을 하는 등 **'언더독 효과'** 가 나타나고 있다.

Q **의미**   성공할 확률이 적거나 경쟁에서 뒤처지는 약자가 성공하거나 강자를 이기기를 바라는 심리현상. 절대 강자가 지배하는 세상에서 약자를 동정하거나 연민을 느끼

177   법칙으로 통하는 세상의 경제

며 이들이 언젠가는 강자를 이겨주기를 바라는 응원심리 현상이다. 이런 심리로 인해 나타나는 효과를 가리켜 '언더독 효과'라고 한다. 여러 분야에서 다양한 의미로 쓰인다.

특히 정치에서 많이 나타난다. 선거에서 불리한 후보에게 동정표가 쏠리는 현상 등이 그것이다. 선거판에서 자칫 본질과 다른 결과를 초래할까 우려될 때 사용되기도 한다. '밴드왜건 효과'가 '대세론'이라면 '언더독 효과'는 '동정론'인 셈이다.

♈ 유래　　　투견(鬪犬)에서 차용한 용어다. 두 마리가 엉켜 싸울 때 보통 위에 있는 개를 강자, 아래에 있는 개를 약자로 본다. 언더독은 밑에 깔린 개로 '질 것 같은' 또는 '진 개'라는 의미다. 여기에서 '언더독 효과'가 유래했다. 개싸움에서 밑에 깔린 개가 이겨주기를 바라는 것처럼 경쟁에서 뒤지는 사람에게 동정표가 몰리는 현상을 말한다. 1948년 미국 대선 때 여론조사에서 뒤지던 해리 트루먼이 4.4퍼센트 차이로 토머스 두이 후보를 물리치고 당선되자 언론에서 처음으로 이 말을 쓰기 시작했다.

♳ 연관어　　　동정심. 동정론.

연관법칙 ● **왝더독** Wag the dog **효과** '꼬리-개 효과(Tail-wagging the dog effect)'라고도 한다. '꼬리가 몸통을 흔들다'라는 의미로, 주객(主客)이 바뀌었음을 뜻한다. 한 마디로 '주객전도(主客顚倒)' 현상. 주식시장에서는 흔히 선물(先物, 꼬리)시장이 현물(現物, 몸통)시장을 좌우할 때 '왝더독'이란 말을 쓴다. 현물거래에서 파생된 선물거래가 시장 영향력이 커지면서 오히려 몸통인 현물시장을 좌우하는 위력을 발휘하기 때문이다. 예컨대, 선물시장이 저평가되면 자동적으로 선물을 매수하고 현물을 매도하는 프로그램 매매가 일어난다. 선거에서는 본투표에 비해 표심 반영의 정확도가 다소 떨어지는 사전투표가 지나치게 높은 투표율을 기록하면서 본투표 결과에 영향을 미쳐 소수가 다수를 좌지우지하는 '왝더독 현상'이 나타날 수도 있다. 주식시장만이 아니라 금융시장 전반으로도 확장해 사용한다. 정치적으로는 권력자가 자신의 부정행위에 대한 국민의 관심을 다른 곳으로 돌리기 위해 엉뚱한 사건을 조작하는 것을 가리킨다.

● **탑독** Top dog 개싸움에서 위에 있는 개를 이르는 말로, '이긴' 개를 의미한다. 즉 상대적인 강자를 가리킨다.

● **해리 트루먼 효과** Harry Truman effect 평범한 사람이 자신의 태도를 일관성 있게 유지함으로써 성공적인 결과를 이끌어낼 수 있음을 일컫는 말이다. 특출한 면이 없는 사람도 자신의 강점을 살리면 훌륭한 업적을 보여줄 수 있음을 의미이기도 하다. 지능적인 문제해결 능력

을 요구하는 현실에서 지능지수가 높으면서도 실패하는 사람이 많고, 지능지수가 낮으면서도 성공하는 사람들이 많다. 이처럼 예측이 어긋나는 불완전한 예측을 '해리 트루먼 효과'라고 한다. 해리 트루먼(1884~1972)은 미국의 제33대 대통령. 1944년 프랭클린 루스벨트(1882~1945) 대통령이 갑자기 뇌출혈로 사망하자, 부통령이었던 트루먼이 대통령직을 이어받았다.

민주당의 해리 트루먼이 1948년 재선에 출마했을 때 투표일 직전까지 라이벌이었던 토머스 듀이(1902~1971) 후보에게 20퍼센트의 차이로 지지율이 뒤졌다. 그런데 최종 개표결과는 4.4퍼센트 차이로 트루먼의 승리. 20퍼센트나 뒤지는 여론조사 결과를 막판 뒤집기로 재선에 성공했다. 이후 막판 뒤집기 현상을 '해리 트루먼 효과'라고 일컫게 됐다. 트루먼은 전임 프랭클린 루스벨트 대통령에 비하면 누구도 기대하지 않았던 평범한 인물이었다. 하지만 탁월한 위기대처 능력을 발휘해 사람들의 감탄을 자아냈으며 이를 통해 지지율 격차를 이겨내고 대통령에 선출됐다. 그는 여론의 조롱 속에서도 용기와 신념으로 자기의 결정을 밀고 나갔다. 제2차 세계대전을 끝내기 위한 히로시마 원자폭탄 투하의 결정, 공산세력 확대를 억제하기 위한 외교정책인 트루먼독트린 발표, 한국전쟁의 영웅 맥아더(1880~1964) 장군의 해임도 그의 결단에서 나왔다.

블루 오션 *Blue ocean*

나부장 : 영업실적이 나아질 기미가 안 보이네.

김과장 : 얼마 전까지만 해도 틈새 시장 같았는데.

이사원 : 벌써 레드 오션이 된 느낌이에요.

나부장 : 새로운 '블루 오션'을 찾아야 할 판이군.

- 그는 해외건설시장이야말로 청년들이 창의적 아이디어와 도전의식으로 젊음을 걸고 도전
  할 가치가 있는 **블루 오션**이라고 말했다.

- 국내 취업시장은 직장인의 이직, 전직을 전문으로 돕는 서비스 시장이 새로운 **블루 오션**
  으로 떠오르고 있다.

Q　**의미**　　아직 개척되지 않았지만 실제로는 광범위한 성장 잠재력을 가지고 있는 시장. 한 기업의 신기술이나 신제품이 개발되어 팔리는, 경쟁 없는 시장이 바로 '블루 오션'이다. 현재 존재하지 않거나 알려져 있지 않아 경쟁자가 없는 유망한 시장을 말한다. 아직 시도된 적이 없는 광범위하고 깊은 잠재력을 지닌 시장을 비유하는 표현이다.

원뜻은 고기가 많이 잡힐 수 있는 넓고 깊은 푸른 바다. 푸른 바다에 빠진다는 것은 두 가지를 의미한다. 하나는 온갖 노력을 해도 살아남기 힘들 만큼 깊고 넓은 시련이 있을 것이라는 것과, 또 다른 하나는 엄청난 고기떼가 몰려다니고 있어 많은 고기를 쉽게 잡을 수 있다는 것이다. '블루 오션'에서는 시장수요가 경쟁이 아니라 창조에 의해 얻어지며, 여기에는 높은 수익과 빠른 성장을 가능케 하는 엄청난 기회가 존재한다. 기업들의 블루 오션 전략은 획기적인 발상 전환을 통해 끊임없는 경쟁원리에서 벗어나 고객에게 차별화된 매력 있는 상품과 서비스를 제공해 누구와도 경쟁하지 않는 자신만의 독특한 시장을 만드는 데 있다.

♈ 유래   프랑스 유럽경영대학원의 한국인 김위찬 교수와 르네 모보르뉴(Renee Mauborgne) 교수가 1990년대 공동 집필한 《블루 오션 전략》에서 유래했다. 이 책은 2005년 2월에 하버드 대학 경영대학원 출판사에서 단행본으로 출간돼 순식간에 베스트셀러 목록에 올랐고, 전 세계 100여 개국에서 26개 언어로 번역·출간됐다. 김위찬 교수(1951~)는 서울대학교를 졸업한 후 미국 미시간 대학에서 박사학위를 받은 경영 전문가. 세계경제포럼 특별회원, 프랑스 인시아드 경영대학원 국제경영 담당 석좌교수이며, 유럽연합(EU)의 자문위원이다. 부친은 독립운동가인 김동렬 씨. 미국에서 태어난 르네 마보안 교수는 인시아드 전략 및 경영학 교수이고, 세계경제 포럼의 특별회원이다.

연관법칙　● **노다지** 금광에서 금이 마구 쏟아져 나오는 나오는 광맥을 '노다지'(영어로 Bonanza)라고 한다. '커다란 행운'이라는 뜻. 노다지는 금이나 그 금이 붙어 있는 광맥만을 가리키지 않는다. 은, 석탄, 아연, 주석 등 여러 광물이 막 쏟아져 나오는 광맥을 두루 가리킨다.

노다지와 연관된 'no touch(노 터치)' 어원설은 근거없는 얘기다. 다만 일반적으로 알려진 이야기는 다음과 같다. 조선시대 말 고종과 가깝게 지내던 미국인 앨런이 조선 왕실과의 친분을 이용해 평안북도 운산의 금광 채굴권을 따내 미국인 자본가에 넘겼다. 운산 금광은 조선의 금 총생산량 중 4분의 1을 차지하던 대규모 광산. 금광 채굴권을 독점 계약한 미국 자본가는 1897년 9월에 동양광업주식회사를 세우고 미국인 감독관, 일본인 기술자, 말레이시아와 중국인 노동자를 고용해 운산 금광을 본격적으로 개발했다. 이 때문에 조선인 주인과 노동자들이 강제로 쫓겨났다. 근처에 살던 농민들도 집과 땅을 빼앗긴 채 쫓겨났다. 게다가 미국인 광산 관리인은 조선인이 광산에 접근한다는 이유로 두 차례나 농민을 살해하기도 했다. 그럼에도 아무런 처벌을 받지 않았다. 이에 기세가 등등해진 미국인 관리들은 조선인이 광산에 접근하면 '금을 훔치려 한다'며 마구 총을 쏴댔다. 이때 그들이 소리친 말이 바로 'No Touch(노 터치)'라는 설이다. 또 조선인의 접근을 막기 위해 철조망에 'No touch!'라고 써놓았는데, 이것이 금을 건드리지 말라는 뜻으로 와전되면서 노다지란 어휘가 생겼다고도 한다. 하지만 정확한 근거는 아니다. 미국이 운산 금광에서 막대한 이익을 챙긴 것만은 분명한 사실이다.

● **레드 오션** Red ocean 피로 물든 붉은 바다를 의미. 과도한 경쟁구도를 가진 시장에 내로라하는 강자들이 버티고 있거나 경쟁업종이 포화상태인 시장이다. 너무 심한 경쟁으로 승자는 없고 피만 흘린다는 의미로 출혈경쟁시장이라고도 한다. 이미 세상에 널리 알려진 시장에서는 기업들이 경쟁자로부터 시장을 빼앗기 위해서 피를 흘려야 할 만큼 치열한 경쟁을 치러야 한다고 해서 붙여진 이름이다.

● **블루슈머** Bluesumer 경쟁자가 없는 새로운 시장을 가리키는 '블루오션'과 소비자를 뜻하는 '컨슈머(Consumer)'의 합성어. 경쟁자가 없는 미개척의 새로운 시장인 블루오션에 존재하는 소비자라는 의미다. 통계청이 2007년 사회환경 변화에 맞춰 등장한 신소비계층을 지칭하면서 '한국의 블루슈머' 여섯 그룹을 선정하면서 유행어가 됐다. 통계청은 블루슈머를 이동족(Moving Life), 무서워하는 여성(Scared Women), 20대 아침 사양족(Hungry Morning), 피곤한 직장인(Weary Worker), 3050 일하는 엄마(Working Mom), 살찐 한국인(Heavy Korean) 등 6개 부류로 나눠 각 지역별 분포도 등을 소개했다.

● **틈새 시장** Niche market 니치란 '빈틈' 또는 '틈새'라는 말. 마치 틈새를 비집고 들어가는 것과 같다는 뜻에서 붙여진 이름이다. 강자들이

184

눈여겨보지 않는 작은 시장, 즉 기존의 커다란 시장들 사이의 작은 빈틈 시장이다.

● **퍼플 오션** Purple ocean   퍼플은 레드와 블루를 동일한 비율로 섞으면 얻을 수 있는 보라색에서 따온 이름이다. 레드 오션과 블루 오션의 장점만을 채용한 새로운 시장을 말한다. 기존의 레드 오션에서 발상을 전환해 새로운 가치를 가진 시장을 만드는 경영전략을 일컫는다. 전혀 새로운 것이 아닌 기존 업종 중에서 독창성을 가미한 차별화 포인트가 더해지는 것이다. 하나의 소재를 서로 다른 장르에 적용해 파급효과를 노리는 '원소스 멀티유스(one source multiuse)' 마케팅 전략과도 흡사하다.

법칙으로 통하는 세상의 경제

미다스의 손 *Midas touch*

장사원 : 돈 버는 비법 좀 가르쳐주세요.

오차장 : 열심히 일하고 노력해야 한다는 지극히 평범한 진리가 비법이라면 비법이지.

장사원 : 차장님은 뭐든 잘된다는 느낌이 들어요.

오차장 : 한때는 손만 댔다 하면 잘됐지. 그래서 자만했고 지금은…. '미다스의 손'이 썩 유쾌하지는 않아.

- 우리 회사는 모바일게임 시장에서 **'미다스의 손'**으로 부상하고 있다.
- '로맨틱 코미디 드라마의 교과서'라 불리는 김작가는 출연자들을 모조리 톱스타 반열에 올려놓은 **'미다스의 손'**이다.

Q **의미**   뭐든 손에 닿기만 하면 성공한다는 뜻. 손대는 일마다 큰 성공을 거두는 능력자에게 따라붙는 수식어다. 무엇이든 잘 만들고 고치는 재주를 가진 사람에게 많이 쓰이는 표현이다. 경제적으로는 성공한 투자가를 말한다.

♈ 유래　　　만지면 무엇이든 황금으로 변하는 능력을 받은

미다스의 이야기에서 나온 말이다. 만지는 모

든 것이 황금으로 변하는 것으로 널리 알려져 있는 그리스 신화 속

인물. 미다스는 기원전 8세기 무렵 소아시아 지역 프리기아 나라의

국왕이었다. 매우 탐욕스러워 엄청난 재산을 가지고 있었음에도 더

많은 부귀를 원했다. 아주 계산적이면서 매사 용의주도했다. 조금이

라도 이익이 되지 않는 일은 거들떠보지도 않았다. 어느 날 병사들이

국경 근처 산속에서 길을 잃고 방황하는 한 노인을 데려왔다. 병사들

은 횡설수설하는 것을 보니 아무래도 이웃 나라의 첩자 같다고 말했

다. 하지만 미다스 왕은 단박에 그 노인이 술(酒)의 신 디오니소스의

스승 실레노스라는 사실을 알아챘다. 실레노스를 극진하게 대접하

고 선물까지 들려서 집으로 돌려보냈다. 디오니소스는 스승으로부터

일련의 사정을 전해 듣고는 은혜를 갚기 위해 미다스를 불러 한 가지

소원을 들어주겠다고 말했다. 미다스는 기다렸다는 듯이 자기 손에

닿는 모든 것을 황금으로 변하게 하는 능력을 달라고 청했다. 디오니

소스는 약간 마뜩찮았지만 약속을 지켰다.

미다스는 자신이 만지는 것마다 황금으로 바뀌는 것에 환희를 느꼈

다. 닥치는 대로 황금으로 만들었다. 그런데 예기치 않은 문제가 발

생했다. 음식을 집어 든 순간 음식도 황금으로 변해 도대체 음식을

먹을 수가 없었던 것. 상심한 그는 시름시름 앓기 시작했다. 문병 온

딸을 무심코 안았다가 딸마저도 황금으로 변해버렸다. 미다스는 자

신의 어리석음을 뒤늦게 후회하고 디오니소스에게 원래대로 되돌려

달라고 간청했다. 미다스는 다오니소스의 선심으로 강물에 목욕함으

로써 원래대로 돌아올 수 있었다. 그 후 미다스는 음악의 신 아폴로의 리라 연주와 목축의 신 판의 피리 연주 대결에서 판을 편드는 바람에 아폴로의 응징을 받아 두 귀가 당나귀 귀로 변했다.

 연관어   과욕. 돈 버는 재주. 성공. 특별한 능력. 탐욕

마태 효과 *Matthew effect*

이대리 : 요즘에는 '개천에서 용 나오기' 너무 힘들어요.

김과장 : 맞아. 나처럼 돈 없고 권력 없으면 만년 과장이지.

이대리 : 돈 있는 사람은 화수분처럼 돈을 펑펑 써도 줄지를 않아요.

김과장 : '마태 효과'가 따로 없지. 돈 없는 사람은 점점 더 살기 힘든 세
         상이야.

• 증권가에선 주가가 오르는 종목은 더 오르고, 빠지는 종목은 더 빠지는 **마태 효과**를 보이
  고 있다.

• 정보화의 국제질서에도 **마태 효과**로 불리는 부익부 빈익빈 현상이 점점 짙어지고 있다.

Q   **의미**   자본주의 사회에서 부의 집중 현상을 말한다.
강자나 부유한 자에게 불균형적으로 유리한 결
과가 초래되는 것으로 부자는 더욱 부자가 되고 가난한 자는 더욱 가
난해지는 부익부 빈익빈 현상이다. 개인이나 집단이 일정한 방면(금
전, 명예, 지위)에서 성공하고 앞서면 강점이 쌓여 크게 발전할 기회를
얻는다는 원리다. 즉 성공은 더 큰 성공을 낳는다는 의미다. '마태 효

과'는 경제뿐만 아니라 사회과학 등 모든 분야에서 관찰되는 부익부 빈익빈 현상을 설명하는 데 두루 쓰이는 개념으로 자리 잡았다.

 유래 성경 마태복음에서 차용한 사회학 용어. 마태는 신약성경에 나오는 마태복음을 쓴 예수의 제자. 마태복음 25장 29절의 '누구든지 가진 자는 더 받아 넉넉해지고, 가진 것이 없는 자는 가진 것마저 빼앗길 것이다'라는 구절을 빌려 만든 것이다. 사회과학자들이 부익부 빈익빈 현상을 설명하기 위해 자주 인용한다. 미국의 사회학자인 컬럼비아 대학의 로버트 킹 머튼(Robert King Merton, 1910~2003) 교수는 자본주의 사회에서 일어나고 있는 부의 집중 현상을 가리켜 '마태 효과'라고 명명했다. 그는 1968년 가진 자는 더욱 많이 가지게 되고, 없는 자는 더욱 빈곤해지는 현상을 분석하고 설명하면서 성경의 마태복음 구절을 따왔다. 그는 저명한 연구자가 지원금 등 더 많은 혜택을 가져가고, 잘 알려지지 않은 연구자는 그렇지 못함으로써 둘 사이의 격차가 점점 더 벌어지는 현상도 언급했다.

연관어 부익부빈익빈 현상. 양극화 현상. 누적이익 이론.

연관법칙 ● **개츠비 곡선** Gatsby curve 경제적 불평등이 심해

질수록 사회적, 경제적 계층 간 이동이 어려워

진다는 것. 경제적 불평등 정도가 심하면 심할수록 부모의 부(富)가

자녀에게 그대로 이어질 가능성이 높고, 부모가 가난하면 자녀도 가

난해질 확률이 높다고 한다. 미국의 버락 오바마 정부에서 경제자문

위원회 의장을 역임한 앨런 크루거(Alan Bennett Krueger, 1960~) 프린

스턴 대학 교수가 명명했다. 크루거 교수는 〈이코노미〉에서 선정한

50대 경제학자 중의 한 명으로 노동경제학 분야의 대가로 꼽힌다.

실제 데이터를 바탕으로 크루거 교수가 도출한 개츠비 곡선을 살펴

보면, 덴마크나 노르웨이와 같이 상대적으로 소득분배가 균등한 국

가에서는 부모의 부가 자녀에게 이전되는 정도가 낮은 반면, 미국이

나 영국처럼 소득분배가 불균등한 국가에서는 부모가 부유할수록 자

녀도 부자일 확률이 높은 것으로 나타났다. 이 이론은 1920년대를

배경으로 한 소설《위대한 개츠비》의 주인공 이름을 딴 것이다. 가난

한 집안에서 태어난 주인공 제이 개츠비는 성공의 야망을 품고 육군

장교가 되어 한 여인을 만난다. 그러나 그녀는 부유한 남자와 결혼하

면서 개츠비를 떠나고, 개츠비는 부정한 방법으로 돈을 모아 다시 옛

사랑을 찾지만 상류사회에 적응하지 못하고 모략에 의해 총에 맞아

죽고 만다. 개츠비가 살던 시대는 경제대공황 직전으로 상위 1퍼센

트가 미국 전체소득 가운데 21퍼센트를 차지하는 소득 불균형이 극

심한 때였다.

히든 챔피언 *Hidden champion*

김과장 : 아~옛날이여. 특별보너스 받아본 지 너무 오래됐어.

이대리 : 우리 회사는 덩치만 컸지 실속은 별로 없는 것 같아요. 친구 다
　　　　니는 회사는 작지만 정말 알짜배기더라고요.

김과장 : 나름 '히든 챔피언'인 모양이네?

이대리 : 맞아요. 사원 복지도 잘되어 있고, 매년 연말에 특별 보너스도
　　　　두둑하게 받아요.

• 조세부담 때문에 **'히든 챔피언'**의 성장 엔진이 꺼져가고 있다.

• 세계시장을 누비는 한국형 **'히든 챔피언'**은 우리가 만든다.

Q　　**의미**　　작지만 강한 기업. 대중에게 잘 알려져 있지는
　　　　　　　　않지만 각 분야에서 세계시장을 지배하는 우량
강소기업을 지칭하는 용어다. 대개 눈에 띄지 않지만 틈새 시장을 적
절히 공략하고 파고들어 세계 최강자 자리에 오른 매우 성공적인 기
업들이다.

유래 독일의 경영학자이자, 전략, 마케팅, 가격결정 분야의 권위자이기도 한 헤르만 지몬(Hermann Simon, 1947~)이 창안한 개념으로 자신의 저서 《히든 챔피언》(1996)에서 비롯된 말이다. 그는 독일의 중견·중소기업 2000여 곳을 조사해 세계적인 경쟁력을 보유한 1200여 업체를 '히든 챔피언'이라고 명명했다. 그는 '히든 챔피언'을 대중에게 잘 알려져 있지 않은 기업, 각 분야에서 세계시장 점유율 1~3위 또는 해당 기업의 대륙에서 1위인 기업, 매출액이 40억 달러 이하인 기업으로 규정했다. 그가 선정한 전 세계 '히든 챔피언'은 2734개사로 그중 1307개가 독일 기업이다. 독일 경제는 강한 중소기업이 이끈다. 독일이 2000년 초 경제가 정체돼 2퍼센트 성장을 할 때도 이들 기업은 8퍼센트 이상의 성장을 이뤘다. 미국 경제전문지 〈포천〉이 선정한 2011년 매출 기준 글로벌 500대 기업 중 독일 기업은 32개뿐이다. 대기업 수가 현저하게 적어 미국(132개)의 4분의 1수준이고, 중국(73개)이나 일본(68개)의 절반도 안 된다. 인구는 8200만 명에 불과하다. 하지만 독일 중소기업 중 무려 32만 개 기업이 수출에 참여해 그중 1500개가 '히든 챔피언'급 기업으로 세계 시장 1,2위를 다투고 있다.

연관어 글로벌 강소기업. 숨은 강소기업. 우량기업. 유망기업.

● **낙수 효과** Trickle down effect 영어로 'trickle'은 '물방울 등이 똑똑 떨어지다. 졸졸 흐르다' 등의 뜻. 여기에 'down'까지 함께 써서 'trickle donw' 하면 '눈물 등이 흘러내리다'의 의미다. 넘쳐흐르는 물(대기업이나 부유층의 부의 증가)이 바닥을 적신다(중소기업이나 서민층도 부유하게)는 뜻을 갖는다. 즉, 대기업 성장이 중소기업으로 전이되는 현상이다. 산업계에서 대기업이 성장해 국내외 시장에서 성공을 거두면 중소 협력업체의 일감과 고용도 동시에 늘어나는 현상을 일컫는 의미로 쓰인다.

● **분수 효과** Trickle-up effect '낙수 효과'의 반대말. 저소득층의 소비증대가 전체 경기를 부양시키는 현상이다. 부유층에 대한 세금은 늘리고 저소득층에 대한 복지정책 지원은 증대시키고자 한다. 저소득층에 대한 직접 지원을 늘리면 소비증가를 가져올 것이고, 소비가 증가되면 생산과 투자로 이어져 이를 통해 경기를 부양시킬 수 있다는 것이다.

한편, 마케팅에서 등장하는 '분수 효과(Jet water effect)'도 있다. 이는 말 그대로 아래층을 찾는 고객의 동선을 위층까지 유도해 매장 전체의 활성화를 이끌어내는 효과를 말한다. 매장 맨 아래층에 푸드코트나 식품매장, 행사장을 마련해 소비자들이 몰리게 함으로써 소비자들이 아래층에서 위층으로 이동하며 구매충동을 느끼게 만드는 효과다.

● **샤워 효과** Shower effect 백화점 등에서 위층의 이벤트가 아래층의 고객유치로 나타나는 효과를 말한다. 샤워기의 물줄기가 위에서 아래

로 떨어지듯, 위층을 찾았던 소비자가 자연스럽게 아래층의 매장들을 둘러보면서 내려오다가 계획하지 않았던 구매를 하게 되어 매출이 상승하는 효과를 일컫는다. 백화점 업계에서는 '샤워 효과'를 얻기 위한 판촉 전략으로 꼭대기 층 또는 상위층에 식당가와 영화관을 배치한다. 또 이곳에 세일 상품이나 기획상품 행사장을 마련하고, 상품권과 사은품 증정장소를 배치하기도 한다. 옥상 정원을 이용한 휴식공간이나 우수고객을 위한 라운지 등을 설치하기도 한다.

베블런 효과 *Veblin effect*

☞ 밴드왜건 효과, 펭귄 효과

이대리 : 요즘 경기도 안 좋은데 아파트 단지에 고급차가 더 많아졌어.

장사원 : 고급차 수요가 계속 증가한다고 하네요.

이대리 : 새로운 트렌드인가. 주로 젊은 싱글들이 좋은 차를 많이 끌고 다니는 것 같아. 혹시 '베블런 효과' 아냐.

장사원 : 사실 저도 집은 전세인데, 최근에 3000cc 자동차를 할부로 구입했어요.

• 유독 한국에서만 높은 가격을 고집한 것도 **'베블런 효과'**를 염두에 둔 것이다.

• 주로 보석과 같은 사치품 시장에서 **'베블런 효과'**가 나타난다.

Q **의미** 가격이 상승하면 오히려 수요가 증가하는 현상. 어떤 상품이 비쌀수록 잘 팔리는 것을 말한다. 가격이 오르는 데도 일부 계층의 과시욕이나 허영심 때문에 수요가 줄어들지 않는다. 자신의 지위를 자랑하기 위한 과시적 소비, 최신 유행을 무작정 따라가는 모방적 소비, 순간적인 욕구에 휘말리는 충동적인 소비 등이 여기에 해당한다. 사회적 자아, 즉 타인에게 인정

받음으로써 이뤄지는 자아의식을 충족시켜주는 것으로 해석된다.

전통적인 경제학에서는 인간이 합리적이므로 가장 효용이 높은 물건을 가장 낮은 가격에 살 것이라고 본다. 따라서 수요와 공급 곡선에 따라 가격은 정해진다. 그러나 '베블런 효과'는 사람들의 소비 형태가 이에 어긋남을 보여준다. 소비행위는 단지 실용적인 목적만이 아니라 사회적인 표현의 욕구를 충족시키고자 하는 의미를 갖고 있기 때문이다.

베블런 효과는 다양한 분야의 사회현상을 설명하는 데 사용된다. 남을 지나치게 의식하거나 허영심이 많은 소비자일수록 베블런 효과의 영향을 크게 받는다. 특히 명품시장에서 베블런 효과가 많이 나타난다. 이 점을 이용해 유통업계에서는 명품 마케팅, VVIP 마케팅을 활용하고 있다. BMW코리아가 "BMW코리아는 성공한 사람들이 타는 차"라든가, 도요타코리아가 "렉서스를 타는 이는 모두 VIP다", '명사만을 위한…' 등의 표현은 모두 베블런 효과를 노린 마케팅 전략이다.

♈ **유래**　　미국의 사회학자이자 경제학자인 소스타인 베블런(Thorstein Veblin, 1857~1929)이 쓴 저서 《유한계급론:제도 진화 속의 경제연구》(1899)에서 언급한 개념이다. 그는 책에서 호사품은 값이 비쌀수록 가치가 커진다는 '과시적 소비' 개념을 제안했다. 상층계급의 두드러진 소비는 사회적 지위를 과시하기 위해 자각 없이 행해진다고 말했다. 부유한 사람들이 자신의 성공을

과시하기 위해 사치를 일삼고 가난한 사람들은 이를 모방하려고 열심인 세태를 설명하기 위해 사용했다. 사실 이 책은 진지한 경제 분석서라기보다는 유한계급의 사치와 낭비에 대한 냉소적인 비판에 가깝다. 물질만능주의 사회에서 재산의 많고 적음이 성공을 가늠하는 척도가 되는 현실을 비판했다.

♻ **연관어** 과시욕. 과시적 소비. 모방적 소비. 충동적 소비. 허영심. VVIP 마케팅.

🔗 **연관법칙** ● **기펜재** Giffen goods **효과** 상품 간의 상대적인 가격보다는 소비자의 소득수준에 더 영향을 받는 재화. 수요공급의 법칙이 지켜지지 않는 예다. 가격이 하락해도 수요량이 늘지 않는 현상을 보인다. 영국의 경제학자 로버트 기펜(Robert Giffen, 1837~1910)이 주장해 '기펜의 역설(Giffen's Paradox)'이라고도 한다. 소득이 높아지면 수요가 줄어드는 라면 같은 값싼 식품이 여기에 해당한다.

● **노노스** NONOS **족** 'No Logo No Design'의 줄임말. 명품 브랜드의 디자인 제품보다는 차별화한 디자인의 제품을 즐기는 소비자층을 말한다. 명품이라면 아무리 값이 비싸더라도 구매하는 명품족, 브랜드족과는 상반된다. 2003년에 프랑스의 패션 정보회사 넬리로디

(NellyRodi)가 처음으로 사용하면서 알려지기 시작했다.

● **명품 효과** '프레스티지 마케팅(Prestige marketing)'이라고 한다. 프레스티지란 명성이나 기품을 뜻하는 말. 귀족과 같은 부유한 상류층을 일컫는다. 하지만 마케팅에서 말하는 프레스티지는 반드시 상류층을 대상으로 한 것만은 아니다. 오히려 상류층이 아닌 사람들에게 돈만 좀 내면 상류층이 될 수 있다고 유혹하는 작전이다. 사람들의 명품 소비욕구를 노린 장삿속 효과다.

● **샤넬 마케팅** Chanel marketing '샤넬 효과'라고도 한다. 샤넬은 의류와 화장품, 액세서리, 시계, 보석, 가방 등을 아우르는 세계적인 브랜드로 명성이 높다. 샤넬의 명성을 지켜온 원동력 중 하나는 고가전략. 이름은 디자이너 가브리엘 샤넬(1883~1971)의 이름에서 따왔다. 비쌀수록 잘 팔리는 점을 이용, 가격인상 전 가격인상을 공지하고 가격을 올리면서 구매욕구를 자극한다.

● **샤테크** Cha-Tech 럭셔리 제품이 소비의 단계를 뛰어넘어 재테크의 수단으로 각광을 받기 시작한 것을 일컫는 말이다. 프랑스의 고급브랜드 샤넬과 재테크 용어를 합성한 조어. 가격인상 전에 가방을 사두거나 프랑스에서 직접 70만~100만 원 싸게 사는 것을 말한다. 샤넬 제품 가격은 해가 갈수록 가격이 올라가기 때문에 미리 사두었다가 되팔아도 이익이 된다는 의미다.

● **쇼루밍** Showrooming **족** 오프라인 매장에서 제품을 보고 온라인에서 구매하는 사람들. 스마트 컨슈머의 한 형태라고도 할 수 있다. 쇼루밍은 매장이 제품 구경만 하는 전시장 역할을 한다는 의미. 온라인 쇼핑에 대한 거부감이 줄어들고 스마트폰을 이용한 가격비교가 보편화하면서 등장한 쇼핑 족이다. 쇼루밍 족으로 인해 온라인 쇼핑몰 매출은 급성장했지만 기존 오프라인 대형 유통업체에는 큰 위협이 되고 있다. 반대로 온라인 매장에서 제품을 검색한 후 오프라인 매장에서 구매하는 사람들을 일컫는 '리버스 쇼루밍(Reverse showrooming)족' 도 있다.

● **퍼펙셔니스트 효과** Perfectionist effect 품질을 상품가치의 최우선에 두는 완벽주의자의 소비패턴. 이런 유형의 소비자들은 가격을 그다지 중요하게 생각하지 않는다.

● **포틀래치 효과** Potlatch effect 남태평양 연안의 콰키우틀(Kwakiutl) 부족의 족장들은 '포틀래치'라고 부르는 합동 잔치를 연다. 이때 각자 자신들의 지위를 과시하기 위해서 값비싼 물건들을 불태우거나 바다에 던져버린다. 이런 습성에서 차용한 용어다. 이 잔치는 한쪽이 빈털터리가 되고 상대방도 알거지가 될 때까지 계속되는 경우도 있다. 이런 소모적인 과시행위는 경제적으로는 불합리하지만, 경쟁자들을 압도하고 자신의 지위를 인정받고자 하는 사회적인 의미를 갖는 것으로 해석된다.

● **헤도니스트 효과** Hedonist effect   가격보다 개인의 감성적인 가치를 우선 요소로 두는 소비유형. 이들은 심미주의자, 쾌락주의자라는 말뜻처럼 가격에 크게 구애받지 않고 제품의 미적 특성에 주목한다.

파노폴리 효과 *Panoplie effect*

장사원 : 여자 동기 중에는 집에서 도시락을 싸와서 점심을 해결하는 경
　　　　우가 있어요.

이대리 : 절약정신이 대단하군. 요즘 젊은 사람들 같지 않은데?

장사원 : 그건 아닌 것 같아요. 점심은 도시락으로 해결하고, 유명 커피
　　　　전문점에서 우아하게 비싼 커피를 마시거든요.

이대리 : '파노폴리 효과'가 따로 없군.

- 창업시장에서 **파노폴리 효과**가 나타나고 있다.
- 거리에서 비싼 커피가 잘 팔리는 것은 미국 영화나 드라마 속 뉴욕 거리의 멋쟁이 주인공
　과 자신을 동일시하는 **파노폴리 효과**가 한몫을 했다.

Q **의미**　　　'파노폴리 집합'이라고도 한다. '파노폴리'는
　　　　　　　　'집합(set)'이라는 뜻. '같은 맥락의 의미를 가진
상품 집단'을 의미한다. 어린 아이가 역할놀이를 통해 마치 그와 같
은 인물이 된 듯한 기분을 느끼는 효과와 비슷하다. 상류층이 되고자
하는 신분상승의 욕망이 소비로 나타나는 현상도 마찬가지. 소비자

가 특정 상품을 구매함으로써 그와 유사한 가치의 제품을 사용하는 특정 집단(상류층)과 같아진다는 환상을 갖게 되는 것이다. 이런 현상은 구매한 물건을 통해 자신의 지위를 드러내려는 욕구에서 비롯된다. 명품을 소비하는 현상이 그 예다. 예컨대, 명품 가방을 구매하거나, 값비싼 브랜드 커피를 마시거나, 최신 스마트폰을 구입하는 것 등이다. 유통업계에서는 이를 마케팅에 활용하기도 한다.

♈ **유래**   프랑스의 장 보드리야르(Jean Baudrillard, 1929~2007)가 1980년대에 명명했다. 그는 20세기 프랑스를 대표하는 철학자이자 사회이론가로 이름을 떨쳤다. 그는 상품을 통해 특정 계층에 속한다는 사실을 과시하는 행위를 이 용어로 설명했다. 소비자가 물품을 구매할 때 개인이 추구하는 이상적 자아에 기반을 두려는 성향이 높기에 자연스레 브랜드 제품으로 시선이 이동한다고 주장했다. 신분사회가 없어진 현대에선 명품을 구매하는 것으로 상류 계급의식을 느낀다고 말했다. 동시에 브랜드가 또 하나의 계급사회를 형성했다고 봤다.

스놉 효과 *Snob effect*

☞ 네트워크 효과, 베블런 효과, 밴드왜건 효과

김과장 : 아내가 샤넬백 값이 많이 떨어졌다고 좋아하더라고.

이사원 : 제 아내도 괜찮은 가방을 사겠다고 노래를 부르던데 이참에 알
려줘야겠네요.

장사원 : 저도 제 여자친구한테 전화해야겠어요.

나부장 : 그런데 우리 집사람은 샤넬백은 아무나 갖는 가방이 됐다며 다
른 걸 산다고 하던데? 더 고상한 걸로. 일종의 '스놉 효과'지.

- 명품 브랜드를 판매하는 업체들은 **'스놉 효과'**를 십분 활용하고 있다.
- 값비싼 미술품을 사고자 하는 마음은 **'스놉 효과'**로도 설명할 수 있다.

🔍 의미

'난 달라'족에서 발생하는 효과. 비대중적 고급
지향의 개성추구경향이다. 남과 다른 자신만의
개성을 추구하는 방식으로 고상하다는 것을 과시하기 위해 다수의
사람들이 소비하는 재화에 대해서는 구매의도가 감소하는 현상이다.
별종 근성을 드러낸다. 미적인 감각추구도, 품질 완벽주의자도 아닌
단지 타인과 구별될 수 있다는 의미로 값비싼 물건을 소비하는 유형

이다. '베블런 효과'나 '밴드왜건 효과'와도 달라서 남들이 사는 물건은 절대로 사지 않는다.

'snob'이란 다른 사람과 다르게 보이고 싶어 잘난 체하는 사람이란 뜻. 단어가 의미하는 것처럼, '스놉 효과'는 과시적 소비욕구를 의미한다. 다수의 소비자가 구매하는 제품을 꺼리며 그들과는 차별화된 제품을 구매하고자 하는 구매심리 효과라고 볼 수 있다.

스놉 효과가 나타나는 제품은 수요에 대한 가격탄력성이 매우 작은 편으로 수요곡선이 수직선에 가까운 기울기를 나타낸다. 즉 가격이 크게 올라도 인기는 줄지 않지만, 가격이 내려가 대중이 모두 살 수 있는 환경이 되면 구매자의 흥미를 잃게 하는 특징이 있다.

스놉 효과는 다음과 같은 상황에서 발생한다. 첫째, 고급스러운 제품이 시장에 처음 나왔을 때 그 제품을 신속하게 구매하는 형식으로 나타난다. 그 순간에는 그 고급 제품을 소비하는 '영광'을 아무나 누릴 수 없기 때문이다. 둘째, 아무리 열광적으로 좋아하던 제품이라도 그 제품의 시장 점유율이 어느 수준 이상으로 늘어나서 일반 대중이 아무나 다 사용하는 제품이 되어버리면 그 제품을 더 이상 구매하지 않는 형식으로 나타난다. '아무나 다' 사용할 수 있는 제품은 더 이상 영광스럽지도 고급스럽지도 않게 느껴지기 때문이다.

특정 상품에 대한 어떤 사람의 수요가 다른 사람의 수요에 의해 영향을 받는 네트워크 효과의 일종이다. 스놉 효과는 자신은 남과 다르다는 생각을 갖는 것을, 고상하고 우아해보이는 백로에 빗대 '백로 효과'라고도 한다. 우아한 백로처럼 남들과 다르게 보이려는 심리를 반영한다고 하지만, 속물을 뜻하는 영어에서 비롯된 것을 보면 속물근성의 반영이라고도 볼 수 있다.

유래 미국 경제학자인 하비 라이벤스타인(Harvey Leibenstein, 1922~1994)이 1950년에 처음 발표한 경제이론. 특정 상품에 대한 사람들의 수요가 다른 사람의 수요로 영향을 받는 '네트워크 효과'의 일종이다. 라이벤스타인은 타인의 사용 여부에 따라 구매의도가 증가하는 효과인 '밴드왜건 효과'와 함께 타인의 사용 여부에 따라 구매의도가 감소하는 효과인 '스놉 효과'도 동시에 발표했다.

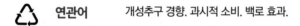

연관어 개성추구 경향. 과시적 소비. 백로 효과.

펭귄 효과 *Penguin effect*

☞ 밴드왜건 효과

나부장 : 사내 강사를 뽑는다고 하는데 누구 나설 사람 없어? 승진 인센
티브도 준대.

김과장 : 글쎄요. 저는 재주가 없어서….

이대리 : 제가 해볼게요.

김과장 : 그럼, 저도 한번 해보겠습니다.

나부장 : 나 원, 이거야말로 순전히 '펭귄 효과'네.

- 미국인들은 성능을 보고, 독일인들은 내구성을 보고, 프랑스인들은 스타일을 보고 제품을
구매한다고 한다. 이에 반해서 한국인들은 **펭귄 효과**처럼 눈치를 보며 구매한다는 조사결
과가 있다.
- 길거리 장사꾼들은 **펭귄 효과**를 이용해 '바람잡이'를 두어 구매를 부추긴다.

🔍 **의미**　　어떤 제품에 대해 확신을 갖지 못하다가 주위의
누군가가 그 제품을 사게 되면 선뜻 구매대열에
합류하게 되는 현상. 상품을 앞에 두고 구매에 확신을 갖지 못하는
소비자들도 종종 펭귄에 비유된다. 대형 마트나 백화점에서 다른 사

람이 그 물건을 구입하면, 서둘러 자신의 장바구니에 제품을 담는다. 새로운 제품을 소비자가 선뜻 구매하지 않을 때 누군가를 내세워 소비심리를 자극하는 효과다. 눈치를 보다가 그때서야 무리지어 움직이는 소비를 겨냥한 것이다. '펭귄 효과'는 여러 곳에서 비유적으로 인용된다.

♈ 유래

펭귄의 습성에서 생겨난 용어다. 빙산에 모여선 펭귄들이 서로 눈치를 보다가 한 마리가 바다에 뛰어들면 나머지도 뒤따라서 뛰어드는 모습을 비유한 말이다. 육지에 사는 펭귄은 먹잇감을 구하기 위해 바다로 뛰어들어야 한다. 수컷에게 알을 맡기고 바다로 나간 암컷 펭귄은 바다에 뛰어들 준비를 하지만 차마 용기를 내지 못한다. 바다에는 오징어나 물고기 등 펭귄의 먹잇감이 많은 반면 바다표범, 범고래 등 펭귄을 잡아먹는 천적도 많기 때문이다. 펭귄에게 바다는 먹잇감을 구할 수 있는 장소임과 동시에 죽을지도 모르는 공포의 장소다. 이 때문에 펭귄 무리는 빙산 끝에 다다르면 서로 눈치를 보며 머뭇거린다. 가장 먼저 물속에 뛰어든 펭귄이 바다사자에게 희생될 확률이 그만큼 높다. 이때 용감한 펭귄이 먼저 바다에 뛰어들면 뒤이어 머뭇거리던 다른 펭귄들도 일제히 두려움을 이기고 잇따라 바다로 들어간다.

 연관어   감성적 소비. 부화뇌동. 충동 구매.

연관법칙　● **퍼스트 펭귄** First penguin　무리 중에서 처음 바다
에 뛰어든 펭귄. 처음 바다에 뛰어드는 펭귄은
두려움을 이기고 무리를 이끄는 선구자와 같다고 해서 '퍼스트 펭귄'
이라 부른다. 보통 불확실성을 감수하고 용감하게 도전하는 '선구자'
를 뜻하는 관용어로 사용된다.

붉은 여왕 효과 *Red Queen effect*

☞ 다윈의 법칙

나부장 : 매출을 확 올릴 좋은 방법이 없을까?

김과장 : 남들보다 열심히 뛰는 것밖에는 딱히 묘수가 보이지 않는데요.

이사원 : 그냥 열심히만 하면 되나요?

나부장 : 그래 가지고 무슨 소용이 있겠어. '붉은 여왕 효과'처럼 남들보다 몇 배는 더 열심히 뛰어야 생존경쟁에서 앞서지.

· 디지털 소통을 꾀한다 하더라도 **'붉은 여왕 효과'**를 벗어나기는 어려워 보인다.

· 현실에 안주하면 **'붉은 여왕 효과'**처럼 도태된다.

Q **의미** 앞서려면 두 배는 더 열심히 달려야 한다는 법칙. 끊임없이 진화하는 생태계의 속성을 비유한 말이다. 보통 열심히 달린다고 해도 주위를 살펴보면 그 자리에서 맴돌거나 뒤처지기 일쑤다. 내가 달리는 속도보다 다른 사람들이 달리는 속도가 더 빠르기 때문이다. 최선을 다해 변화를 꾀하지만 주변 환경이나 경쟁 대상이 더 빠르게 변화함으로 인해 상대적으로 뒤처

지는 원리를 일컫는다. 진화론뿐만 아니라 경영학에서 기업 간의 경쟁을 설명할 때 자주 사용된다.

♈ **유래**   영국의 동화작가 루이스 캐럴(Lewis Carrol, 1832~1898)의 동화 《거울 나라의 앨리스》(1871)에서 유래한 용어다. 《거울 나라의 앨리스》는 캐럴의 대표작 《이상한 나라의 앨리스》의 속편. 이상한 나라에 갔다온 앨리스가 거울 속으로 다시 빨려 들어가 새로운 모험을 하게 된다는 이야기다. 글자도 물건도 반대 방향으로 보이는 거울 나라에서 앨리스는 붉은 여왕에게 손목을 붙잡힌 채 큰 나무 주위를 숨이 찰 지경으로 달린다. 그러나 아무리 달려도 제자리걸음을 벗어나지 못한다. 여왕은 의아해하는 앨리스에게 "이 정도로 달려서는 같은 장소에서 벗어날 수 없어, 다른 곳으로 가려면 지금 속도의 두 배로 달려야 한다"고 충고한다. 그곳은 주위의 모든 사물이 움직이는 사람을 따라 같이 움직이는 세계였던 것이다. 훗날 미국의 진화생물학자 리 벤 베일런(Leigh van Valen, 1935~2010)은 1973년 끊임없이 진화하는 생태계의 속성을 생물 멸종의 법칙에 비유해 '아무리 달려도 제자리걸음'인 현상을 발견했다. 이후 미국 조직이론가인 스탠퍼드 대학의 윌리엄 바넷(William P. Barnett) 교수를 비롯한 진화학자들이 자주 인용하면서 '붉은 여왕 가설'로 널리 알려졌다.

이카루스 패러독스 *Icarus paradox*

☞ 갈라파고스 신드롬

김과장 : 어제 동창 모임에 갔는데 인생 정말 알 수가 없다니까.

이대리 : 무슨 일이 있었어요?

김과장 : 잘 나가던 친구가 하루아침에 쪽박 차는 신세가 되었더군.

오차장 : 너무 교만했던 거 아냐? '이카루스 패러독스'처럼.

• 노키아의 멸망 원인은 **'이카루스의 패러독스'**를 피하지 못했다는 것으로 결론 났다.

• 그동안 좋은 일자리를 만들지 못한 것은 어쩌면 **이카루스 패러독스** 같은 것이었다.

Q　**의미**　성공요인에 안주하다가 그것이 실패요인으로 반전되는 상황. 핵심 경쟁력을 확보한 기업이 스스로 혁신하지 못하고 그 경쟁력의 덫에 빠져 결국엔 실패하게 된다는 얘기다. 이카루스의 사례는 많다. 과거 스위스 산업이 대표적이다. 스위스는 정확하고 정교한 시계로 세계의 시계 시장을 장악했다. 그런데 1980년대 디지털과 대량 생산으로 무장한 일본과 홍콩의 도전을 받았다. 전 세계에서 시장 점유율 40퍼센트를 차지했던 스위스 시계는 일본과 홍콩에 밀려 3위 국가로 급격하게 추락했다. 유사한

사례가 또 있다. 미국의 필름과 카메라 회사인 '코닥'이 바로 그 예다. 코닥사는 1970년대 미국시장에서 독점적 권위를 누리고 있었으며, 세계시장을 석권하다시피 했다. 그런데 코닥사는 1990년대 아날로그에서 디지털 카메라로 전환하던 시점에서 디지털카메라를 먼저 개발해놓고도 필름과 아날로그 카메라에 연연했다. 그 때문에 시장에서 서서히 밀려났고, 결국 파산신청을 냈다. 이러한 현상은 경영학에서도 자주 발견된다. 미국의 〈포춘〉에 따르면 5년 만에 세계 500대 기업의 3분의 1이 바뀐다고 한다. 그만큼 기업의 생사와 명멸의 속도가 빨라지고 있다. 이는 비단 기업만이 아니라 국가와 개인에게도 적용된다.

♈ **유래**　'이카루스의 패러독스'는 이카루스의 날개에서 유래한다. 이카루스는 승리의 날개였으나, 이후 죽음의 날개가 됐다. 이를 이카루스의 패러독스라고 부른다. 세계적인 경영전략 학자이자 캐나다의 경영학 교수인 대니 밀러(Danny Miller)가 1990년 처음 제시한 개념이다. 밀러는 동명의《이카루스의 패러독스》(1990)라는 저서를 통해 기업이 성장단계에 따라서만 변신해야 되는 게 아니고 항상 성공을 경계해야 한다고 주장한다. 기존 성공의 틀에 매여 혁신을 하지 못하는 1등 기업의 역설을 언급했다. 기업을 1등으로 만든 핵심 경쟁력이 오히려 혁신을 방해해 결국 실패하게 된다는 것이다.

그리스 신화에 나오는 다이달로스의 아들 이카루스는 어리석음과 과

욕을 상징하는 비운의 인물이다. 다이달로스는 뛰어난 건축가이며 조각가, 발명가였다. 그는 크레타 섬을 방문해 미노스 왕의 환대 속에 지내며 왕의 시녀 사이에서 이카루스를 낳았다. 크레타의 왕비 파시파에는 포세이돈이 보낸 황소와 간음해 황소 머리에 사람의 몸을 가진 미노타우로스를 낳았다. 미노스 왕은 다이달로스에게 이 괴물이 영원히 빠져 나오지 못하도록 미궁(迷宮) 라비린토스를 만들게 했다. 미노스 왕은 나중에 다이달로스가 파시파에의 간음을 방조한 사실을 알고 나서 다이달로스와 그의 아들 이카루스를 미궁에 가두었다. 이카루스와 다이달로스가 미궁에 갇힌 데에는 또 다른 이야기가 전해지기도 한다. 어쨌든 미노스 왕으로부터 미움을 산 다이달로스는 아들 이카루스와 함께 미궁에 갇혔다.

다이달로스는 미궁으로부터 탈출하기 위해 성 위에 떨어지는 새들의 깃털을 모으기 시작했다. 새의 깃털과 밀랍(蜜蠟:점착성이 있는 비결정성 물질)으로 날개를 만들어 아들과 함께 하늘로 날아 탈출했다. 그는 이카루스에게 너무 높이 오르지 말라고 경고했다. 하지만 이카루스는 새처럼 나는 것이 신기해 아버지의 경고를 잊은 채 하늘 높이 올라가는 오만을 부렸다. 결국 뜨거운 태양의 열기에 날개를 붙인 밀랍이 녹아버려 에게해에 추락해 죽었다. 다이달로스는 이카루스의 시신을 건져 올려 섬에 묻었다. 나중에 이 섬은 이카루스의 이름을 따서 '이카리아(Icaria) 섬'이라 부르게 됐다. 이 신화에서 비롯된 '이카루스의 날개'는 미지의 세계에 대한 인간의 동경을 상징한다.

연관법칙 ● **벤치마킹** Benchmarking 우수한 대상을 설정하고 그 대상과 비교 분석을 통해 장점을 따라 배우는 행위. 그들의 뛰어난 운영 프로세스를 배우면서 부단히 자기혁신을 추구하는 경영기법이다. 복제나 모방과는 다른 개념이다. 벤치마킹은 원래 토목 분야에서 사용되던 말이었다. 강물 등의 높낮이를 측정하기 위해 설치된 기준점을 '벤치마크(benchmark)'라고 부르는데, 그것을 세우거나 활용하는 일을 '벤치마킹'이라고 불렀다. 그 후 컴퓨터 분야에서 각 분야의 성능을 비교하는 용어로 사용되다가 기업경영에 도입됐다. 벤치마킹의 효시는 1979년에 이를 시작한 미국의 제록스다. 로버트 캠프(Robert Camp) 박사는 1989년 《벤치마킹》이란 책에서 동종업계가 아닌 다른 업계의 경영기법도 비교·분석해 벤치마킹의 범위를 확대했다.

최소량의 법칙 *Law of minimum*

나부장 : 이번에 부별로 영업전략 리포트를 내기로 한 것 알지?

김과장 : 이대리를 중심으로 초안을 잡기로 했습니다.

나부장 : '최소량의 법칙'에 따라 단 한 사람도 빠짐없이 적극 참여해서 좋은 리포트를 만들도록.

김과장 : 아~예!

- 스피치에는 부족한 부분까지만 유효하다는 **'최소량의 법칙'**이 적용된다. 따라서 어떤 리더가 자신감과 화법은 100점을 받았더라도 유연성이 50점이라면 그 리더의 스피치 점수는 50점이 되는 것이다
- 개인정보 유출 사례는 **'최소량의 법칙'**을 무시한 대표적인 사례다. 개인정보 한두 개 정도 유출된다고 큰 문제는 없을 것이라는 인식이 문제다.

Q **의미** 가장 부족한 것이 결과를 결정한다. 식물의 성장은 넘치는 영양소가 아니라 가장 부족한 영양소에 따라 좌우된다. 아무리 풍부한 원소를 갖고 있더라도 부족한 원소가 있다면 그 원소 때문에 성장하지 못한다. 즉 최대가 아니라 '최

수'가 성장을 좌우한다는 것이다.

필수 항목이 넘치지는 않아도 부족함은 없어야 된다는 뜻. 시작은 자연과학이었지만 최소량의 법칙은 많은 곳에서 적용되고 활용된다. 최소량의 법칙이 가장 잘 적용되는 분야는 서비스 분야. 기업의 이미지는 그중에서 가장 나쁜 요소 하나에 의해 결정되는 것이 그 예다. 99퍼센트 만족스러운 서비스를 제공했더라도 1퍼센트의 불만이 있으면 그것으로 업체의 이미지가 굳어진다. 주식시장에서 다양한 요소 중에서 어느 한 요소가 최악의 상태에 놓여 있다면 기업의 자산가치가 아무리 높아도 주가가 오르지 않는다. 취약한 조직원의 능력을 높이지 못하면 팀워크가 제대로 효과를 내지 못한다. 평균 이하의 나약한 병사가 있다면 전쟁에서 이길 수 없다. 사람에 대한 평가도 마찬가지. 그 사람이 가진 장점보다는 그 사람이 가진 단점에 제어되는 경우가 종종 있다.

♈ 유래   비료의 아버지라고 불리는 독일의 유명한 화학자 유스투스 폰 리비히(Justus von Liebig, 1803~1873)가 1843년에 발견한 법칙이다. 그는 식물의 성장을 연구하다가 아주 좋은 환경에 있는 식물인데도 오히려 성장이 뒤처지는 사실에 주목했다. 그 결과 식물의 성장에 필요한 요소 중에서 한 가지 요소만 부족하더라도 성장은 가장 부족한 요소에 의해 제한된다는 것을 알아냈다. 식물 성장은 질소, 인산, 칼륨 등 필요한 다른 모든 조건이 충족되더라도 결국 가장 부족한 영양소에 의해 결정된다. 특히 식물

의 생산량은 가장 소량으로 존재하는 무기영양소에 의해 지배된다는 것이다. 현재 이 개념은 확장되어 생명현상에 관한 제한인자(制限因子, limiting factor) 일반에 대해 사용한다.

연관어　최소 양분율. 최소율. 한정 요인.

연관법칙　● **나무 물통의 법칙**　나무 물통에 담을 수 있는 물의 양은 가장 낮은 나무판자가 결정한다는 의미. 여러 나무 조각을 세로로 이어 만든 나무 물통이 있다. 어느 한 나무 조각이 다른 나무 조각보다 높이가 낮으면 아무리 물을 부어도 가장 짧은 나무 조각의 높이까지만 물을 담을 수 있다. 가장 짧은 나무 조각에 따라 전체 물의 높이, 즉 전체 수준이 결정된다는 말이다. 따라서 물통의 용량을 늘리려면 가장 낮은 나무 조각의 높이를 다른 나무 수준으로 반드시 올려야 한다.

● **최소량 곱셈의 법칙**　전체적인 이미지는 각 요소의 합이 아니라 곱에 의해 결정된다는 법칙. 이미지란 덧셈(image=A+B+C)이 아니라 곱셈(image=A×B×C)이고, 어느 하나의 요소가 '0점'을 받는다면 전체가 '0점'이 된다는 것이다. 이 법칙은 서비스 분야에서 잘 나타난다.

핀볼 효과 *Pinball effect*

☞ 세렌디피티의 법칙

장사원 : 모처럼 증시에 불이 '활활' 붙네요.

이대리 : 어휴, 이틀 전에 팔았던 주식이 자꾸 생각나네.

장사원 : 어제 산 주식이 오늘 10퍼센트나 올랐어요.

이대리 : 증시의 '핀볼 효과' 덕을 톡톡히 보는군.

• 월가에서는 서브 프라임 모기지(비우량 주택담보대출) 사태 이후 사라졌던 **핀볼 효과**라
  는 용어가 다시 부각되고 있다.

• 최근에는 경제 활력이 떨어지면서 증시를 중심으로 역(逆) **핀볼 효과**형 위기론도 제기되
  고 있다.

Q **의미**   작은 파문이 전체로 퍼져 나가듯이 사소한 우연
들이 세상을 혁신적으로 바꾸는 것. 사소한 사
건이나 물건이 도미노처럼 연결되고 점점 증폭되면서 세상을 움직일
수 있는 역사적인 거대한 사건을 일으키는 현상이다. 경제나 증권시
장에서 자주 사용된다. 이를 증권시장에 적용하면 경제성장률, 금리,
유동성, 투자심리 등 다양한 요인이 복합적인 연쇄작용을 통해 주가

를 예상 외로 크게 뛰게 하는 현상을 가리킨다. 각각의 볼링 핀에 해당하는 경기, 금리, 유동성, 기업 실적, 투자자 심리 등 주가결정 요인이 어우러져 볼링 핀을 모두 쓰러뜨리는 스트라이크처럼 주가상승을 이끌어내는 것이다. 독립적으로 벌어지는 사건이나 행동이 서로 인과관계를 형성하지 않을 것 같지만 결국에는 모든 것이 상호 연관을 맺고 있다. 한 객체가 벌인 사소한 사건이 망(web) 전체에 파장을 일으킨다는 것이다.

♈ 유래   과학 다큐멘터리 프로듀서인 제임스 버크(James Burke, 1936~)의 동명 저서인 《핀볼 효과》(1996)에서 유래된 명칭이다. 그는 저서에서 '우연한 사건의 연쇄가 세상을 움직이는 역사적인 사건을 만들어낼 수 있다'고 주장했다. 북아일랜드에서 태어난 그는 옥스퍼드 대학에서 석사학위를 받았다. 이탈리아에서 영어-이탈리아어 사전을 편찬하던 중 우연히 방송 일에 관여하다가 방송 세계에 매료됐다. 이후 세계 방송사상 가장 걸출한 과학 다큐멘터리 프로듀서이자 베스트셀러 작가로 명성을 쌓았다. 과학, 역사, 시사에 관한 다큐멘터리를 제작해 격찬과 함께 수많은 상을 휩쓸었다. 유명한 과학 다큐멘터리로 〈커넥션〉 시리즈와 〈우주가 바뀌던 날〉 등이 있다.

블랙 스완 *Black swan*

☞ 그레이 스완

장사원 : 요즘 '메르스(중동호흡기증후군) 공포'에 빠진 것 같아요.

이대리 : 이렇게 전국적으로 퍼질 줄 누가 알았겠어.

장사원 : '블랙 스완'으로 불릴 만하네요.

오차장 : 그러게. 당국이 초동 대처만 민첩하게 했어도 이렇게 커지지는 않았을 텐데. 그런데 '블랙 스완'이라고 말하려면 2010년 아이티와 2011년 동일본 대지진 정도는 되어야 하지 않을까?

- 그리스 사태와 중국의 증시 급등락으로 또 다시 세계경제에 **'블랙 스완'**의 공포가 엄습하고 있다.

- 그 영화가 할리우드 영화에서 **'블랙 스완'**이라는 평을 얻고 있어 화제다.

Q **의미**　검은색 백조(黑鳥, 블랙 스완). '블랙 스완'은 도저히 일어날 것 같지 않은 일이 일어나는 것을 말한다. 극단적으로 예외적이어서 발생할 확률이 매우 낮지만 일단 발생하면 엄청난 충격과 파급효과를 가져온다.

원래는 일어날 수 없는 것을 의미했다. 서양 고전에서는 검은 색깔을 가진 블랙 스완이 거의 언급되지 않는다. 블랙 스완은 실제로는 존재하지 않는 어떤 것 또는 고정관념과는 전혀 다른 어떤 상상이라는 은유적 표현으로 사용되어 왔다.

백조는 대부분이 흰색이다. 수천 년 동안 사람들도 그렇게 믿었다. 유럽에서는 아무 소용없는 일을 빗대어 '블랙 스완을 찾는 것과 같다'라는 말까지 했다. 유럽인들은 블랙 스완을 발견하기까지 모든 백조는 흰색이라고 인식했다. 그러던 중 1697년에 한 생태학자가 호주에서 블랙 스완을 우연히 발견했다. 이로써 블랙 스완은 관찰과 경험에 의존한 예측을 벗어나 불가능하다고 인식된 상황이 실제 발생하는 것과 같이 상식을 뒤집는 경우를 일컫게 됐다.

♈ 유래　　월가에서 투자전문가로 일했던 미국 뉴욕 대학 폴리테크닉연구소 교수인 나심 니콜라스 탈레브(Nassim Nicholas Taleb)가 2007년 금융위기 당시 월가의 허상을 통렬히 파헤친 《블랙 스완》이라는 책을 출간하면서 유명해진 말이다. 이후 '블랙 스완'이라는 말은 경제영역에서 두루 쓰이게 됐다.

그는 저서에서 블랙 스완의 개념을 과거의 경험으로 확인할 수 없는 일반적 기대영역 바깥에 존재하는 관측값으로, 발생가능성에 대한 예측이 거의 불가능하지만 일단 발생하면 엄청난 충격과 파장을 가져오고, 존재가 사실로 드러나면 그에 대한 설명과 예견이 가능해지는 사건으로 정의했다. 예컨대, 경제 대공황이나 미국 9·11 테러사건과 같은 경우를 블랙 스완으로 볼 수 있다.

그는 블랙 스완이라는 모티브를 통해 예기치 못한 위기상황으로 글로벌 경제가 휘청거릴 수 있다는 암울한 전망을 내놓았다. '극단적인 0.1퍼센트의 가능성이 모든 것을 바꾼다'고 주장하며 최악의 파국이 월가를 덮칠 것이라 경고했다. 결국 그의 경고처럼 2008년 글로벌 금융위기가 닥쳐왔고 블랙 스완이라는 말이 더욱 주목을 받았다. 《블랙 스완》은 31개 언어로 번역·출판됐으며, 세계적인 베스트셀러에 올랐다. 〈타임〉은 2009년 '지난 60년 동안 가장 영향력 있는 12권의 책' 중 하나로 《블랙 스완》을 꼽았다. 2011년에는 〈블랙 스완〉이라는 영화가 상영되기도 했다.

 연관어　　검은 백조. 검은 고니. 흰 백조. 흰 고니.

 연관법칙　　● **블랙아웃** Blackout 대규모 정전사태. 전기가 부족해 갑자기 모든 전력 시스템이 정지된 최악의 상태 또는 그러한 현상을 말한다. 국지적인 정전이 아닌 전국 동시다발적인 정전을 뜻한다. 우리나라에서도 '블랙아웃' 사태가 있었다. 2011년 9월 15일, 제주를 제외한 서울 강남과 여의도 일대를 비롯해 경기, 강원, 충청 등 전국 곳곳이 기습적으로 정전되는 사상 초유의 사태가 발생했다. 아울러 '블랙아웃'은 본격적인 미사일 공격에 앞서서 핵공격으로 적의 미사일 방어체제를 무력화시키는 군사전략을 뜻하는 군사용어로도 사용된다.

● **화이트 스완** White swan　도저히 일어날 것 같지 않은 일이 발생하는 '블랙 스완'과는 상반되는 말이다. 미국의 누리엘 루비니(Nouriel Roubini, 1959~) 뉴욕 대학 교수가 저서 《위기 경제학》에서 사용한 용어다. 반복되어 오는 위기임에도 불구하고 뚜렷한 해결책이나 대비책을 제시하지 못하는 상황을 말한다. 역사적으로 되풀이되어 온 금융위기 등이 이에 해당한다. 루비니 교수는 '화이트 스완'이라는 용어를 통해 금융위기는 충분히 예측 가능하며 예방도 할 수 있는데, 적절한 대응책을 마련하지 못해 닥치는 상황이라고 설명했다. 그는 저서에서 금융위기의 역사를 살펴볼 때 똑같은 위기의 징후가 발견된다고 말했다. 이에는 완화된 통화정책, 금융 시스템에 대한 느슨한 감독과 규제, 지나치게 큰 리스크를 떠안으려는 탐욕과 오만, 금융권의 과도한 부채, 민간과 공공부문의 과도한 차입과 부채, 자산 거품이 언제까지나 지속할 수 있다는 환상 등이 있다.

제본스 효과 *Jevons effect*

장사원 : 요즘 자동차는 하루가 다르게 업그레이드되는 것 같아요.

이대리 : 작년에 샀던 차가 벌써 구형이니. 1년 만에 신차가 또 나오고.

장사원 : 연비가 좋은 차가 소비자들의 호응을 받는 것 같아요.

김과장 : 당연하지. 그런데 '제본스 효과' 때문에 연비 좋은 차량이 개발
되면 운행거리가 더 늘어나면서 실제로는 연료비를 더 쓰게 되
는 것 같아.

- **제본스의 역설**은 특정 재화 혹은 서비스의 가격이 내려갔을 때의 상황에 집중한다.

- 그는 **제본스의 역설**을 들어 과학기술로 환경문제를 해결할 수 없으며, 결국 자본주의의
폐기만이 해답이라 주장한다.

Q **의미**　　　　'제본스의 역설'이라고도 한다. 가격을 낮추면,
오히려 전체 소비량이 늘어나는 현상. 기술의
발달로 에너지의 소비효율이 높아지면 자원이 절약되는 게 아니라
총량적으로는 오히려 자원 소비가 더 증가하는 역설적 현상이다. 높
아진 에너지 효율은 에너지 가격을 상대적으로 낮추고 산업 발달에

기여해서 결국 더 많은 에너지 소비와 더 많은 오염물질 배출로 이어진다는 것이다. 연료의 수요가 늘어나면 다시 가격이 높아지고 이로 인해 생산비용이 또 증가하는 반대의 순환도 발생할 수 있다. 기술 혁신에 의해 가격을 낮췄지만, 그로 인해 오히려 다른 것이 증가하는 현상이다. 이는 완전히 탄력적인 시장에서 나타난다. 비탄력적인 요소들이 여러 가지 개입될 경우 '제본스 효과'는 나타날 가능성이 줄어든다. 그러나 장기적이고 거시적인 규모에서 제본스 효과는 일반적으로 성립한다.

예컨대, 오일쇼크 이후에 기름이 적게 드는 차량이 개발되니까 오히려 자동차의 대수와 운행거리가 늘어나는 것, 이산화탄소를 줄인다고 자전거가 늘어나는데 오히려 고가의 명품 자전거가 등장하는 것, 녹색산업을 내세운 기업들이 도리어 환경에 악영향을 끼치고 있는 것, 1회용 비닐봉지를 줄이기 위해 쓰이는 친환경 바구니가 유명 디자이너의 이름을 달고 비싼 가격에 팔리는 것 등이 여기에 해당된다.

♈ 유래   19세기 영국의 경제학자 윌리엄 제본스(William Stanley Jevons, 1835~1882)가 《석탄 문제》(1865)에서 주장했다. 연료를 효율적으로 사용하게 됨으로써 소비가 감소할 것이라는 추측은 잘못된 것이라는 얘기다. 그는 증기기관을 사례로 언급했다. 제임스 와트(James Watt, 1736~1819)는 토머스 뉴코먼(Thomas Newcomen, 1664~1729)의 초기 모델보다 효율이 훨씬 뛰어난 기관을 발명했다. 그런데 이후 영국의 석탄소비가 급격히 늘었다고

지적했다. 와트의 혁신적 디자인으로 석탄은 효율적인 연료가 되었으며, 산업 전 분야에 증기기관의 도입을 확산시켰다는 것이다. 한계 효용 이론으로 유명한 그는 경제학에 수리적 접근을 시도한 수학자였다. 오스트리아의 경제학자인 멩거(Carl Menger, 1840~1921) 등 일부 학자들은 그를 오히려 수리경제학의 원조로 여긴다. 제본스는 경제학을 '쾌락과 고통의 수학'이라고 표현하기까지 했다.

1980년대 미국의 경제학자 대니얼 카줌(Daniel Khazzoom)과 영국의 레너드 브룩스(Leonard Brookes)가 에너지 사용에 대한 '제본스 효과'를 다시 확인했다. 1922년에는 해리 손더스(Harry Saunders)가 '카줌-브룩스 공리'를 입증할 가설을 세웠다.

그레샴의 법칙 *Gresham's law*

☞ 레몬시장의 법칙

나부장 : 요즘에 난폭 운전자가 점점 늘어나는 것 같아.

김과장 : 맞아요. 끼어들기를 마치 운전의 기본이라고 생각하는 거 같아요.

이사원 : 경제용어로 치면 '악화가 양화를 구축하는' 꼴이네요.

나부장 : 맞아. 그게 바로 '그레샴의 법칙'이야.

• 연예인의 사생활에 관한 보도는 합리적인 것보다 이야깃거리로 더 안성맞춤일 때가 있다.

  일부 연예인 관련 기사는 여전히 '**그레샴의 법칙**'이 통한다.

• 정부는 '**그레샴의 법칙**'으로 주식시장이 왜곡되지 않도록 주의 깊게 살펴야 한다.

🔍 의미

'악화(惡貨)가 양화(良貨)를 구축(驅逐)한다(Bad money drives out good money)'는 법칙. 여기서 악화는 '양화를 구축한다'거나 '만들거나 완성하는'것이 아니다. 쫓아내고 몰아낸다는 뜻이다. 가치가 높은 것을 사용하지 않고 실질가치가 낮은 물건을 사용할 때 쓰는 말이다. '그레샴의 법칙'은 경제학에서뿐만 아니라 일상생활에서도 널리 적용된다.

소재의 가치가 서로 다른 화폐가 동일한 명목가치를 가진 화폐로 통용되면, 소재가치가 높은 화폐(good money)는 유통시장에서 사라지고 소재가치가 낮은 화폐(bad money)만 유통되는 현상이다. 금과 현금 10만 원을 비교해보자. 실질적 가치는 금이 더 높다. 그런데 실질적 가치가 있는 금은 사용하지 않고 10만 원이라는 종이를 사용한다. 이때 악화(10만 원)가 양화(금)를 구축(몰아낸다)한다고 말하는 것이다. 서로 경쟁을 벌이는 것들에 대해 가치를 식별할 수 있는 충분한 정보가 주어지지 않으면, 나쁜 것이 좋은 것을 서서히 밀어내어 시장에는 나쁜 것만 남게 된다는 뜻이다.

예컨대, 자동차 회사들이 휘발유 엔진 시장을 지키기 위해 전기자동차 판매를 늦추는 것, 불법 다운로드가 일상화되면서 정품 소프트웨어 시장이 어려움을 겪는 것, 인력관리에 소홀한 회사에서 자질이 우수한 인재는 떠나고 열등한 인력만 남게 되는 것 등이 그 예다.

♈ 유래   16세기 영국의 상인이자 금융업자인 토마스 그레샴(Thomas Gresham, 1519~1579)의 이름에서 유래한다. 영국 왕 헨리 8세(Henry VIII, 1491~1547, 재위 1509~1547)의 재정 고문이었던 그는 금이 많이 들어간 금화와 적게 들어간 금화가 같은 가치로 유통될 경우 금이 적게 들어간 금화만 유통될 수 있다고 말했다. 헨리 8세는 디베이스먼트(Debasement) 분야의 독보적인 존재였다. 디베이스먼트는 돈의 물리적 가치를 낮추는 조작을 뜻한다. 헨리 8세는 유산을 모두 까먹고 함량을 줄이는 방법으로 자신의 낭비벽을 충족시켰다. 같은 액수(액면가)의 동전을 같은 무게의 금과 구리

로 만들어 유통시킨다면, 금화(양화) 대신 싼 구리 돈(악화)만 유통된다. 금이 많이 들어간 금화는 사람들이 소유해버리고 금 함유가 낮은 통화만 시장에 내놓기 때문이다.

그레샴은 헨리 8세가 죽자 후계자인 엘리자베스 1세(Queen Elizabeth I, 1533~1603, 재위 1558~1603)에게 "악화가 양화를 구축한다"며 악화 제거를 건의했다. 이 말은 엘리자베스 여왕에게 진언한 편지 속에 나온다. 이는 후에 '그레샴의 법칙'으로 명명됐다. 영국에서는 은화와 동화를 사용했는데, 순도가 높은 은화와 동화를 사용하다가 나중에 순도가 낮은 은화와 동화를 생산했다. 이때 사람들은 순도가 높은 은화와 동화는 사용하지 않고 순도가 낮은 은화와 동화를 사용했다. 그러나 대영제국의 기틀을 놓은 엘리자베스 여왕도 시장에서 악화를 쫓아내지 못했다. 몇 세기 뒤 명예혁명을 완수한 뒤인 1689년 왕위에 오른 윌리엄 3세(1650~1702, 재위 1689~1702)에게 그 공이 넘어갔다. 영국 정부는 보란 듯이 은화 40개를 고의로 작게 깎았다는 혐의로 부녀를 처형했다. 아버지는 교수형에 처한 뒤 시체를 토막 냈고, 딸은 산 채로 불구덩이에 던졌다. 이어 1694년 영국의 중앙은행인 영란은행(英蘭銀行, Bank of England)이 설립됐고, 2년 뒤 왕실 조폐청에서 새 주화를 발행했다. 이런 과정을 겪고 나서야 영국은 악화의 늪에서 빠져나올 수 있었다.

 연관법칙　● **거미집 이론** Cobweb theory　가격변동에 대응하는 공급량 조절이 제때 이뤄지지 않아 가격 급등락이 반복되는 현상. 생산과 가격의 움직임을 장기적으로 관찰해보면 거미집 이론에 꼭 들어맞는 주기변동을 반복하고 있음을 살펴볼 수 있다. 이 과정을 수요공급곡선으로 그리면 거미집 모양과 비슷해지는 데서 유래했다. 농산물이 대표적이다. 농산물은 공급량 조절에서 자유롭지 못한 상품이다. 농산물 가격은 철저히 그해 작황이 어땠느냐에 따라 판가름나기 때문이다. 이에 따라 농산물 가격은 어느 지점에서 안정되지 못하고 해마다 급등락을 거듭하게 된다. 이를 두고 경제학은 가격이 어지럽게 변화한다고 해서 '거미집 모형'이라 부른다. 농산물의 경우는 공급이 반응을 보이는데 시간이 걸리기 때문에 자칫하면 공급과잉이 되기 쉽다. 어떤 분야의 인력수급과 몸값이 등락을 반복하는 순환현상 역시 거미집 이론으로 설명이 가능하다. 거미집 모형은 부동산 시장에도 적용된다. 1934년에 미국의 계량경제학자 바실리 등이 정립했다.

● **골디락스** Goldilocks 경제호황기를 뜻하는 경제용어. 너무 뜨겁지도, 너무 차갑지도 않은 호황을 말한다. 고성장, 저실업, 저물가의 이상적인 경제호황을 의미한다. 1990년대 후반의 미국 경제가 골디락스의 대표적인 예다. 골디락스는 금을 뜻하는 '골드(Gold)'와 머리카락을 뜻하는 '락(lock)'의 합성어. 골디락스(goldilocks)의 말뜻은 '금발머리'가 된다. 주식시장에서 골디락스는 우량주를 뜻한다. 골디락스라는 용어는 판매전략에도 응용되고 있다. 골디락스 가격(goldilocks pricing)이란 판촉기법의 하나로 가격이 아주 비싼 상품과 싼 상품, 중간가격의 상품을 함께 진열해 소비자가 중간가격 상품을 선택하도록

유도하는 전략이다. 우주에서 골디락스는 지구처럼 살기 적합한 상태를 말한다. 천문학에서 생물권(habitable zone, HZ)을 다른 용어로 골디락스 지대라고 부르기도 한다. 골디락스 지대는 한 항성 주위에서 지구와 비슷한 생명체가 발생할 수 있는 행성의 공전 영역을 말한다. 이는 지구가 너무 춥지도 않고 너무 덥지도 않은 위치에 놓여 있기 때문에 생명체가 탄생하기에 안성맞춤이 됐다는 의미다.

골디락스는 영국의 전래동화《골디락스와 곰 세 마리》에 등장하는 소녀의 이름에서 유래했다. 골디락스는 어느 날 숲 속에 들어갔다 길을 잃고 헤매다 오두막을 발견했다. 이 오두막의 주인은 세 마리의 곰(아기 곰, 엄마 곰, 아빠 곰)이다. 세 마리 곰은 외출하고 집에 없었다. 오두막에 들어간 골디락스는 식탁에 차려 놓은 세 그릇의 수프를 발견했다. 하나는 막 끓여 놓은 뜨거운 수프고, 하나는 식어서 차가운 수프고, 다른 하나는 뜨겁지도 차갑지도 않은 먹기에 적당한 수프였다. 허기에 지쳐 있던 골디락스는 이 가운데 먹기에 적당한 뜨겁지도 차갑지도 않은 수프를 먹었다. 피곤했던 골디락스는 수프를 먹은 후 온몸이 나른해지며 졸리기 시작했다. 골디락스가 부엌 옆의 침실을 열어보니 세 개의 침대가 보였다. 하나는 아주 딱딱한 침대고, 하나는 쿨렁거리는 부드러운 침대고, 다른 하나는 너무 딱딱하지도 않고 너무 부드럽지도 않은 적당한 탄력을 가진 침대였다. 그녀는 이 가운데 너무 딱딱하지도 않고 너무 부드럽지도 않은 적당한 탄력을 가진 침대를 골라 낮잠에 빠졌다. 세 마리의 곰이 집에 돌아와 보니 누군가가 자기들이 준비한 음식 가운데 제일 좋은 음식을 먹어버렸고, 낯선 소녀가 제일 좋은 침대에서 자고 있는 것을 발견했다. 화가 난 곰들이 버럭 소리를 지르자 골디락스는 놀라서 깼다는 이야기다.

● **반향실 효과** Echo chamber effect   비슷한 생각을 가진 사람들이 끼리끼리 모여 있으면 그들의 사고방식이 더 증폭되고 극단화된다는 뜻. 반향실 내 음향처럼 폐쇄공간 안에서 같은 정보와 아이디어가 돌고 돌며 강화되는 현상이다. 자유주의 정견을 가진 사람은 그런 성향의 책만 읽고, 보수적인 사람들 역시 자신의 견해와 비슷한 책만 골라보는 현상을 '반향실 효과'라고 부른다.

● **뱀파이어 효과** Vampire effect   흡혈귀 효과. 소비자의 관심이 제품보다는 광고에 나오는 인물로 옮겨가는 현상이다. 제품의 속성과는 관계없이 스타를 광고모델로 내세울 경우 소비자의 관심이 제품보다는 그 인물에 집중되는 역효과를 일컫는 말이다. 즉, 제품을 팔아야 하는 본연의 목표가 퇴색되는 결과를 가져오는 효과다. 광고만 기억나고 제품이 기억나지 않는 광고를 '뱀파이어 광고'라고 하고, 광고를 통해 자기만 뜨고 브랜드를 죽이는 배우들을 '비디오 뱀파이어'라고 부른다.

● **뷰티퀸 증후군** Beauty queen syndrome   우리말로는 '아름다운 여자 증후군'으로 번역된다. 1990년대 말에 일어난 아시아(특히 동남아시아)의 경제위기를 빗댄 말이다. 일반적으로 아름다운 여성 주변에는 많은 남성들이 몰려드는 경향이 있다. 이로 인해 미인은 심할 경우 평탄한 삶을 살지 못한다. 뷰티퀸 증후군은 '미인은 팔자가 세다'는 말을 경

제용어로 빌려와 적용한 개념이다. 동남아 시장은 외환위기 전까지
는 급성장가도를 달리는 신시장이었다. 그러다가 1990년대 초반 이
후 단기자본(핫머니)들이 대거 유입되었다가 이들이 한꺼번에 빠져
나가면서 불행한 사태를 맞이했다. 이 기현상은 빠르게 아시아 전역
으로 확산됐고 이른바 아시아 외환위기로 확대됐다. 매력적인 시장
이었던 동남아시아 시장을 아름다운 여성(뷰티퀸)에 비유하고, 이 시
장에 집중됐던 단기자본을 몰려드는 남성에 비유한 것이다. 그만큼
유망한 사업, 유망한 시장에는 사람들이 많이 모이게 되고 그만큼 경
쟁도 치열해 사업의 매력도가 훼손된다고 설명하는 이론이 '뷰티퀸
증후군'이다.

● **와타나베 부인** Mrs. Watanabe 와타나베 부인은 국제금융시장에서 일
본투자자들을 지칭할 때 쓰는 용어. 와타나베는 한국의 김씨, 이씨
처럼 일본에서 제일 흔한 성 중에 하나다. 와타나베 부인은 저금리가
계속되는 일본 대신 높은 금리가 보장되는 해외에 투자하는 일본의
주부를 지칭한다. 고수익을 찾아 국경을 넘나드는 일본의 중상층 주
부투자자를 의미했으나 이후 일본의 개인투자자나 자금을 대표하는
용어로 발전했다. 이들은 일본의 10년 장기불황(1991~2002년)과 은행
의 저금리를 배경으로 2000년 무렵부터 등장했다. 이들이 엄청난 규
모의 국제 금융거래를 일으키며 외환시장을 좌지우지하는 세력으로
까지 성장하며 글로벌 외환시장의 큰손으로 불렸다.

● **정보의 비대칭** Information asymmetry 정보의 불균형 또는 정보의 편중

현상. 정보량이 공급자와 수요자 간에 차이가 나서 시장의 효율적인 자원분배가 왜곡되는 현상이다. 어떤 상품에 대한 정보를 더 가진 쪽이 덜 가진 쪽에게 손해를 전가하거나 정상이득 이상을 챙기는 것이다. 질이 좋은 상품을 정상가격에 유통시키는 것이 아니라, 질이 낮은 상품을 높은 가격에 유통시키려 한다는 것이다. 합리적인 선택과 반대의 결과를 낳는 이 현상을 '역선택'이라고도 한다. 미국의 경제학자 조지 애컬로프(George Arthur Akerlof, 1940~)가 1970년 MIT에서 발행하는 계량경제학 잡지 〈Quarterly Journal of Economics〉에 〈레몬의 시장:품질의 불확실성과 시장 매커니즘〉이라는 논문을 통해 정보의 비대칭과 역선택 이론을 주창했다.

호손 효과 *Hawthrone effect*

☞ 플라세보 효과

이대리 : 제가 하는 일에 누가 관심을 보이면 더 하기 싫어져요.

오차장 : 대개 잘될 거라고 믿어주고 관심을 가져주면 작업 능률이 더 오를 텐데?

이대리 : 그런가요. 저에게는 청개구리 심리가 있나 봐요.

오차장 : '호손 효과'처럼 하는 일에 관심을 가져주면 생산성이 올라가게 될 거야.

• 나를 지켜보는 사람의 시선이 많을수록 나의 행동도 급격히 좋아지는 **'호손 효과**'가 있다.

• 누군가 지켜보고 있다는 사실을 인식하면 **'호손 효과**'로 엔도르핀이 생긴다.

Q **의미**   심리적인 기대감이 엄청난 생산성 향상을 가져온다는 효과. 타인의 기대감이 근로자의 동기를 유발하고 높은 성과를 창출한다는 것을 보여주는 현상이다. 실험에 참가한 개인이 자신이 관찰되고 있다는 인식 때문에 자신의 행동을 바꾸거나 작업 능률을 올리게 된다.

사람들은 누군가 관심을 가지고 지켜보면 더 분발한다. 주변 사람들이 할 수 있다고 믿어주면 잘하는 '피그말리온 효과'와 유사하다. 여럿이 함께 일하면 생산성이 올라가는 사회적 촉진 현상과도 관련이 있다. 그런 현상이 산업 현장에 적용돼 누군가 관심을 가지고 지켜볼 때 생산성이 향상된다는 것이다.

'호손 효과'는 사회조사에서 종종 나타나는데, 누군가 지켜보고 있다는 사실을 의식한 실험대상자들이 전형적인 행동과 다르게 행동하기도 한다. 어떤 사람에 대한 관심이 그 사람의 행동과 능률에 변화가 일어나는 현상을 설명하는 일반 용어로 확장됐다.

♈ **유래**　　'호손 웍스(Hawthorne Works)'라는 공장에서 수행된 근무환경과 작업효율에 관한 실험에서 유래한다. 호손 웍스는 미국 일리노이 주의 시카고 외곽에 위치했던 AT&T 산하 웨스턴 일렉트릭사(전기회사)로 미국 최대의 전화기 제조공장이었다.

호손 연구(Hawthorne study)는 1924년부터 1932년까지 웨스턴 전기회사와 하버드 대학 교수인 엘튼 메이요(Elton Mayo) 연구팀이 공동으로 실시했다. 연구 목적은 직원들의 사기와 작업효율성의 관계를 규명해 최적의 작업환경 조건을 찾는 것이었다. 최초 실험은 공장의 조명과 생산성의 관계를 찾는 것에 집중했다. 회사 연구진은 1924년부터 1927년까지 2년 반 동안 조명의 밝기와 작업 생산성이 어떻게 변하는지에 대해 실험을 진행했다.

직원들의 생산성은 실험이 시작되면서 증가하는 경향을 보이다가,

실험이 끝나면서 떨어지는 경향을 보였다. 연구진은 조명의 밝기 외에 다른 어떤 것이 생산성에 영향을 미쳤을 것이라고 생각하고 엘튼 메이요 교수팀에 의뢰해 좀 더 체계적인 실험을 해보기로 했다. 실험은 다시 재개됐고 1932년까지 계속됐다. 새로운 실험은 작업 내용, 근무일, 휴식시간, 급료 등의 다양한 영향 요인을 변화시켜가며 지켜보는 것이었다. 실험결과 심리적 요인이 임금이나 근무시간보다 작업성과에 더 큰 영향을 미친다는 사실을 밝혀냈다. 사회학자인 헨리 랜즈버거(Henry Landsberger)가 1958년 이를 '호손 효과'라고 명명했다.

 연관어　관중 효과(audience effect). 보상적 경쟁 효과. 성공기대. 동기부여.

연관법칙　● **각성 이론** Arousal theory　각성은 정신적인 자극이나 흥분, 긴장 등의 뜻. 업무의 성격에 따라 근로자에게 최적의 환경을 조성해줘야 한다는 이론이다. 미국의 심리학자이자 동물행동학자인 로버트 여키스(Robert Mearns Yerkes)와 그의 제자 존 도슨(John Dillingham Dodson)이 1908년 각성과 성과 사이의 상관관계를 밝힌 이론이다.

적당한 자극이나 긴장은 학습과 업무수행에 도움을 주지만 지나치면 오히려 성과를 떨어뜨린다. 연구작업 등의 정신적인 노동이라면 외부의 자극을 받지 않도록 약간의 긴장감을 유지한 채 하는 것이 좋다. 반면 조립이나 포장 같은 여러 사람이 나눠서 하는 단순반복적인 육체노동이라면 함께 어울려 서로 경쟁적으로 해야 효율이 높다.

● **존 헨리 효과** John Henry effect 사회실험에서 통제집단이 일정한 의도를 가지고 반응을 하게 됨에 따라 나타나는 편향, 즉 통제집단의 '오염 효과'다. 실험에서 통제집단에 속한 사람들은 연구자들이 자신들의 성과를 실험집단의 그것과 비교한다는 것을 알게 될 때, 실험집단의 사람들보다 더 나은 성과를 내고자 의도적으로 노력하게 되고, 결국 실험결과가 사실과 다르게 나타나게 될 수 있다는 뜻이다. 정책이나 실험의 적용대상이 아니었던 집단에도 기대하지 않았던 어떤 효과가 나타날 수 있음을 보여준다. 예를 들어, 정부가 청년 취업 프로그램을 만들어 프로그램에 참여한 청년들에게 부가적 도움을 제공하고, 이들이 취업에 성공했다고 하자. 프로그램에 참여하지 않은 실업 청년들은 여러 가지로 반응할 수 있다. 일부는 프로그램에 참여한 청년들의 취업을 보고, 하지 않았을 추가적 노력을 해서 취업에 성공한다. 또 다른 일부는 프로그램에 참여하지 못해 낙담하고 아예 취업을 포기할 수도 있다. '존 헨리 효과'는 정책효과에 대한 평가에서 투입·처방이 과연 기대한 대로 효과를 보였는가, 효과가 얼마만큼인가, 그 이면에 작용하는 메커니즘은 무엇인가 등을 입체적으로 파악한다. 혹시 간과할 수도 있는 여러 방향의 편향을 예상하는 데 도움을 준다.

법칙으로 통하는 세상의 경제

레몬시장의 법칙 *Law of lemon market*

☞ 그레샴의 법칙

이대리 : 으, 속았다!

장사원 : 무슨 일 있었어요?

이대리 : 얼마 전 중고차를 샀는데 글쎄 똑같은 연식에 똑같은 모델인데 내 친구는 200만 원이나 싸게 주고 샀더라고. 번드르르한 딜러의 말을 믿은 것이 내 잘못이지만.

장사원 : '레몬시장의 법칙'이 아직도 통하나 보네요. 정말 자동차 살 때에는 신중에 신중을 거듭해야 할 것 같아요.

• 경제전문가는 "채무상환 능력이 열악한 차주만 남는 **'레몬시장의 법칙'**이 가속화 될 것"이라고 경고했다.

• 과거 시장상황이 불평등한 폐쇄적인 **'레몬시장의 법칙'**이었다면 최근에는 다양한 업체들이 다양한 서비스 전략을 가지고 온라인을 통해 시장의 문을 두드리고 있다.

$\mathbb{Q}$ **의미**　　레몬(lemon)은 영어 속어로 '불쾌한 것', '불량품'이라는 뜻이다. 레몬은 겉모습이 예쁘지만 속이 너무 시어서 먹기가 어렵다. 이런 레몬의 속성에 비유해 불량품

을 지칭한다. 레몬시장은 판매자와 구매자가 동일한 정보를 공유하지 못해 저급품만 유통되는 시장을 말한다. 경제학에서 재화나 서비스의 품질을 구매자가 알 수 없기 때문에, 불량품만이 나돌아 다니게 되는 시장 상황이다. 실제로 구입해보지 않으면, 진짜 품질을 알 수 없는 재화가 거래되고 있는 시장이 여기에 해당한다. 대표적인 예로 중고차 시장이 있다. 보험상품, 노동시장의 경우도 이와 유사하다. IT산업의 발달 덕분에 지식의 격차가 줄어 정보의 불균형이 다소 해소됐다는 시각도 있다.

♈ **유래**　미국의 이론경제학자 조지 애컬로프(George Arthur Akerlof, 1940~)가 1970년 미국의 계량경제학 잡지 〈Quarterly Journal of Economics〉에 〈레몬의 시장:품질의 불확실성과 시장 메커니즘〉이라는 논문을 발표하면서 '레몬시장' 개념이 세상에 알려졌다. 그는 정보불균형이 시장 실패로 이어질 수 있다고 내다봤다. 레몬시장에서는 판매자는 거래하는 재화의 품질을 잘 알고 있지만, 구매자는 재화를 구입할 때까지 그 재화의 품질을 알 수가 없어서 정보의 비대칭성이 존재한다. 그는 논문에서 중고차 시장을 분석하면서 실제로 좋은 상품을 '복숭아', 겉만 멀쩡한 부실 상품을 '레몬'이라고 구분했다. 실제로 구입해보지 않으면 진짜 품질을 알 수 없는 재화가 거래되고 있는 시장을 레몬시장으로 지칭했다.

연관어　정보 격차. 정보의 쏠림 현상. 빛 좋은 개살구.

연관법칙　● **맥거핀 효과**　영화의 줄거리와는 전혀 관련이 없으면서도 관객들로 하여금 혼란, 공포, 전율 등을 느낄 수 있도록 이용되는 장치(도구). 영화 구성상의 속임수다. 공포영화의 거장인 영국 감독 히치콕(Alfred Hitchcock, 1899~1980)의 영화에서 유래한다. 히치콕은 1962년 프랑수아 트뤼포 감독과의 대담에서 맥거핀이 스코틀랜드인의 이름에서 빌려온 것 같다며 황당한 이야기를 소개한다. 히치콕은 영화 〈 싸이코 〉, 〈 북북서로 진로를 돌려라 〉 등에서 맥거핀 효과를 사용한 바 있다. 인터넷 뉴스의 낚시성 제목도 맥거핀 효과를 적극적으로 활용한 것이다. 유명한 배우나 아이돌 가수가 무슨 큰 문제를 일으켰다고 해서 클릭해보면 '극중에서' 또는 '무대에서' 그랬다는 식이다.

● **기저 효과**　'반사 효과'라고도 한다. 기저란 기초가 되는 밑바닥. '기저 효과'는 과거에 어떤 통계지수가 진짜 낮았기에, 즉 저점이었기에 현재에 통계지수가 높게 나오는 걸 말한다. 즉 통계지표에 있어 실제보다 왜곡되어 나타나게 되는 현상이라고 할 수 있다. 예컨대, 호황기를 기준으로 현재의 경제상황과 비교하면 경제지표는 실제보다 위축되게 나타나고, 불황기의 경제상황을 기준시점으로 비교하면 경제지표가 실제보다 부풀려져 나타나게 된다.

● **포템킨 빌리지** Potemkin village 겉치레, 전시행정. '속은 썩고 겉만 번지르르하다'는 뜻. 크림반도의 이칭. 크림반도는 우크라이나 남부에 있으며 강원도만한 크기다. 약 250만여 명이 거주한다. 우크라이나 땅이긴 하지만 러시아계가 58.5퍼센트로 절반을 넘는다. 친러시아 주민들이 2014년 3월 주민투표로 러시아로의 병합을 결정해 우크라이나와의 갈등 요인으로 작용하고 있다. 이곳에서 1768년부터 1774년까지 러시아와 터키 사이에 전쟁이 벌어졌다. 전쟁에서 이긴 러시아 여제 예카테리나 2세(Ekaterina II)는 1787년 어느 날 배를 타고 드네프르 강을 따라 새 합병지인 크림반도 시찰에 나섰다. 그러자 그 지역을 총괄하던 그레고리 포템킨(Gregory Potemkin) 주지사는 빈곤하고 누추한 마을 모습을 감추기 위해 강변에 영화 세트 같은 가짜 마을을 급조했다. 그리곤 주민들에게 풍요롭게 사는 듯 연기하도록 했고, 예카테리나의 배가 지나가면 세트를 해체해 다음 시찰 지역에 또 다른 세트를 만들었다. 그래서 생겨난 말이 '포템킨 빌리지'다. 이 말은 추한 모습과 딴판인 가공의 아름다운 장면을 연출해 현실을 호도하는 의미로 국제사회에서 많이 쓰인다.

● **피치마켓** Peach market 레몬과 반대되는 복숭아(peach)를 빗댄 개념. 가격에 비해 질이 높은 상품이나 서비스가 거래되는 시장을 말한다.

메디치 효과 *Medici effect*

☞ 링겔만 효과

나부장 : 수익창출 방안에 대한 획기적인 아이디어 좀 없어.

이대리 : 마케팅 비용을 좀 더 쓰면 효과가 있을 것 같은데요.

김과장 : 전년대비 10퍼센트 정도 비용을 증액해서 공격적인 마케팅을 하는 거예요.

나부장 : 매번 똑같은 얘기잖아. '메디치 효과'를 기대했던 내가 잘못이지.

- '**메디치 효과**'를 도모하려는 기업들이 늘어나고 있다.
- 현대 사회에서 '**메디치 효과**'는 더욱 중요한 역할을 한다.

Q 의미   서로 다른 생각이 만나서 혁신을 이룬다는 개념. 다양한 요소들이 어울려 기발한 아이디어를 내고 새로운 에너지가 분출된다는 의미다. 서로 다른 수많은 생각들이 한곳에서 만나는 지점을 '교차점'이라고 한다. 이 지점에서 혁신적인 아이디어가 폭발적으로 증가하는 현상이다. 예술가, 조각가, 과학자, 시인, 철학자, 금융가 등이 서로 핵융합처럼 폭발적인 에너지를 내던 르네상스 시대처럼 이질적인 요소들이 다양하게 얽히고설킬

때 큰 에너지를 분출하게 되는 것을 말한다. 서로 다른 이질적인 분야를 접목해 창조적, 혁신적 아이디어를 창출해내는 기업 경영방식을 말하기도 한다.

♈ **유래** 유럽의 명문 '메디치 가(家)'에서 유래한다. 15세기 중세 이탈리아에서 가장 큰 영향력을 발휘했던 가문이다. 메디치 가문은 다양하고 광범위하게 문화와 예술을 지원함으로써 과학자, 시인, 화가, 철학자, 음악가 등 서로 다른 분야의 전문가들이 서로 교류를 하고 이로 인해 생긴 시너지를 활용해 르네상스 시대(14~16세기에 일어난 문예부흥 시기)를 맞게 했다.

이에 착안해 스웨덴 태생의 미국 작가 프란스 요한슨(Frans Johansson)이 《메디치 효과》(2004)라는 책을 출간했다. 그는 메디치 효과를 제창한 경영이론자. 각기 다른 영역과 배경, 전문성을 지닌 사람들이 각자의 생각을 공유할 때 혁신활동이 활발해진다고 말했다. 예술가와 과학자, 상인 등을 한데 모아 르네상스를 이끈 메디치 가문처럼 이질적 역량이 융합되면 창조와 혁신의 빅뱅이 일어날 수 있다는 게 그의 주장이다. 책은 짐바브웨 출신의 건축가 믹 피어스(Mick Pearce, 1938~)를 대표적인 메디치 효과의 사례로 꼽았다. 피어스가 아프리카 짐바브웨의 수도 한가운데에 에어컨 없는 빌딩을 짓겠다고 선언했을 때 사람들은 미친 짓이라고 힐난했다. 하지만 그는 생물학자와 만난 뒤 흰개미가 자신들의 집을 일정 온도로 유지시키는 법에 착안해 에어컨이 필요 없는 빌딩을 건축했다. 생물학과 건축학을 결합시킨 결과다.

연관어 혁신. 신사고 이론. 승수 효과. 혁신적 아이디어. 윈윈 효과.

종합 효과. 협력 효과.

연관법칙 ● **게슈탈트 법칙** Gestalt laws 독일의 심리학자인

막스 베르트하이머(Max Wertheimer)가 1923년

제시한 심리학 법칙. 게슈탈트(Gestalt)란 형태, 형상을 의미하는 독

일어. 여기서의 게슈탈트는 형태(form) 또는 양식(pattern), 그리고 부

분 요소들이 일정한 관계에 의해 조직된 전체를 뜻한다. 게슈탈트 이

론은 현상학적 미학, 구조주의 미학, 정보 미학에서 확실한 근거로서

간주된다. 게슈탈트 법칙은 게슈탈트 심리학파가 제시한 심리학 용

어다. 게슈탈트 학파는 행동과 마음의 복잡한 일들은 하나의 전체로

봐야 한다는 인식을 바탕으로 한 학파. 게슈탈트 법칙에 입각해 사진

을 찍으면 훨씬 더 형식과 내용이 풍부한 사진을 만들 수 있다. 달빛

아래서 가장 예쁜 여자의 얼굴을 연출한다든가, 챙이 큰 모자를 쓰

면 얼굴이 역광선을 받아 좀 예뻐 보인다거나 하는 것 등이다. 다양

한 게슈탈트 이미지가 보여주듯이 지각은 절대적인 것이 아니라 주

변의 맥락에 의존한다. 일찍이 100년 전 유럽 중심의 게슈탈트 심리

학자들은 '전체는 부분의 합보다 크다'는 말로 마음과 환경의 변화

를 꾀해 왔다. 이 법칙은 근접성의 법칙, 유사성의 법칙, 폐쇄성의 법

칙, 연속성의 법칙, 좋은 모양의 법칙 등을 포함한다. 가령 근접한 것

끼리, 유사한 것끼리, 닫힌 모양을 이루는 것끼리, 좋은 연속을 하고

있는 것끼리, 좋은 모양을 만드는 것끼리 한데 모이게 하면 보기 좋

아진다는 사실에 근거를 두고 있다. 프레데릭 펄스와 로라 펄스 부부는 1940년대에 게슈탈트 치료를 개발했다. 게슈탈트 치료는 한 개인이 자신을 자각하도록 돕는 데 전경과 배경이라는 아이디어를 이용한다. 게슈탈트 치료는 사람들이 해결되지 않은 상황을 바탕에 깔고 있을 때 자신이 어떤 존재인지를 찾아내도록 돕는다. 게슈탈트 치료에 이용하는 일반적인 기법은 역할 연기의 기법이다. 가장 유명한 게슈탈트 치료 기법의 하나는 바로 자신을 자각하는 것이다. "나는 … 을 알고 있어"라는 식으로 말하면서 자기 자신을 정의한다. 이 기법은 사람이 현재에 충실하고, 감정을 해석과 판단으로부터 분리시키고, 자기 자신을 더욱 명확하게 이해할 수 있도록 돕는다.

● **낯설게 하기** 러시아의 문예학자 슈클로프스키(Shklovsky)가 예술창작 이론으로 처음 사용하기 시작한 용어. 일상적으로 접하는 익숙한 상황도 어린 아이가 세상을 보듯 낯설게 바라보는 것이다. 낯설게 하기는 익숙한 세계를 낯선 시각으로 보면서 다시 구성하는 것이다. 러시아의 문호인 톨스토이의 소설《홀스토메르》에서는 동물의 입장에서 사람을 보고 있으며, 우크라이나의 소설가 올레샤(Yuri Olesha)의 소설《질투》에서는 사물의 입장에서 나를 바라본다.

● **상승 효과** Synergistic effect 어떤 물질의 작용이 다른 물질의 개폐로 강화될 때, 이 두 물질은 상승 효과가 있다고 한다. '상승 작용', '협력 효과'라고도 한다. 예컨대, 2종의 산화 방지제를 사용했을 때의 효과가 각각 단독인 경우의 효과보다 큰 경우에 해당한다.

● **원 소스 멀티유스** OSMU 어원은 일본에서 유래한다. 1980년대 초 일본에서 먼저 사용하기 시작한 OSMU(One-Source Multi-Use)라는 용어는 원래 일본의 전자공학에서 사용된 용어였다. 이에 따르면 "하나의 소스를 디지털화하고, 이를 다양한 종류의 매체 및 매체에 걸맞은 가장 적합한 형태로 만들면 아날로그화해서 이용하는 경우보다 값싸고 간단하게 만들어 낼 수 있다"고 했다.

● **정반합(正反合)의 법칙** Thesis, antithesis, synthesis 정(正)이라는 하나의 주장과 그에 반(反)하는 주장 가운데 더 좋은 합(合)이라는 것을 찾아내 통합되는 과정을 말한다. 이 과정이 끊임없이 반복되어 사회가 발전하고, 과학과 문명이 발전해 간다는 것이다. 철학용어인 정반합은 논리 전개 방식의 하나. 기본적인 구도는 하나의 논제(정, These)가 성숙하면 그것과 반대되는 논제(반, Antithese)가 나타나 대립한다. 이 둘의 갈등을 통해 정과 반이 모두 배제되고 새로운 논제(합, Synthese)로 초월한다는 것이다. 이른바 정-반-합(正-反-合) 이론이다. 이를 풀면, '정'은 처음 하나의 관념이나 사상이 형성되어 성장하는 단계다. 이 단계에서도 이미 모순이 내포되어 있으나 밖으로 표출되지는 않는다. 그러다가 좀 더 성숙해지면 모순이 드러나면서 '반'의 단계가 형성된다. 정과 반이 갈등을 빚으면서 정의 요소와 반의 모순이 함께 살아나는 새로운 합으로 이행된다는 것이다. 독일 철학자 헤겔(Georg Wilhelm Friedrich Hegel, 1770~1831)의 변증법 논리에서 비롯됐다.

매몰비용 효과 *Sunk cost effect*

이대리 : 비가 오니 막걸리에 빈대떡이 생각나는군. 한잔 어때?

장사원 : 공연을 보러 가야하는데요. 좋아하는 여가수가 나와요.

이대리 : 티켓을 돈 주고 산 것도 아니고 얻은 거면서 뭘 그래.

장사원 : 저도 실은 막걸리가 끌리네요. 돈 주고 산 티켓이라면 '매몰비용 효과' 때문에 아까워서라도 꼭 가겠지만….

- 뉴타운 사업을 중단하려고 해도 **'매몰비용 효과'** 처리에 대한 확실한 기준이 없어 논란이 될 전망이다.

- 현재의 수급대책은 **'매몰비용 효과'** 때문에 수급불안을 해소하는 근본대책이 될 수 없다.

Q **의미** 이미 지출되었기 때문에 이후 어떤 선택을 해도 회수가 불가능한 비용. 매몰비용에 연연해서 그 지불한 가격만큼 애정을 보이면서 비이성적인 결정을 내리는 성향이 다. 경제적 관점에서 보면 합리적인 선택을 할 때 고려해서는 안 되는 비용으로 본다. 돈이나 노력, 시간 등이 일단 투입되면 성공 가능성에 관계없이 그것을 지속하려는 경향이 강하다. 자신의 과오를 인

정하기 싫어하는 자기 합리화 욕구 때문이다. 객관적으로 더 투자할 필요가 없는데도 추진해왔던 정책이나 프로젝트를 지속적으로 끌고 간다거나, 반등할 가능성이 없는데도 손실이 난 주식을 매도하기 꺼려하는 것 등이 이에 속한다. 남녀관계에서도 발생한다. 흔히 '정 때문에'라는 게 이 효과다. '매몰비용 효과'는 매우 끈질겨서 일단 매몰비용이 발생하면 사람들은 그것을 투자로 생각하게 되고, 그에 상응하는 기대치가 나오지 않더라도 좀 더 기다리며 긍정적인 측면을 찾으려고 노력하게 된다. 그럼에도 실패할 경우에는 자기 책임으로 생각하기보다는 일을 이렇게 되도록 만든 다른 상황 탓으로 돌리려 한다. 매몰비용이 아까워 끝까지 밀어붙이는 것이 항상 좋은 결과를 만드는 것은 아니다. 베트남 전쟁은 전형적인 매몰비용의 예를 보여준 사건이다.

♈ **유래** 매몰비용 효과는 '콩코드 효과(Concord effect)'에서 기인한다. 프랑스와 영국 양국은 초음속 제트 여객기 콩코드(concord, '협조'라는 뜻)를 공동 개발했다. 1967년 12월에 첫 여객기를 완성하고, 1969년 3월에 첫 비행을 시작했으며 1972년까지 총 20대의 콩코드기를 생산했다. 여객기 개발 계획을 발표할 당시 많은 국민과 전문가들은 천문학적인 비용이 소요되고 경제성이 없다며 우려했다. 양국도 그 점을 인지하고 있었지만 이미 투자된 비용이 적지 않은 상황에서 투자를 계속하는 쪽으로 최종 결정했다. 하지만 투자된 비용이 아깝다고 하더라도 포기했어야 옳았다.

어쨌든 1976년에 브리티시 에어웨이즈와 에어프랑스 항공사가 합작한 콩코드기가 운항되기 시작했다. 그러던 중 2000년 7월 25일, 에어 프랑스 4590편 콩코드기가 파리 샤를 드골 공항에서 이륙하던 중 추락했다. 이 사고로 탑승자 100명과 승무원 9명, 사고기 추락 지점에 있던 4명 등 총 113명이 희생되는 대참사가 발생했다. 이 여파로 승객이 급격히 감소했다. 더불어 기체 결함과 유지비용의 증가로 만성 적자에 시달렸다. 결국 총 190억 달러의 거금을 쏟아붓고 나서야 두 손을 들었다. 콩코드기는 2003년 11월 26일, 영국 런던을 출발해 뉴욕에 도착한 것을 마지막으로 운항을 완전히 중단했다. 상업 비행을 시작한 지 27년 만의 일이다. 여기에서 매몰비용을 고려한 잘못된 의사결정의 오류를 '콩코드 오류'라고 부르게 됐다. 콩코드 사업은 한동안 '매몰비용 오류(Sunk cost fallacy)'의 대표적 사례로 통했다. 미국의 심리학자 하들리 알키스(Hadley P. Arkes, 1940~)는 1985년에 심리 테스트를 통해 개인적인 결정에서 매몰비용의 영향을 받는 경우가 50퍼센트나 된다고 지적했다. 그 후 연구에서 집단이 개인보다 매몰비용에 더 집착하는 경향이 있다는 사실이 밝혀졌다.

 연관어   놓친 고기가 더 커 보인다.

 연관법칙   ● **기회비용** Opportunity cost   하나의 재화를 선택했을 때, 그로 인해 나머지 포기한 것에서 얻을 수 있는 이익의 평가액. 회계상의 명시적 비용과 견줘 잠재적 비용이라고 한다. 기회비용은 어떤 행위를 하기 위해 포기해야 하는 다른 기회의 최대 가치라는 점에서 '선택의 비용'이기도 한다. 기업가의 경우 자기 사업의 투자로 얻어지는 이윤이 기회비용인 이자보다도 많아야 한다. 경제학자들은 '공짜 점심은 없다'며 기회비용을 잘 고려해야 한다고 강조한다. 속담에 '산토끼 잡으려다 집토끼 놓친다'는 말이 있다. 이는 기회비용의 문제를 지적한 것이다. 오스트리아 경제학자 프리드리히 폰 비저(Friedrich von Wieser, 1851~1926)는 1914년 기회비용 개념을 처음으로 도입했다. 그는 사회학자·경제학자로 상무장관을 지냈으며 주관가치설(主觀價値說)의 입장에서 가치와 비용의 법칙을 다룬《자연가치론》(1889)을 저술했다.

● **기대 효용** 어느 하나를 선택할 경우 얻을 수 있는 효용. 반면 다른 하나를 포기할 때는 기회비용이 발생한다. 합리적인 선택은 기대 효용이 기회비용을 능가할 때에만 성립된다.

● **부작위(不作爲) 편의** '부작위 편향(Omission bias)'이라고도 한다. 어떤 행동을 하지 않았을 때보다 어떤 행동을 했을 때의 손해를 좀 더 고려하는 심리. 움직였을 때 발생하는 손실에 더 민감한 경우다. '구관이 명관'이라는 생각에서 비롯된다. 더 좋을지 뚜렷이 알 수 없는 불확실한 경우 무슨 일을 해서 후회하는 것이 더 두렵기(싫기) 때문에 무슨 일을 하지 않는 쪽으로 마음이 기우는 현상이다. 이런 심리 때문에 결과의 예측이 아주 확실하지 않으면 가급적 일을 벌이지 않으

려 한다. 심판이 박빙의 승부에서 웬만하면 반칙 휘슬을 부는 확률이 낮은 것도 '부작위 편의'다. 개입하는 것보다는 개입하지 않음으로써 비난을 덜 받게 되고 또한 경기의 묘미를 살렸다는 평가를 받을 수 있어 휘슬 불기에 제동을 거는 것이다.

● **후회 이론** Theory of regret 후회를 최소화하기 위해 효용이 적은 쪽을 선택하는 심리 경향. '후회 이론'은 실제로 벌어진 사건과 '만일~했더라면, ~할 수도 있었을 텐데' 등의 혹시 벌어졌을지도 모르는 사건을 비교한 결과 발생하는 후회 연구에 초점을 맞추고 있다. 후회 이론에 따르면 사람들은 어떤 의사결정을 할 때 두 가지 사항을 고려한다고 한다. 첫째는 어떤 결정이 최상의 결과를 얻을지 예상되는 결과에 대한 고려이고, 둘째는 만일 결정이 잘못 되었을 때 얼마나 후회할 것인가에 대해 예상되는 후회에 대한 고려다. 경제학자 데이비드 벨(David Bell)과 그레이엄 룸스(Graham Loomes), 로버트 수든(Robert Suden)은 1982년 후회를 최소화하기 위해 효용이 적은 비합리적인 선택을 한다는 후회 이론을 발표했다. 이들은 '조건 없이 200달러를 받거나 아니면 동전을 던져 앞면이 나오면 400달러를 받고, 뒷면이 나오면 한 푼도 받지 못하는 것'을 놓고 어떤 행동을 하는지 실험을 했다. 대부분은 동전 뒷면이 나올 경우 느낄 수 있는 후회를 최소화하기 위해 200달러를 선택했다. 미래에 대한 불확실성 때문에 최소한의 후회를 선택한 것이다.

법칙으로 통하는 세상의 경제

소유 효과 *Ownership effect*

☞ 매몰비용 효과, 보유 효과

이대리 : 지난 회식 때 로또 2장씩을 나눠주는 이벤트를 했었지.

장사원 : 제 것은 '꽝'이었어요.

이대리 : 추첨 전에 재미로 과장님에게 내 로또와 바꾸자고 했더니 싫다
　　　　고 하더라고. 로또 1장당 2장하고 바꾸자는 조건을 내걸으면서.

장사원 : 과장님이 금세 '소유 효과'가 생기신 모양이네요.

- 증권회사에서 주식 판매를 담당하는 직원들은 같은 회사의 주식을 몇 년간 취급하다 보면
  자기도 모르게 **'소유 효과'**가 생겨 주가가 떨어지는데도 미련을 버리지 못하고 제때에 팔지
  못한다.
- 통상 집을 파는 사람은 **'소유 효과'** 때문에 심리적 손실감을 피하기 위해 낮은 가격에 집을
  파는 걸 싫어한다.

Q　　**의미**　　자신이 소유한 것의 가치를 더 높게 생각하는
　　　　　　　　현상. 손실 혐오 심리로 설명할 수 있다. 어떤
대상을 소유하거나 소유할 수 있다고 생각하는 순간 그 대상에 대한
애착이 생겨 객관적인 가치 이상을 부여하는 심리현상. 소유하고 사

용하기 위해 지불한 시간과 노력, 애정 등이 상품이나 생각에 전이되어 그 상품이나 생각(신념, 사상, 원칙, 사고방식 등)의 가치가 높아지는 현상이다.

미국 코넬 대학 경제학부 학생들을 대상으로 실시한 실험에서 소유 효과가 밝혀졌다. 학생들을 무작위로 2개의 그룹으로 나누고, 한 그룹에만 학교 로고가 새겨진 머그잔을 선물했다. 그리고 머그잔을 가진 그룹과 머그잔을 가지지 않은 그룹 사이에 머그잔을 대상으로 경매가 이뤄지도록 했다. 머그컵을 받은 그들에게 얼마에 팔겠느냐고 물었다. 다른 그룹의 학생들에게는 그 머그컵을 사려면 얼마를 낼 생각이냐고 물었다. 머그컵을 가진 학생들은 단지 몇 분간 머그컵을 만졌을 뿐인데도 약 1.7배에서 많게는 16.5배 정도 더 높게 가치를 책정했다.

더욱 흥미로운 건 이런 종류의 실험에서 피험자들에게 그들의 생각이 비합리적이라고 설명을 하면 이에 동의하지 않고 집요하게 반박하는 경향이 나타난다는 점이다. 즉, 자신의 소유물에 더 높은 가치를 부여하면서 적극 변호한다.

♈ 유래 　미국의 행동경제학자 리처드 탈러(Richard H. Thaler, 1945~)가 이름을 붙였다. 그에 따르면 대다수 소비자는 일단 자기 것이 된 물건을 다시 내놓으려 하지 않는다는 심리가 있다는 것이다. 그는 1병에 5달러에 구매한 와인을 50달러가 넘는데도 팔려고 하지 않는 심리를 통해 '소유 효과'를 설명했다.

　　　　　　　　법칙으로 통하는 세상의 경제

소유 효과가 발생할 때의 뇌를 살펴보면 그 이유를 좀 더 명확히 이해할 수 있다는 주장도 있다. 미국 스탠퍼드 대학의 심리학자이자 신경과학자인 브라이언 넛슨(Brian Knutson)은 2008년 남녀 24명의 뇌에서 전두엽에 자리 잡은 측좌핵 등을 기능성 자기공명영상 장치로 들여다보는 실험을 했다. 이를 통해 손실에 대한 두려움이 소유 효과의 핵심 요인임을 밝혀냈다. 소유 효과는 아끼는 물건에 대한 애착이라기보다는 자신의 소유물을 남에게 넘기는 것을 손실로 여기는, 즉 한마디로 '남 주기 아깝다'는 심리라고 할 수 있다.

 연관어　부존 효과. 박탈 회피(divestiture aversion). 자기애(自己愛).

 연관법칙　● **보유 효과** Endowment effect　사람들이 어떤 물건 (또는 지위, 권력 등)을 보유하고 있을 때 그것을 갖고 있지 않을 때보다 그 가치를 높게 평가하는 경향. 소유하고 있는 물건을 내놓는 것을 손실로 여기는 심리현상이다. '보유 효과'는 반품보장 서비스와 같은 체험 마케팅에서 적극적으로 활용된다. 일단 체험을 해보면 그 제품에 대한 가치평가가 높아져 계속 보유하려는 경향이 생기므로 반품 사례가 적음을 이용한 것이다. 김치냉장고 딤채는 출시 초기인 1996년에 약 200명의 품질평가단을 모집했다. 이들에게 3개월간 무료로 딤채를 사용해본 후 구매여부를 결정하게 했다. 결과는 놀랍게도 100퍼센트 구매로 이어졌다.

● **승자의 저주** Winner's curse 크리스티즈나 소더비즈 같은 경매전문 기업들은 '승자의 저주' 심리를 이용해서 먹고산다고 해도 과언이 아니다. 이런 심리 때문에 자원의 시굴권이나 휴대전화 이동통신의 주파수 소유권에 대한 경매에서는 종종 승자의 저주가 발생한다. 즉, 경쟁이 과열되어 지나치게 높은 경매가로 낙찰 받은 개인이나 기업이 패배자가 되고 만다는 것이다.

● **이케아 효과** IKEA effect 노력 정당화 효과. 자기가 직접 조립한 것에 대해서는 비합리적으로 가치를 더 얹어주는 현상. 사람들은 자신의 노력이 들어간 물건이나 특정 상황의 결과물에 대해 특별한 관심과 애정을 쏟는다. 스스로 물건을 만들었으니 완제품과 비교해도 손색이 없고 오히려 그 이상의 가치를 갖는다고 생각하는 인지부조화 현상에서 비롯된 것이다. 이케아에서 구매하는 상품의 대부분은 사용하기 전 직접 조립해야 하는 번거로움이 있다. 그러나 막상 완성을 하고 나면, 기성 제품을 샀을 때와 비교되지 않는 뿌듯함과 완성품에 대한 애정을 느끼게 된다. 각별한 소유의식이 생기는 것이다. 이 때문에 제품을 객관적 품질보다 좀 더 높게 평가한다. 이것이 바로 '이케아 효과'다.

이케아(IKEA)는 스웨덴의 세계적인 가구 업체이자 세계 최대 가구 제작 · 유통 업체. 이케아의 차별화는 DIY(Do It Yourself, 소비자가 직접 조립에 참여한다) 제품이다. 고객이 모델을 본 뒤 창고에서 포장된 가구를 직접 싣고 가서 조립하는 식이다. 그래서 박리다매가 가능했다. 또 단순하면서도 밝고 실용적인 디자인을 일관되게 고수하면서 가구 디자인을 라이프스타일과 연계해 큰 인기를 얻고 있다. 이케아 효과는 《상식 밖의 경제학》을 쓴 미국을 대표하는 행동경제학 분야의 세계적인 권위자 댄 애리얼리(Dan Ariely, 1967~)가 만들어낸 말이다. 애리얼리 연구팀은 실험 참가자들에게 이케아 가구를 조립하게 한 후, 자신이 조립한 이케아 가구와 다른 사람이 조립한 똑같은 이케아 가구 중 하나를 선택해서 구매하도록 하는 실험을 했다. 실험 참가자들은 자신이 조립한 이케아 가구를 구매하기 위해 67퍼센트나 높은 가격을 지불하려고 했다.

한계효용 체감의 법칙

Law of diminishing marginal utility

이대리 : 잘한다는 건지, 잘하라는 건지.

장사원 : 무슨 일이 있으세요?

이대리 : 부장님이 예전에 안 하던 칭찬을 요즘 너무 자주 해서. 처음에는

　　　　기분이 좋았는데 자꾸 듣다보니 칭찬인지 아닌지 헷갈리네?

장사원 : '한계효용 체감의 법칙' 때문에 그렇게 느꼈을 거에요.

- **'한계효용 체감의 법칙'**이란 게 있어서 맛있는 음식도 자꾸 먹으면 물린다.

- 연애에도 **'한계효용 체감의 법칙'**이 작동한다. 이벤트가 두 번, 세 번 반복되면 감동은 줄어

  든다.

Q　　**의미**　　　동일한 재화를 소비함에 따라 느끼는 주관적인

　　　　　　　　　　만족도가 점차 감소한다는 법칙. '한계효용'이

란 재화를 소비하는 과정에서 추가 단위로부터 얻을 수 있는 효용을

말한다. 총 효용은 소비량이 많을수록 증가하지만, 한계효용은 지속

적으로 줄어든다. 사과가 다섯 개 있다고 하면 하나씩 먹어갈수록 전

체적인 만족감은 더 커진다. 그러나 사과 하나를 먹었을 때의 만족감

을 단위로 보면, 첫 번째 사과를 먹었을 때의 만족감보다 두 번째 사과를 먹었을 때의 만족감은 떨어지며, 이는 갈수록 줄어든다.

♈ **유래** 한계효용설은 독일의 경제학자 헤르만 고센 (Hermann Heinrich Gossen, 1810~1858)이 처음 정리했다. 그래서 '고센의 법칙'이라고도 한다. '한계효용 체감의 법칙'은 '고센의 제1법칙'에 해당한다. '고센의 제2법칙'은 고정된 예산으로 최대의 효용을 얻기 위해서는 각 재화의 한계효용을 균등하게 소비해야 한다는 '한계효용 균등의 법칙(law of equi-marginal utility)'을 말한다.

행복 연구의 세계적 권위자인 심리학자 에드 디너(Ed Diener, 1946~)는 물질적 풍요와 행복 사이에 한계효용 체감의 법칙이 성립한다는 것을 밝혀냈다. 그가 1981년부터 1984년까지 연구한 내용에 따르면 가난한 계층에서는 돈과 행복 사이에 밀접한 상관관계가 있지만 소득이 조금씩 올라갈수록 이런 관계가 줄어든다는 것이다. 중간 정도의 계층으로 가면 거의 사라진다. 그러다가 한 달에 1만 5000달러 이상을 버는 최상위 부자 계층에 이르러서는 이 관계가 다시 나타난다고 한다. 돈이 너무 없거나 너무 많으면 인생의 가치가 돈에 휘둘린다는 것을 보여주는 것이다. 긍정 심리학(positive psycholgy)을 창시한 마틴 셀리그먼(Martin Seligman, 1942~)도 돈 자체보다는 돈에 대한 인식이 행복에 영향을 미친다고 강조했다.

연관어　한계효용 균등의 법칙.

연관법칙　● **수확체감의 법칙** Law of diminishing returns '한계 생산성 체감의 법칙'이라고 부르기도 한다. 혼자서 농사를 지으면 70을 수확할 것을 둘이서 농사를 지으면 100을 얻는다고 가정해보자. 이때 농부 1인당 생산성은 70에서 50으로 줄어든다. 이렇듯 농부의 수를 점차 늘이면 전체적인 생산량은 어느 정도까지 늘어나지만 농부 1인당 생산량은 점점 더 줄어든다. 종국에는 추가적인 노동력을 투입해도 전체 생산량은 그 자리에 머물게 된다. 이 법칙은 처음 프랑스의 튀르고에 의해 '토지수확 체감의 법칙'으로 명명되어 리카도, 맬서스 등이 이 이론을 계승했다.

● **수확체증의 법칙** Law of increasing returns　윈도보다 훨씬 우수한 프로그램이 있지만, 사람들은 사용자가 더 많은 윈도로 몰린다. 이를 '수확체증의 법칙'이라고 한다. 마이크로소프트는 처음에 프로그램이 든 디스크 한 장을 개발하는 데 5000만 달러를 투입했다. 하지만 그 후 하나를 추가로 개발하는 데에는 불과 3달러면 충분했다. 소비자가 2배로 늘어나면 기업의 이익은 2배를 훨씬 초과하게 된다. 스탠퍼드대학의 브라이언 아서 교수는 농업이나 자연자원을 많이 소비하는 사회에서는 '수확체감의 법칙'이 적용되지만 첨단기술이나 지식을 기반으로 하는 사회, 즉 네트워크 사회에서는 '수확체증의 법칙'이 적용된다고 정의했다.

● **이스털린의 역설** Easterlin's paradox 소득이 증가해도 행복이 정체되는 현상. 일종의 소득 한계효용 감소 법칙. 소득이 일정 수준에 도달하고 기본적 욕구가 충족되면 소득이 증가해도 행복에는 큰 영향을 끼치지 않는다는 이론이다. 국민소득이 높아지면 행복지수가 올라가긴 하지만 소득 증가분만큼 그대로 행복이 커지지는 않는다. 미국 경제학자 리처드 이스털린(Richard Easterlin, 1926~)은 1974년에 소득이 높아져도 꼭 행복으로 연결되지 않는다는 연구 논문 〈경제 성장은 인간의 운명을 개선하는가? 일부 경험적 증거〉를 발표했다. 이 연구는 소득이 기본적인 수준을 넘어서면 소득이 늘어나도 행복이 더 커지지 않는다는 의미에서 '이스털린의 역설'로 불린다. 그 근거로 바누아투, 방글라데시와 같은 가난한 나라에서 국민의 행복지수는 오히려 높고, 미국, 프랑스, 영국과 같은 선진국에서는 오히려 행복지수가 낮다는 연구결과를 제시했다.

폰지 게임 *Ponzi game*

장사원 : 믿어야 하나, 말아야 하나?

이대리 : 무슨 일 있어?

장사원 : 친구가 월 수익률 10퍼센트를 보장해준다며 1000만 원을 자기에게 맡겨달라고 하더라고요. 믿을 만한 친구이긴 하지만 그렇게 이자를 준다는 게 어쩐지 미덥지 않아서요.

이대리 : 그거 '폰지 게임' 아냐?

- 루비니 뉴욕 대학 교수는 비트코인이 금융사기와 같은 **'폰지 게임'**이라고 평가했다.
- 금융기관들이 자금회수에 들어가면서 한보그룹의 **'폰지 게임'**은 막을 내렸고, 그 여파로 외환위기가 도래했다는 분석이다.

의미

'로의 법칙' 등으로도 불린다. 영문도 모르고 무작정 달리다가 절벽에 다다르지만 멈출 수가 없어 추락하는 경우 등 허황된 꿈을 파는 사업을 말한다. 채무자가 끊임없이 빚을 굴려 원금과 이자를 갚아나가는 방식으로 실제로는 아무 사업도 하지 않으면서 신규 투자자의 돈으로 기존 투자자에게 이

법칙으로 통하는 세상의 경제

자나 배당금을 지급하는 금융 다단계 사기수법이다. 앞사람으로부터 빌린 원금과 이자를 뒷사람으로부터 빌린 돈으로 갚아 나가는 수법을 말한다. 이자율과 수익률의 차이는 부채가 되는데 이 현상이 계속되면 부채는 절대로 없어지지 않고 커져만 간다. 결국 부채의 이자를 갚기 위해 다시 빚을 내야 하는 지경에 이르면 파산할 수밖에 없다.

♈ **유래**　　찰스 폰지(Charles K. Ponzi, 1882~1949)의 이름에서 유래한다. 그는 피라미드 사기의 전설로 불린다. 이탈리아에서 태어나 1903년에 미국으로 건너갔다. 잘생기고 뛰어난 언변의 소유자였던 그는 순식간에 '금융마법사'라는 별칭을 얻으며 일약 백만장자로 올라섰다. 미국에 개발 붐이 한창이던 1925년, 그는 미국 플로리다에서 '구식민지 외국환 회사'를 설립해 막대한 투자배당을 약속하며 투자자들을 모집했다. '90일 만에 원금의 1.5배 수익보장'. 당시로서는 엄청난 수익률이었다. 투자자들이 미국 전역에서 몰렸다. 8개월 만에 4만여 명으로부터 1500만 달러를 끌어 모았다. 그러나 실제로 그는 아무런 사업도 벌이지 않았다. 투자금 일부는 자신이 착복하고 투자자들에게 돌아갈 배당금은 투자자의 납입금으로 지불했다. 나중에 들어온 돈으로 앞선 투자자들의 이자를 갚아나갔다. 그러다가 더 이상 투자자들이 나타나지 않자 사업은 하루아침에 공중분해됐다.

연관어   맹목적 질주. 다단계 금융사기.

 연관법칙   ● **로의 법칙** Lo's rule   헤지펀드 이론가인 홍콩계
앤드류 로(Andrew Lo, 1960~) 박사는 연속적인
'투자 상관성'이라는 이론을 제시했다. 이 이론에 따르면 지난달의
수익과 다음 달의 수익이 완전히 일치할 때를, 즉 수익률이 일정한
경우의 투자 상관성을 100으로 본다. 투자 상관성이 높을수록 거짓
일 가능성이 높아진다. 시장이 불안정한 상황에서 특정 펀드가 일정
률 이상의 수익을 지속적으로 보장한다는 것은 불가능하며, 그것은
펀드 매니저가 자료를 왜곡하거나 현실을 제대로 반영하지 않은 것
이라는 게 그의 주장이다.

윔블던 효과 *Wimbledon effect*

☞ 메기 효과

장사원 : 2015윔블던테니스 남자단식 대회에서 조코비치가 2연패를 달성 했어요. 대단한 선수네요.

이대리 : 영국 앞마당에서 영국인이 우승한다는 게 정말 힘든 일이군.

오차장 : 그런 걸 '윔블던 효과'라고 하는 거야. 자기 집에서 남의 잔치하 는 격이지.

이대리 : 차장님은 참 상식도 풍부하셔.

- **'윔블던 효과'**가 우리에게 실감나게 다가온 건 1997년 외환위기 이후다.
- 국내 부동산 시장에서도 외국인 비중이 높아짐에 따라 **'윔블던 효과'**가 우려되고 있다.

Q **의미**   국내시장에서 외국기업이 자국기업보다 더 활 발히 활동하거나 외국계 자금이 국내 금융시장 을 장악하는 현상을 지칭한다. 영국에서 개최되는 윔블던 테니스 대 회에서 자국 선수의 우승보다 외국 선수의 우승이 더 많은 것에 빗대 생긴 용어다. 이 용어는 선진국의 헤지펀드들이 개발도상국에 몰려 들어 기업을 인수하거나 금리차를 이용해 이익을 취하는 등 외국자

본이 자국시장을 지배하는 현상을 비유할 때도 사용되고 있다. 우리나라의 경우 1997년 외환위기 이후 금융시장에서 자국민보다 외국인이 더 기세등등한 상황을 비유하는 말로 자주 인용되어 왔다. 그런데 '윔블던 효과'가 부정적 의미로만 사용되는 것은 아니다. 윔블던 테니스 대회가 매년 50만 명 이상의 참관객을 끌어 모으듯이, 영국의 금융산업도 개방 이후 경쟁력이 강화돼 국부의 3분의 1이 금융에서 창출되는 세계적인 금융강국으로 부상했다.

♈ **유래**   우승은 손님(외국선수)이 차지하고 부수입(테니스 기술 및 노하우 축적, 많은 관중과 관광객으로 인한 각종 수입 등)은 주인이 차지하는 것에서 유래. 이 용어는 1986년 마거릿 대처(Margaret Thatcher, 1925~2013) 영국 총리가 은행의 구조조정과 함께 금융시장을 외국자본에 개방하고 규제를 대폭 철폐하는 소위 '금융빅뱅'이라는 개혁을 단행했을 때부터 사용되기 시작했다. 이때 영국은 세계의 금융중심지로서 위상을 되찾았지만 외국의 대형 금융회사들이 영국에 본격적으로 진출하면서 자생력이 약한 영국 금융회사들이 외국 금융회사에 흡수, 합병됐다. 이로써 금융시장이 외국자본의 영향력 아래 놓이는 결과를 낳았다.

엥겔의 법칙 *Engel's law*

이대리 : 우리 집은 엥겔계수가 높아요.

김과장 : 먹기 살기 힘들었던 시절과 현재와는 '엥겔의 법칙'을 다르게 해
석해야 하지 않을까?

이대리 : 그러게 말이에요. 외식은 기본이고, 또 집에서도 얼마나 많이 먹
는지. 먹기 위해 사는 것 같다니까요.

김과장 : 맞아. 먹방이니 뭐니 해서 먹는 걸 부추긴다니까.

- **'엥겔의 법칙'**은 한 나라의 소득수준이 높아지는 과정에서도 발견된다.
- 지금은 먹는 것이 허기 충족이 아니라 문화욕구 충족이라는 시대에 살고 있다. 식품이 식
  품 그 이상인 시대, **'엥겔의 법칙'**이 다시 쓰이고 있는 것이다.

Q　**의미**　소득이 적으면 적을수록 전체의 생계비에서 식
료품비가 차지하는 비중이 높아지는 현상을 말
한다. 일반적으로 식료품은 필수품으로 소득의 높고 낮음에 관계없
이 반드시 얼마만큼은 소비해야 한다. 동시에 어느 수준 이상은 소비
할 필요가 없는 재화이기도 하다. 총 가계지출액에서 식료품비가 차

지하는 비율을 엥겔계수(Engel's coefficient)라고 한다. 엥겔계수는 소득수준이 높아짐에 따라 점차 감소하고, 소득수준이 적을수록 커진다. 일반적으로 지수가 25퍼센트 이하는 최상류층에 속하며 25~30퍼센트는 상류, 30~50퍼센트는 중류, 50~70퍼센트 이하는 하류, 70퍼센트 이상은 극빈층으로 구분된다.

♈ 유래　독일의 통계학자 에른스트 엥겔(Christian Lorenz Ernst Engel, 1821~1896)이 1857년에 발견한 법칙. 당시 작센의 통계국장으로 있던 엥겔은 벨기에와 작센의 노동자 가계에 대해 조사를 통해 소득과 음식비 사이에 일정한 경험법칙이 있는 것을 발견했다. 엥겔은 1895년에 발표한 논문 〈벨기에 노동자 가족의 생활비〉에서 소득수준별 지출비 항목의 분석결과를 발표했다. 벨기에 노동자 153세대의 가계를 조사한 결과, 지출 총액 중 저소득 가계일수록 식료품비가 차지하는 비율이 높고, 고소득 가계일수록 식료품비가 차지하는 비율이 낮음을 밝혀냈다. 소득이 증가함에 따라 생계비에서 식료품비가 차지하는 비율은 감소하고 교육과 위생 및 오락, 교통, 통신비용 등의 문화비는 증가하며 의류비, 주거비, 광열비 등은 큰 변화가 없다고 주장했다.

♳ 연관어　식료품비. 가계지출.

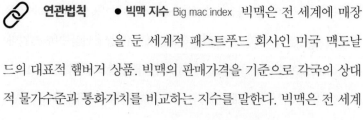

연관법칙 ● **빅맥 지수** Big mac index 빅맥은 전 세계에 매장을 둔 세계적 패스트푸드 회사인 미국 맥도날드의 대표적 햄버거 상품. 빅맥의 판매가격을 기준으로 각국의 상대적 물가수준과 통화가치를 비교하는 지수를 말한다. 빅맥은 전 세계적으로 크기, 품질, 재료 등이 표준화되어 있어 빅맥 지수를 통해 각국 통화의 구매력, 환율 수준을 비교해볼 수 있다. 영국의 경제 시사 주간지 〈이코노미스트〉가 1986년부터 매년 작성해서 발표한다.

● **지니 계수** Gini's coefficient 빈부격차와 계층 간 소득분포의 불균형 정도를 나타내는 수치. 이탈리아의 통계학자, 사회학자인 지니(Corrado Gini, 1884~1965)가 소득분포에 관해 제시한 통계적 법칙이다. 소득이 어느 정도 균등하게 분배되어 있는지를 평가하는 데 주로 이용된다. 지니 계수는 '0'과 '1' 사이의 값을 가지는데, 값이 '0'에 가까울수록 소득분배의 불평등 정도가 낮다는 것을 뜻한다. 수치가 높을수록 불평등이 심하다. '0.4' 이상이면 불균형이 비교적 크고, '0.6' 이상이면 폭동 등을 유발할 수 있는 것으로 여겨진다. 지니 계수를 통해 근로소득이나 사업소득 등 소득분배 상황은 물론 부동산과 금융자산 등 자산분배 상황도 살펴볼 수 있다.

● **유리 지갑** 일반 봉급생활자들의 봉급을 '유리'에 비유한 것이다. 근로자들의 지갑을 지칭해서 쓰는 단어로 정착됐다.

마중물 효과 *Pump effect*

장사원 : 월가의 투자 귀재 워런 버핏과 점심을 한 번 먹는 데 천문학적인
        돈을 내야 한다면서요?

이대리 : 그렇다고 하네. 황금 알로 식사하는 것도 아닌데. 우리 같은 사
        람은 잘 이해가 되지 않아.

장사원 : 더 놀라운 것은 한 끼 식사를 하려고 매년 경쟁이 치열하대요.

오차장 : '마중물 효과' 아닐까? 소비 진작 차원에서 말이야. 버핏은 기부
        왕이기도 하니까.

• 신문은 학생들의 종합적인 인재능력을 키우는 데 **'마중물 효과'** 역할을 한다.

• 경제의 **'마중물 효과'** 역할을 하는 은행예금 이탈이 가속화하는 데 대해 우려하는 목소리가
  나오고 있다.

🔍 **의미** 마중물은 우물에서 펌프질을 할 때 붓는 한 바
          가지 정도의 물. 펌프에서 물이 나오도록 하는
촉매제다. 펌프로 물을 끌어올릴 때 처음에 약간의 물(마중물)을 먼저
펌프에 부어주고 펌프질을 하면 그다음부터는 물이 잘 나온다. 마중

물은 혼자 힘으로는 세상 밖으로 나올 수 없는 지하수를 마중하는 적은 양이다. 하지만 나중에 많은 물을 얻을 수 있는 원동력이 된다. 그런 현상에 비유한 것이 '마중물 효과'다.

♈ **유래**　　마중물은 순우리말이다. 국어사전에 따르면 펌프질을 할 때 물을 끌어올리기 위해 위에서 붓는 물이라거나 펌프를 시동할 때 미리 펌프 동체에 외부로부터 채우는 물이라고 되어 있다. 마중물에 의해 지하수가 올라와 철철 넘쳐흐르는 물은 대통물이라고 한다.

♻ **연관어**　　물을 부르는 물. 유수 효과(誘水效果).

🔗 **연관법칙**　　● **점화 효과** Priming effect　시간적으로 먼저 제시된 자극이 나중에 제시된 자극의 처리에 부정적이거나 긍정적 영향을 주는 현상. 심리학 용어다. 특정한 정서와 관련된 정보들이 그물망처럼 서로 연결되어 있어 한 가지 기억 정보가 자극을 받으면 관련된 기억들이 함께 떠오른다. 점화란 정보처리 과정에서의 '예열'이라고 할 수 있다. 대체로 사전정보를 이용함으로써 자극의 탐지나 확인 능력이 촉진되는 것을 가리킨다. 점화 효과에서 먼저 제시된 단어를 '점화(prime)'라고 하고, 나중에 제시된 단어

를 '표적(target)'이라고 한다. '점화 효과'는 어떤 판단이나 이해에 도움을 주는 '촉진 효과'와 그 반대의 역할을 하는 '억제 효과'를 낼 수 있다. 이러한 점화 효과를 잘 보여주는 모델이 '인식-촉발 결정 모델'이다. 이 모델에서 결정을 내리는 사람은 경험에 의해 촉진되어 어떤 판단을 할 때 빠른 반응을 보일 수 있다. 점화 효과는 인지 과정의 여러 측면을 연구하는 도구로 널리 사용되고 있다.

● **컨벤션 효과** Convention effect   정치적 이벤트 후 지지율이 급등하는 현상. 전당대회나 경선행사 등과 같은 정치 이벤트에서 승리한 후보나 해당 정당의 지지율이 이전에 비해 크게 상승하는 것을 뜻한다. 이 용어는 정치 분야뿐만 아니라 정치, 경제, 사회, 문화 등 전 분야에 걸쳐 널리 응용되고 있다.

법칙으로 통하는 세상의 경제

립스틱 효과 *Lipstick effect*

이대리 : 아내가 여러 종류의 립스틱을 잔뜩 사왔더라고.

장사원 : 옷도 아니고, 립스틱만 잔뜩요?

이대리 : 요즘 우리집 형편으로는 옷은 비싸서 못 사겠고, 립스틱은 저렴해서 사왔다는데. 너무 많아.

장사원 : 가정 경제가 안 좋으니 '립스틱 효과'로 멋을 내려고 하시는 것 같은데요.

• 화장품 시장에 연예인 립스틱 열풍이 불면서 **'립스틱 효과'**를 가져오고 있다.

• 불황일 때 저가 화장품 매출이 오히려 증가하는 **'립스틱 효과'**가 나타나고 있다.

Q **의미** 불황기에도 적은 돈으로 누릴 수 있는 사치품인 화장품만이 잘 팔리는 현상. 가격 부담이 덜하면서도 심리적으로 만족도를 높여주는 상품이 잘 팔리는 것을 뜻한다. 경기가 좋지 않거나 미래가 불확실하고 캄캄할 때 전체적인 소비가 감소할 경우 일부 저가 아이템은 오히려 매출이 증가하는 현상이다.

화장품 업계에서는 종종 립스틱 판매로 경기를 예측하는데 이는 화장품 품목 중 상대적으로 저가인 립스틱 매출만은 유일하게 경기변동과 반대로 움직이는 사례를 경험한데서 비롯된 것이다. 통계에 따르면 립스틱이 날개 돋친 듯 많이 팔리는 해는 경기가 최악인 해라고 한다. 경기가 나빠질수록 립스틱 판매량이 늘어나기 때문이다. 불경기에는 소비 위축으로 비싼 화장품의 매출이 가장 먼저 감소한다. 그럼에도 립스틱 소비가 늘어나는 이유는 립스틱이 상대적으로 저렴한 점에 있다. 의류나 가방 같은 소비는 줄이고, 상대적으로 저렴한 립스틱을 다양하게 구매해서 이미지 변화를 시도하는 여성들의 소비패턴에서 기인했다고 볼 수 있다.

♈ 유래

1930년대 경제 대공황기에 미국 경제학자들이 산업별 매출 통계를 근거로 만든 경제학 용어. 불황에는 립스틱이 호황이라는 속설의 유래가 여기에서 비롯됐다. 경제학자들은 당시 미국 전역을 강타했던 심각한 불황 속에서 소비는 움츠러든 반면 립스틱과 같은 비교적 저가의 미용품 매출은 늘어났다. 그러자 이런 현상을 '립스틱 효과'라고 명명했다.

경제학자들은 '립스틱 현상'에 대한 해석을 내놓는 데 그치지 않고 이를 지수화했다. 미국 화장품 회사인 에스티 로더(Estee lauder)사가 립스틱 판매량과 경기의 상관관계를 보여주는 '립스틱 지수(lipstick index)'를 만들었다. 한 해 동안 립스틱 판매량의 변화를 이용해 다음 해의 경기를 예측하는 것이다. 립스틱 지수가 높아지면 소비자들은

법칙으로 통하는 세상의 경제

소득이 증가할 것이라는 기대치가 떨어져 소비욕구가 위축되고, 이는 불경기를 의미한다. 립스틱 지수는 거시경제의 흐름이 개인의 소비행위에 미묘한 영향을 준다는 것을 보여준다.

연관어 스몰 럭셔리(작은 투자로 큰 만족감을 주는 상품에 대한 관심이 늘어나는 것). 노출 지수. 꽃단장 지수.

연관법칙 ● **네일 효과** 립스틱 효과와 유사한 '네일 효과'가 새롭게 등장했다. 요즘 세태를 반영한 것이다. 많은 여성들이 립스틱에는 따로 돈을 쓰지 않아도 손톱을 관리하는 데에 더 신경을 쓴다. 손질 한 번에 드는 비용이 10만 원이 넘어도 이를 아랑곳하지 않는다.

● **넥타이 효과** '립스틱 효과'에 비견되는 것이 남성들의 '넥타이 효과'다. 값비싼 정장보다 간단한 소품으로 멋을 내려는 남자의 심리를 반영한 것이다.

● **매니큐어 효과** 불황이 지속될수록 사람들은 미니스커트를 입고 립스틱을 진하게 바른다는 속설이 있는데, 최근엔 매니큐어를 더 열심히 바른다는 것.

● **미니스커트 효과** 1964년 영국의 메리퀀트에 의해 오늘날의 미니스커트가 처음 개발됐다. 1970년대 유가 상승으로 전 세계 경제가 동시에 쇠퇴하고 있을 때 서방 국가에서도 비슷한 통계 보고서가 발표된 적이 있다. 보고서에 따르면 경제가 어려워질수록 여성들의 스커트 길이는 짧아지고 색상이 화려해진다고 한다.

자이가르닉 효과 *Zeigarnik effect*

오차장 : 낙엽이 지는 가을이 되면 왠지 마음이 쓸쓸해져.

김과장 : 첫사랑이 떠오르나 봐요?

이대리 : 물론 지금의 사모님은 아니겠죠?

오차장 : 맞아. 일종의 '자이가르닉 효과'라고 볼 수 있지.

- 남자는 첫사랑을, 여자는 자기에게 아픔을 준 사랑을 가장 오래 기억하는 일종의 **자이가르닉 효과**가 있다.

- 그는 하던 일을 계속 끝마치고자 하는 마음인 **자이가르닉 효과** 때문에 밤잠을 설쳤다.

Q **의미**   '중간에 그만둔 행동은 끝까지 마친 것보다 오래 기억에 남는다'는 조직이론 용어다. 완전히 해결된 문제보다 미해결된 문제를 더욱 많이 회상하는 효과로서, 끝마치지 못하거나 완성하지 못한 일을 쉽게 마음속에서 지우지 못하고 더 오래 기억하는 현상이다. 즉, 어떤 일에 집중할 때 끝마치지 못하고 중간에 그만두게 되면 이 문제가 해결되지 않는 한 긴장상태가 계속되는 반면, 일을 마치고 나면 긴장이 해소돼 관련된 기억이 쉽게

사라지는 것을 말한다.

'자이가르닉 효과'는 경제용어로도 많이 사용되고 있다. 다양한 티저 광고나 마케팅, 게임, 방송 등에 활용된다. 드라마는 중요한 장면에서 마지막 1~2분 동안에 새로운 복선을 던져주고 나서 'To be continued'라는 자막으로 마무리한다. 이 또한 자이가르닉 효과를 노렸다고 볼 수 있다. 시청자들이 완성되지 않은 드라마의 내용을 완결시켜야 한다는 관념에 사로잡혀 시청률을 유지하는 데 도움이 되기 때문이다.

자이가르닉 효과가 심각한 정신건강의 문제를 초래하는 경우도 있다. 바로 '외상 후 스트레스 증후군'이라는 병이다. 끔찍한 재난을 겪었거나 폭행, 강간 등의 피해를 당했을 때, 이 기억은 수년이나 수십년 동안 악몽처럼 반복해서 나타난다.

♈ 유래   러시아의 여성 심리학자인 블루마 자이가르닉 (Bluma Zeigarnik, 1901~1988)이 1927년에 실험을 통해 이 같은 이론을 발표했다. 자이가르닉과 그녀의 스승이자 독일계 미국인 심리학자인 쿠르트 레빈 (Kurt Lewin, 1890~1947)이 제시한 이론이다. 혁명 후 러시아에서 심리학자로 일하던 자이가르닉은 오스트리아 빈의 카페에서 서빙하는 웨이터를 관찰했다. 웨이터들은 수많은 손님들로부터 주문을 받은 뒤 이를 주방에 전달했다. 그런데 웨이터들은 그 많은 주문을 '어떻게 헷갈리지도 않을까' 하고 신기하게 생각했다. 그녀는 자기 음식을 가져다준 웨이터에게 조금 전 옆

테이블에 갖다놓은 메뉴가 뭐였냐고 물었다. 그런데 웨이터는 머리를 긁적이더니 전혀 기억이 나지 않는다고 했다. 손님에게 주문을 받고 나서 계산을 하기 전까지는(정보가 완성되기 전) 정보를 기억하고 있었지만, 손님의 계산이 끝난 후(정보가 완성된 후)에는 더 이상 정보를 기억하지 못한 것이다. 자이가르닉은 식당 종업원이 많은 주문을 동시에 받아도 그 내용을 모두 기억했지만 주문된 음식이 계산된 후에는 무엇을 주문했는지 기억하지 못하는 것에 착안해 연구를 시작했다.

자이가르닉은 이 경험에서 한 가지 실험을 고안했다. 실험 참가자를 A와 B의 두 그룹으로 나누고 그들에게 각각 시 쓰기, 규칙에 따라 구슬 꿰기, 연산하기 등 간단히 풀 수 있는 문제들을 과제별로 묶어주었다. 이를 수행하는 데 걸리는 시간은 대체로 비슷했다. A그룹은 과제를 수행할 때 아무런 방해를 받지 않았다. 한 과제를 모두 마친 후에 다음 과제로 넘어가게 했다. 반면 B그룹은 도중에 중단시키거나 하던 일을 그만두고 다른 과제로 넘어가도록 했다. 과제를 마친 뒤 자신이 무엇을 했는지 기억해야 했을 때 B그룹의 실험 참가자들이 A그룹보다 무려 두 배 정도 더 많이 기억했다. B그룹이 기억해낸 과제 중 68퍼센트는 중간에 그만둔 과제였고, 끝까지 완수한 과제는 32퍼센트밖에 기억해내지 못했다. 이러한 연구결과는 완성되지 못한 사건이 기억에 더 잘 남을 것이라는 자이가르닉의 예상을 지지했다.

자이가르닉은 몇 번의 간단한 실험을 거쳐 결국 하나의 원칙에 도달했다. 우리는 완결되지 않은 문제는 계속해서 기억회로에서 떨쳐내지 못하고 되뇌고 있다는 것이다. 그렇기 때문에 완결 지은 일보다 더 기억을 잘 해낸다는 사실이다. 반대로 과업이 끝나 소용이 없어진 문제는 기억회로에서 깨끗이 사라진다.

 연관어　미완성 효과. 사고억제의 역설적 효과.

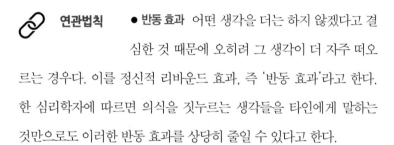 **연관법칙**　● **반동 효과**　어떤 생각을 더는 하지 않겠다고 결심한 것 때문에 오히려 그 생각이 더 자주 떠오르는 경우다. 이를 정신적 리바운드 효과, 즉 '반동 효과'라고 한다. 한 심리학자에 따르면 의식을 짓누르는 생각들을 타인에게 말하는 것만으로도 이러한 반동 효과를 상당히 줄일 수 있다고 한다.

● **잔상 효과**　영상이 눈앞에 실제 머문 시간보다 오랫동안 남아 있는 것처럼 느껴지는 심리학적 현상이다. 자극이 사라진 후에도 망막 상에 계속 남아 있는 시(視)자극을 말한다. 우리가 어떤 물체를 보다가 다른 곳으로 시선을 돌려도 처음 본 물체의 모습이 일정기간 뇌에 남아 있게 되는 것을 의미한다. 즉 1초에 16장 정도의 그림이 지나갈 정도로 빠른 장면을 보게 되면 우리 뇌는 그림이 정지된 순간을 인식하지 못한다는 것이다. 빛 자극의 정도 및 노출시간, 조건에 따라 '잔상 효과'가 달라지며, 사물의 모양이 잔상 현상에 의해 착시가 일어날 수도 있다. 잔상 효과를 이용한 예가 영화나 애니메이션이다.

● **정신역설 효과** Mental irony effect 욕구와 생각은 안 하려고 하면 더 강하게 일어난다. 이러한 현상을 '정신역설 효과'라고 한다. 사람은 특정한 생각을 떠올리지 않으려고 노력을 하면 할수록 오히려 더욱 생각에 집착하게 된다. 미국 하버드 대학의 심리학과 교수인 대니얼 웨그너(Daniel Wegner)는 '하얀 곰 실험'으로 정신역설 효과를 증명했다. 그는 실험 참가자들을 두 그룹으로 나누고 A그룹에게는 5분 동안 자유롭게 이야기를 하되 하얀 곰은 생각하지 말라는 지시를 하고, B그룹에게는 5분 동안 자유롭게 이야기를 하도록 했다. 다만, 이야기하는 과정에서 하얀 곰이 떠오르면 종을 울리도록 했다. 5분이 지난 뒤에는 A와 B 그룹의 지시를 바꾸어 A는 생각을 자유롭게, B는 하얀 곰을 생각하지 않도록 다시 한 번의 실험을 했다. 실험결과 모든 실험 참가자들이 머릿속에서 하얀 곰에 대한 생각을 떨쳐버리지 못한 것이 밝혀졌다. 참가자 모두는 1분에 1회 이상 종을 울렸는데, 특히 실험 초반에 하얀 곰 생각을 억압해야 했던 A그룹의 경우가 더 자주 하얀 곰을 떠올렸다. 그뿐만 아니라 이후 실험지시를 바꾸어 자유롭게 생각해도 된다고 하자 조금 전 생각을 억제했던 것을 보상이라도 하려는 듯 더욱 자주 하얀 곰을 떠올렸다.

디드로 효과 *Diderot effect*

장사원 : 어제 이사 잘 하셨어요?

이대리 : 덕분에 잘 끝냈어. 그런데….

장사원 : 무슨 일 있었어요?

이대리 : 집사람이 안방 침대를 새것으로 사더니 아예 화장대까지 바꾸자
고 해서. '디드로 효과'가 따로 없었어.

• 골드미스는 하나의 소비가 계속 또 다른 소비로 이어지는 **'디드로 효과'**에 빠지기 쉽다.

• 대형마트에는 한 품목을 사러 갔다가 그와 연관된 다른 제품까지 사서 가는 **'디드로 효과'**
가 빈번하게 일어나는 곳이다.

○ 의미

하나의 물건을 갖게 되면 그에 어울리는 상품
을 계속 사게 되는 현상. 새로운 물건을 구입한
이후, 그에 어울리는 다른 물건들을 원하게 되는 심리다. 자신을 둘
러싼 모든 제품들의 완벽한 구색 또는 일관된 수준을 추구하는 욕망
을 말한다. 옷 한 벌 샀다가 격을 맞추느라고 집까지 바꾸게 되는 어
이없는 결과를 '디드로 효과'라고 한다. 자신의 사회적 지위를 과시

하려는 욕구와 소비의 수준을 통일시키려는 심리에서 비롯된다고 본다. '디드로 통일성', '디드로 딜레마'라고 부르기도 한다. 제품 간 조화를 추구하는 욕구가 소비에 소비를 불러 충동구매로 이어지는 것이다. 이런 현상이 일어나는 이유는 상품들 사이에 기능적 동질성이 아닌 정서적, 심미적 동질성이 존재하기 때문이다. 따라서 타인이 주목할 가능성이 높은 품목이거나 자신이 선호하는 상품군에서 이런 현상은 강하게 나타난다.

디드로 효과의 긍정적 측면이 변화와 조화라고 한다면, 부정적 측면은 지나치게 소비 중심적이고 변화된 환경에 적응하지 못하고 우울해하는 것이다. 마케팅적으로는 한 제품의 업그레이드가 그것을 둘러싼 다른 제품의 연속적 업그레이드를 촉발하는 상향효과를 말한다. 'OO에 어울리는…'이라는 광고 문구는 디드로 효과를 노린 마케팅기법이다.

♈ 유래   18세기 프랑스의 철학자이자 문학가 드니 디드로(Denis Diderot, 1713~1784)의 이름에서 따왔다. '디드로 효과'는 디드로의 에세이 《나의 오래된 가운을 버림으로 인한 후회》에서 처음으로 언급됐다. 이후 소비패턴을 연구하는 미국의 인류학자인 그랜트 맥크래큰(Grant McCracken, 1951~)이 자신의 저서 《문화와 소비》(1988)에서 이 용어를 소개했다.

디드로는 어느 날 절친한 친구로부터 우아하고 멋진 진홍색의 고급 가운을 선물받았다. 디드로는 그 가운을 서재에 고이 간직해 두었다.

문제는 그때부터였다. 시간이 지날수록 디드로의 눈에는 고급 가운이 놓인 서재가 너무 낡고 초라해 보이기 시작했다. 그래서 멀쩡한 서재의 물건들을 하나씩 새것으로 교체하기 시작했다. 가운과 격이 맞는 책상, 의자, 책장, 시계, 심지어 벽걸이 장식까지 고급품으로 바꿨다. 그러다보니 서재의 모든 물건을 바꾸게 됐다. 우아한 붉은 가운 하나가 모든 것을 바꿔버린 셈이다. 그런데 바뀐 것은 이것만이 아니었다. 선물을 받은 이후 디드로는 우울증에 시달렸다. 디드로는 물건을 바꿨더니 집은 화려해졌지만 손님이 끊기고 자신은 우울해졌다고 털어놨다. 디드로는 초라했지만 붐볐고, 혼잡했지만 행복했던 옛 서재가 그리워졌다.

♻ **연관어**   프레스티지 마케팅.

🔗 **연관법칙**   ● **톱니 효과** Ratchet effect   한번 올라간 소비수준이 쉽게 후퇴하지 않는 현상. 현재 소비 패턴은 과거 높은 수준의 소비 패턴과 맞물려 있어, 한번 올라간 소비수준은 쉽게 내려가지 않는 현상을 말한다. 경기침체로 전체 소득이 줄어들더라도 같은 속도로 소비를 줄이기는 어렵기 때문에 소비가 경기후퇴를 저지하는 일종의 톱니작용을 하게 된다는 데서 '톱니 효과'라고 한다. 예컨대, 소득이 증가해 고가 자동차와 가전제품을 사용하던 사람들이 소득이 감소했다고 해서 즉시 소비수준을 낮추지 않

는다. 쌀밥을 먹는 데 익숙해지면 소득이 줄어도 보리밥을 먹으려고 하는 것이 아니라 쌀밥을 먹되 그 양을 줄이거나 품질을 낮추게 된다. 이는 이탈리아 태생인 미국의 경제학자 프랑코 모딜리아니(Franco Modigliani, 1918~2003)가 처음 언급했다. 미국의 경제학자 듀젠베리(James Stemble Duesenberry, 1918~2009)는 이 말을 일반화시켰다.

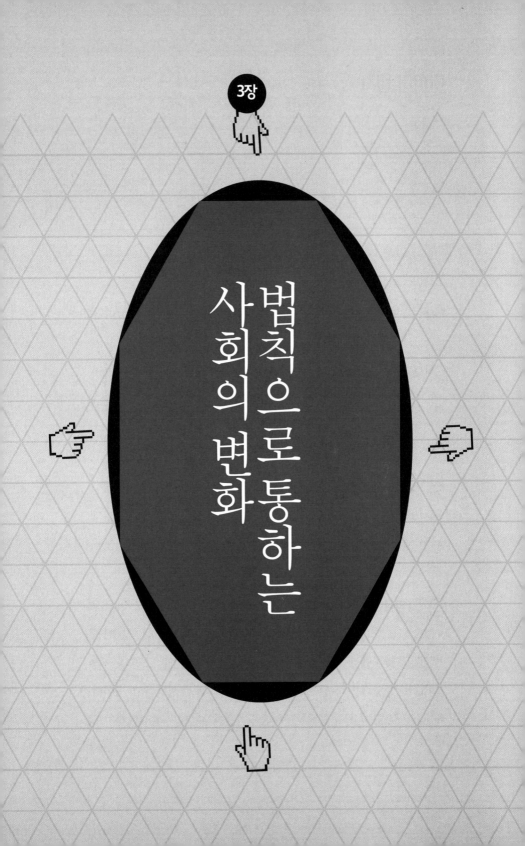

3장

법칙으로 통하는
사회의 변화

머피의 법칙 *Murphy's law*

☞ 샐리의 법칙, 징크스

이대리 : 과음해서 아침에 못 일어나겠더군. 결국 30분 정도 지각했네.

장사원 : 부장님이 회의 중이어서 이대리님이 늦게 왔는지 몰라요.

이대리 : 맞아. 부장님이 회의 끝나고 자리로 돌아올 때 나도 내 자리에
앉아 있었으니 늦은 줄 모르시겠지.

장사원 : 저는 매일 일찍 오다 지하철 고장으로 5분 늦었는데 회의에 들어
가는 부장님과 딱 마주쳤어요. 어쩌겠어요. '머피의 법칙' 탓으로
돌려야죠.

- 주식시장에는 개인이 사면 주가가 내리고 팔면 오르는 '**머피의 법칙**'이 지속되고 있다.
- 그 선수는 다른 팀 이적 후에도 '**머피의 법칙**'이 되풀이되어 게임이 잘 풀리지 않는다.

Q **의미**   우연히도 일이 갈수록 꼬여가고, 되는 일이 없
는 상황을 일컫는 일종의 경험 법칙. 확률이 반
반인데도 누구에게는 잇따라 나쁜 결과로만 나타날 때 쓰인다. 제발
일어나지 말았으면 하는 일일수록 더 확실하게 발생한다고 느낀다.
확률적으로 그럴 가능성이 낮은 데도 그렇게 된다는 의미를 갖고 있

다. 시간적으로 앞선 사건에서 나중에 일어난 사건의 원인을 찾으려는 인과 설정의 오류에 해당한다. 예컨대, 가뜩이나 늦었는데 꺼낸 양말이 짝짝일 때, 쇼핑 계산대에 줄을 섰는데 하필 내가 선 줄만 진행이 더딜 때, 모처럼 거금을 들여 손세차 했더니 갑자기 소나기가 내릴 때, 차선을 바꾸면 꼭 그 차선이 막힐 때, 약속이 있는 날에 항상 야근이 걸릴 때, 오랜만에 야구장에 갔는데 역전 홈런은 꼭 한 눈을 팔 때 터지는 경우 등이 그 예다.

♈ **유래**　머피의 법칙에 대한 탄생 일화로 미국 에드워드 공군기지에 근무하던 에드워드 머피(Edward Aloysius Murphy, 1918~1990) 대위의 얘기가 정설로 알려져 있다. 1949년 당시 미 공군에서는 전투기 조종사들에게 가속하거나 감속할 때 신체에 나타나는 변화를 측정하기 위한 급감속 적응 비행훈련을 했다. 측정 결과 모두가 적응 실패로 나타났다. 나중에 원인을 조사해 보니 전극봉의 배선이 잘못 연결되어 있었다. 조립공의 사소한 부주의로 인한 기기의 오작동 때문이었던 것. 전극봉을 설계했던 머피는 이를 보고 "어떤 일을 하는 데 여러 가지 방법이 있고, 그 가운데 하나가 잘못을 초래할 수 있는 방법이라면 누군가는 꼭 그 방법을 사용한다"는 말을 남겼다.

연관어 긍정의 심리학. 운(運). 가는 날이 장날. 설상가상(雪上加霜).

연관법칙 ● **논리적 오류** Logical fallacies 머피의 법칙은 하나의 논리적 오류다. 사람들은 원치 않는 사건을 겪었을 때 반드시 그 원인을 앞서 일어났던 일들 중에서 찾으려 하기 때문에 이런 오류가 일어난다. 오류가 거짓말을 뜻하는 것은 아니다. 단지 스스로 옳다고 여기는 것이다. 개인이 가진 두 가지 이상의 행동특성을 서로 관련이 깊은 것으로 생각하고 그중 하나의 특성만을 보고 다른 특성까지도 유사한 성질의 것으로 평정함으로써 빚게 되는 오류다. 일상생활에서 우리는 생각보다 많은 논리적 오류를 범한다. 예컨대, "휴대전화 사주면 공부 열심히 할게요"에서 휴대전화를 사주는 것과 공부를 열심히 하는 것은 별개인데 이를 연관 짓는 오류를 범하고 있다.

● **버터 바른 토스트의 법칙** 머피의 법칙을 과학적으로 증명한 사례. 영국의 물리학자 로버트 매튜즈(Robert Matthews)는 유럽 물리학 저널에서 버터 바른 빵을 떨어뜨리면 버터 발린 쪽이 바닥으로 떨어진다며 머피의 법칙이 단순 우연만은 아니라고 주장했다. 바빠서 토스트에 버터를 발라 먹다 떨어뜨리게 되면 꼭 버터 바른 쪽이 먼저 바닥으로 떨어진다는 것이다. '버터 바른 토스트의 법칙'은 '머피의 법칙'의 다른 말이기도 하다.

● **선택적 기억** Selective memory 인간은 일이 잘 안 풀리는 것이나 재수가 없다고 느끼는 것을 더 잘 기억하기 때문에 결국 재수 없었던 기억이 상대적으로 많아진다는 의미다.

● **일반화의 오류** Fallacy of generalization 부분을 전체로 착각해 발생하는 생각의 오류. 즉, '당연히 저럴 것이다'라고 미리 짐작해 판단하는 오류다. 논쟁에서 가설을 설정하는 중간 단계를 거치지 않고 성급하게 제한된 증거를 가지고 바로 어떤 결론을 도출하는 오류를 말한다. 일반화의 오류 중 가장 대표적인 예가 천동설과 지동설이다. 르네상스 시대까지만 해도 천동설은 당연한 논리이고 결과였다. 천동설은 지구 중심설이다. 당시 직감적으로나 정서적으로나 대지는 고정되어 있고 하늘이 회전한다고 본 생각은 지극히 당연한 일이었다. 고대 그리스 시대에는 여기에 철학적 해석과 기하학적 설명이 추가됐고, 중세 봉건시대에는 신학적 권위가 주어졌다.

샐리의 법칙 *Sally's law*

☞ 머피의 법칙

김과장 : 어제 소나기에 낭패 본 사람들이 많을 거야.

이대리 : 제가 그랬어요. 아침에 출근하는데 갑자기 소나기가 쏟아져서
         홀딱 젖었어요.

김과장 : 나는 정반대. 가방 속에 있는 우산 덕을 봤지. 우산을 일부러 챙
         긴 것도 아닌데.

이대리 : '샐리의 법칙'이 통하는 사람은 따로 있네요.

- 그 사람에게는 '천운을 타고났다'는 우스갯소리가 나돌 정도로 **'샐리의 법칙'**이 이어졌다.
- 수험생들에는 **'샐리의 법칙'**이 필요하다.

Q **의미**　　자신에게 유리한 일만 계속해서 일어나는 경험
　　　　　　법칙. 우연히도 자신이 바라는 대로 일이 진행
되거나 잇따라 좋은 결과만 나타나는 경우를 말한다. 나쁜 일이 오히
려 좋은 방향으로 이어지는 상황을 가리키기도 한다. 예컨대, 약속
시간보다 늦게 도착했는데 상대방이 더 늦게 온 경우, 시험공부를 하
지 않아 걱정이 많았는데 시험 직전에 급하게 펼쳐 본 곳에서 시험

문제가 출제된 경우 등이 모두 '샐리의 법칙'에 해당한다.

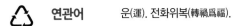 **유래**　영화 〈해리가 샐리를 만났을 때〉라는 영화에서 유래한다. 영화에서 주연 여배우 샐리(맥 라이언 분)는 엎어지고 넘어지는 등 계속 좋지 않은 일만 일어나다가 결국 해피엔딩을 맛본다. 이런 샐리의 모습에서 힌트를 얻었다. 멜로 영화의 정석으로 불리는 이 영화는 1989년에 롭 라이너(Rob Reiner, 1947~) 감독이 제작한 미국 영화. 주인공 해리(빌리 크리스탈 분)와 샐리 두 사람은 시카고에서 뉴욕으로 가는 차 안에서 처음 만난다. 그러나 두 사람은 사랑과 우정에 관한 견해 차이로 토닥거리다가 뉴욕에 도착해서는 기약 없이 헤어진다. 이후 두 사람은 진정한 사랑을 찾아 헤매다가 다시 만나 서로의 고민을 털어놓고, 들어주는 사이로 바뀐다. 하지만 의견 차이는 여전했다. 그러다가 두 사람이 각기 다른 애인을 데리고 동석한 자리에서 서로의 애인에게 질투를 느끼며 두 사람이 서로를 진정으로 사랑하고 있었다는 사실을 깨닫게 된다.

연관어　운(運). 전화위복(轉禍爲福).

연관법칙　● **긍정의 심리학** 《긍정 심리학》의 저자이기도 한 미국 심리학자 마틴 셀리그먼(Martin Seligman,

　법칙으로 통하는 사회의 변화

1942~) 박사가 1998년부터 제창해온 용어다. 그는 샐리의 법칙은 운이 아니라 일에 임하는 사람의 심리상태에 따라 결정되는 것이라고 말한다. 긍정적으로 생각하고 행동하는 사람에게는 좋은 일이 이어지고, 부정적으로 생각하고 안 될 거라고 믿고 행동하는 사람에게는 나쁜 일이 이어진다는 것이다. 30년 이상 우울증을 연구해온 그는 "이제 우울증 연구는 그만하고, 모든 일이 잘될 것 같은 사람에게 초점을 맞추자"고 주장하면서 긍정 심리학을 창안했다. '예스맨 효과 (Yes-man effect)'이기도 하다.

징크스 *Jinx*

장사원 : 엘리베이터에서 '4'라는 숫자를 볼 수 없네요.

이대리 : 4자(字)가 한자 죽을 사(死)와 발음이 비슷하다고 해서 그러는 것
        같아.

김과장 : 일종의 '징크스'네요. 원래 '4'는 길한 숫자, 행운의 숫자, 성스러
        운 숫자로 여기는 경우가 적지 않았다고 하는데.

오차장 : 맞아. 네 잎 클로버가 행운의 상징이고, 자동차 바퀴가 4개이고,
        야구의 중심 타자가 4번이잖아. 고대 그리스의 피타고라스 학파
        에서는 처음 4개의 수인 1,2,3,4를 더하면 완전한 수인 10이 된다
        고 해서 4를 신의 계시인 신성한 수로 생각했다고 하더라고.

• 우리 팀에게는 **징크스**가 있다. 상하의 흰색 유니폼을 입고 축구 경기를 하면 이긴 적이 없다.

• 모든 고정관념이 그렇듯이 **징크스**도 깨지기 위해 존재한다.

Q **의미** 불길한 일, 사람의 힘으로 어쩔 수 없는 운명적
           인 일이란 뜻. 불길한 징조의 사물 또는 현상이
나 어떤 일을 말한다. 특정한 조건이나 상태에서 자주 또는 항상 좋

지 않거나 불운한 결과가 초래되는 경우에 쓰는 말이다. 이러한 징크스는 오랜 시간에 걸쳐 전해내려오는 집단적인 것과 개인적인 것이 있다. 집단의 구성원은 일반적으로 집단의 징크스를 자연스럽게 받아들인다.

예컨대, 그리스도교도들 사이에서는 '13일의 금요일'을 불길한 날로 꺼리며, 한국에서는 죽음을 연상시킨다고 해서 숫자 '4'를 엘리베이터 등에서 잘 사용하지 않고, 아침부터 까마귀가 울거나 검은 고양이가 앞을 지나가면 불길하다고 생각하는 것 등이다. 일종의 미신이라고 할 수 있으며, 인과관계보다는 우연의 결과가 더 많다. 그럼에도 운동선수나 기사(棋士), 도박사, 정치인, 예술인 등 직업적으로 선거를 하거나 승부를 겨루는 사람들은 이를 믿는 경향이 있다. '월드컵에서 축구 골대를 맞춘 팀은 반드시 패한다'라든가, '수염을 깎지 않는다'든가, '머리를 감지 않는다' 등의 징크스가 있다. '징크스를 깼다'라고 하면, 으레 질 것으로 예상했던 승부나, 어찌할 수 없는 운명이라고 체념하던 일에 대한 심리적 부담을 극복한 것을 가리킨다.

♈ **유래**   '기병대장 징크스(Captain Jinks to the Horse Marine)'라는 노래에서 비롯됐다는 설이 가장 설득력이 있다. 윌리엄 린가드(William Lingard)가 1868년 기병대 대위 징크스가 훈련만 나가면 불길한 일들이 계속 생긴다는 내용으로 쓴 노래다. 노래 가사를 보면 과연 그럴 만하다. 훈련을 나간 징크스는 나팔 소리 때문에 병이 나는가 하면, 말에 오르다 모자가 발판에 떨

어지는 등 불길한 일들이 계속된다. 당시 이 노래는 대히트를 쳤고 '매디슨 광장의 징크스 부인'이라는 스퀘어 댄스곡으로 널리 쓰였다. 이 노래는 1870년 이후 수십 년 동안 미군 사이에서 수많은 아류작을 유행시켰다. 또 1901년에는 동명의 드라마가 뉴욕의 한 극장에서 상영되기도 했다.

또 하나 유력한 설은 딱따구리의 일종인 개미잡이(wryneck)를 지칭하는 그리스어 단어 'junx'에서 비롯됐다는 설이다. 개미잡이의 영어 이름 'wryneck'은 목이 180도로 꼬이는 것을 뜻한다. 천적의 위협을 받으면 꽈리 튼 뱀처럼 목을 꼬아 '쉬익 쉬익' 소리를 내며 대응한다. 개미잡이는 고대 그리스에서 마술에 쓰던 새. 분류학상 딱따구릿과에 속하지만 생태는 사뭇 다르다. 딱따구리처럼 구멍 뚫기에 필수인 강력한 부리가 없다. 대신 이 새는 느릿느릿 다니다 개미를 포착하면 긴 혀를 빼내 잽싸게 낚아챈다. 긴 혀를 빼내는 모습을 보면 뱀을 만난 듯 소름이 돋을 정도라고 한다. 이런 기이한 특성에 주목한 고대 그리스인이 길흉화복을 점치는 데 개미잡이를 활용하면서 운명과 연관된 새가 됐다.

 연관어　미신. 말이 씨가 된다.

 연관법칙　● **파울리 효과**　동일한 시점에 벌어지는 사건들이 동일한 의미로 한데 묶여 지각되는 것을 말

　법칙으로 통하는 사회의 변화

한다. 이때 하나로 묶이는 사건들은 원래 서로 아무런 관계가 없는 것이다. 하지만 마치 처음부터 밀접한 관계가 설정되어 있어 어떤 특별한 방식으로 연결된 것처럼 보인다.

'파울리 효과'는 단지 어떤 일이 동시에 발생한다는 뜻이 아니다. 오스트리아 태생인 미국의 이론물리학자 볼프강 파울리(Wolfgang Pauli, 900~1958)는 21세에 상대성 이론에 관한 사전항목을 집필했다. 그는 당시 알베르트 아인슈타인이 "무엇을 칭찬해야 할지 놀랍기만 하다"고 호평한 천재였다. 하지만 그는 실험에는 영 재주가 없었다. 심지어 그가 주변에 있기만 해도 실험이 실패하는 징크스가 있어 이를 파울리 효과라고 부르기도 했다.

1만 시간의 법칙 *10000 hour rule*

☞ 최소량의 법칙

장사원: 해도 해도 성과가 안 나는 것 같아요.

이대리: '1만 시간의 법칙'을 생각해야지. 좀 더 시간을 투자해봐.

장사원: 1만 시간 채우려면 아직 멀었어요.

이대리: '로마는 하루아침에 세워지지 않았다'는 말이 있잖아.

- 그는 오늘을 '**1만 시간의 법칙**'의 첫 시간이라고 각오하고 사법시험 준비에 돌입했다.

- 그는 '**1만 시간의 법칙**'을 믿고 피나는 노력 끝에 메이저리그 최고의 에이스로 재탄생했다.

Q **의미** 한 단계 더 높은 수준으로 비약하기 위해서는 어느 정도 이상의 절대적인 시간과 노력이 필요하다는 것. 즉 어느 분야에서든 세계 수준의 전문가가 되려면 1만 시간의 연습이 필요하다는 법칙이다. 어떤 전문적인 분야에서 탁월한 능력을 발휘하려면 그만큼 많은 연습이 필요하고, 최고 중의 최고가 되려면 그냥 열심히 하는 게 아니라, 훨씬 더 열심히 해야 한다는 것을 알려주는 상징적 의미를 담고 있다. 1만 시간은 대략 하루 3시간, 일주일에 20시간씩 10년 정도가 소요되는 기간. 하루 5시간이면 5

년, 하루 10시간이면 3년이 걸린다. 5년을 시간으로 환산하면 약 4만 3800시간. '1만 시간의 법칙'과 '10년의 법칙'은 천재가 아니더라도 1만 시간의 치밀한 노력이 있으면 탁월한 경지에 오를 수 있다는 것을 의미한다.

'허드슨 강의 기적'이라 불리는 대표적 실화가 있다. US에어웨이 1549편 여객기가 2009년 1월 16일 뉴욕의 라과디아 공항을 이륙한 지 4분 만에 새떼와 부딪쳐 엔진이 고장나면서 허드슨 강에 비상착륙했다. 그런데 놀랍게도 탑승자 155명 전원이 무사히 구출됐다. 여기에는 비행시간 1만 9000시간을 기록한 베테랑 조종사 슬렌버거의 타고난 재능과 판단력이 있었기에 가능했다. 이 이야기는 '1만 시간의 법칙'을 설명할 때 자주 인용된다.

♈ **유래** 캐나다의 저널리스트이자 작가인 말콤 글래드웰(Malcolm Gladwell, 1963~)의 《아웃라이어》(2008)를 통해서 대중에게 알려진 용어다. 그는 마이크로소프트사의 창업주 빌 게이츠, 음악가 비틀스와 모차르트 등 시대를 대표하는 천재들의 공통점에는 '1만 시간의 법칙'이 있다고 말했다. 선천적 재능을 가진 이들도 자신의 분야에서 최고의 자리에 오르기까지 1만 시간 동안 꾸준히 노력을 했다는 것이다.

일명 '10년의 법칙'이라고도 부른다. 이는 미국 플로리다 주립대학의 스웨덴 출신 심리학자 안데르스 에릭손(K. Anders Ericsson, 1947~)이 주장한 내용이다. 글래드웰은 에릭손 교수의 연구결과를 바탕으로

《아웃라이어》를 집필해 세계적 베스트셀러 작가로 우뚝 솟았다. 1만 시간의 법칙이 처음 거론된 건 에릭손이 1993년 발표한 〈재능논쟁의 사례 A〉 보고서에서다. 에릭손은 음악가를 대상으로 한 연구에서 일류 연주자와 아마추어 연주자 간 차이의 80퍼센트는 연주 시간에 따른 것이라는 결론을 밝혀냈다. 베를린 음악아카데미 학생을 대상으로 세계적 솔리스트 가능성이 있는 최상급 학생과 상급 학생, 음악교사를 꿈꾸는 학생 등 3그룹으로 나누고 그들의 연습시간을 비교했다. 그 결과 4000시간을 투자하면 음악교사, 8000시간은 훌륭한 연주자, 1만 시간은 전문가로 거듭날 수 있었다. 흘린 땀방울이 많을수록 성과가 나오고, 노력하지 않으면 천재라도 정상에 오르지 못한다는 게 그의 연구 결론이다. 미국의 신경과학자 다니엘 레비틴(Daniel Levitin, 1957~) 교수도 "특정 분야에 1만 시간만 연습을 하면 해당 분야의 전문가가 될 수 있다"고 강조했다.

 연관어　　마라톤 법칙. 노력은 배신하지 않는다. 타고난 재능보다 꾸준한 노력이 성공을 만든다. 선천적 재능보다 꾸준한 노력이 대가를 만든다. 진인사대천명(盡人事待天命). 천재는 99퍼센트의 노력과 1퍼센트의 영감으로 만들어진다. 천리 길도 한 걸음부터. 티끌모아 태산. 낙숫물이 댓돌을 뚫는다. 수적천석(水滴穿石, 물방울이 돌을 뚫는다).

● **낭떠러지 효과** Cliff effect 자신이 정통한 분야에 대해서는 탁월한 수행능력을 보이지만 조금이라도, 또는 약간이라도 그 분야를 벗어나면 마치 낭떠러지에서 떨어지듯 일시에 모든 문제해결능력이 와르르 붕괴되는 현상. 전문화된 인력일수록 자신의 분야 외에는 문외한인 경우가 적지 않다. 독일의 저널리스트 게로 폰 뵘(Gero von Boehm, 1954~)이 자신의 저서《오디세이 3000》(1999)에서 잘 알고 있는 분야에서는 임무수행이 탁월하지만 눈곱만큼이라도 그 분야를 벗어나도록 강요당하면 낭떠러지에서 추락하는 것처럼 모든 것이 붕괴되는 것이라고 로봇의 기능을 설명하면서 사용한 용어다. '낭떠러지 효과'는 기계문명에 대한 맹신에서 벗어날 것을 인류에게 촉구하는 미래학자들의 경고이기도 하다. 인간이 개발해낸 각종 컴퓨터 시스템, 잘 프로그래밍된 기계나 로봇 등이 비정상적인 지시를 받을 경우 오작동을 일으키는 상황에 사용된다. 미국의 영화감독 스탠리 큐브릭(Stanley Kubrick, 1928~1999)이 제작한 영화〈2001년, 스페이스 오디세이〉에서 낭떠러지 효과를 극명하게 보여준다. 이 영화에서는 고도의 지능을 갖춘 우주선의 컴퓨터 시스템 HAL-9000이 통제력을 잃어 승무원들을 살해하려 한다.

● **마시멜로 효과** Marshmallow effect 단맛을 참지 못하고 유혹에 못 이겨서 마시멜로를 먹는 것은 단견이라는 것. 성공한 사람일수록 인내심이 강하고 그만큼 앞을 멀리 본다는 의미다. 마시멜로는 설탕이나 콘, 시럽, 물, 뜨거운 물로 부드러워진 젤라틴에 포도당, 조미료로 거품을 일으킨 다음 굳혀서 만든 스펀지 형태의 사탕류 식품. 현재 시

판되는 마시멜로는 19세기 후반에 처음 선보였다. 조사결과에 따르면 미국인들은 1년에 4만 1000여 톤의 마시멜로를 소비한다고 한다. 미국 스탠퍼드 대학의 심리학자 월터 미셸(W. Mischel) 교수는 '마시멜로 효과'를 조사했다. 1966년에 만났던 653명의 네 살배기 꼬마들을 15년 후 10대가 된 다음에 다시 만났다. 그리고 1981년에 그 유명한 마시멜로 연구결과를 발표하게 된다. 4살짜리 아이들에게 맛있는 마시멜로 한 개씩을 나눠준 후 먹지 않고 15분 동안을 참으면 마시멜로 하나를 더 주겠다고 약속했다. 실험결과, 참가한 아이들의 3분의 1은 15분을 참지 못하고 마시멜로를 먹었다. 그 이후 아이들의 성장을 관찰해보니 15분 안에 마시멜로를 먹은 아이들은 자기감정을 절제하지 못하는 청소년으로 자라는 경향을 보였다. 반면 15분을 참아낸 아이들은 사회성이 뛰어난 청소년으로 자라났다. 대학입학시험(SAT)에서도 또래들에 비해 뛰어난 성취도를 보였다. 심지어는 부모의 평가도 좋았다. 이후의 추적 연구를 통해 인내하지 못한 아이들은 비만, 약물중독, 사회 부적응 등의 문제를 가진 어른이 되어 있었고, 인내력을 발휘한 아이들은 성공한 중년의 삶을 살고 있었다. 유사 연구들에서도 마시멜로 효과는 너무나 강력해서 지능지수보다도 더 예측력이 우수했다. 인종이나 민족에 따른 차이는 없었다.

법칙으로 통하는 사회의 변화

넛지 효과 *Nudge effect*

☞ 휴리스틱

이대리 : 쓰레기통이 있는데도 왜 아무데나 버리는 사람들이 많지?

장사원 : 이를 방지할 만한 조치가 없었나요?

이대리 : 아냐, 감시 카메라도 있고 경고 문구도 붙여놓았어. 그런데도 무
　　　　 단 투기가 좀처럼 사라지지 않고 있어.

장사원 : 쓰레기를 무단 투기하는 곳에 꽃밭을 만들어놨더니 무단 투기가
　　　　 사라졌다는 뉴스를 본 적이 있어요. 일종의 '넛지 효과'라고 할
　　　　 수 있죠. 감시 카메라와 인력, 쓰레기 처리에 소요되는 비용 절
　　　　 감은 물론이고 도시미관 개선이라는 일석이조 효과까지 거둘 수
　　　　 있었다고 하네요.

- 우리의 일상생활의 곳곳에서 **넛지 효과**를 실감할 수 있다.
- 전세시장 환경이 수도권 집값 회복의 **넛지 효과**를 불러올 수 있다.

Q　**의미**　　영어 'Nudge'는 남의 옆구리를 살짝 찌른다, 옆
　　　　　　　　구리를 팔꿈치로 슬쩍 건드린다는 뜻. 팔꿈치
로 툭 치듯이 어떤 행동을 유도하는 것. 팔을 잡아끌어서 어떤 행동

을 하도록 하는 게 아니라, 팔꿈치로 툭 치는 것만으로 어떤 행동을 유도한다는 의미다. 그러면 상대방이 스스로 선택하면서 자연스럽게 따라오게 된다는 것이다.

'넛지 효과'는 우회적인 방법을 사용해 올바른 행동을 유지하려는 것으로, 주로 타인의 선택을 유도하는 부드러운 개입을 뜻한다. 넛지는 선택 설계자(choice architect)가 사람들에게 어떤 선택을 금지하거나 그들의 경제적 인센티브를 훼손하지 않고도, 예상 가능한 방향으로 그들의 행동을 변화시키는 것을 말한다.

사람들은 투자, 교육, 식생활, 신념에 이르기까지 수많은 사안들에 대해 수시로 결정을 내려야 하지만, 부적절한 선택을 하는 경우가 많다. 이유는 갖가지 편견 때문이다. 이에 넛지는 이를 방지하고 현명한 선택을 이끌어내는 방법을 제시한다. 넛지는 개인행동 변화를 넘어 우리 사회를 건전하게 바꾸는 힘을 가지고 있다. 의식적이든 무의식적이든 우리의 행동에 영향을 줄 수 있기 때문에 정치, 경제, 금융, 마케팅, 교육 등 다양한 분야에서 적용되고 있다. "구매의사를 묻는 것만으로 구매율을 35퍼센트 올릴 수 있었다", "작은 그릇에 먹으면 더욱 효과적으로 살을 뺄 수 있다", "자동차용품 매장에 졸음방지용 껌을 놓아두자 껌 매출이 급상승했다", "백화점 남성 전문관에 여성 고객을 위한 카페를 열었더니 남성관 매출에서 여성의 구매가 2배로 증가됐다" 등이 그 예라고 할 수 있다.

법칙으로 통하는 사회의 변화

'넛지'라는 개념은 행동경제학을 경제학계에 널리 알린 미국의 경제학자 리처드 탈러(Richard Thaler, 1945~) 시카고 대학 교수와 법률정책자인 카스 선스타인(Cass Sunstein, 1954~) 하버드 대학 로스쿨 교수에 의해 소개됐다. '넛지 효과' 연구는 두 사람이 함께 집필한《넛지:건강, 부, 행복에 대한 보다 나은 결정》(2008)이라는 책에 소개돼 유명해진 말이다.

책에 따르면 암스테르담 스키폴 공항의 남자 화장실 소변기에 파리 모양 스티커를 부착한 결과, 남성들이 소변을 볼 때 더 잘 집중함으로써 소변기 밖으로 새어나가는 소변량을 80퍼센트나 줄였다고 한다. 그들은 넛지를 통해 무의식적인 습관에 젖은 사람에게 올바른 선택과 결정을 하게 하는 '사회적 선택 설계'를 제시했다. 선스타인은 오바마 행정부에도 참여해 넛지를 국정에 활용하기도 했다.

 연관어   소변기 스티커. 행동경제학.

치킨 게임 *Chicken game*

☞ 제로섬 게임

이대리 : 양쪽 부장님들의 기싸움 때문에 일이 힘드네.

김과장 : 거, 참. 양 부서가 합동으로 새 프로젝트 건을 성사시키기로 되어 있는데.

이대리 : 두 분의 '치킨 게임' 때문에 애꿎은 우리들만 곱절로 힘들어요.

김과장 : 한쪽에서 화해의 손을 내밀던지 해야 하는데. 알량한 자존심 때문에 쉽지 않으니.

- 여야는 서로 네 탓하며 '**치킨 게임**'을 벌이고 있다.
- 북한의 각종 도발과 이에 대한 남한의 대응이 '**치킨 게임**'과 닮았다.

Q 의미   양보 없는 대결. 어느 한쪽이 양보하지 않을 경우 양쪽이 모두 파국으로 치닫게 되는 극단적인 상황을 의미한다. 냉전시대에 미국과 소련 간의 군비경쟁이 그랬고, 기업 경쟁이 그렇다. 여기서 이긴 승자는 패자의 몫까지 차지할 수 있다는 큰 장점이 있다. 패자는 겁쟁이로 낙인찍히게 된다.

영어 'chicken'은 명사로 닭, 닭고기 이외에 형용사로 'cowardly(겁쟁

307   법칙으로 통하는 사회의 변화

이인)'라는 뜻도 있다. 겁쟁이라는 의미 때문에 '치킨 게임'이라 불리게 됐다. 여기에서 파생된 'play chicken'은 '담력 겨루기를 하다'는 뜻. 국립국어원은 외래어인 '치킨 게임'을 대신할 우리말로 '끝장 승부'를 선정했다.

유래 원래 국제정치학에서 사용되던 게임 이론의 하나. 1950년대 미국 젊은이들 사이에서 유행하던 자동차 게임에서 유래했다. 한밤중 도로의 양쪽에서 2명의 경쟁자가 자신의 차를 몰고 정면으로 돌진하다가 충돌 직전 먼저 핸들을 꺾는 사람이 지는 경기다. 핸들을 꺾는 쪽은 겁쟁이(치킨)로 낙인찍힌다. 어느 한쪽도 핸들을 꺾지 않을 경우 게임에서는 둘 다 승자가 되지만 결국 충돌함으로써 양쪽 모두 자멸하게 된다.

연관어 끝장 승부. 무한 경쟁. 겁쟁이 게임. 올인. 타협. 협상.

연관법칙 ● **출구 전략** Exit strategy 탈출 계획, 탈출 전략, 이탈 전략. 대개 좋지 못하거나 불리한 상황에서 벗어나는 수단을 일컫는다. 위기상황을 극복하고자 취한 이례적 조치들을 부작용이나 후유증을 최소화하면서 정상으로 되돌리는 것을 포괄적으로 지칭하기도 한다. 원래 임무를 완수한 군대의 퇴각 시나

리오를 지칭하는 데서 비롯된 용어다.

베트남 전쟁에 발이 묶인 미국이 승산 없는 싸움에서 피해를 최소화하면서 군대를 철수할 방안을 모색할 때 제기된 용어로 알려져 있다. 미국이 베트남 전쟁에 개입한 이후 시간이 지날수록 미군 사망자 수와 군사비가 급증했다. 이에 미국 내에서 반전 여론이 확산됐다. 군사비가 미국 경제에 심각한 부담으로 작용하면서 베트남에서 철군해야 한다는 주장에 무게가 실렸다. 군사적인 출구 전략은 인명과 장비의 손실을 최소화함을 의미한다. 경제에서는 산업에 미칠 후유증을 최소화하면서 각종 비상조치를 정상화해 재정 건전성을 강화해 나가는 것을 뜻한다. 또한 패색이 짙거나 손실이 심각한 상황이 지속될 때 인명이나 물자의 손실을 최소화하기 위해 '출구 전략'이라는 용어를 사용된다.

깨진 유리창 이론 *Broken window theory*

☞ 방관자 효과, 하인리히 법칙

이대리 : 자녀분은 컴퓨터 게임 안 하나요?

오차장 : 왜 안하겠어. 그래서 묘수를 냈지. 집 컴퓨터에 비밀번호를 설정
　　　　해 놨어. 아이들이 절대 알 수 없게.

이대리 : 우리는 자율적으로 한다고 하길래 믿고 컴퓨터 비밀번호를 알려
　　　　줬어요. 그랬더니 웬걸 게임시간 준수는 고사하고 점점 더 게임
　　　　시간이 늘어나고 있어요.

오차장 : 헐, '깨진 유리창의 이론'이 되어 버렸군.

- 서울시는 더욱 살기 좋은 도시를 만들기 위해 **깨진 유리창 이론**'을 접목한 사업을 추진한다.
- 사소한 '**깨진 유리창**' 하나가 교육의 만족과 효과를 떨어뜨릴 수 있다.

Q 의미　　　'깨진 유리창의 법칙'이라고도 한다. 사소한 무
질서를 방치하면 나중에는 큰 범죄로 이어질 가
능성이 높다는 범죄 예방심리학 이론. 경미한 범죄라도 철저하게 단
속함으로써 흉악범죄를 억제할 수 있다는 환경 범죄학상의 이론이기
도 하다. 일단 금이 간 유리창은 전체가 쉽게 망가진다. 도시 변두리

에 유리창이 한 장 깨진 집이 있다. 이를 내버려 두면 행인들이 버려진 집으로 생각하고 돌을 던져 나머지 유리창까지 모조리 깨뜨린다. 사소한 무질서 하나가 큰 문제로 이어질 가능성이 높다는 것이다.

깨진 유리창은 더욱 큰 문제의 일부이거나 심각한 전조라고 할 수 있다. 공공장소에서 주변이 깨끗하면 쓰레기를 버리기가 어렵다. 하지만 일단 누가 쓰레기를 버리기 시작하면 쓰레기가 마구 쌓일 가능성이 높다. 거꾸로 자기 주변과 환경을 개선하면 그곳에 사는 사람의 마음도 변할 수 있다는 의미도 된다.

이 이론은 비즈니스 세계에서도 통한다. 단골고객이 되려면 해당 기업에 대해 적어도 한 번 이상의 긍정적인 경험을 갖고 있어야 한다. 단 한 번의 부정적인 경험으로도 오랜 단골고객이 떠날 수 있다. 고객이 겪은 한 번의 불쾌한 경험, 한 명의 불친절한 직원, 정리되지 않은 상품, 말뿐인 약속 등 기업의 사소한 실수는 결국 기업의 앞날을 뒤흔든다. 깨진 유리창 이론은 인간관계에도 적용할 수 있다.

♈ 유래　　　미국의 심리학자 필립 짐바르도(Philip George Zimbardo, 1933~) 스탠퍼드 대학 명예교수가 1969년에 실행한 매우 흥미로운 실험이 토대가 됐다. 치안이 허술한 골목에 보존상태가 동일한 두 대의 자동차를 두었다. 한 차는 보닛을 열어둔 채, 다른 한 차는 보닛도 열고 유리창을 조금 깨진 상태로 방치했다. 일주일 뒤 보닛만 열어 둔 차는 큰 변화가 없었다. 하지만 유리창이 깨진 차는 주요 부품이 사라지고, 낙서와 파괴 등 거의 폐차

수준으로 황폐화가 진행됐다. 이 실험 결과가 '깨진 유리창 이론'의 탄생 배경이다. 미국의 범죄 심리학자인 제임스 윌슨(James Q. wilson, 1931~2012)은 제자인 조지 켈링(George L. kelling)과 함께 깨진 유리창 이론을 주창했다. 두 사람은 1982년 3월 공동 발표한 월간잡지 〈월간 애틀랜틱〉에 '깨진 유리창(Fixing Broken Windows:Restoring Order and Reducing Crime in Our communites)'이라는 글을 게재하고 이를 처음 소개했다. 그들의 깨진 유리창 이론은 형사행정학뿐 아니라 경영학 분야에서도 큰 호응을 받았다.

깨진 유리창 이론이 일찍이 실천된 곳은 미국의 뉴욕이었다. 1980년대 뉴욕 지하철 내 낙서지우기 프로젝트를 통해 범죄를 절반으로 줄였다. 또 1990년대 무임승차, 노상방뇨, 신호위반 등 경범죄를 철저히 단속해 강력범죄를 크게 줄였다.

짐바르도 교수는 1971년에 주도한 '스탠퍼드 교도소 실험'으로 유명하다. 그는 감옥과 같은 억압된 환경에서 사람들의 행동변화를 관찰하는 실험을 했다. 대학생 24명에게 무작위로 죄수와 교도관 역할을 맡겼다. 실험은 대학 건물 지하 가짜 감옥에서 진행됐다. 시간이 흐를수록 간수 역의 학생은 가학적으로 변했고, 죄수 역의 학생은 간수의 눈 밖에 나지 않으려고 애쓰는 바람에 신경쇠약 증세를 보였다. 실험은 당초 2주일을 예정했으나 간수역의 학생들이 보인 야만성과 폭력성이 위험수위를 넘어서는 바람에 6일 만에 중단됐다. 짐바르도는 이 실험을 바탕으로 《루시퍼 이펙트:무엇이 선량한 사람을 악하게 만드는가》(2007)라는 책을 펴냈다. 이 실험의 결과도 인간이 상황의 지배를 받는다는 것이어서 '깨진 유리창 실험'과 일맥상통한다.

연관어　파창(破窓) 이론. 범죄 심리학.

 연관법칙　● **디테일의 힘**　사소한 차이가 엄청난 실패를 가져올 수 있으며, 결정적 힘의 단초가 될 수 있음을 지적한 말이다. 서양 속담에 '악마는 디테일에 숨어 있다(The Devil is in the details)'는 말이 있다. 이는 디테일한 것을 가볍게 보면 결국 국가나 기업의 도태로 이어질 수 있다는 점을 경고한 것이다. 수많은 경제 청사진과 비전들이 결실을 맺지 못한 이유도 바로 여기에 있다. 악마를 가볍게 본 결과라는 얘기다.

디테일의 힘은 중국의 왕중추(汪中求, 1963~) 베이징 대학 부설 디테일경영연구소장(칭화대 명예교수)이 쓴 《디테일의 힘》(2004)에 나온다. 그는 '100-1 = 0'이라는 말을 유행시켰다. 책에서는 '100-1은 99가 아니라 '0'이라고 규정했다. 100가지를 잘해도 사소한 한 가지를 잘못하면 모든 일을 그르칠 수 있다는 뜻이다. 물론 산술적으론 '100-1 = 99'가 맞다. 그러나 인생에선 '100-1 = 0'이라는 게 그의 지론이다. 1퍼센트의 실수가 100퍼센트의 실패를 낳기 때문이다. 경쟁사 제품보다 1퍼센트 못 미칠 경우 그 제품은 설 시장이 없다는 것이다. 그는 디테일이 일과 삶에 대한 '태도'이자 '과학정신'이라고 말한다.

디테일의 중요성을 언급한 것이 한둘이 아니다. 중국의 정치가 저우언라이(周恩來, 1898~1976) 전 총리는 귀빈과의 식사를 앞두고 항상 식당에 내려가 "국수 한 그릇 말아 달라"고 요청했다고 한다. 배가 고프면 먹는 데 정신이 팔려 귀빈 접대에 소홀할 수 있다는 이유에서

다. 잭 웰치(Jack Welch, 1935~) 전 제너럴일렉트릭(GE) 회장은 1000명이 넘는 관리직원의 이름을 외우고 손편지를 보내는 디테일로 '잭 웰치식 관리'를 창조했다. 독일의 미스 반 데어 로에(Mies van der Rohe, 1886~1969)는 20세기 세계 최고 건축가 중 한 명으로 꼽힌다. 그는 볼트와 너트 하나까지 꼼꼼히 챙기는 설계로 유명하다. 사람들이 그의 성공 비결을 물을 때마다 그는 "신은 디테일에 있다"라고 말했다고 한다. '천 길 둑도 개미구멍으로 무너진다(千丈之堤 潰自蟻穴)'는 《한비자》의 구절이 있는가 하면, 《도덕경》에 "아름드리 큰 나무도 터럭만한 싹에서 생겨난다(合抱之木 生於毫末)"라는 구절이 있다.

하인리히 법칙 *Heinrich's law*

☞ 깨진 유리창 이론, 블랙 스완

나부장 : 큰일인데.

오차장 : 무슨 일 있어요?

나부장 : 갈수록 영업 실적 그래프가 절벽처럼 낙하하고 있으니 말이야.

오차장 : 큰일인데요. 이러다가 '하인리히 법칙' 꼴 나는 것 아닌가요?

- 제비가 낮게 날면 비가 오듯이 세상의 모든 일에는 **하인리히 법칙**'이 있다.

- 국가안보에도 '**하인리히 법칙**'이 통한다.

🔍 의미

대형사고는 반드시 징후가 존재한다는 것. 대형사고가 발생하기 전에 그와 관련된 수많은 경미한 사고와 징후들이 반드시 있게 마련이라는 뜻이다. 한 번의 대형사고가 일어나기 전에 여러 번의 작은 사고가 지나가고 잠재적인 사고는 더 많이 지나간다. '하인리히 법칙'은 자연현상, 사회현상 모두에 공통적으로 적용된다.

법칙으로 통하는 사회의 변화

유래　허버트 윌리엄 하인리히(Herbert William Heinrich, 1886~1962)가 펴낸 《산업재해 예방:과학적 접근》(1931)이라는 책에서 소개된 법칙. 미국 해군장교 출신의 하인리히는 트래블러스 보험회사에서 보험 감독관으로 산업재해 관련 일을 했다. 그는 산업현장에서 발생한 5만 건의 사건, 사고 등 노동재해에 대해 실증적 분석결과를 토대로 이 법칙을 주장했다. 노동재해를 연구·분석해보니, 중상자 1명이 나오면 그와 같은 원인으로 경상자가 29명, 또 그 뒤에 운 좋게 재난을 피했지만 같은 원인으로 부상을 당할 우려가 있는 잠재적 부상자가 300명에 달한다는 통계를 얻어냈다. '하인리히 법칙'을 달리 '1:29:300 법칙'이라고 부르는 이유다. 또 사고로 인한 재해비용에 대해서도 통계적으로 의미 있는 가설을 내놓았다. 사고로 인해 재해가 발생할 경우 그 비용은 직접비용이 하나라면 간접비용은 넷이라는 것이다. '하인리히 법칙'은 후에 많은 사례를 분석해 더 정교하게 분석됐다. 1969년에 프랭크 버드(Flank E. Bird, 1921~2007)가 '버드 법칙'을 내놓았다. 그는 사고가 날 뻔한 '아차사고'까지 통계의 범위에 포함해 '1(사망):10(경상):30(물적피해):600(아차사고)법칙'을 내놓았다.

연관어　이상 징후. 산업 재해. 안전 불감증. 방귀가 잦으면 똥을 싼다. 아닌 땐 굴뚝에 연기 날까. 돌다리도 두들겨 보고 건너자.

파랑새 증후군 *Blue bird syndrome*

김과장 : 요즘 회사생활은 어때?

이대리 : 입사 때의 초심이 조금은 달라졌을 걸요. 그래도 꿈은 크게!

장사원 : 생각했던 만큼 적응이 쉽지는 않아요.

김과장 : 그렇다고 '파랑새 증후군'은 갖지 말고.

• 예비 창업자들은 대부분 **파랑새 증후군**에 빠진다.

• 그는 직장을 여기저기 옮겨 다니는 **파랑새 증후군**이 있는 것 같다.

Q **의미** 현실에 만족하지 못하고 새로운 이상만을 추구하는 병적인 증세. 정신적으로 성장이 정지해 버린 현상이다. 파랑새는 특히 보는 각도에 따라 여러 가지 빛깔을 낸다고 한다. 행복도 마찬가지여서 그 실체를 완전히 알기란 불가능에 가깝다. 가까운 주변에서 행복을 찾지 못하고 먼 미래의 행복만을 몽상할 뿐 현재 일에는 관심이 없거나 정열을 느끼지 못하는 증상이다. 주로 부모의 과잉보호를 받고 자라 정신적인 성장이 더딘 사람에게서 나타난다. 환경이나 집단에 순순히 순응하고 자아를 주장하지

317　　　　　　　　　　　　법칙으로 통하는 사회의 변화

않는 유아적 심리상태라고 볼 수 있다.

변화에 적응하지 못하거나 현재의 직업에 만족하지 못하는 직장인에게서 나타나는 대표적인 부적응 현상이기도 하다. 욕구불만이나 갈등, 스트레스 때문에 발생하는 심리적 긴장이 신체적인 증상으로 나타나기도 한다.

♈ 유래   벨기에의 극작가이자 시인·수필가 모리스 메테를링크(Maurice Maeterlinck, 1862~1949)의 희곡 《파랑새》의 주인공에서 유래한다. 《파랑새》는 메테를링크가 1906년에 쓴 6막 12장으로 된 아동극이다. 이후 《파랑새》는 1908년에 콘스탄틴 스타니슬랍스키(Constantin Stanislavski)의 연출로 모스크바 예술극장에서 공연됐고, 공연이 성공을 거두자 1909년에는 파리의 파스켈 출판사를 통해 대본이 출간됐다. 후에 동화로 각색되면서 널리 알려지게 됐다.

《파랑새》에서 남매인 소년 '틸틸'과 소녀 '미틸'이 주인공으로 등장한다. 둘은 행복의 상징인 파랑새를 찾아 먼 길을 떠나지만 결국 집안의 새장에서 파랑새를 찾게 된다. 이 이야기 속에서 파랑새는 '행복'을 의미한다. 우리의 행복은 먼 곳이 아닌 가까운 곳에 있다는 메시지를 던져준다. 어느 날 남매에게 늙은 요정이 찾아온다. 요정은 한 아픈 아이의 행복을 위해서 파랑새가 필요하다며 남매에게 파랑새를 찾아줄 것을 부탁한다. 요정은 남매에게 다이아몬드가 박힌 모자를 건넨다. 모자를 쓴 아이들의 눈앞에 신기한 광경이 펼쳐진다.

늙은 요정이 젊고 아름답게 보이고, 물, 우유, 사탕, 빵, 불, 고양이, 개의 영혼을 볼 수 있게 된다. 그렇게 남매는 영혼들과 함께 파랑새를 찾아 떠난다. 시간의 안개를 뚫고 추억의 나라에 도착한 남매는 돌아가신 조부모를 만나지만, 파랑새는 찾을 수 없었다. 밤의 궁전으로도 가보지만 그곳에도 역시 파랑새는 없었다. 이어 숲과 묘지, 미래의 왕국을 전전하지만 그 어느 곳에서도 파랑새를 찾을 수 없었다. 결국 빈손으로 집에 돌아온 남매는 영혼들과 작별인사를 하고 헤어진다. 이튿날 아침, 잠에서 깬 남매는 집안의 새장에 있던 새가 바로 파랑새라는 것을 깨닫는다. 반가운 마음에 새장을 여는 순간, 파랑새는 멀리 날아가 버린다.

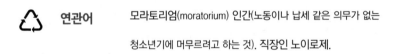

연관어 　모라토리엄(moratorium) 인간(노동이나 납세 같은 의무가 없는 청소년기에 머무르려고 하는 것). 직장인 노이로제.

연관법칙 　● **프로테우스 인간** Proteus man 　자신의 모습을 잘 바꿔가며 사회와 조직에 적응하는 사람을 은유적으로 표현한 말이다. 프로테우스는 그리스 신화에 나오는 해신(海神). 모든 사물로 변화하는 힘을 가지고 있다. 예언을 들으러 찾아오는 사람들을 피하기 위해 여러 섬을 돌며 불, 물 또는 짐승으로 자주 모습을 바꿨다.

오컴의 면도날 *Occam's razor*

나부장 : 문제가 이리 꼬이고 저리 꼬이고. 뭐 좋은 해결책 없을까? 현안 도 많은데 언제까지 계속 이 문제에 매달려야 하는지.

김과장 : 뾰족한 수가 보이질 않네요. 주위 여건을 모두 고려하다 보니 문 제가 더 복잡해지고.

이대리 : 제 의견도 마찬가지예요.

오차장 : 논의는 이 정도로 충분한 것 같아요. 시간도 많이 지체됐고. 복 잡하게 생각하면 끝이 없어요. 부장님이 '오컴의 면도날' 같은 결 정을 내려주세요.

- 실타래처럼 얽히고설킨 이 난국을 풀 방법은 **'오컴의 면도날'**을 들이대는 것이다.
- 그는 **'오컴의 면도날'**만 잘 활용해도 허황된 말과 진실을 구분할 수 있을 것이라고 말한다.

Q　**의미**　복잡한 문제일수록 알고 보면 가장 단순한 해법 이 정답이라는 의미. 복잡한 일의 해결은 가장 간단한 방법을 통해서 가능한 경우가 많음을 증명해 보인다는 것이 다. 어떤 사건에 대한 판단이 두 가지 이상으로 엇갈릴 때, 이중 가장

단순한 설명이 정답에 근접한다는 뜻이다. '단순성의 원리', 또는 '불필요한 복수성 원리'라고도 한다. 어떤 현상을 설명하는 가설은 적을 수록 좋으며, 가설 자체도 단순할수록 좋다는 경제성 원리다. 불필요하게 많은 것들을 가정하지 말라는 의미로 통용된다.

♈ 유래   14세기 영국의 스콜라 철학자이자 프란체스코회 수사였던 윌리엄 오컴(William of Ockham, 1285~1349)의 이름에서 유래한다. 오컴의 면도날은 피부를 상하지 않게 하면서 수염을 잘 깎으려면 면도날이 예리할수록 좋다는 인식에 기초한 것이다. 오컴은 세상을 구현하는 원인, 설명 등 여러 가지 어렵고 중차대한 문제일수록 그에 대한 해법이나 이론은 간결하고 명료해야 한다고 생각했다. 19세기 영국의 수학자이자 물리학자인 윌리엄 해밀턴(William Rowan Hamilton, 1805~1865)이 자주 언급함으로써 이 같은 명칭으로 알려졌다. 해밀턴은 신학적 원리로 이 개념을 강조했는데, 후대에서는 철학과 과학에 작용하는 절약의 원리, 단순성의 원리로서 사용되고 있다. 이후 미국의 저명한 천문학자인 칼 세이건(Carl Sagan, 1934~1996)의 동명 공상과학 소설을 원작으로 한 영화 〈콘택트〉를 계기로 많은 사람들이 '오컴의 면도날'이란 용어를 자주 접하게 됐다.

오컴은 프란체스코 수도회에서 논리학을 공부했고, 옥스퍼드 대학에서는 신학을 공부했다. 초기에는 아리스토텔레스의 철학을 사유의 출발점으로 삼았으나 논리적 사유를 치열하게 추구한 결과 아리스토

텔레스를 부정하기에 이르렀다. 그는 진리에 접근하기 위해서는 불필요한 가정이나 전제들을 모두 잘라버리고 단순함의 잣대로 사물의 핵심만 보아야 한다고 주장했다. 그의 명쾌한 이론에 중세 기독교 철학이 수호해왔던 수많은 진리와 가치들이 잘려 나갔다. 그래서 오컴의 철학을 '오컴의 면도날 법칙(Law of Ockham's Razor)'라고 부르게 됐다. 그의 주장은 신학과 교황의 권위에 대한 도전이 되어 결국 교황에 의해 이단으로 몰려 파문을 당했다.

♻ **연관어**　경제성의 원리. 사고절약의 원리. 절약의 원리. 논리의 경제성. 선택과 집중. 중언부언(重言復言).

🔗 **연관법칙**　●**1:81의 법칙**　천동설과 지동설에 연유한 법칙. 천동설은 모든 천체들이 지구를 중심으로 반듯한 원을 그리며 돈다는 것. 천문학자였던 코페르니쿠스는 거의 1000년 동안 성역이었던 천동설을 뒤집고 지동설을 주장했다. 그를 통해 하나의 가설이면 충분한 지동설과 81개의 가설이 필요한 천동설은 하나의 가설이 옳은 것으로 밝혀졌다.

● **단순함의 법칙**　세계적인 그래픽 디자이너이자 비주얼 아티스트인 존 마에다 미국 MIT 대학 교수는 자신의 저서 《단순함의 법칙》에서 디지털 시대의 키워드로 단순함을 꼽았다. 그가 주장하는 단순함은

기본에 충실하면서도 군더더기를 없애는 것을 의미한다.

● **쾌도난마** 快刀亂麻　단순명쾌한 결단. 날카로운 칼로 헝클어져 뒤엉킨 삼베를 단번에 잘라 버린다는 뜻. 어지럽게 뒤얽힌 문제를 빠른 시간에 명쾌하게 처리함을 비유해 이르는 말이다. 복잡하게 얽힌 문제를 정면 돌파할 때 흔히 인용된다. 중국 남북조시대 북제(北齊)를 세운 고양(高洋)의 일화에서 유래됐다. 북제서의 '문선제기(文宣帝紀)'에 따르면 동위(東魏) 효정제 때 승상이었던 고환(高歡)에게는 여러 명의 아들이 있었다. 어느 날 고환이 아들들의 능력을 시험하기 위해 어지럽게 얽히고설킨 실타래를 하나씩 나눠주고 풀어보라고 했다. 다른 아들들은 얽혀 있는 실타래를 한 가닥씩 풀어내느라 안간힘을 썼지만, 둘째 아들 고양은 칼을 뽑아 단번에 실타래를 잘라 버리면서 "어지러운 것은 베어버려야 한다"고 말했다.

세렌디피티의 법칙 *Serendipity's law*

이대리 : 해도 해도 되는 일이 없으니.

오차장 : 무슨 일 있어?

이대리 : 로또 말이에요. 매주 만 원씩 1년을 투자했는데 5등 한 번이 끝
이에요.

오차장 : 바랄 것 바라야지. '세렌디피티의 법칙'은 그런 데서 오는 행운
이 아니야.

- 그 사람은 노력한 만큼 **'세렌디피티의 법칙'**의 수혜자가 되었으면 한다.
- 그는 "정치나 행정 분야에서도 **'세렌디피티의 법칙'**이 작용한다"며 독려했다.

Q **의미** 노력한 끝에 찾아온 우연한 행운. 영어 'Seren-
dipity(세렌디피티)'의 사전적 의미는 기대하지
않았던 것을 뜻밖에 찾아내는 재능이나 행운, 뜻밖의 재미라는 뜻이
다. 특히 완전한 우연으로부터 중대한 발견이나 발명이 이뤄진 과학
연구 분야에서 주로 사용한다. 실험 도중 실패로 나온 결과에서 무
언가를 찾게 되는 경우다. 예컨대, 사과가 떨어지는 현상으로 중력의

법칙을 발견한다거나, 모래 위에 불을 피우다 유리를 개발한다거나, 목욕탕에 들어갔다가 넘치는 물을 보고 부력의 원리를 알아낸 이야기 등이 그 예이다.

독일 괴팅겐 대학의 유명한 물리학자이자 철학자인 게오르크 리히텐베르크(Georg Lichtenberg, 1742~1799)는 "모든 발견은 그것이 결과에 얼마나 가까이 있느냐 멀리 있느냐의 차이가 있을 뿐 모두 우연에 속한다. 그렇지 않다면 이성이 있는 사람들은 편지를 쓰듯 그냥 앉아서도 발견이나 발명을 할 수 있을 것이다"라고 말했다. 발견 중에서도 벤젠의 분자구조를 발견한 독일 화학자 프리드리히 케쿨레(Friedrich Kekule, 1829~1896)의 경우가 가장 특이하다. 어느 날 연구에 지친 그는 의자에 기대어 잠깐 잠이 들었다. 그때 꿈속에서 몇 겹의 배열구조를 가진 분자들이 나타났다. 잠에서 깨어 꿈에 본 모습을 종이 위에 그려보았더니 그것이 바로 자신이 그토록 찾던 벤젠의 분자구조였다는 것이다. 케쿨레였기에 그것이 의미하는 바를 알아낼 수 있었다. 이는 단순한 우연이나 신의 은총이 아니라 99번의 실패를 딛고서야 한 번 찾아오는 영감에 의한 우연이라는 것이다. 벤젠의 발견뿐만 아니라 다이너마이트를 발견한 노벨(Alfred Bernhard Nobel, 1833~1896), X선을 발견한 독일의 물리학자 뢴트겐(Wihelm Conrad Rontgen, 1845~1923), 페니실린을 발명한 영국의 세균학자 플레밍(Alexander Fleming, 1881~1955), 종두를 발견한 영국의 의학자 제너(Edward Jenner, 1749~1823) 등도 그렇다. 프랑스의 화학자이자 세균학자로 저명한 루이스 파스퇴르(Louis Pasteur, 1822~1895)는 "우연은 준비된 자에게만 미소 짓는다"는 명언을 남겼다.

구글, 삼성 등 굴지의 다국적 기업을 대상으로 20여 년 동안 혁신 컨설팅을 해온 맷 킹돈(Matt Kingdon) 왓이프 대표는 《세렌디피티》라는 저서에서 우연을 성공으로 이끄는 혁신의 힘으로서 세렌디피티를 본격 탐구했다. 그가 정의하는 세렌디피티는 뜻밖이기는 하지만 순전히 우연에 의한 것만은 아닌 행복하고 이로운 결과다. 행운처럼 보이는 기쁜 사건이 실제로는 힘들게 얻어지는 것이란 의미를 담고 있다. 독일 작가 헤르만 헤세(Hermann Hesse, 1877~1962)는 자신의 성장 소설 《데미안》(1919)에서 "본래 우연이란 없는 것이다. 무엇인가를 간절히 소망했던 사람이 그것을 발견했다면 그것은 우연히 이루어진 것이 아니라 자기 자신의 소망과 필연이 가져온 것이다"라고 말했다. 세렌디피티와 관련한 영화와 노래도 등장했다. 영화 〈세렌디피티〉(2001)에서는 두 남녀 주인공이 현실에서 이뤄지기 힘든 우연을 통해 운명적인 재회를 한다.

기업경영 부문에서 특히 혁신과 관련해 세렌디피가 주목받고 있다. 구글의 공동 창업자인 세르게이 브린(Sergey Brin, 1973~)은 "구글의 성공 요인은 세렌디피티였다"고 했고, 페이스북을 만든 마크 저커버그(Mark Zuckerberg, 1984~)는 "페이스북에는 뜻밖의 행운인 세렌디피티가 담겨 있다"고 말했다. 현대 경영학의 창시자인 피터 드러커(Peter Ferdinand Drucker, 1909~2005)는 "21세기 기업과 조직의 생존을 위해서는 세렌디피티가 중요하다"고 강조했다.

♈ **유래** 18세기 영국 작가 호레이스 월폴(Horace Walpole, 1717~1797)의 페르시아 동화 《세렌디프의 세 왕자》에서 유래한 용어. 동화 속 왕자들이 생각하지 못한 행운으로 어려움을 이겨냈다는 이야기에서 그 의미가 생겨났다. 왕자들은 전설의 보물을 찾아 떠났지만 보물을 찾지 못한다. 하지만 그들은 보물 대신 연이은 우연으로 인생을 훌륭하게 살아갈 수 있는 지혜와 용기를 얻는다. 여기서 힌트를 얻어 준비된 우연을 '준비된 우연의 법칙' 혹은 '세렌디피티의 법칙'이라고 부른다.

 연관어 우연한 행운. 영감에 의한 우연. 고진감래(苦盡甘來).

🔗 **연관법칙** ● **낯선 사람 효과** 그냥 알고만 지내는 가깝지 않은 인맥이 실제로는 삶을 흥미진진하고 풍요롭게 만들어줄 기회와 정보, 혁신의 가능성 등을 훨씬 더 많이 제공한다는 것을 뜻한다. 네트워크가 지배하는 오늘날에는 가치관이나 생활방식이 서로 다른 사람들이거나 멀리 떨어진 지역에서 성장한 사람들이 연결된 거대한 '약한 연결(Weak links)'이 강력한 힘을 발휘한다. 전 세계 31개국에서 번역된 밀리언셀러 《80/20 법칙》의 저자 리처드 코치(Richard Koch, 1950~)는 《낯선 사람 효과》(공저)라는 책에서 기회는 학연, 지연, 혈연으로 대표되는 '강한 연결'보다 그냥 알고만 지내는 정도의 낯선 사람들과 맺는 '약한·연결'을 매개로 생겨나기

쉽다고 주장한다. 책 속에서는 그 어떤 낯선 사람도, 우연한 만남도 놓치지 않고 기회로 연결해내는 슈퍼커넥터들의 성공방식이 다양한 사례들로 증명된다. 슈퍼커넥터는 우연 속에서 행운을 만들어내는 능력이 비범하다. 그들은 모든 일이나 사람에 대해 개방적이며, 또 다양한 장소들을 돌아다닌다. 긴급한 문제에 부닥쳤을 때는 다른 사람에게 도움도 적극 구한다. 모든 네트워크는 연결망이 특별하게 잘 발달된 소수의 개인, 이른바 '슈퍼커넥터'가 좌우한다고 말한다.

● **메피스토 법칙** Mephisto law 좋은 의도에 나쁜 결과, 나쁜 의도에 좋은 결과가 나오는 것. 처음에 의도하지 않은 엉뚱한 결과가 나오는 것을 말한다. 당초 의도와 정반대의 결과를 초래하는 역설적인 현상이다. 독일의 문호 괴테(Johann Wolfgang von Goethe, 1749~1832)의 《파우스트》에 등장하는 악마 메피스토펠레스(Mephistopheles)가 한 말에서 연유한다. 그는 '항상 악을 원하면서도 언제나 선을 만들어내는 힘의 일부'라고 자신을 소개했다. 불순한 의도에서 시작된 일이 더 좋은 결과를 만들어낸다는 것이다. 《파우스트》는 괴테가 23세 때부터 쓰기 시작해 83세로 죽기 1년 전인 1831년에야 완성된 대작. 방탕하고 문란한 자신의 삶을 치유하고 구원할 길을 발견한 파우스트의 자서전이기도 하다. 파우스트는 15세, 16세기 경 독일에 실재했었다는 마술사. 이야기 속의 노학자 파우스트 박사는 악마 메피스토펠레스의 유혹에 빠져 현세의 쾌락을 쫓으며 방황한다. 그러다가 자신의 과오를 깨닫고 천상의 구원을 받는다.

베르테르 효과 *Werther effect*

☞ 스톡홀름 신드롬, 프레이밍 효과, 파파게노 효과

장사원 : 홍콩에서 유명 배우가 투신했는데, 광팬이 이를 보고 덩달아 투신했다는 기사가 있어요.

이대리 : 아니, 목숨이 얼마나 소중한 건데. 옛말에 '신체발부, 수지부모, 불감훼상, 효지시야'라는 말이 있잖아.

장사원 : 맞아요. 생명은 자기 마음대로 하지 말아야 해요.

이대리 : 다시는 '베르테르 효과' 같은 일이 안 일어났으면 좋겠어.

• 젊은이들이 유명인을 따라 스스로 생을 마감하는 '베르테르 효과'가 수치로 확인됐다.

• '베르테르 효과'는 젊은 여성에게 특히 강하게 작용했다. 20~39세 여성의 모방 자살 빈도가 평균에 비해 1.6배 많았다.

Q **의미** 유명인의 자살 소식이 전해지면 이에 따라 모방 자살이 잇따르는 현상. 자신이 모델로 삼거나 존경하던 인물, 또는 사회적으로 영향력 있는 유명인이 자살할 경우, 일반인들이 그 사람을 모방 또는 동조해 자살을 시도하는 것을 말한다. 자살이 전염되는 사회적 현상이다.

유래 독일의 문호 괴테(Johann Wolfgang von Goethe, 1749~1832)의 편지글 형식의 소설《젊은 베르테르의 슬픔》(1774)에서 유래했다. 주인공 베르테르(Werther)는 연인 로테(Lotte)를 열렬히 사랑하지만, 그녀에게 약혼자가 있다는 것을 알고 실의와 고독감에 빠져 끝내 권총 자살로 생을 마감한다. "당신을 처음 만났을 때 달고 있다가 내게 선물한 붉은 리본을 나와 함께 묻어 달라"는 마지막 편지는 실연한 젊은이들에게 커다란 공감을 불러 일으켰다.《젊은 베르테르의 슬픔》은 당시 문학계에 새로운 바람을 일으키며 유럽 전역에서 베스트셀러가 됐다.

그러나 작품이 유명해지면서 시대와의 단절로 고민하는 베르테르의 모습에 공감한 젊은 세대의 자살이 급증하는 사태가 벌어졌다. 이 때문에 유럽의 일부 지역에서는 발간을 중단시키는 일까지 발생했다. 미국의 사회학자 데이비드 필립스(David Phillips)가 1974년 이와 같은 모방 자살의 사회문제에 대해 베르테르라는 이름을 붙였다. 그는 20년 동안 자살을 연구하면서 유명인의 자살이 언론에 보도된 뒤, 자살률이 급증한다는 사실을 토대로 이런 연구결과를 이끌어냈다.

 연관어 동조 자살(copycat suicide).

스톡홀름 신드롬 *Stockholm syndrome*

장사원 : 인질범에게 호감을 가질 수 있을까요?

이대리 : 아, '스톡홀름 신드롬'을 말하는 거군.

장사원 : 저는 아무래도 그렇게 되지는 않을 것 같아요.

이대리 : 그런 현상이 아주 드물게 있다고는 하는데, 대부분은 살기 위해
　　　　서 그런 마음을 억지로 가지는 게 아닐까?

- 어린이집 학대 피해 아동들은 전형적인 **'스톡홀름 신드롬'**의 피해자였다.

- 지금도 **'스톡홀름 신드롬'**에 사로잡혔다고 말할 수밖에 없는 공존론자들이 적지 않다.

Q　**의미**　　　인질들이 인질범에 감화되어 동조하는 현상. 인
질범들에게 동화되어 그들에게 호감과 지지를
보이는 비이성적 현상을 가리키는 범죄심리학 용어다. 인질들이 자
신들이 억류되었던 당시의 폭력 상황은 잊어버리고 인질범의 논리에
동화되어 경찰이나 사회보다도 인질범 편을 드는 경우다. 이는 사람
들이 위기를 함께 겪으면서 동화되는 심리를 나타내는 것으로 볼 수
있다. 용어의 활용범위는 넓다. 인질이 아니더라도 일부 매 맞는 아

내, 학대받는 아이들도 비슷한 심리상태를 보인다고 한다.

'스톡홀름 신드롬'이 흔한 것은 아니다. 자유로운 상태에서 인질범에게 동조하는 사람은 극히 드물다. 정신분석가들의 설명에 따르면, 이 현상은 막다른 골목에서의 선택이라고 본다. 인질이 된 사람은 생명의 위협을 느끼면서 식사, 배설 등 모든 것을 인질범에게 의존할 수밖에 없기 때문이다. 갓난아기와 비슷한 처지라고 할 수 있다. 아기일 때는 싫든 좋든 엄마에게 매달릴 수밖에 없다. 인질범에 납치되는 상황이 발생하면 급격히 정신적인 퇴행이 일어난다. 인질들은 아기 때 행동했던 방어 수단들을 총동원하게 된다. 처음에는 모멸감을 참아가면서 억지로 하는 의식적인 행동이었겠지만 점점 신체적, 정신적 압박과 외부로부터의 고립 등 극단적인 심리상황 속으로 접어들면 부지불식간에 자기 최면에 빠지게 된다는 것이다.

♈ 유래   1973년 스웨덴의 수도 스톡홀름에서 발생한 인질사건에서 유래한다. 놀랍게도 인질들은 자신을 구출하려는 경찰보다 오히려 인질범에 동조했다. 4명의 무장 강도가 스톡홀름의 중심가인 노르말름스토르크(Normalmstorg)에 있는 크레디트방켄(Kreditbanken) 은행을 점거했다. 이들은 4명의 인질을 잡고 1973년 8월 23일부터 28일까지 131시간을 넘기면서 경찰과 대치했다. 사건 발생 초기에 인질들은 인질범이 무섭고 두려웠다.

하지만 시간이 흐를수록 묘하게도 인질범들과 정서적으로 밀착되는 현상을 보였다. 더 나아가 점차 호감을 느꼈다. 인질극이 끝난 후 인질범에 대한 불리한 증언을 한 인질은 없었다. 심지어 그들에게 유리한 증언을 했다. 심지어 한 여자 인질은 인질범 중 한 명에게 애정을 느껴 그 사건 이후 약혼자와 파혼까지 했다.

이 인질극은 처음부터 끝까지 TV로 생중계됐다. 스웨덴의 범죄 심리학자이자 정신의학자인 닐스 베예로트(Nils Bejerot, 1921~1988)는 경찰의 수사를 도우면서 TV 생중계에서 해설을 맡았다. 그는 뉴스 방송 중에 인질 사건을 설명하면서 이런 인질들의 이해하기 힘든 행동에 대해 '스톡홀름 신드롬'이라는 단어를 사용했다. 그 이후부터 이 용어는 인질로 붙잡힌 사람들이 범인에게 정신적으로 동화되어 오히려 범인에게 호감을 품게 되는 현상을 일컫게 됐다.

연관어   심리적 이상 현상. 나쁜 남자 신드롬.

연관법칙   ● **허스트 신드롬** Hearst syndrome   미국의 언론 재벌 허스트 가문의 딸 패티 허스트(Patty hearst)의 사례에서 차용한 신드롬이다. 그는 19세이던 1974년 2월에 좌파 게릴라들로부터 납치됐다. 그런데 그가 인질범에게 감화돼 2개월 뒤 게릴라의 샌프란시스코 은행 습격에 적극적으로 가담하는 일이 벌어졌다. 언론은 이를 '허스트 신드롬'이라고 불렀다.

● **리마 신드롬** Lima syndrome   '스톡홀름 신드롬'과 반대되는 개념. 인질

범들이 인질들에게 동화돼 공격적인 태도를 누그러뜨리는 현상이다. 공격적이었던 인질범들이 인질들에게 정신적으로 동화되어 자신을 인질과 동일시하고 공격적인 태도를 보이지 않는 것을 말한다. 이 용어는 페루 반군 14명이 1996년 12월 17일 페루 리마의 일본대사관저를 점거한 인질 테러사건에서 유래한다. 인질범들은 400여 명의 인질들을 무려 127일 동안 억류했다. 인질범들은 상황이 장기화되면서 차츰 인질들에게 동화되어 가족과 안부편지를 주고받도록 하는가 하면, 자신들의 신상을 인질들에게 털어놓고 함께 미사에 참여하는 등의 행동을 보였다.

패러다임 _Paradigm_

☞ 프레이밍 효과

나부장 : '패러다임'의 전환이 필요한 시점이야.

김과장 : 열심히 노력하고 있습니다.

이대리 : 저도요.

나부장 : 열심히만 하면 뭐하나. 성과가 있어야지.

- 스마트폰이 일상화된 지 오래다. 이젠 아날로그 시대의 **패러다임**에서 벗어나야 한다.

- 개인정보 보호가 보다 실질적으로 보호될 수 있도록 개인정보 보호정책의 **패러다임**을 바꿀 때가 됐다.

Q **의미**　어떤 한 시대 사람들의 견해나 사고를 근본적으로 규정하고 있는 테두리로서의 인식체계. 또는 사물에 대한 이론적인 틀이나 체계. 사고와 행동의 기준이 되는 인식과 개념의 구조, 틀이라 할 수 있다. 기하학에 비유하면 모든 공식의 기초가 되는 공리에 해당된다. 세계관의 변화와 같은 혁명적인 변혁을 지칭할 때 '패러다임 변화(paradigm shift)'와 같은 표현을 쓴다.

패러다임은 모든 분야에서 '새로운 발상법이나 사고의 틀'을 뜻하는 가장 중요한 개념이 됐다. 본래 패러다임은 자연과학에서 출발했으나 지금은 각종 학문 분야로 파급돼 거의 모든 사회현상을 정의하는 개념으로 사용되고 있다.

♈ 유래   패러다임은 '사례, 예제, 실례, 본보기' 등을 뜻하는 그리스어 '파라데이그마(paradeigma)'에서 유래한 것으로, 언어학에서 빌려온 개념이다. '으뜸꼴, 표준꼴'을 뜻한다. 미국의 과학사학자이자 철학자인 토마스 쿤(Thomas Samuel Kuhn, 1922~1996)이 자신의 저서 《과학혁명의 구조》(1962)에서 과학 발전을 설명하기 위해 도입했다. 그는 책에서 귀납주의적 과학철학의 한계를 지적하면서, 인식의 전형이자 틀로서 '패러다임'이란 개념을 상정했다. 그는 패러다임을 한 시대를 지배하는 과학적 인식, 이론, 관습, 사고, 관념, 가치관 등이 결합된 총체적인 틀 또는 개념의 집합체로 정의하고 '정상과학'이라고 불렀다. 정상과학을 통해 일정한 성과가 누적되다 보면 기존의 패러다임은 차츰 부정되고, 경쟁적인 새로운 패러다임이 나타난다. 과학의 발전은 점진적이고 논리적 과정이 아니라 패러다임 전환에 의해 혁명적으로 일어난다고 했다. 그는 이러한 변화를 '과학혁명'이라고 불렀다. 과학혁명이 일어나면서 한 시대를 지배하던 패러다임은 완전히 사라지고, 경쟁관계에 있던 패러다임이 새로운 패러다임으로 자리를 대신하게 된다. 따라서 하나의 패러다임이 영원히 지속될 수는 없다. 항상 생성, 발전, 쇠퇴, 대체되는 과정을 되풀이한다.

연관법칙 ● **콜럼버스의 달걀** 누구에게나 가능한 일이라도 맨 처음에 생각해내기는 어렵다는 뜻. 알고 나면 너무 쉽지만 처음 발상이 쉽지 않을 때 쓰는 말이다. '콜럼버스의 달걀'이란 말은 콜럼버스가 아메리카 대륙을 발견하고 돌아왔을 때 그를 시기한 사람들과 벌였던 해프닝에서 유래한다. 콜럼버스는 신대륙을 발견하고 돌아와 친구들에게 이를 자랑하자 일부에서 시큰둥한 반응을 보였다. 화가 난 콜럼버스는 달걀 하나를 집어 들고 친구들에게 그걸 세워보라고 했다. 그들은 달걀을 세워보려고 애썼지만 그 누구도 성공하지 못했다. 그러자 콜럼버스는 달걀 한쪽을 깬 뒤 깨진 면을 바닥으로 세워 보였다.

● **콜럼버스 효과** 획기적인 발견이나 혁신을 이룬 선구자가 반드시 성공하는 것은 아니다. 크리스토퍼 콜럼버스(christopher columbus, 1451~1506)는 이탈리아 출신 상인이자 탐험가로 스페인 왕실의 후원을 받아 1492년 미국 대륙을 처음 발견했다. 그는 신대륙 발견으로 역사의 한 페이지를 장식했지만 사업가로는 성공하지 못했다. 그는 '황금의 땅' 인도를 발견했다는 착각에 사로잡혀 신대륙에서 금광을 찾는 데 여생을 바쳤다. 말년에는 재산도 없이 쓸쓸한 죽음을 맞았다. 정작 큰돈을 번 것은 콜럼버스의 희생을 발판 삼아 신대륙에 진출한 2세대였다. 소프트웨어 업계의 제왕인 마이크로소프트(MS)도 컴퓨터 운영체제(OS)의 원조가 아니었다. 이전에 QDOS란 운영체제가 이미 개발되어 있었다. 전자상거래의 거인 아마존도 온라인 서점의 효시가 아니다. 최초는 북스닷컴이란 사이트였다. 페이스북과 트

위터가 장악한 소셜미디어의 개척자로는 마이스페이스가 꼽힌다. 검색엔진은 알타비스타가 최초지만 거대 기업으로 성장한 것은 구글이다. 스마트폰의 선구자인 블랙베리는 성공 모델인 키보드 자판에 집착해 터치폰으로의 변화라는 트렌드를 따라잡지 못했고, 결국 애플과 삼성전자에 선두 자리를 내줬다.

● **포지셔닝** Positioning 광고 전략에서 포지션이란 제품이 소비자들에 의해 지각되고 있는 모습을 말한다. '포지셔닝'은 마케팅 믹스를 통해 소비자들에게 자사 제품의 정확한 위치를 인식시키는 것이다. 1969년에 미국의 마케팅 전문가였던 잭 트라우트(Jack Trout)가 학술지인 〈인더스트리얼 마케팅〉에 발표한 논문에서 처음 사용했다. 이후 앨 리스와 잭 트라우트가 공저《포지셔닝》을 발표하며 광고 산업과 경영계에 큰 영향을 끼쳤다. '포지셔닝'은 마케팅 외에도 여러 곳에서 인용된다.

미란다 원칙 *Miranda rule*

김과장 : 어제 영화관에서 김대리가 미스 김과 둘이서 영화를 보고 있더
　　　　라고. 나에게 딱 걸렸지.

이대리 : 둘이 사귀고 있는지 정말 몰랐네. 모두 감쪽같이 속았네요.

김과장 : 오늘 아침에 김대리에게 언제부터 사귀었냐고 물었더니 대답을
　　　　안 하고 웃기만 하던데?

이대리 : 그는 철저하게 '미란다 원칙'을 지키는 것 같네요.

- 경찰이 **'미란다 원칙'**을 제대로 지키지 않아 필로폰 양성반응까지 나온 마약 사범이 항소심
  에서 풀려날 뻔했던 상황이 벌어졌다.

- 관공서에서는 모든 고객과의 쌍방향 윤리적 위험을 개선하기 위한 민원 **'미란다 원칙'**을 제
  정 시행한다고 밝혔다.

Q　　**의미**　　경찰이나 검찰이 범죄 피의자를 체포할 때 혐의
　　　　　　　　　사실의 요지와 체포 이유, 변호인을 선임할 수
있는 권리, 진술을 거부할 수 있는 권리 등이 있음을 알려주어야 한
다는 원칙. 즉 수사기관이 피의자를 구속할 때 묵비권과 변호인 선임

권 등을 미리 알려주어야 한다는 원칙을 의미한다. '미란다 원칙'이 지켜지지 않은 상태에서 얻어낸 자백은 불법으로 간주된다.

♈ 유래

에르네스토 미란다(Ernesto Miranda)라는 범죄자의 이름에서 유래한다. 미란다 원칙은 1966년 미국 연방대법원 판결(Miranda v. Arizona)에 의해 확립된 형사법 원리다. 1963년 3월, 미국 애리조나주 피닉스 시 경찰은 당시 21세였던 멕시코계 미국인 에르네스토 미란다를 납치 및 강간 혐의로 체포했다. 미란다는 미국 애리조나 주 피닉스 시의 한 영화관 앞에서 18세 소녀를 강제로 자동차에 태운 뒤 사막으로 끌고 가 강간했다는 혐의를 받았다. 고등학교를 중퇴하고 10대부터 전과자가 된 미란다는 의심받기에 충분했다. 경찰서로 연행된 미란다는 변호사도 선임하지 않은 상태에서 2명의 경찰관에 의해 조사를 받았다. 그는 처음에는 무죄를 주장했으나 약 2시간가량의 심문 과정에서 범행을 인정하는 구두 자백과 범행자백자술서를 제출했다.

그러나 재판 과정에서 미란다는 재판에서 자백을 번복하고, 진술서를 증거로 인정하는 것에 이의를 제기했다. 애리조나 주법원은 미란다의 주장을 받아들이지 않고 최저 20년, 최고 30년의 중형을 선고했다. 이에 미란다는 애리조나 주대법원에 상고했지만 역시 유죄가 인정됐다. 이어 최후 수단으로 연방대법원에 상고를 청원했다. 상고 청원서에서 미란다는 미국 수정 헌법 제5조에 보장된 불리한 증언을 하지 않아도 될 권리와 제6조에 보장된 변호사의 조력을 받을 권리를 침해당했다고 주장했다.

연방대법원은 1966년, 5대 4의 표결로 미란다에게 무죄를 선고했다. 이유는 그가 진술거부권, 변호인 선임권 등의 권리를 사전에 고지 받지 못했기 때문이라는 것. 이 판결은 형사법 사상 가장 위대한 판결로 꼽힌다. '미란다 판결'이라고 부르게 된 이 판결은 보수적인 미국인들로부터 거센 비난을 받았다. 대법원이 범죄예방이나 범죄피해자의 권리보다는 범죄자의 권리를 더 존중하고 있다는 이유에서였다. 반발이 있기는 했지만 대부분의 주정부 경찰들은 미란다 판결 이후 연방대법원의 판결 취지에 따라 미란다 경고문을 만들었다. 수사관들이 피의자를 체포하거나 신문할 때는 이 경고문을 미리 읽어 주도록 했다. 이 사건을 통해 1966년 '미란다 경고'는 헌법에 실리게 된다. 미란다는 '미란다 판결' 이후 가석방을 받고 잠시 풀려났지만 범행을 목격한 목격자가 나타나 결국 유죄판결을 받고 10년을 복역했다. 연방대법원은 2000년 6월 26일 "미란다 판결은 헌법에 근거한 것이고, 따라서 의회에서 제정된 미란다 판결의 효력을 번복하는 내용의 법률은 헌법에 위반하는 것"이라고 판시했다. 우리나라 대법원도 2000년 7월 4일 미란다 원칙을 무시한 체포는 정당한 공무집행이 아니라는 판결을 내린 바 있다.

죄수의 딜레마 *Prisoner's dilemma*

☞ 게임 이론

이대리 : 재무팀원들이 공금횡령 혐의로 경찰 조사를 받는다면서요.

김과장 : 어쩌다가 그 지경까지 갔지.

이대리 : 두 사람이 서로 모르쇠로 일관하고 있다고 하네요.

김과장 : '죄수의 딜레마'가 있어 쉽지 않을 거야. 경찰서에만 가면 왠지
주눅이 들잖아. 저만 살겠다고 배신하고 실토하면 오히려 더 불
리해지게 되는 거지.

- 노조는 고용만 좇고 기업은 노동의 유연성만 강조하기 때문에 **'죄수의 딜레마'**에 빠지기 십
  상이다.
- 검찰은 이른바 **'죄수의 딜레마'** 전략을 유지하면서 피의자의 금품수수 혐의를 밝히려고 하
  고 있다.

Q **의미**　　　두 사람의 이익이 상충되는 선택에 있어서 합리
적인 선택이 오히려 불리한 결과로 이어질 수
있다는 모순 이론. 합리적인 선택을 했는데도 상대가 자백할 것 같은
두려움 때문에 자백을 할지 말지 딜레마에 빠진다는 이론이다. 두 범

342

죄자가 협력해 범죄 사실을 숨기면 형량이 함께 낮아질 텐데 둘 다 상대방 죄를 밝힘으로써 무거운 형량을 선고받게 되는 현상이다. 서로 자기 이익만 좇다 보면 둘 다 망하는 선택을 하게 된다는 얘기다. '죄수의 딜레마'는 두 당사자의 이익이 상반되는 상황에서는 언제든 나타날 수 있는 현상이다.

공범인 A와 B가 잡혔다. 경찰로서는 심증은 있으나 확실한 물증이 없는 상태. 경찰은 이들로부터 자백을 받아내야만 한다. 2명의 공범 용의자가 격리되어 심문을 받는다. 어느 1명이 죄를 자백하면 즉시 풀어주고, 자백하지 않은 나머지 1명은 10년형을 살아야 한다. 둘 다 죄를 자백하면 정상 참작해 5년형을 언도받는다. 둘 다 자백하지 않으면 증거 불충분으로 둘 모두 6개월만 복역한다. 이 경우 일어날 수 있는 경우의 수는 4가지. 첫 번째, A와 B가 모두 침묵할 경우. 두 번째, A가 침묵을 하고 B가 자백을 할 경우. 세 번째, A가 자백을 하고 B가 침묵할 경우. 네 번째, A와 B 모두 자백을 할 경우.

이 경우 가장 좋은 선택은 두 사람 모두 48시간 동안 침묵을 지키는 것이다. 그런데 실제로는 그렇게 되지 않는다. 죄수 A도 죄수 B도 똑같이 자백한다는 것이다. 이는 둘 다 협력(침묵)을 선택해 6개월씩을 복역하는 것보다 훨씬 불리하다. 배신(자백)이 최대 이익이라는 합리적인 선택을 했는데도 결과는 오히려 불리해진 것이다. 비합리적인 선택처럼 보이는 이들의 행동, 그러나 역설적으로 이들의 선택은 합리적이다. 혼자서 중벌을 받을지도 모르는 두려움 때문에 최악을 피한 차악을 선택한 것이 죄수의 딜레마다.

'죄수의 딜레마'는 1950년대 미국의 싱크탱크 인 랜드연구소의 두 과학자 메릴 플러드(Merrill Flood, 1908~1991)와 멜빈 드레서(Melvin Dresher, 1911~1992)가 개발했다. 죄수의 딜레마는 1950년대 미국과 소련 간에 핵 확산과 군비경쟁이 심각한 당시의 상황을 반영한 모델이었다. 이 모델에서 설명하고 있는 것처럼 양국은 치열한 군비경쟁으로 치달았다.

♺ **연관어** 선택의 법칙.

🔗 **연관법칙** ● **깜짝놀라기 전술** Flinch tactics 'flinch' 뜻은 '움찔하다'는 뜻. 상대의 제안에 놀라는 모습을 보임으로써 절대 받아들일 수 없음을 강력하게 몸으로 보여주는 전략을 말한다.

● **니블링** Nibbling nibble은 입질, 조금씩 먹다는 뜻. 협상종료 시점에 덤으로 더 얻는 기술. '샘플 더 주세요'와 같이 마지막 순간에 작은 선물, 호의 등을 요청하는 것이다. '살라미(salami) 전략'이라고도 한다. 살라미는 이탈리아의 소시지. 장기간 보관하면서 조금씩 얇게 썰어먹는다. 많이 먹으면 배가 부른 것처럼 작은 덤이라도 여러 가지를 받으면 만족이 커지는 것을 뜻한다. 여러 개로 쪼개고 각각의 보상을 따로 받아내어 총량을 크게 하는 것이다.

● **배드 가이** Bad guy 협상에서 나쁜 역할을 통해 상대방에게 실망을 주는 역할자. 반면 좋은 역할자를 통해 감정적으로 끌리게 하는 사람을 '굿 가이(Good guy)'라고 한다. 협상에서 둘은 한 팀으로 더 좋은 조건을 이끌어내기 위한 협상 전술을 편다.

● **벼랑 끝 전술** Brinkmanship 배수진을 치고, 협상을 막다른 상황까지 몰고 가는 초강수 전략. 협상결렬도 감당하겠다는 뜻이다. 1960년대 미국 젊은이들 사이에서 유행했던 게임에서 유래한 말이다.

법칙으로 통하는 사회의 변화

휴리스틱 *Heuristic*

☞ 닻내림 효과, 확률론

이대리 : 중동지역에서 무장 이슬람 단체들의 테러가 끊이질 않는군.

장사원 : 그래서 그런지, 이슬람 하면 과격하다는 느낌이 들어요.

이대리 : 주위에서 중동 사람을 보면 나도 모르게 슬그머니 피하게 된다니까요.

오차장 : 일종의 '휴리스틱' 아닐까. 이슬람교는 원래 평화를 지향하는 종교라고 하던데.

- 다른 사람들이 옳다고 생각하면 아마도 옳을 것이라 여기는 **'휴리스틱'** 사고를 간과할 수 없다.
- **'휴리스틱'** 세계의 인간은 모든 정보를 얻을 수도, 또 얻는다 해도 정확히 연산할 수도 없는 존재다.

Q **의미**   휴리스틱은 그리스어로 발견하다, 찾아내다라는 뜻. 신속하게 사용하는 어림짐작한 판단이나 대충 내린 결정을 말한다. 현실의 복잡하고 불확실한 상황에서 발생된 문제를 가능한 한 빨리 풀기 위해 직관적 판단, 경험과 상식

에 바탕을 둔 단순하고 즉흥적인 추론을 뜻한다. 이는 모든 조건이나 변수 등을 모두 검증하거나 살펴볼 수 없기 때문에 이상적 방법이 아니라 현실적으로 만족할 수준의 답을 빨리 찾는 방식을 의미한다. 정보의 부족, 현실성을 이해하는 긍정적인 요소와 객관적인 인식의 노력을 방해하는 부정적인 측면을 갖고 있다. 휴리스틱 접근법은 가장 이상적인 방법을 구하는 것이 아니라 현실적으로 만족할 만한 수준의 해답을 찾는 것이다. 이슈에 대해서 주의 깊게 생각할 시간이 없는 경우, 정보가 지나치게 많아서 모든 정보를 완전히 처리할 수 없는 경우, 굳이 체계적이고 합리적인 판단을 할 필요가 없는 경우, 시간이나 정보가 불충분해서 합리적 판단을 할 수 없는 경우, 습관적인 반복적 결정의 경우 등에서 휴리스틱이 잘 일어난다. 휴리스틱에는 대표성 휴리스틱, 가용성 휴리스틱, 기준점 및 조정 휴리스틱 등이 있다.

♈ **유래**　미국의 사회과학자이자 경영학자인 허버트 사이몬(Herbert Alexander Simon, 1916~2001)에 의해 처음 소개됐다. 이후 이스라엘 출신의 미국 심리학자 아모스 트버스키(Amos Tversky, 1937~1996)와 행동경제학의 창시자인 다니엘 카너먼(Daniel Kahneman, 1934~)에 의해 많은 연구가 이뤄졌다. 이들의 연구는 오늘날까지도 여전히 응용되고 있다.

연관어 편견. 의사결정의 단순화. 어림 셈. 과도한 가치폄하 효과. 주먹구구식 전략.

연관법칙 ● **가용성 휴리스틱** Availability heuristic 자신이 기억하고 있는 상황이나 자료들만을 갖고 판단하는 것. 기억할 수 있는 사례들은 어떤 사건이 일어날 확률 혹은 가능성을 판단하도록 돕는다. 이는 종종 편향으로 이어진다. 교통사고 원인에 대한 공식 통계자료를 보지 못한 채 판단한다고 가정해보자. 이 경우 자신이 목격하거나 어디선가 듣고 떠오르는 사례를 바탕으로 사고 원인을 지목하기 쉽다. 졸음운전으로 교통사고를 낸 사례를 많이 접한 사람은 교통사고 원인 중 졸음운전 비율이 높다고 판단하고, 신호위반으로 교통사고를 낸 사례를 많이 접한 사람은 신호위반이 교통사고의 주범이라고 생각한다. 물론 실제 결과는 다를 수 있다. 또한 일어나지 않을 사건들의 발생 가능성을 과도하게 평가하도록 한다. 예컨대, 비행기 추락에 관한 기사를 본 뒤에 항공 여행을 두려워하게 되는 것 등이다. 반면 일어날 가능성이 높은 일들의 발생 가능성을 과소평가하기도 한다. 투표에도 '가용성 휴리스틱'은 얼마든지 일어날 수 있다. 대학 교수 출신 정치인 중에서 성공한 정치인을 많이 알고 있는 사람은 이러한 후보를 선호하게 된다. 또한 관료 출신 정치인 중에서 훌륭한 업적을 많이 남긴 사례를 더 많이 기억하고 있는 사람은 관료 출신을 선호하기 쉽다. 그렇다고 '가용성 휴리스틱'이 전혀 타당성이 없는 것은 아니다. 자신이 빨리 기억해냈거나 더 많은 전례를 알고 있다는 사실은 그만큼 해당 사건이 또 다시 유발될 수 있는 확률이나 빈도가 높을 수 있기 때문이다. 이런 측면에서 '가용성 휴리스틱'은 나름의 타당성을 갖고 있다. 하지만 많은 행동경제학자들은 '가용성 휴리스틱'이 심각한 오류를 초래할 수 있음을 지적한다. 그것은 서로 다른 두 사건을 똑같은 빈도와 주기로 접했다 하더라도 두 사건에 대한 기억의 강도가 다를 수 있다는 점 때문이다. 자신에게 친숙한 장면이나 아는 내용들이라면 더 쉽게 기억할 수 있다. 특정 장면이 너무도 생생해 오랜 기억에 남는 경우도 있다. 실제로는 더 자주 유발되는 사건이 있다 하더라도 자신이 기억하기 용이한 사건 위주로 정보를 저장하고 이를 바탕으로 판단하게 된다. 물론 이러한 휴리스틱에 의거한 의사결정이 무조건 나쁜 성과로 이어지는 것만은 아니다. 휴리스틱에 의거한 결정을 통해서 좋은 성과를 가져다주는 사례들도 관련 연구에서 찾아볼 수 있다.

● **기준점 및 조정** Heuristic anchoring and adjustment **휴리스틱** 종종 결정이나 판단을 할 때 어떤 '기준점'에 근거를 둔다는 인식이 작용하고 있는 것을 말한다. 기준점은 그 사람의 기억에서 끌어낸 정보들의 단편들로 결정의 척도에 맞추기 위해 조정된다. 예컨대, '미시시피 강의 길이는 2000마일 이상일까, 그 이하일까? 미시시피 강의 길이는 5000마일 이상일까, 그 이하일까?'라는 질문을 받았을 때 첫 부분의 대답이 뒷부분에 영향을 끼쳐 뒷부분에 대답할 기준점을 제시받는다.

● **대표성 휴리스틱** Representativeness heuristic 특정 상황을 판단할 때 실

제 확률과는 무관하게 대상이 내포하고 있는 대표적인 특징이나 속성을 갖고 판단하는 오류를 말한다. '대표성 휴리스틱'에서 가장 큰 실수는 어느 것의 유사성이 다른 것들의 유사성으로 이어질 것이라고 단정하는 것이다. 대략의 정보만 갖고 그 사람이 어떠한 사람인지 미뤄 짐작하는 것이 대표성 휴리스틱이다. 충청도 출신이면 느긋한 성품일 것이라든가, 군인 출신이면 고지식하고 융통성이 없을 것이라든가, 운동선수 출신이면 털털한 성격을 갖고 있을 것이라든가, 공부를 많이 한 사람들은 대체로 안경을 쓴 사람이라든가 등의 일련의 판단들이 대표성 휴리스틱에 해당된다.

● **도박사의 오류** Gambler's fallacy 어떤 사건이 일어날 확률은 여전히 똑같은데도 도박사처럼 사람들이 무작위적인 사건이나 당첨 번호를 예측할 능력을 갖고 있다고 믿는 것을 말한다. 예컨대, 실제 확률은 여전히 50퍼센트인데도, 동전을 20번 던지는 동안 연속으로 5번 앞면이 나오면 다음엔 뒷면이 나올 확률이 높다고 판단해버리는 것이다.

● **알고리즘** Algorithm 휴리스틱의 반대되는 개념. 일정한 순서대로 풀어가면서 정확한 해답을 얻는 방법이다. 어떤 문제를 해결하기 위해 취해지는 정의된 일련의 절차 또는 방법을 말한다. '알고리즘'이라는 단어는 페르시아의 수학자인 무하마드 이븐 무사 알콰리즈마(Muhammad ibn Musa al-Khwarizmi, 780~850)의 이름에서 유래한다.

● **지식의 저주** Curse of knowledge 알고 있는 자의 오해. 사람이 무엇을

잘 알게 되면 모르는 상태가 어떤 것인지 상상하기 어렵게 된다는 뜻. 전문가들은 자신의 수준으로 일반인들의 수준을 예단한다. 그 때문에 전문가들이 나름대로 쉽게 설명한다고 생각하는 내용이 일반인들에게는 이해하기 어려워 의사소통에 문제가 발생한다. 이를 미국 스탠퍼드 대학의 여성 심리학자 엘리자베스 뉴턴(Elizabeth Newton)은 '지식의 저주'라고 이름 지었다. 그녀는 '두드리는 자'와 '듣는 자'라는 실험을 실시했다. 이를 통해 특정 분야의 전문가가 되어 지식을 알고 나면 알게 되기 전 상태를 상상하기 어렵게 된다는 사실을 증명했다. '두드리는 사람'에게는 크리스마스 캐럴과 같이 누구나 아는 노래를 이어폰을 통해 들려준 다음 박자와 리듬에 맞춰 탁자를 두드리게 하고, '듣는 사람'에게는 그 두드리는 소리만으로 노래의 제목을 맞추게 했다. 결과는 의외였다. 모두 120곡을 들려줬는데, 제목을 맞힌 노래는 3곡에 불과했다. 두드리는 사람이 짐작한 예상 확률 50퍼센트와는 확연한 격차를 보였다. 이를 보고 당황한 두드린 사람은 '어떻게 그럴 수가 있지, 이 정도면 식은 죽 먹기 아닌가?'라고 생각한다. 이게 바로 지식의 저주다. 미국 스탠퍼드 대학 경영전문대학원 교수 칩 히스(Chip Heath)도 의사소통 문제를 설명하며 자주 지식의 저주 개념을 언급했다. 히스는 정보를 가진 사람과 그렇지 못한 사람이 의사소통에 실패하는 이유가 지식의 저주에 있다고 보았다.

유리 천장 *Glass ceiling*

나부장 : 우리 본부에 여성 임원이 오신다고 하네.

김과장 : 남성들도 버티기 어려운 영업본부에 여성 임원이라….

이대리 : 우리 회사는 '유리 천장'이 없어진 지 오래됐잖아요.

장사원 : 그런가요. 나중에 여자 동기가 윗분이 될 수도 있겠는데요. 열심
히 일해야겠어요.

• 대기업들에서 마케팅, 연구개발, 디자인 등 여성 임원들의 약진이 두드러졌지만 재무, 인
사, 전략기획 등의 분야에서는 아직까지 여성 임원 배출이 없어 **'유리 천장'**에 대한 인식이
여전한 것 같다.

• 미국의 한 문학 비평가에 따르면 남자가 쓴 책은 여자가 쓴 책보다 많이 팔린다고 지적하
며 여전히 **'유리 천장'**에 대한 인식이 있는 것 같다고 말했다.

🔍 **의미**　　　여성에 대한 눈에 보이지 않는 차별. 직장에서
　　　　　　　여성의 승진을 가로막는 보이지 않는 장벽을 말
한다. 소수 민족이나 사회 내 비주류 세력이 조직에서 고위직으로 승
진하지 못하는 차별적 대우와 편견의 벽 등과 같은 현상 전반을 뜻하

는 말로 사용한다.

유리로 만들어진 천장은 위로 보면 끝없이 올라갈 수 있을 것처럼 투명해 보이지만 어느 정도 올라가다보면 두꺼운 천장에 가로막힌다. 천장은 승진을 방해하는 상황을 비유적으로 표현한 것이다. 충분한 능력을 갖춘 사람이 직장 내 성 차별이나 인종 차별 등의 이유로 고위직을 맡지 못하는 상황을 비유적으로 일컫는 경제학 용어다. 신체장애가 있거나 나이가 많아 승진에서 차별받는 경우에도 사용된다.

♈ **유래**　미국의 유력 경제주간지인 〈월스트리트 저널〉이 1970년 미국 사회에 깊숙이 뿌리박혀 있는 여성의 진출을 가로막는 보이지 않는 장벽을 비판하면서 처음 쓰기 시작했다. 이후 널리 인용되고 있다. 미국 정부는 1991년 '유리 천장 위원회'를 신설해 여성의 차별을 해소하고 사회 진출을 제도적으로 보장하는 데 힘을 쏟은 바 있다.

♻ **연관어**　성 차별. 여성 차별. 인종 차별. 여성주의. 페미니즘. 양성 평등. 남성 우대. 남성주의.

🔗 **연관법칙**　● **대나무 천장** Bamboo ceiling　서구 사회에서 아시아 국적이나 아시아계 이민자의 고위직 상승을

막는 보이지 않는 장벽을 말한다. 아시아계 차별 문제를 거론할 때 자주 사용된다.

'대나무 천장'은 여성의 고위직 진출을 막는 장벽을 뜻하는 '유리 천장'에 아시아(중국)의 상징물인 대나무를 붙여 만든 단어다. 대나무의 분절된 마디가 서구 사회에서 아시아인의 승진이 위로 갈수록 어려워지는 것을 상징한다는 해석도 있다. 한인 이민자 출신으로 JP모건에 인사 업무를 해온 제인 현(Jane Hyun)이 2005년에 발간한 책《대나무 천장 부수기》에 처음 등장했다.

침묵의 나선이론 *Spiral of silence theory*

☞ 밴드왜건 효과

나부장 : 미리 식사 주문 받아놓자고. 나는 짜장면.

김과장 : 여기 짜장면 하나 추가.

장사원 : 저도 짜장면으로 하겠습니다.

이대리 : 속 풀려면 짬뽕을 먹어야 하는데. 나 혼자 주문하기도 그렇고.

　　　　나도 짜장면. 나도 모르게 '침묵의 나선이론'을 따랐네.

- 한국정치는 '바람의 정치'라는 말을 들을 정도로 **침묵의 나선이론**이 자주 나타난다.
- 의견이 한쪽으로 쏠리면 반대의견을 제시하는 것은 매우 어렵게 되고, 자연스레 **침묵의 나선이론**이 일어난다.

의미　　자신의 견해가 우세 여론과 일치하면 적극 표출하고, 그렇지 않으면 침묵하는 현상. 하나의 특정한 의견이 다수의 사람들에게 인정되고 있다면, 반대되는 의견을 가지고 있는 소수의 사람들은 다수의 사람들의 고립에 대한 공포로 인해 침묵하려는 경향이 크다. 사람들이 갖고 있는 '고립의 두려움' 때문에 '침묵의 소용돌이(spiral)'가 발생할 수 있다고 주장한다. 이렇

게 형성된 여론이 소용돌이처럼 한 방향으로 쏠리는 건 당연하다. 다수 의견은 나선의 바깥쪽으로 돌면서 세가 커지고 그렇지 않은 의견은 안쪽의 작은 나선으로 돌며 쪼그라들기 때문. 최근에는 인터넷 게시판이나 소셜네트워크서비스(SNS)에서 여론의 쏠림 현상을 설명하는 유용한 모델로 이용되기도 한다. 미국의 여론조사기관 퓨리서치센터(Pew Research Center)의 보고서에 따르면 온라인상에서 논쟁을 피하려는 사람들은 직장에서나 친구와의 대화에서 논쟁적인 대화에 참여하지 않으려는 경향을 보였다.

다수가 공유하는 생각인데도 모두 말하기 꺼려하는 바람에 실제와 반대되는 쪽으로 끌려가는 현상이기도 하다. 선거 때 여론조사와 투표 결과가 다른 것은 침묵하던 사람들의 의견, 즉 '숨은 표'가 드러나기 때문이다. '여론'이라는 말을 처음 쓴 프랑스 계몽사상가 루소(Jean-Jacques Rousseau, 1712~1778)가 지적했듯이 이는 양식 있는 시민의 판단보다 분위기상 압력 때문에 나타나는 현상이다.

♈ 유래 　독일의 여성 커뮤니케이션 학자(언론학자) 엘리자베스 노엘레 노이만(Elisabeth Noelle-Neumann, 1916~2010)이 주장하고 발전시킨 이론이다. '침묵의 나선이론'은 정치 커뮤니케이션 분야의 가장 중요한 이론 중 하나다. 독일의 여론조사기관인 알렌스바흐 연구소 설립자이자 소장이었던 그가 1971년에 가설을 설정하고 1974년에 공식적으로 제시한 개념이다. 그는 침묵하는 사람으로 인해 여론형성이 나선 또는 소용돌이처럼 어느 한 방

향으로 쏠리는 현상을 침묵의 나선현상이라고 설명했다. 한때 독일 나치스 정권의 선전성 장관을 지냈던 파울 요제프 괴벨스(Paul Joseph Goebbels, 1897~1945)와 함께 일했던 경험에서 비롯됐다. 사람들이 언제 목소리를 높이고 언제 입을 다무는지 유심히 관찰했다. 그렇게 해서 발견한 것이 '침묵의 나선이론'이었다.

노이만은 여론을 사람들이 스스로를 고립시키지 않고 공개적으로 표명할 수 있는 태도와 의견으로 정의했다. 그런데 고립에 대한 두려움을 가지고 있는 사람들은 논쟁적인 문제가 있을 때 다수의 의견이 무엇인지에 관심을 가진다. 그리고 자신의 의견이 소수에 속한다고 느낄 경우, 또는 여론이 자신의 의견과 다른 방향으로 변하고 있다고 느낄 경우 침묵하는 경향을 가진다. 그는 여론의 개념을 따라야 할 모종의 압력으로 파악했다. 그에 따르면 고립의 두려움은 침묵의 나선효과를 가속화시키는 원심으로 작용한다.

침묵의 나선이론은 미국의 심리학자 애시(Solomon Eliot Asch, 1907~1996)의 유명한 '동조 심리 실험'(1951)에 기초하고 있다. 그는 사람들이 인지된 집단 압력에 굴복해 자신들이 확실하게 믿고 판단하는 것조차도 거부한다고 주장했다. 그는 '사회적 동조'에 관한 흥미로운 실험을 해봤다. 피실험자를 제외한 모든 사람들과 짜고 일제히 오답을 말하게 했더니 피실험자 역시 명백히 틀린 답임에도 불구하고 오답이 정답이라고 대답했다. 이 같은 심리적 과정은 어떤 특정인에게 나타나는 특징이 아니라 대다수 사람들이 집단 압력에 직면하게 될 때 경험하게 되는 불안심리다.

♻ **연관어** 매스미디어. 의제설정 이론. 틀짓기 이론. 문화계발 효과 이

론. 모델링 이론. 눈치 보기. 침묵의 카르텔. 방어 전략. 고립

의 두려움. 쏠림 현상. 의견 분위기.

🔗 **연관법칙** ● **다원적 무지** Pluralistic ignorance **효과** 다른 사람의

판단능력에 대한 의심 역시 침묵을 가속화시키

는 한 요인이라는 것. 다수가 공유할 수 있는 아이디어지만 사람들이

말하기를 꺼려함으로써 그 지위가 소수자의 지위로 줄어들게 된다는

것이다. 노엘레 노이만은 이것을 '다원적 무지 효과'라고 이름 붙였

다. 즉 다수의 사람들이 실제와는 반대되는 의견의 방향으로 강하게

믿게 되는 상황이 초래된다는 것이다.

● **브래들리 효과** Bradley effect '와일더 효과(Wilder effect)'라고도 한다.

1982년 캘리포니아 주지사 선거에서 민주당 흑인 후보였던 톰 브래

들리가 공화당의 백인 후보인 조지 듀크미지언을 이기는 것으로 조

사됐지만 결과는 정반대였던 데서 나온 말이다. 개표한 결과, 브래들

리는 1.2퍼센트의 근소한 차이로 패배했다. 유권자들이 인종편견을

감추기 위해 흑인을 지지한다고 거짓 응답했던 것이다.

● **애빌린의 역설** Abeline paradox 집단 동조. 누구도 동의하지 않는 합의.

한 집단 내에서 그 집단의 모든 구성원이 각자가 다 원하지 않는 방

향의 결정임에도 불구하고 모두 함께 자신의 의사와 상반되는 결정

을 내리는 데 동의하는 역설을 말한다.

미국의 경영학자 제리 하비(Jerry B. Harvey) 조지워싱턴 대학 교수가 애빌린(Abeline, 텍사스 주의 도시)으로 외식하러 가자는 가족들의 권유를 거절하지 못해 생긴 일화에서 비롯된 말이다. 1974년 자신의 논문인 〈애빌린의 역설과 경영에 대한 다른 고찰〉에서 '애빌린의 역설'을 처음 언급했다. 이후 1988년에 동명의 책이 출간됐고 당시 미국에서 '애빌린 패러독스' 신드롬을 불러일으키며 단편 영화로도 제작된 바 있다.

어느 무더운 일요일 미국 텍사스에 살고 있는 하비 가족은 선풍기 앞에 무기력하게 앉아 얼음이 든 물잔만 만지작거리며 TV를 보고 있었다. 그때 하비 교수의 장인이 갑자기 제안을 했다. "우리 애빌린에 다녀올까?" 그곳은 왕복 4시간은 족히 걸리는 먼 곳이었다. 아내가 찬성하고 나섰다. 하비도 분위기를 깨서는 안 된다는 생각에 마지못해 동의했다. 장모를 포함한 네 사람은 결국 살인적인 더위에 에어컨도 나오지 않는 낡은 차를 타고 텍사스 서부의 모래 먼지를 뒤집어쓰며 애빌린에 갔다 왔다. 그곳에서 그들이 한 일이라곤 형편없는 식당에서 형편없는 식사 한 끼를 때우고 온 것이 전부였다. 돌아오는 길에 가족들은 대화를 통해 실은 애빌린에 가고 싶어 했던 사람이 단 한 명도 없었다는 사실을 알게 된다. 장인은 너무 무료해 한 번 해본 말이었고, 다른 가족들은 다른 사람이 가고 싶어 하는 것 같으니까 자기도 가고 싶은 척하는 것이 상대를 위한 배려라고 생각했던 것이다.

이처럼 수많은 조직과 조직 구성원들은 아무도 동의하지 않는 암묵적 합의를 통해 '애빌린으로 가는 길'을 선택하게 된다. 하비는 '왜 아무도 'NO'라고 말하지 않는가'에서 이처럼 조직의 구성원들이 아무도 원치 않는 여행을 떠나는 현상을 '애빌린 패러독스'라고 규정했다. 조직생활을 하는 사람들은 대부분 애빌린 패러독스를 경험하게 된다. 이런 역설적 현상이 벌어지는 이유를 사람들은 '조직의 힘' 또는 '조직의 압력'에서 찾는다. '합의'가 있었기에, 즉 집단 동조가 있었기에 나오는 상관없는 결과라고 강변한다. 하지만 하비는 집단 동조는 이런 현상을 일으키는 원인이 될 수 없다고 말한다. 정작 이런 일이 일어나는 가장 큰 이유는 조직 구성원 개개인이 자신의 생각이나 의견을 분명하게 표현하지 않거나 못하기 때문이라는 것이다.

란체스터의 법칙 *Lanchester's laws*

☞ 다윗의 법칙

나부장 : 이사님은 경쟁사를 따라잡을 묘책을 강구하라고 다그치는데. 그
　　　　회사는 1등이고, 우린 3등인데 어떻게 역전을 시키지?

김과장 : 경쟁사가 인지도는 물론 점유율이 압도적이잖아요.

이대리 : 인력도 두 배 많고. 우리 병기가 칼이라면, 저쪽은 기관총 정도
　　　　되는 거 아닌가요?

오차장 : 그렇다고 너무 기죽을 것 없어. '란체스터의 법칙'을 잘 연구해
　　　　보자고. 약자가 강자를 이길 수 있는 희망이 여기에 있다니까.

- 청산리 전투는 **'란체스터의 법칙'**이 그대로 재현된 경우다.
- 이순신 장군은 병선 수에서 13대 133으로 절대 열세였던 명량해전에서 **'란체스터의 법칙'**
  을 역으로 활용해 대승을 거뒀다.

🔍 **의미**　　　제곱 법칙. 군사학 분야에서 두 집단의 전투력
　　　　　　　　을 비교 분석, 예측하는 방법이다. 재래식 전투
에서의 총력전은 투입전략과 일치하지만, 확률무기로 무장하고 싸우
는 광역전투에서의 총력전은 투입전력의 제곱에 비례한다는 것이다.

두 나라 군대가 전쟁을 할 때, 서로 전력을 다해 정면으로 부딪치면 병력이 많은 쪽이 이기는 것은 거의 확실하다. 그러나 이긴 쪽도 많은 병력의 손실이 있을 것이다. 란체스터는 이것을 수학적으로 분석해 간단한 법칙을 만들었다. 일정 시간 내의 적과 아군의 전사자 수는 그 당시의 병력에 반비례한다는 것이다. 전력상 차이가 있는 양자가 전투를 벌인다면, 원래 전력 차이의 제곱만큼 그 전력 격차가 더 커지게 된다.

언뜻 보면 란체스터의 법칙은 강자와 약자의 싸움에서 강자가 항상 유리한 것처럼 보인다. 이 법칙은 약자와 강자가 동일한 장소, 동일한 무기, 동일한 방법, 정면대결을 벌였을 경우에 국한되는 얘기다. 따라서 만일 약자가 전투 조건을 다르게 가져간다면, 약자도 강자와의 싸움에서 이길 수 있음을 '란체스터의 법칙'은 시사한다. 강자가 원하는 방법으로 싸우면 약자는 절대로 이길 수 없다. 예컨대, 프로펠러 비행기를 가지고 강자의 팬텀기와 싸우면 팬텀기가 백전백승이다. 하지만 좁은 골짜기로 숨어들어 팬텀기를 무용지물로 만들면 프로펠러 비행기에게도 승산이 있다. 바로 이게 란체스터가 말하는 약자가 강자와 싸우는 방법이다.

또 약자는 싸움의 장소, 무기, 싸움의 방법 중에서 자신에게 유리한 곳을 택할 게 아니라, 강자에게 가장 불리한 선택을 하게 해야 한다. 가급적 강자와는 전면전을 피하고 상대방의 취약점을 집중 공략해가는 국지전적인 게릴라 전법이 유효하다. 베트남 전쟁이 대표적 사례라고 할 수 있다. 당시의 월맹군은 넓은 지역에서 미군과 정면대결을 하지 않았다. 그들은 미군이 가장 불리한 정글에서 게릴라전으로 싸웠다. 원래는 군사학의 개념이었지만, 마케팅이나 기업경영 실무, 기업 간 경쟁 등 다른 많은 분야에도 의미가 확장되어 쓰이고 있다. 란체스터의 법칙은 현대 마케팅의 필수 무기인 차별화, 세분화의 이론적 근거가 된다. 상품을 만드는 사람과 구입하는 사람이 서로 얼굴을 맞대고 거래를 하는 상거래는 '란체스터의 제1법칙'이 지배한다면, 대량 생산된 물품을 광역 유통을 통해, 그리고 광고라는 함포사격을 통해 엄호하는 현대적인 마케팅에서는 '란체스터의 제2법칙'이 지배하게 된다. 제2법칙은 란체스터 법칙의 핵심이며 향후 마케팅 이론으로 발전했다. 란체스터 법칙의 핵심은 초기 투입전력에 있다. 시장에서 초기 시장점유율 우위를 차지한 기업이 향후 압도적인 우위를 차지한다는 뜻. 후발 주자가 시장을 선점한 선발 주자와 동일한 시장에서 동일한 무기, 동일한 방법으로 싸워서는 절대 강자를 이길 수 없다는 것이 란체스터의 법칙이다.

♈ **유래** 영국의 항공공학 엔지니어인 프레드릭 란체스터(Frederick W. Lanchester, 1868~1946)가 세계대전 때 발견한 근대 전쟁의 법칙을 말한다. 란체스터는 영국의 수학자이자 과학자, 항공 엔지니어로 영국 최초의 자동차를 개발했다. 특허도 많이 출원했는데, 지금도 상용되는 디스크 타입 자동차 브레이크의 특허를 내기도 했다. 그가 출원한 특허는 300여 종에 이른다. 란체스터는 항공기 엔진 설계에도 깊이 관여했다.

란체스터는 제1, 2차 세계대전 중에 있었던 중요한 전투기의 공중전

사례들을 수집해 이를 수학적으로 분석하는 작업에 착수했다. 그룹 전에서는 뺄셈의 법칙이 아니라 제곱의 법칙이 적용된다는 사실을 알아냈다. 무기가 사용되는 확률 전투에서는 전투 당사자의 원래 전력 차이가 결국 전투의 승패는 물론이고 그 전력 격차를 더욱 크게 만든다는 사실을 밝혀냈다. 성능이 비슷한 A, B국 전투기 각각 5대와 3대가 어느 한 편의 전력이 제로(0)가 될 때까지 공중전을 벌인다면 B국의 전투기는 모두 격추되고, A국의 전투기 2대가 살아남을 것이라고 추정하는 것이 상식이다. 하지만 실제로는 최종적으로 살아남는 A국 전투기는 2대가 아니라 그 차이의 제곱인 4대가 된다는 것이다. 이에 의심을 품은 그는 수학의 확률 이론을 동원해 그 의문에 대한 해답을 찾기에 이르렀다. 추론 과정을 거쳐 A:B의 피격 가능성은 제곱에 비례해 9:25가 된다. 반대로 A:B의 피격 가능성이 9:25면 A:B의 생존 가능성은 그 역인 25:9가 될 것이다. 즉 생존 확률은 전력 차이에 비례하는 것이 아니라 전력의 제곱에 비례하게 된다는 사실을 밝혀냈다. 이러한 확률 전투에서의 힘의 논리, 힘의 격차 관계를 '란체스터의 법칙'이라고 한다. 이 법칙은 제2차 세계대전 당시 연합군의 전략수립에 영향을 미친 것으로 알려져 있다.

란체스터의 법칙에는 2가지가 있다. 제1법칙은 재래식 무기를 사용하는 좁은 공간에서의 국지전에 해당하는 것. 즉 백병전, 1대1 전투의 상황에서 적용되는 것으로 이때의 공격력은 '무기·병사수(양)×무기의 성능(질)'으로 표현할 수 있다. 제1법칙이 적용되는 싸움에서 무기 성능이 동일하다면 병력이 많은 쪽이 이기고, 병력이 같다면 무기 성능과 전투력이 우수한 쪽이 이긴다는 것이 승리 조건이다.

제2법칙은 미사일 등 확률무기를 사용하는 광역공간에 해당하는 것이다. 단체전이나 그룹 전투의 상황에서 적용되는 것으로 이때의 공격력은 '무기·병사 수의 제곱(양)×무기의 성능(질)'로 표현할 수 있다. 제2법칙이 적용되는 싸움에서는 승리의 조건으로 무기의 성능보다는 병력 수가 훨씬 더 중요하다. 병력 수는 제곱의 법칙이 적용되기 때문이다. 이를 정리하면, 무기의 성능이 동일하면 재래식 무기를 사용하는 국지전에서의 전투력은 병력 수에 비례하지만, 확률무기를 사용하는 광역전에서의 전투력은 병력 수의 제곱에 비례한다는 것이다.

란체스터 방정식은 공격자와 방어자 간의 힘을 시간에 기반에 둔 함수로 나타내어 기술하는 미분방정식이다. 란체스터는 1916년 제1차 세계 대전 중에 상대방의 힘의 관계를 보여주는 미분방정식을 고안했다. 이 방정식 중에서 많이 알려진 것으로 '란체스터의 선형 법칙(Lanchester's Linear Law)'과 '란체스터의 제곱 법칙(Lanchester's Square Law)'이 있다.

다윗의 법칙 *David's rule*

☞ 고르디우스의 매듭, 란체스터의 법칙, 언더 독 효과

장사원 : 경쟁 업체가 믿는 구석이 있는 것 같은데요.

이대리 : 모기업이 짱짱한데 뭘 걱정이겠어. 마케팅 비용을 엄청 퍼붓는
데 당해낼 재간이 없지.

김과장 : 이를테면 골리앗과 다윗의 싸움인 셈이지.

나부장 : '다윗의 법칙'이 있잖아. 상대 약점이 뭔지 연구 좀 하라고.

- 중국의 '골리앗' 자본에 맞서려면 **'다윗의 법칙'**처럼 콘텐츠와 경쟁력을 겸비한 토종문화
  기업이 반드시 필요하다.
- 그는 '골리앗'에 맞서는 **'다윗'**의 심정으로 거물 정치인과 총선 경쟁을 벌였다.

Q **의미** 작은 것이 큰 것을 이기는 법칙. 강자를 이기는
약자의 기술을 뜻한다. 싸움에서 이기려면 자신
의 강점을 살려 상대 약점을 쳐야 한다. 모든 면에서 절대적으로 불
리한 약자가 자신에 비해 터무니없이 강한 상대와 맞붙는 상황을 묘
사할 때 쓰인다.

♈ 유래

성경 속의 '다윗과 골리앗'의 싸움에서 유래한다. 약자가 강자와 대결할 때 항상 인용되는 이야기가 바로 다윗과 골리앗의 싸움이다. 블레셋의 장군이었던 거인 골리앗을 평범한 양치기 소년 다윗이 물리친 이야기다. 당시 이스라엘의 사울 왕은 2미터가 넘는 키와 기골이 장대한 골리앗이 큰 창과 큰 방패로 무장하고 이스라엘로 쳐들어왔을 때, 골리앗을 쓰러뜨리는 자에게 왕국의 절반과 딸을 주겠다고 공언했다. 체격이 좋고 용감한 많은 군사들이 골리앗에 맞섰지만 당해낼 재간이 없었다.

그런데 다윗은 달랐다. 다윗은 사울 왕이 건네는 갑옷과 칼을 버리고 개울가의 단단한 차돌 다섯 개를 주머니에 넣고 골리앗에게 다가갔다. 다윗은 골리앗의 강점을 뒤집어 해석했다. 골리앗이 몸집이 크고 행동이 느리기 때문에 자신의 돌팔매를 도저히 피할 수 없을 것이라고 생각했다. 다윗은 골리앗의 이마를 겨냥해 돌팔매질을 했다. 돌멩이는 골리앗의 이마에 정확히 명중했고 골리앗은 그대로 쓰러졌다. 다윗의 승리는 곧 이스라엘에 대승을 안겨주었다. 후에 왕이 된 다윗은 이스라엘 전역을 33년 동안 다스렸다.

♻ 연관어

역발상의 법칙.

🔗 연관법칙

● **손자병법** 孫子兵法 고대 중국의 병법서인《손자병법》을 차용해 현대생활을 지혜롭게 살고자

법칙으로 통하는 사회의 변화

하는 것. 《손자병법》의 핵심은 나의 강점으로 적의 약점을 치는 것이다. 지피지기(知彼知己) 백전불태(百戰不殆), 즉 "남을 알고 자신을 알면 백번 싸워도 위태롭지 않다"는 명구는 널리 알려져 있다. 《손자병법》에서는 전쟁을 통해 이기는 것보다는 전쟁하지 않고 이기는 것을 최우선으로 여겼다. 《손자병법》은 춘추시대 오왕 합려(闔閭)를 섬기던 명장 손무(孫武, 기원전 6세기 경)가 쓴 책이다. 손자는 손무를 높여 부르는 호칭. 보통 손무의 손자(孫子) 손빈 등 두 사람이 쓴 책을 후대 사람들은 《손자병법》이라고 부른다. 손무의 기록이 《손자병법》 원본이고, 손빈의 것은 제나라의 《손빈병법》이라는 설도 있다.

솔로몬의 지혜 *Wisdom of Solomon*

이대리 : 뭐 뾰족한 수 없을까?

장사원 : 무슨 일 있으세요?

이대리 : 차장님하고 과장님이 의견 충돌이 많더니만 이제는 서로 남 보 듯 하니. 어떻게 화해를 시킬 수 있을까 해서.

장사원 : 저도 그 느낌을 받았어요. 지금이야말로 '솔로몬의 지혜'가 필요 한 거네요.

• 남북 간에 위기감이 조성될 때는 **'솔로몬의 지혜'**가 필요하다.

• 중동과 이스라엘의 평화를 위해서는 **'솔로몬의 지혜'**와 같은 해법이 절실하다.

🔍 **의미**   솔로몬은 '지혜로운', '현명한', '사려 깊은'이라 는 의미. 지혜가 출중했던 솔로몬 왕을 비유해 갈등을 지혜롭게 해결한다는 의미로 쓰인다. 상황 판단에 대한 능력 이 출중함을 내포하고 있다. 냉철한 판단력을 요구할 때 사용한다.

♈ **유래**　　솔로몬은 성경에 등장하는 다윗 왕의 아들. 구약성서 〈열왕기〉에 등장하는 이스라엘 왕국의 제3대 왕이다. 출생과 사망은 정확히 알려지지 않았으며 재위기간은 기원전 967년~928년이다. 40년 동안 왕위에 있었다. 솔로몬은 자신의 뛰어난 지식과 지혜를 기반으로 백성들을 다스린 슬기로운 영웅이었다. 신은 솔로몬에게 '지혜와 총명'을 주었다. 그 지혜는 '동양의 모든 사람의 지혜와 이집트의 모든 지혜보다 뛰어났다(열왕기상 4:30)'. 솔로몬의 지혜를 구하는 사람들이 국내뿐 아니라 해외에서도 몰려와 예루살렘의 궁전은 그야말로 문전성시를 이뤘다고 한다.

솔로몬의 현명함을 여실히 보여주는 '솔로몬의 재판'에 관한 일화가 전해진다. 어느 날 두 여인이 솔로몬의 판결을 받기 위해 찾아왔다. 이 여인들은 어떤 남자 집에서 살고 있었고 얼마 전에 둘 다 아이를 낳았다. 그러던 중 한 여인의 딸이 죽고 말았다. 그녀는 아이를 죽인 엄마가 살아 있는 자신의 아이와 바꿔치기했다고 주장했다. 물론 상대 여인은 터무니없는 누명이라고 반박했다. 이야기를 다 들은 솔로몬은 검을 가져와 두 여자 앞에 놓고는 "그럼 평결을 내리겠다. 이 검으로 아이를 두 동강 내서 반씩 나눠 갖도록 하라"고 언명했다. 그러자 한 여인이 대경실색하며 "이 아이는 저 여자의 아이입니다"라고 울먹이며 말했다. 다른 여인은 "아이를 반으로 나눠 주십시오"라고 당차게 나왔다. 이에 솔로몬은 아이를 죽이지 말라고 말한 여인이 친모라고 판결했다.

판도라의 상자 *Pandora's box*

나부장 : 이번에 대대적인 조직개편을 한다고 들었는데.

김과장 : 우리 부서는 변동이 없겠지요?

나부장 : 글쎄. 이참에 실적이 부진한 부서들에 대해 강력한 조치가 있을 것 같기는 해.

김과장 : 조만간 엄청난 '판도라의 상자'가 열리겠군요.

- 지구가 하나의 거대한 **판도라의 상자**'라면 우리는 그 어디쯤에 자리한 걸까.

- 한국사회에서는 건드리지 말아야 할 **판도라의 상자**'가 병역 논란인 만큼, 그 파급력은 어마어마할 수밖에 없다.

Q **의미** 절대 알지 말아야 할 것을 알아버렸다거나, 해서는 안 되는 일을 해버린 경우를 말한다. 열어서는 안 되는, 열지 말아야 할 것을 열어 엄청난 피해를 가져오는 것. 단순한 호기심에서 출발한 것이 나중에는 전혀 예기치 않은 다른 방향으로 진행되는 것을 의미한다. '판도라의 상자'는 온갖 죄악이 들끓는 집단, 행위, 개념을 상징하는 용어로 쓰이고 있다.

♈ **유래**　　　그리스 신화에서 유래한다. 뜻밖에 일어난 재

앙의 근원을 말하기도 한다. 제우스는 대장장

이의 신 헤파이스토스를 불러 여자 인간을 만들라고 했다. 그는 흙으

로 꽃조차 부끄러워하는 처녀의 모습을 만들어냈다. 이는 제우스의

금기를 어긴 프로메테우스로 인해 인간을 벌주기 위해 만들어진 최

초의 여성이었다. 제우스의 계략은 인간사회를 불행하게 만드는 것

이었다. 신들의 사자(使者)인 헤르메스는 그녀의 가슴 속에 시기, 아

첨, 교활함, 호기심을 불어넣어주고, 신들로부터의 선물이라는 의

미를 지닌 '판도라'라는 이름을 붙였다. 판도라는 '모든 선물을 받은

자'라는 뜻. 제우스는 판도라의 탄생을 축하하며 항아리를 건네주며,

절대로 열어보지 말라고 경고했다.

제우스는 헤르메스에게 판도라를 프로메테우스의 동생 에피메테우

스 앞으로 데려가게 했다. 프로메테우스는 신들 중에서도 특출한 지

혜를 지녔으며 인간들의 편이었다. 그는 인간의 편의를 도모하고, 제

우스의 뜻을 거스르고 인류에게 불과 기술(문화)의 지식을 전달했다.

이로 인해 제우스와 대립하게 되면서 후에 프로메테우스는 카우카

소스 산 봉우리에 결박되어 오랜 시간에 걸쳐 독수리에게 간을 갉아

먹히는 벌을 받았다. 프로메테우스는 동생에게 "제우스가 보내는 선

물은 인간에게 화를 미치기 때문에 무엇이든 받지 말고 돌려보내라"

고 했다. 그러나 동생은 형의 경고를 잊어버리고 판도라를 아내로 맞

이했다. 그만큼 그녀는 저항할 수 없는 유혹이었다. 하지만 판도라

는 제우스의 완벽한 속임수였고, 불의 축복에 대한 벌이었으며, 아름

다운 재앙이었다. 그때까지 인간은 불행이나 질병, 근심과 걱정 같은

것들을 모르고 살았다.

제우스가 준 항아리 안에는 인간에게 해가 되는 온갖 것들이 봉인되어 있었다. 하지만 헤르메스에게서 호기심을 부여받은 판도라는 그 안을 확인해보고 싶은 유혹에 시달렸다. 결국 항아리를 열어보고 말았다. 그러자 상자 안에 있던 죽음과 병, 질투와 증오 등 수많은 해악이 한꺼번에 튀어나와 인간들 사이를 휘젓고 돌아다녔다. 평화로웠던 세상은 금세 험악해졌다. 판도라는 당황한 나머지 황급히 뚜껑을 닫았지만, 때는 이미 늦었다. 항아리 맨 밑에 있던 '희망'만이 미처 빠져나오지 못했다.

판도라의 이야기는 헤시오도스 이후의 신화 이야기꾼들에 의해 여러 가지 형태로 변형되고 보완됐다. 판도라가 뚜껑을 연 '항아리'가 '상자'로 바뀐 이야기가 널리 애용됐다.

트로이 목마 *Trojan horse*

김과장 : 부장님이 나보다 박과장을 더 신임하는 것 같아.

이대리 : 박과장님은 경력을 인정받아 입사하신 분이잖아요.

김과장 : 그렇지. 나에게는 박과장이 '트로이 목마' 격이지.

이대리 : 부장님의 사랑을 받으려면 특별한 묘책을 강구해야겠어요.

• 우리 내부 깊숙이 치명적인 **'트로이 목마'**를 끌어들였다.

• 외신들은 이슬람 무장세력 이슬람국가(IS)의 전략을 21세기판 **'트로이 목마'**라고 명명했다.

Q **의미**　　　외부에서 유입된 요인에 의해 내부가 무너지는 상황을 가리킨다. 유입은 상대방이 눈치채지 못하게 은밀하게 숨어든다는 의미. 영어로 'like a Trojan'은 '용감하게, 부지런히, 열심히'란 뜻. 트로이 목마 안에 자진해서 들어간 병사들은 용감했을 뿐만 아니라 열심히 일한 애국자라고 볼 수 있다. 이런 관점에서 유래된 말이다. 'Trojan'은 1920년부터 생산된 미국 콘돔 브랜드. 여기서 Trojan은 '용기, 힘, 인내'를 상징한다.

그리스 신화에 나온 '트로이 목마'는 컴퓨터 악성 코드의 대명사로 불리기도 한다. 컴퓨터 사용자의 정보를 빼가는 악성 프로그램으로, 목마 속에서 나온 그리스 병사들이 트로이를 멸망시킨 것을 비유해 프로그램이 상대편이 눈치채지 못하게 몰래 숨어든다는 의미에서 붙여졌다. 겉으로 보기에는 전혀 해를 끼치지 않을 것처럼 보이지만 실제로는 바이러스 등의 위험인자를 포함하고 있는 프로그램을 말한다.

♈ **유래**　'트로이 목마'란 이름은 고대 그리스의 작가 호메로스(Homeros, 기원전 800?~750)의 《일리아스》에서 유래한다. 여기에 그리스가 트로이를 무너트릴 때 결정적인 역할을 한 트로이 목마가 등장한다. 그리스군은 트로이 성을 10년 동안 포위하며 전쟁을 벌였다. 그러나 성을 쉽게 함락시키지는 못했다. 그리스군은 성을 포기하고 퇴각하는 것처럼 속이고 일부가 인접한 섬 뒤에 숨어서 거대한 목마를 제작했다. 그러고는 목마 속에 무장한 30여 명의 병사들을 숨겨놓았다. 그리스군은 거대한 목마를 남기고 철수하는 위장 전술을 폈다. 거대한 목마를 승리의 전리품으로 여긴 트로이군은 성 안으로 목마를 들여놓고 승리의 기쁨에 취해 축제를 벌였다. 한밤중에 목마 안에 숨어 있던 오디세우스와 군사들은 목마에서 빠져나와 성문을 열어 대기하던 그리스군을 성 안으로 들어오게 했다. 이에 그리스군은 썰물처럼 쳐들어와 트로이 성을 함락시켰다. 트로이군은 속수무책으로 당할 수밖에 없었다. 결국 긴 전쟁은 그리스의 승리로 막을 내렸다.

연관법칙 ● **티핑 포인트** Tipping point '터닝 포인트' 또는 '전환점'. 어떤 상품이나 아이디어가 마치 전염되는 것처럼 폭발적으로 번지는 순간을 말한다. '갑자기 뒤집히는 점'이란 뜻으로 때로는 엄청난 변화가 작은 일들에서 시작될 수 있고 대단히 급속하게 발생할 수 있다는 의미다. 이 말은 원래 미국 북동부의 도시에 살던 백인들이 교외로 탈주하는 현상을 기술하기 위해 1970년대에 자주 사용된 표현이다. 사회학자들은 특정한 지역에 이주해오는 아프리카계 미국인의 숫자가 어느 특정한 지점, 즉 20퍼센트에 이르게 되면 그 지역사회가 한계점에 달한다고 말한다. 남아 있던 백인들이 한순간에 떠나버리는 한계점에 이른다는 의미다. 말콤 글래드웰의 저서 《티핑 포인트》에서 언급한 티핑 포인트는 베스트셀러나 어떤 사회적 신드롬의 전염성을 설명할 때 유용한 개념이다.

투키디데스 함정 *Thucydides trap*

나부장 : 승진한 김이사님과 유임된 박이사님이 견원지간이라던데?

김과장 : 김이사님이 좀 젊기는 하지만 성격이 괄괄하고 거침이 없어.

이대리 : 반면 박이사님은 말수가 적으면서 신중하고 치밀한 편이고. 둘
은 너무 대조적이야.

나부장 : 조만간 부사장 자리를 놓고 한바탕 붙겠어. 소위 '투키디데스 함
정'이 되겠어.

• 미국과 중국 사이에 낀 한반도 또한 **'투키디데스 함정'**에서 자유로울 수 없는 처지다.

• 역사상 세력 전환은 **'투키디데스 함정'**처럼 평화적으로 이뤄진 경우가 드물다

Q **의미**　　신흥 강국이 기존의 세력판도를 뒤흔들고, 패권
국과 신흥국이 불균형을 해소하는 과정에서 무
력으로 충돌하는 형국. 인류 역사에서 어느 한 세력의 빠른 부상은
반드시 주변국 간의 세력균형을 흔들고, 마침내 주변국과의 무력 충
돌을 통해 불균형을 해소하는 경우가 많았다. 후세 정치사학자들은
이를 '투키디데스 함정'이라고 정의했다. 역사학자들은 1500년 이후

신흥 강국이 패권국에 도전한 사례가 15번 있었고, 이 가운데 11차례가 전쟁으로 이어졌다고 말한다. 제1, 2차 세계대전도 신흥국 독일이 당시 패권국인 영국에 도전하면서 발생했다. 프랑스와 프러시아(프로이센)가 1870년에 전쟁을 벌인 것도 같은 경우다. 사실 프러시아가 급부상한 것은 겨우 4년 정도였다. 그 이전만 해도 프러시아는 국력 면에서 프랑스의 상대가 되지 못했다. 하지만 이 짧은 기간 프러시아가 오스트리아와의 싸움에서 승리하고 북독일연방을 구축하자 이것이 프랑스의 세력균형 정치에 균열을 초래했다. 프러시아는 결국 프랑스와의 전쟁에 돌입하고 다음 해에 패전국인 프랑스의 베르사유 궁전에서 '독일제국'을 선포했다. 미국도 1890년대 이후 오랜 기간 수많은 '투키디데스 함정'을 헤쳐 나왔다. 스페인으로부터의 쿠바 해방을 시작으로 베네수엘라와 캐나다 문제를 둘러싸고 영국이나 독일과의 대립을 극복했으며, 멕시코와의 대립과 제1, 2차 세계대전 등을 통해 오늘날의 패권을 형성해온 것이다. 최근에는 중국의 급속한 부상에 따른 미국과의 '투키디데스 함정' 방정식이 복잡하게 전개되면서 세계 권력 지형이 변하고 있다.

♈ **유래** 고대 그리스의 역사가 투키디데스(Thucydides, 기원전 460?~400?)가 언급한 내용에서 유래한다. 그리스의 패권을 둘러싼 '현재 권력' 스파르타와 '미래 권력' 아테네 간의 펠로폰네소스 전쟁을 두고 기존 패권자와 신흥 도전자가 싸우는 경향이 있다고 분석한 데서 나온 말이다. 펠로폰네소스

(Peloponnesos)는 그리스의 남단에 있는 반도. 펠로폰네소스 전쟁은 고대 그리스 시대였던 기원전 431년부터 404년까지 스파르타 동맹과 아테네 동맹 간에 벌어진 내전이다. 기원전 5세기의 페르시아 전쟁 이전만 해도 그리스 반도에서 가장 강력한 도시국가는 스파르타였다. 하지만 페르시아에 맞서 승리를 거둔 아테네는 이후 아테네 제국을 건설하게 된다. 이런 극적인 발전은 스파르타에 충격을 주었고 마침내 두 도시국가 간의 전쟁으로 이어졌다. 이 전쟁은 스파르타의 승리로 끝났고, 고대 그리스의 쇠망 원인이 됐다. 투키디데스는 아테네의 국운 융성과 상대방의 두려움이 결국 전쟁 발발의 원인을 제공했다고 주장한다. 투키디데스는 이 펠로폰네소스 전쟁의 전말을 분석해 《펠로폰네소스 전쟁사》를 썼다. 책은 8권으로 된 정치·군사 역사서다. 투키디데스는 이 전쟁에서 아테네의 장군으로 참전했다. 이 역사서는 기원전 411년까지 21년 동안의 기록으로 중단된 채 미완성 작품으로 전해진다. 미국 정치학자인 그레이엄 앨리슨(Graham Tillett Allison, 1940~)은 "인류 역사를 보면 부상하는 국가 때문에 기존 강대국이 불안해져 패권을 둘러싼 전쟁이 자주 발생했다"며 이를 '투키디데스 함정'이라고 부른다고 말했다.

삼고초려 三顧草廬 법칙

나부장 : 전략팀의 김과장이 다른 회사로 간다며?

오차장 : 그렇게 들었어요. 김과장은 유능하고 실력 있고 평판도 좋아서.

나부장 : 그런 인재라면 '삼고초려' 해서라도 눌러 앉혀 놔야 하는 거 아닐까요?

김과장 : 만일, 제가 나간다고 하면 부장님이 잡아주실 거죠?

- 방송사가 유명 배우를 섭외하기 위해 **삼고초려** 하고 있다.

- 백화점이나 대형마트가 지역 맛집을 확보하기 위해 **삼고초려**를 넘어 오고초려하고 있다.

Q **의미** '누추한 초가집으로 세 번 찾아간다'라는 뜻. 인재를 얻기 위해서는 그에 걸맞은 정성과 노력을 기울여야 한다는 상징적 의미다. 즉, 훌륭한 인물을 자기편으로 만들기 위해서는 최선을 다하는 모습을 보여야 한다는 것이다.

♈ **유래** 중국 촉한의 유비(劉備, 자는 현덕)가 제갈량(諸葛亮, 자는 공명)을 군사(軍師:군대의 우두머리)로 초빙하기 위해 그의 초가집을 세 번씩이나 찾아간 데서 유래한다. 제갈량의 출사표(出師表)에 나온다. 유비는 와룡강(臥龍江)에 숨어 사는 제갈량을 세 번이나 찾아가 정성을 보임으로써 마침내 공명의 마음을 감동시켜 그를 세상 밖으로 끌어냈다.《삼국지연의(三國志演義)》의 〈촉지(蜀志) 제갈량전(諸葛亮傳) 편〉에 나온다.

유비는 당시 황제인 헌제로부터 숙부라고 불렸던 존귀한 신분이고, 제갈량보다 나이도 훨씬 많았다. 그렇지만 누추한 제갈량의 거처에 무려 세 번이나 직접 찾아갔다. 그중 두 번은 제갈량이 집에 없었고, 세 번째도 낮잠을 자던 제갈량이 깰 때까지 정중하게 기다렸다. 이때 제갈량의 나이 27세.

제갈량은 자신의 재능과 지혜를 다해 유비를 보좌했다. 그가 내세운 천하제패의 계책이 바로 그 유명한 '천하삼분지계(天下三分之計)'다. 천하를 셋으로 갈라 후일을 도모하자는 것. 즉, 북쪽의 조조와 강동의 손권이 위용을 떨칠 때 유비가 형주와 익주를 손에 넣고 오나라와 우호관계를 유지하며 조조를 치면 능히 천하를 도모할 수 있다는 비책이다. 약소 군벌이었던 유비는 위(魏)나라의 조조, 오나라의 손권(孫權)과 더불어 천하를 삼분하고 한실의 맥을 잇는 촉한을 세워 황제가 됐다. 제갈량은 유비의 아들에 이르기까지 대를 이어 충성을 다했다.

'삼고초려'는 유비가 제갈량을 찾아간 이야기로 널리 알려졌지만, 이전에도 은(殷)나라 탕왕(湯王)이 삼고지례로 이윤(伊尹)을 맞이한 일

381 법칙으로 통하는 사회의 변화

이 고전에 나온다. 우리나라에서는 고구려 고국천왕(故國川王)이 재야에 묻혀 살던 을파소(乙巴素)를 국상(國相)으로 발탁한 일화가 전해 내려온다.

♻ **연관어**   삼고지례(三顧之禮). 삼고모려(三顧茅廬).

🔗 **연관법칙**   ● **멘토링** Mentoring 영어에서 '스승'을 뜻하는 '멘토(mentor)'는 그리스 신화에 나오는 오디세우스의 친구 멘토르(Mentor)에서 유래했다. 멘토르는 오디세우스가 트로이 전쟁에 출정해 20년이 되도록 귀향하지 않는 동안 그의 아들 텔레마코스를 돌보며 가르쳤다. 이후 그의 이름은 '현명하고 성실한 조언자' 또는 '스승'의 뜻을 지니게 됐다. 경험과 지식이 많은 사람이 스승 역할을 해서 그의 지도와 조언으로 제자의 실력과 잠재력을 향상시키는 것 또는 그러한 체계를 '멘토링'이라고 한다. 스승 역할을 하는 사람을 '멘토', 지도나 조언을 받는 사람을 '멘티(mentee)'라고 한다.

토사구팽兔死狗烹의 법칙

☞ 삼고초려

김과장 : 얘기 못 들었어?

이대리 : 부사장님 말씀하시는 건가요.

김과장 : 사장님과는 바늘과 실처럼 끈끈한 관계였는데. 권력 세계는 알
다가도 모르겠어.

이대리 : 뭐, 일종의 '토사구팽'이죠. 회사 어려울 때는 힘을 합쳤다가 자
리가 잡히니까 내치는 거죠. 직원들에게 언제나 웃는 모습으로
대해주던 부사장님 모습이 어른거리네요.

• 한국에서도 정치인들을 비롯해 많은 사람들이 **'토사구팽'**을 당하고 억울함에 이를 갈며 울
분을 삼킨 사람들이 많다.

• 그 회사는 계약직으로 충원했다가 불필요해지면 계약을 끝내는 **'토사구팽'**식 채용으로 비
난을 받았다.

Q **의미**　토끼 사냥이 끝나면 개를 잡아먹는다. 토끼를
잡고 나면 충실했던 사냥개도 쓸모가 없게 되어
주인에게 잡아먹히게 된다는 뜻. 필요할 때는 요긴하게 써먹고 쓸모

가 없어지면 헌신짝처럼 버리는 세정(世情)을 비유한 말이다. 목적을 달성하고 나면 그 목적에 이용된 도구나 사람은 무용하게 되어 배척되거나 제거된다는 의미다.

♈ **유래** 중국 고사(故事)에서 유래한다. 토사구팽에 해당하는 사례는 중국 전체 역사를 통해 여러 곳에서 찾아볼 수 있다. 이중 범려와 한신의 경우가 원조 격이다.

범려(范蠡)는 중국 춘추시대에 월나라 왕 구천(句踐)을 보좌한 명신(名臣). 월나라가 패권을 차지할 수 있도록 기여했다. 구천은 가장 큰 공을 세운 책사 범려와 무관 문종(文種)을 각각 상장군과 승상으로 임명했다. 그러나 범려는 구천을 믿을 수 없다고 판단해 월나라를 탈출했다. 그는 고난은 함께 할 수 있지만 영화는 함께 나누기 어렵다는 것을 잘 알고 있었다. 제(齊)나라에 은거한 범려는 월나라에 남아 있는 문종을 염려했다. 그는 "새 사냥이 끝나면 좋은 활은 감추어지고, 민첩한 토끼를 다 잡고 나면 사냥개는 삶아 먹는다"는 내용의 편지를 문종에게 보내 피신하도록 충고했다. 이 고사는 《사기》의 〈월왕구천세가(越王句踐世家)〉에 나온다. 문종은 월나라를 떠나기를 주저하다가 구천에게 반역의 의심을 받고 자결한다.

명장 한신(韓信)은 유방(劉邦)을 도와 초패왕 항우(項羽)를 멸하고 중국을 통일해 한(漢)나라를 세우는 데 최선을 다했다. 한나라의 고조가 된 유방은 창업의 공신인 대장군 한신을 초왕에 봉했다. 개국 일등공신은 나라를 세우고 나면 근심거리로 변한다. 유방은 한신의 세력이 언젠가는 자신에게 도전하지 않을까 염려했다. 그러던 중 한신이 자신과 패권을 다퉜던 항우의 장수 종리매(鍾離昧)가 옛 친구인 한신에게 몸을 의탁하고 있다는 사실을 알았다. 유방은 한신에게 종리매를 압송하라고 명했다. 그러나 한신은 그 명에 따르지 않았다. 종리매의 목을 바쳐야 무사할 것이라는 가신(家臣)들의 권고에 오히려 화를 벌컥 냈다. 한신의 태도가 애매하자, 유방도 그를 제거하지 않을 수 없다는 결론을 내리고 한신을 불렀다. 순순히 나타나면 포박하고, 불응하면 힘으로 쳐들어갈 생각을 했다. 한신의 입장이 난처해지자, 종리매는 그를 더 이상 곤란하게 하지 않으려고 자결해버렸다. 한신은 종리매의 목을 가지고 가서 유방에게 바쳤다. 하지만 그를 기다리고 있던 것은 반역 혐의와 처벌뿐이었다. 유방은 모반의 진상을 조사했지만 혐의가 없자 그를 처단하는 대신 초왕에서 회음후(淮陰侯)로 강등시키고 장안(長安)을 벗어나지 못하도록 했다. 이에 한신은 "과연 내려오는 말이 맞도다. 민첩한 토끼를 다 잡고 나면 좋은 사냥개도 소용이 없어 삶아 먹고, 하늘을 나는 새를 다 잡으면 좋은 활은 곳간에 처박히며, 적국을 쳐부수고 나면 지혜로운 신하는 버림받는다더니, 천하가 평정되고 나니 나도 마땅히 '팽' 당하리로다(果若人言. 狡兔死良狗烹, 飛鳥盡良弓藏. 敵國破謀臣亡, 天下已定, 我固當烹)"라고 한탄하며 유방을 원망했다. 여기에서 '내려오는 말'이란 춘추전국시대 월나라의 책사였던 범려가 한 말을 빗댄 것이다. 이 고사는《사기》의 〈회음후열전(淮陰侯列傳)〉에 나온다.

　　　　　　　법칙으로 통하는 사회의 변화

감탄고토(甘呑苦吐, 필요할 때는 취하고 필요가 없을 때는 버린다). 교토사주구팽(狡兎死走狗烹). 적국파모신망(敵國破謀臣亡, 이중성을 뜻하는 말. 적국이 있을 때 계략이 뛰어난 신하는 후대받지만, 적국을 멸망시킨 후에는 모반이 두려워 제거해 버린다). 득어망전(得魚忘筌, 물고기를 잡고 나면 통발을 잊는다는 뜻. 바라던 바를 이루고 나면 목적 달성에 썼던 사물을 잊어버림을 비유한다). 꼬리 자르기. 배신의 정치학. 애지중지(愛之重之, 매우 사랑하고 귀중히 여긴다). 적재적소(適材適所, 마땅한 인재를 마땅한 자리에 쓴다). 순망치한(脣亡齒寒, 입술을 잃으면 이가 시리다. 즉 우리나라가 망하면 자기 나라도 온전하기 어렵다는 뜻이 있으며, 서로 떨어질 수 없는 밀접한 관계를 나타낸다). 약방감초(藥房甘草, 약방의 감초. 무슨 일이나 빠짐없이 끼는 것을 말한다). 다다익선(多多益善). 타산지석(他山之石, 다른 사람의 산에 있는 돌이라도 나에게 도움이 되는 것. 다른 사람의 하찮은 언행일지라도 자기의 지덕을 닦는 데 도움이 된다).

희생양 *Scape goat* 법칙

김과장 : 이사님이 무슨 큰 잘못이 있다고 회사를 떠나나?

이대리 : 회사 실적 부진의 원인이 유독 이사님한테만 있다고 하는 것은
　　　　 좀 심한 듯한데요. 그렇게 따지자면 모두의 책임이고, 무엇보다
　　　　 CEO가 가장 많은 책임을 져야 하는 것 아닌가요?

김과장 : 그러게 말이야. 애꿎은 이사님이 '희생양'이 된 거지.

이대리 : 안타깝네요. 참 자상하신 분이셨는데.

- 사도세자는 아버지 영조와의 대립 등에서 불거진 정쟁의 **'희생양'**으로 기억되고 있다.
- 정부 관리는 예산안 처리가 정치 공세의 **'희생양'**이 되어서는 안 된다고 말했다.

🔍　**의미**　　　희생이 되어 제물로 바쳐지는 양. 욕구불만이나
　　　　　　　　분노 등의 해소 및 발산을 위해 그 원인이 아닌
다른 방향으로 전가시킬 대상 또는 수단을 일컫는다. 희생양을 찾는
행위는 나의 잘못을 남의 탓으로 돌리기 위한 것이다. 희생양은 다른
사람의 잘못을 대신 뒤집어쓴 사람을 비유적으로 가리키는 말로 사
용된다. 희생양 덕분에 진짜 잘못을 저지른 사람은 어려운 순간을 모

면할 수 있다. 특히 정치에서 많이 나타나는 현상이다. 정치적 불만에서 생기는 국민의 불만을 다른 곳으로 돌리게 하거나, 다른 대상으로 전가시켜 반감 등을 누그러뜨리는 행위라고 할 수 있다. "희생양은 희생양으로 몰릴 가능성을 항상 지니고 있다(프랑스 사회인류학자 르네 지라르)"는 말이 있다.

♈ 유래

구약성서에서 유래한다. 고대 유대인들은 모세 율법에 따라 매년 유대교 축제인 속죄의 날 의식을 치렀다. 그때 대사제가 두 마리의 염소를 끌고 나온다. 사제는 염소의 머리에 두 손을 얹고 백성의 모든 죄를 고백하며, 그들의 죄를 염소에게 전가하는 상징적 예식을 거행한다. 이 두 마리 중 한 마리는 하느님에게 바친다. 다른 한 마리는 살려주는데, 이 염소를 '풀려난 염소(escape goat)'라고 불렀다. 이 염소는 사람들의 모든 불공평과 죄악을 혼자 뒤집어 쓴 채 영적 황무지를 상징하는 황량한 벌판으로 내쫓긴다. 사람들은 이런 방식으로 죄악에서 벗어날 수 있다고 믿었다.

흔히 '희생양'이나 '속죄양'이라고 말하지만 기원을 보면 실은 양이 아니라 염소였다. '양'으로 둔갑한 것은 성서 번역으로 순교한 윌리엄 틴들(William Tyndale, 1494~1536)의 1530년 영역(英譯)에서 비롯된 것이다. '인문학계의 다윈'으로 불리는 프랑스의 문학평론가 겸 사회인류학자 르네 지라르(Rene Girard, 1923~2015)는 희생양 메커니즘을 가장 차원 높게 정리한 것으로 평가받는다. 오늘날 흔히 사용하는

'희생양' 개념은 대부분 그의 재해석을 토대로 삼는다. 그의 대표작 가운데 하나인《희생양》(1989)은 성서, 신화, 문학 텍스트에서 희생양이 폭력과 탐욕으로부터 사회질서를 유지하기 위한 메커니즘이라고 정의한다. 하나의 사회는 사회질서의 위기 국면에서 희생양을 만들고, 희생양을 사회의 적으로 만들어 위기를 돌파한다는 것이다.

당근과 채찍 이론 *Carrot and Stick theory*

장사원 : 이번 달성 목표량은 너무 과도하게 잡은 느낌이에요.

이대리 : 맞아. 시장 상황이 점점 안 좋아지는데. 전년대비 120퍼센트는

　　　　진짜 무리지.

김과장 : '당근과 채찍'에서 채찍만 있고 당근은 없는 셈이지.

나부장 : 뭣들 해! 목표량 채울 때까지 빨리 움직여!

- 정부는 교통난 해소를 위해 고강도 **'당근과 채찍'** 정책을 내놨다.

- 학생들에게는 때로 **'당근과 채찍 이론'**을 병행해야 효과를 볼 수 있다.

Q　　**의미**　　회유와 위협이라는 뜻으로 동기부여 수단이다.

　　　　　　　영어로 'carrot'은 당근, 홍당무, 'sitck'은 회초

리. 여기서 'carrot'은 달고 맛있는 것을 상징하고, 'stick'은 아프고 두

려운 것을 나타낸다.

당근은 유인수단이고 채찍은 강압수단이다. 당근은 칭찬, 달콤한 말

등 긍정적 수단이고, 채찍은 비판, 쓴 소리 등 부정적 수단이다. 당근

이 어떤 행동에 대한 조건부 보상이라고 한다면, 채찍은 어떤 행동에

대한 조건부 처벌이다. 보상과 처벌은 경제적 유인(誘因, incentive)의 기본 요소가 된다.

♈ **유래** 당나귀는 오래전부터 중요한 운송수단으로 사용됐다. 말보다 덩치는 작지만 힘이 무척 셌다. 그런데 고집불통인 탓에 부리기가 쉽지 않아 골칫거리였다. 그래서 묘안을 생각해낸 것이 당근과 채찍을 동시에 사용하는 것이었다. 당나귀가 제일 좋아하는 당근을 입에 닿을 듯 말 듯 매달아 놓고 채찍으로 호되게 엉덩이를 때렸다. 그러면 눈앞에 보이는 당근을 먹기 위해서, 그리고 아픈 매질에 못 이겨 힘껏 뛰었다. 회유와 협박, 보상과 처벌의 의미로 흔히 쓰이는 '당근과 채찍'의 유래다.

당근과 채찍이 효과를 내려면 점점 더 강도가 세져야만 한다는 이론은 1942년 미국의 심리학자 레오 크레스피(Leo Crespi, 1916~2008)에 의해 처음 수립됐다. 그의 이름을 따 '크레스피 효과(Crespi effect)'라고 한다. 그는 쥐들의 미로 찾기 실험을 통해 이 효과를 발견했다. 실험으로 당근과 채찍 전략에서 효과가 나타나는 것은 당근과 채찍을 얼마나 주느냐가 아니라 이전에 비해 얼마나 더 많이 주느냐가 중요하다는 것을 알아냈다.

그는 미국의 전통적인 팁 제도에 대해 반대 운동을 벌인 것으로도 유명하다. 팁은 좀 더 친절한 서비스를 끌어내기 위해 손님이 주는 일종의 인센티브. 팁을 당연한 것으로 생각하면 팁을 못 받을 경우 자존심에 상처를 입을 수 있다고 생각해 팁 제도를 반대했다.

연관어   보상과 상벌. 조직이론. 병 주고 약 주기.

연관법칙   ● **채찍 효과** Bullwhip effect   주문 정보의 왜곡 현상.
고객 수요가 상부 단계 방향으로 전달될수록
단계별 수요의 변동성이 증가하는 현상을 말한다. 소를 몰 때 쓰는
긴 채찍은 손잡이 부분에서 작은 힘이 가해져도 끝 부분에서는 큰 파
동이 생기는 데 착안해 붙여진 이름이다.

● **X이론** X theory   미국의 심리학자이자 경영학자인 맥그리거(Douglas M.
McGregor)가 인간 본성을 두 가지로 구분한 이론(X · Y이론) 중 하나.
저서 《기업의 인간적 측면》에서 내세운 인간 행동의 유형에 대해 붙
인 이론이다. 인간은 원래 일하기 싫어하고, 지휘 받기를 좋아하고,
책임을 회피하기를 원해 명령 · 지시 받은 것만 실행하며, 야망도 거
의 없다는 가설이다. Y이론은 X이론과 상반된 이론. Y이론에서 일
은 자아실현을 이룰 수 있는 것이므로 즐거움을 느낄 수 있고, 스스
로 정한 목표를 위해 노력한다는 가설이다.

고르디우스의 매듭 *Gordian knot*

☞ 쾌도난마(快刀亂麻)

이대리 : 제가 사는 집 전세가가 계속 올라서 매매가의 80퍼센트까지 다
       달았어요.

김과장 : 참, 서민들 살기가 점점 힘들어지는구나.

이대리 : 전세 구하기도 힘들지만 이참에 벅차더라도 대출을 받아서 아예
       집을 사는 게 나을까요?

김과장 : 이럴 때일수록 '고르디우스의 매듭'처럼 좌고우면하지 말고 한
       칼에 결단을 내려야 돼.

- 당대 저명한 경제학자들이 **고르디우스의 매듭**처럼 얽힌 경제 현안에 대한 해답을 제시했다.

- 중동지역의 평화가 달려 있는 예루살렘은 해결하기가 너무 어려운 **고르디우스의 매듭**이다.

Q   **의미**   '고르디우스의 매듭'이란 풀어도 풀리지 않는,
해결이 불가능한 일이란 의미를 담고 있다. 따
라서 고르디우스의 매듭을 풀었다는 말은 복잡하고 난해한 문제를
해결했다는 의미다. 이 말은 복잡한 문제를 아주 대담하고 간단하게
풀었다는 뜻으로 해석된다. 변칙적이지만 효과적인 방법으로 문제를

해결했다는 뜻이다. 한 올 한 올 헤치며 푸는 것이 아니라 단번에 끊어서 풀어버리는 방법을 말한다.

알고 나면 누구나 할 수 있지만 그 이전에는 아무나 하기 어려운 일이다. 어려운 문제도 발상의 전환을 통해 쉽게 해결할 수 있음을 보여준다. 여기서 발상의 전환은 복잡한 매듭을 푸는 정공법을 택하지 않고 잘라버린 변칙이다. 때로는 변칙이 문제 해결의 열쇠가 된다는 점을 시사한다.

♈ **유래** 그리스 신화에 '고르디우스의 매듭'에 관한 일화가 나온다. 고르디우스(Gordius)는 소아시아의 농부로 예언에 따라 터키 부근의 고대국가인 프리기아의 왕이 됐다. 고르디우스의 매듭은 기원전 8세기경 고르디우스가 제우스에게 바칠 마차를 복잡하고 단단한 매듭으로 신전에 묶으며 아무나 풀 수 없게 한 것이다. 그리고는 자신이 묶어둔 매듭을 푸는 자가 동방의 왕이 될 것이라고 예언했다. 주변의 왕과 영웅들은 매듭을 풀어보려고 애를 썼지만 모두 실패했다. 그래서 '고르디우스의 매듭'은 영원한 난제로 남아 있었다. 300여 년이 지난 기원전 333년, 페르시아를 정복하고 동쪽으로 전진하던 알렉산더 대왕(Alexandros the Great, 기원전 356~323)이 고대 프리기아 왕국의 수도 고르디움을 점령했다. 이 도시 한가운데 하늘의 신 제우스를 받드는 신전이 있었다. 거기에 고르디우스의 낡은 마차가 복잡하게 얽힌 밧줄이 매여 있었던 것. 알렉산더는 "이것을 푸는 자가 아시아를 정복하리라"는 전설이 있다는

이야기를 전해 듣고는 신전으로 발걸음을 돌려 지금껏 아무도 풀지 못한 매듭을 단칼에 잘라버렸다. 이후 예언대로 동방의 왕이 됐다. 알렉산더는 역사에서 정복 군주로 이름을 날렸다. 13년 동안 그리스를 정복하고 페르시아 대제국을 멸망시킨 후 동방의 인도까지 원정해 거대한 왕국을 건설했다. 그는 해외 원정 중 33세의 젊은 나이로 세상을 떠났다.

♻ **연관어**　역발상의 법칙.

🔗 **연관법칙**　● **뫼비우스의 띠**　돌고 돌아 계속 그 자리인 것. 좁고 긴 직사각형 종이를 180도로 한 번 꼬아서 끝을 붙이면 동일한 기하학적 성질을 가지는 곡면이 생기는 것을 말한다. 일반적인 고리 모양의 띠에 선을 그으면 안이나 바깥에만 머문다. 하지만 뫼비우스의 띠는 경계가 하나밖에 없는 2차원 도형으로 안팎의 구별이 없다. 따라서 띠를 따라 선을 그으면 안과 밖 모두에 선이 생기면서 출발한 자리로 되돌아간다. 독일의 수학자 뫼비우스(August Ferdinand Möbius, 1790~1868)가 창안했기 때문에 '뫼비우스의 띠'라고 한다.

빅 브라더 *Big brother*

이대리 : 출근 카드 안 찍으면서 출근하고 싶다. 꼭 감시받는 느낌이 든단
　　　　말야.

장사원 : 예전부터 있었던 거 아닌가요?

이대리 : 아냐, 2년 전부터 부서장 자율에 맡겼는데 이번에 다시 전사적으
　　　　로 시작한 거야. 어쩐지 통제받는다는 느낌이 들어.

김과장 : 나도 그래. '빅 브라더' 없는 곳에서 일하고 싶다.

- '빅 브라더'처럼 정보의 독점으로 사회를 통제하고 개인의 삶과 사회를 끊임없이 감시하는
  상황에 내가 노출될 수 있다고 생각하니 끔찍하기만 하다.

- 부모가 인터넷을 통해 아이들의 일상을 관찰할 수 있는 원격 모니터링 시스템이 확산되면
  서 '빅마더(Big mother)'가 '빅 브라더(Big brother)'를 낳는다는 우려의 목소리가 커지고
  있다.

Q　**의미**　　　정보를 독점해 사회를 통제 · 감시하는 권력 또
　　　　　　　는 사회체제. 긍정적 의미로는 선의의 목적으로
사회를 돌보는 보호적 감시를 뜻한다. 부정적 의미로는 정보 독점을

통해 권력자들이 행하는 사회통제의 수단을 말한다. 보통 부정적 의미로 쓰인다. 빅 브라더는 감시와 통제의 경찰국가를 상징한다. 상대적 월등한 우위에 있는 독점 권력자들을 일컫는다.

♈ **유래**　사회적 통찰과 풍자로 유명한 영국의 소설가 조지 오웰(George Orwell, 1903~1950)의 소설 《1984》에 나오는 독재자 빅 브라더에서 비롯됐다. 《1984》는 전체주의 국가 소련이 사회를 완전히 통제하기 위해서 24시간 국민을 감시하는 빅 브라더 체제를 운영하고 있는 것을 고발했다. 빅 브라더는 텔레스크린을 통해 사회를 끊임없이 감시한다. 텔레스크린이 집, 거리, 직장 등 사회 곳곳에 설치되어 있어 국민의 일거수일투족을 낱낱이 지켜본다.

♻ **연관어**　감시사회. 감시권력.

🔗 **연관법칙**　● **매파** 급진적이고 강력한 강경파(강경론자) 또는 주전파(主戰派). 매는 원래 공격적인 조류로 자기보다 작은 새나 농가의 닭 등을 잡아먹는다. 사납고 공격적인 매처럼 강력하게 일을 처리하는 보수강경파를 일컬어 '매파'라고 부른다. 매파는 자신의 이념과 주장을 관철하기 위해 상대방과 타협하지

않고 강경히 사태에 대처하려는 사람을 말한다. 매파는 베트남 전쟁이 교착화하면서 베트남 전쟁의 확대와 강화를 주장한 미국 내 보수 강경파의 비유적 표현이었다. 미국의 제3대 대통령 토마스 제퍼슨이 1798년에 처음 사용했다.

● **비둘기파** 평화주의자, 온건파, 신중파, 주화파(主和派). 매파와는 반대로 평화의 상징인 비둘기처럼 부드럽게 평화적으로 일을 처리하는 집단이나 정당을 '비둘기파'라고 한다. 정치, 사상, 언론 또는 행동 따위가 과격하지 않고 온건한 방법을 취하려는 사람을 뜻하는 말이다. 베트남 전쟁 당시, 미국에서 확전을 주장했던 매파에 대립해 전쟁을 더 이상 확대시키지 않고 한정된 범위 안에서 해결할 것을 주장한 데서 유래한다.

● **멈 효과** MUM effect '입을 꼭 다문다'는 뜻. 침묵하고 있는 것을 'MUM'이라고 한다. 업무 등 일상생활에서 정확한 정보의 유통이 제한되는 현상이 나타나는 것을 말한다. 사람들은 자신에게 힘을 행사하는 사람에게 정보를 있는 그대로 전달하기보다는 그가 좋아하고 그에게 영합하는 말만 골라서 이야기하는 경향이 있다.

그래서 윗사람의 기분을 거스르는 비판이나 충고, 자신을 평가절하시킬 수 있는 내용들은 전달되지 않게 된다. 이것을 '멈 효과'라고 한다. 업무상의 잘못이 발생했음에도 불구하고 상사의 강제적 힘을 두려워한 나머지 '멈'에 빠지게 되면 상사 역시 정확한 정보를 알지 못하게 된다. 결국 잘못이 있어도 즉시 해결하지 못한 채 그대로 진행되므로 이후에 커다란 실패를 자초하게 된다.

● **종속 효과** 자신의 행동이 상대에 의해 결정되는 것을 '종속 효과'라 한다. 예컨대, 노크는 상대방 영역에의 출입 여부를 묻는 행위로서 노크에 대한 반응이 늦을수록 그 방 안의 인물의 지위가 높다는 것을 말해준다. '종속 효과'를 역으로 이용해 고의로 상대방을 기다리게 함으로써 자신의 지위가 상대보다 높고 더 권위 있는 존재라는 점을 은근히 과시하는 경우도 있다. 기다림이 고통스러운 것은 기다림에 '종속 효과'가 있기 때문이다. 즉, 기다리게 한 사람은 유리하고, 기다린 사람은 심리적으로 불리하다는 심리적 도식이 성립된다.

파놉티콘 *Panopticon*

☞ 빅브라더

이대리 : 워크숍 강도가 보통이 아니네요. 좀 쉬기도 하면서 해야 능률이
      오를 텐데.

장사원 : 발표도 많고, 토론도 많고. 힘들어요.

김과장 : 갈수록 워크숍이 머리를 식히는 게 아니라 머리를 아프게 하는
      군. 창살 없는 감옥이야!

이대리 : 워크숍 판 '파놉티콘'이 따로 없어요.

• 디지털 **파놉티콘**'에서 사람들은 모두가 모두를 감시하며 고문받는 것이 아니라 트윗하고
  포스팅을 한다.

• 사회과학 분야 연구자들은 디지털 사회의 위험을 **파놉티콘**'이라는 상징어로 비판의 날을
  세운다.

Q **의미**   개인 정보가 속수무책으로 노출되는 거대한 정
              보사회의 감시체계. 원래 의미는 중앙에서 모
든 수감자를 감시할 수 있는 구조의 원형 감옥. 감시자 없이도 죄수
들 자신이 스스로를 감시하는 감옥을 말한다. 파놉티콘의 개념은 일

종의 이중 원형건물이다. 감옥 둘레에는 원형의 6층(또는4층) 건물이 있고 수용자 시설은 이 건물에 배치된다. 수용실 문은 내부가 보이도록 만들고 그 앞에는 좁은 복도가 설치된다. 중앙의 원형공간에 높은 감시탑을 세우고, 이곳에 감시자들이 머문다. 중앙의 감시탑은 늘 어둡게 하는 반면, 죄수의 방은 밝게 한다. 이는 중앙에서 감시하는 감시자의 시선이 어디로 향하는지를 죄수들이 알 수 없도록 하기 위해서다.

이처럼 '파놉티콘'은 중앙의 원형 감시탑에서 각 수용실을 단번에 파악할 수 있다. 감시 권력이 자신을 드러내지는 않지만 수용자가 항상 감시당하고 있는 상태다. 즉, 감시자의 존재가 드러나지 않지만 끊임없이 감시되는 상태를 그 핵심개념으로 한다.

♈ **유래** 영국의 철학자이자 법학자 제러미 벤담(Jeremy Bentham, 1748~1832)이 1791년 죄수를 효과적으로 감시할 목적으로 고안한 일종의 감옥 건축양식이다. 파놉티콘은 '모두'를 뜻하는 'pan'과 '본다'는 뜻의 'opticon'을 합성한 것. 번역하면 '모두 다 본다'는 뜻이다. 1명의 교도관이 다수의 범죄자를 감시할 수 있는 원형 감옥을 말한다. 벤담이 소수의 감시자가 모든 수용자를 자신을 드러내지 않고 감시할 수 있는 형태의 감옥을 제안하면서 이 말을 창안했다. 공리주의자인 벤담의 입장에서 최소한의 비용, 최소한의 감시로 최대의 효과를 누릴 수 있는 파놉티콘은 이상적인 사회의 축소판으로 보았다. '최대 다수의 최대 행복'이라는 경구로

잘 알려진 벤담 철학의 근저에는 사회 다수의 행복과 안녕을 위해서 죄수를 '영원한 고독'의 상태로 24시간 감시하고 이들에게 감자만 먹인 채로 강제 노동을 시키고 그 결과를 착취하는 것을 합법화하는 파놉티콘이 필요하다고 생각했다.

벤담은 애초 최소한의 비용으로 노동자를 감시하고 통제하기 위한 시설을 고안하던 중 파놉티콘의 개념을 감옥으로 확장했다. 파놉티콘의 개념은 군대의 병영, 병원, 수용소, 학교, 공장 등으로 확대했다. 파놉티콘 계획은 벤담의 생전에는 실현되지 못했다.

벤담이 설계한 뒤 주목을 받지 못하다가 프랑스의 철학자 미셸 푸코(Michel Foucault, 1926~1984)가 그의 저서 《감시와 처벌》(1975)에서 벤담의 파놉티콘 개념을 다시 부활시키고 고찰했다. 푸코의 파놉티콘은 현재 정보화 시대의 '전자 감시'와 매우 흡사하다. 푸코에게 파놉티콘은 근대 권력을 아주 잘 설명해주는 장치다. 파놉티콘의 감시체계 원리가 사회 전반으로 파고들어 규범사회의 기본 원리인 파놉티시즘(panopticism)으로 바뀌었음을 지적하면서 새로운 주목을 받았다. 프랑스 철학자 질 들뢰즈(Gilles Deleuze, 1925~1995)는 이러한 인식을 한 단계 더 추상적인 차원으로 일반화시켰다. 그는 지금 우리가 살고 있는 사회가 푸코의 규율 사회를 벗어난 새로운 '통제 사회'라고 주장했다.

 연관어   정보사회. 정보감옥.

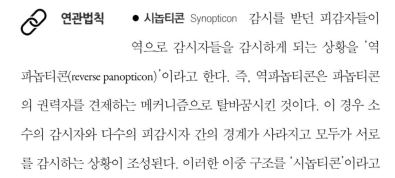

연관법칙 ● **시놉티콘** Synopticon   감시를 받던 피감자들이 역으로 감시자들을 감시하게 되는 상황을 '역파놉티콘(reverse panopticon)'이라고 한다. 즉, 역파놉티콘은 파놉티콘의 권력자를 견제하는 메커니즘으로 탈바꿈시킨 것이다. 이 경우 소수의 감시자와 다수의 피감시자 간의 경계가 사라지고 모두가 서로를 감시하는 상황이 조성된다. 이러한 이중 구조를 '시놉티콘'이라고 부른다.

● **파놉티시즘** Panopticism   '파놉티시즘'이란 프랑스 현대철학자 미셸 푸코가 《감시와 처벌》에서 쓴 말. 정보기술의 발달로 인해 모두가 소수의 권력에 의해 감시당한다는 의미다. 이는 21세기 판 빅 브라더를 연상시킨다.

● **홀롭티시즘** Holopticism   당초 정보기술 발달의 부작용으로 우려됐던 '파놉티시즘'의 반대말. '홀롭티시즘'은 파리의 겹눈, 즉 수백 개의 홑눈이 겹쳐져 붙어 있는 복안(複眼) 구조를 뜻하는 '홀롭틱(Holoptic)'에서 따왔다. 평범한 개인이라도 정보기술의 발달로 수천, 수만 개의 겹눈을 가지게 되어 전체 상황을 훑어볼 수 있는 능력을 지니게 됐다는 의미다.

법칙으로 통하는 사회의 변화

파파게노 효과 *Papageno effect*

장사원 : 우리나라가 OECD 국가 중 11년 연속 자살률 1위라면서요?

이대리 : 불명예 중의 불명예지.

장사원 : '파파게노 효과'라는 게 있다고 들었는데요.

이대리 : 그래. 요즘은 언론에서도 자살에 대한 선정적인 보도를 가급적
　　　　자제하고 있는 것 같아.

• 우리 사회에는 절망을 희망으로 바뀔 수 있게 돕는 **파파게노 효과**가 필요하다.

• 언론 매체는 **파파게노 효과**를 적극 활용해서 베르테르 효과를 막아야 한다.

Q **의미**　　　시련과 절망의 상태를 희망적인 이야기로 극복
　　　　　　할 수 있도록 돕는 현상. 자살에 대한 언론보도
를 자제해서 자살충동을 예방하는 긍정적 효과를 뜻한다. 유명인의
자살이 동반자살을 부추긴다는 '베르테르 효과'와는 상반되는 개념
이다.

자살에 대한 상세한 보도가 또 다른 자살을 야기한다는 연구결과로
주목받는 개념이다. 오스트리아에서 이 효과가 입증된 바 있다. 오스

트리아에서는 1980년대 지하철 자살이 급등했다. 당국은 대책을 논의하던 중에 자살에 대한 언론보도 직후에 자살시도가 급증한다는 사실을 발견했다. 이에 즉시 언론사에 자살보도 자제 요청이 이뤄졌다. 언론사는 대부분 이 원칙을 지켰고, 그 결과 자살률이 절반 정도로 떨어지는 성과를 이끌어냈다.

세계보건기구와 국제자살방지협회는 '자살보도에 관한 미디어 지침'을 마련했다. 세계보건기구의 미디어 지침에는 '자살보도를 눈에 잘 띄는 곳(1면)에 싣지 말아야 하고, 자살에 관한 이야기를 정도 이상으로 반복하면 안 된다'고 규정하고 있다. 우리나라의 보건복지부도 자살보도 권고기준 2.0(9가지 원칙)을 발표했다. 이 원칙에는 '언론은 자살에 대한 보도를 최소화해야 한다', '자살과 관련된 상세 내용은 최소화해야 한다' 등의 내용이 포함되어 있다.

♈ 유래   파파게노가 요정의 도움으로 죽음의 유혹을 극복한 데에서 유래한 용어다. 파파게노는 모차르트의 오페라 〈마술피리〉(1791)에 등장하는 인물. 그는 심오한 철학과 반전이 거듭되는 이야기 구조 속에서 웃음과 희망을 상징한다. 그는 연인을 잃고 비관해 자살을 시도한다. 그때 3명의 소년 요정들이 나타나 이를 만류하며 희망의 노래를 전한다. 이들의 도움으로 파파게노는 죽음의 유혹을 극복하게 된다.

프레이밍 효과 *Framing effect*

나부장 : 새로 부임한 이사님 어떨 것 같아?

오차장 : 용장(勇將) 스타일로 카리스마가 넘쳐요. 새로운 활력을 불어넣을 것 같아요.

김과장 : 글쎄요. 지금 우리 조직에는 용장보다는 지장(智將)이 필요한 거 아닌가요?

나부장 : 바라보는 시각에 따라 '프레이밍 효과'가 달라지지. 좀 더 두고 보자고.

- 지금까지 당연하다고 믿었던 관념의 **'프레이밍 효과'**가 흔들리고 있다.
- 그에게 지역감정의 **'프레임'**을 씌웠다.

Q **의미**　　　'틀 효과'라고도 한다. 일회적 지식이나 전형적 기억 등을 바탕으로 어떤 사건을 해석하기 위해 행동하는 사회과학적 이론이다. 동일한 사건이나 상황에서도 문제의 표현방식에 따라 사람의 태도나 행동이 달라진다. 사람들은 흔히 관점에 따라 사건을 보는 시각과 느낌을 다르게 받아들인다. 이때 만들

어진 시각을 '인식의 틀' 또는 '프레임(frame)'이라고 하고, 그런 틀을 다른 사람들에게 씌워 의도대로 인식하게 하려고 액자(혹은 틀)를 꾸미는(조작하는) 일을 '틀 짓기' 또는 '프레이밍(framing)'이라고 한다.

프레임을 잘 설명하는 유명한 예시가 있다. 투명한 물컵에 물이 반쯤 담겨 있다. 물컵에 대한 반응은 두 가지다. 이를 보고 "물이 반이나 남았네"라는 긍정적 반응과 "물이 반밖에 안 남았네"라는 부정적 반응이 있다. 이것이 '프레이밍 효과'다. 둘의 표현은 서로 다른 감정 발생으로 다른 결과를 가져오는 것이다. 긍정적 틀에 담느냐, 아니면 부정적 틀에 담느냐에 따라 사람들의 판단이나 선택이 바뀐다. 동일한 상황을 보고 다른 판단을 하는 이유는 두 사람이 갖고 있는 틀(프레임)이 다르기 때문이다.

사람은 일생에 걸쳐 정신적, 감정적 이해를 위한 틀을 형성한다. 이런 틀은 세상을 이해하는 데 사용되기도 하고 어떤 결정을 하는 데 영향을 주기도 한다. 어떠한 틀에 담느냐가 사람들의 생각과 판단을 좌우한다. 그렇기 때문에 현명한 선택을 하고 싶다면 프레이밍의 이면도 들여다볼 수 있어야 한다. 프레이밍 효과는 결정자가 여러 시나리오들 중 하나의 결정을 내리려고 할 때 일어난다. 여기서 결정의 시나리오란 이득을 보거나 상대적 위험 감소 내지는 절대적 위험 감소로 표현될 수 있다. 사람들은 일반적으로 이득이 주어지는 것이 확실할 때 '긍정적 프레이밍 효과'를 보인다. 프레이밍 효과는 정치, 사회, 경제 등 사회전반은 물론 일상생활에도 많은 영향을 끼친다. 마케팅 분야에서도 접목되어 널리 사용되고 있다.

ᛏ **유래**
미국의 사회심리학자 어빙 고프만(Erving Goffman, 1922~1982)이 쓴 《프레임 분석》(1974)에 의해 프레이밍 개념이 제시됐다. 그는 프레임의 아이디어를 '해석의 설계'라고 이름을 지었다. 이것은 개인들이나 단체가 어떤 사건이나 상황의 발생을 인지하고 이름 짓는 것을 가능하게 한다고 했다. 이스라엘 출신의 미국 심리학자이자 경제학자 다니엘 카너먼(Daniel Kahneman, 1934~)은 이를 위험이 있는 인지된 이득과 인지된 손해로 다르게 생각하는 일반적 경향이라고 했다. 또한 카너먼과 이스라엘 출신의 동료 학자 아모스 트버스키(Amos Tversky, 1937~1996)는 프레임을 의사결정자의 어떤 특정한 선택에 따른 행동, 결과 그리고 만일의 경우까지 고려하는 이해로 정의했다. 미국의 인지언어학자 조지 레이코프(George Lakoff, 1941~)가 주장한 프레임 이론에서 '프레임'이란 현대인들이 정치적, 사회적 의제를 인식하는 과정에서 본질과 의미, 사건과 사실 사이의 관계를 정하는 직관적 틀을 뜻한다. 그는 "프레임이란 우리가 세상을 바라보는 방식을 형성하는 정신적 구조물이다"고 말했다.

  연관어 프레임의 법칙. 구조화 효과. 액자 효과. 틀 짓기.

칵테일 파티 효과 *Cocktail party effect*

나부장 : 회의는 이것으로 마치자고.

장사원 : 이대리님, 부장님 말씀의 핵심이 뭐예요? 이것도 중요하다고 하고, 저것도 중요하다고 하고.

이대리 : 앞뒤 안 보고 밀어붙여 월간 목표달성을 지상과제로 생각하라는 말씀이지 뭐겠어.

김과장 : 이대리는 '칵테일 파티 효과'가 있나봐. 물론 그 얘기도 언급했지. 그런데 핵심 키워드는 고객 서비스야. 고객들의 불만들이 쏟아지니 문제없도록 잘 대처하라는 말이지.

- 한번 소음을 느끼기 시작하면 그 소리에 예민해지는 것은 '**칵테일 파티 효과**' 때문이다.
- 사장님 얘기는 '**칵테일 파티 효과**' 때문에 멀리서도 쏙쏙 들린다.

🔍 **의미**   여러 가지 복잡한 정보들 중에서도 자신에게 의미 있는 정보만을 선택적으로 받아들이는 현상.

많은 소리 중 특정 음원에 주목하면 그 소리만 들리게 되는 현상이다. 왁자지껄한 칵테일 파티장이나 잔치에서처럼 여러 사람이 한꺼번에 이야기하고 있음에도 자신이 관심을 두는 이야기만을 골라 듣는 심리상태다. 시끄러운 곳에서도 서로의 대화에 집중할 수 있는 능력, 내가 듣고자 하는 특정 사람의 말 이외에는 하나도 들리지 않는 능력을 말한다.

♈ **유래**   영국의 인지과학자 콜린 체리(Edward Colin Cherry, 1914~1979)가 1953년 청각실험을 통해 '칵테일 파티 효과'라고 알려져 있는 현상에 관해 처음으로 보고했다. 시끄러운 칵테일 파티장의 수많은 소음들 중에서도 마주 선 사람들끼리 대화가 가능하고, 누군가가 자신의 이름을 부르면 즉각 알아듣는 현상을 비유해 이런 이름을 붙였다.

그가 주목한 관심사는 여러 사람의 대화가 동시에 들리는 상황에서 어떻게 상대와의 대화에만 집중할 수 있느냐는 것이었다. 그의 실험에 따르면 사람은 여러 개의 대화 흐름 중에 자신에게 필요한 것에만 집중하기 위해 소리가 들려오는 방향 정보를 이용한다. 즉, 어떤 때는 왼쪽 후방에서 들려오는 소리에 집중하다가 다음에 오른쪽 상방에서 들리는 소리에 집중하는 식이다.

이 효과에 관한 대부분의 초기 연구들은 파티 행동을 이해하기 위한 것은 아니었다. 연구 목적은 1950년대 초기 항공 관제사의 직무를 용이하게 하기 위한 것이었다. 당시 항공 관제사들은 조종사로부터 오는 메시지를 확성기를 통해 들었다. 많은 조종사들의 목소리를 하나의 중앙 확성기를 통해 들어야 했기 때문에 항공 관제사들이 이를 구분한다는 것은 매우 어려운 일이었다.

미국 연구팀은 칵테일 파티 효과가 뇌 움직임과 관련이 있다는 증거를 과학적으로 입증했다. 실험자가 여러 음성 중에서 단 하나의 음성에 반응하는 것이 두뇌 스펙트럼 사진을 통해 관찰됐다. 독일 교수팀도 여러 가지 잡음 중에서 특정 음만을 골라 들을 수 있는 것은 뇌 영역이 작용하기 때문이라는 연구결과를 발표했다. 이탈리아 연구팀도 좌우의 기능과 관련해 아주 이색적인 연구결과를 발표했다. 시끄러운 나이트클럽에서 듣는 사람의 72퍼센트가 오른편을 선택함으로써 오른쪽 귀 이점을 실험으로 입증했다. 오른쪽 귀로 들어간 정보는 좌뇌로 연결되어 언어 정보처리가 더 잘된다는 것이다.

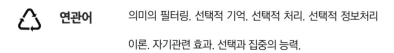

연관어 의미의 필터링. 선택적 기억. 선택적 처리. 선택적 정보처리 이론. 자기관련 효과. 선택과 집중의 능력.

연관법칙 ● **겉맞추기 원리** Matching principle 사람들은 태도와 가치관이 유사한 사람들을 더 좋아한다. 그뿐 아니라 인종, 종교, 문화, 정치 사회계층, 교육수준, 연령이 유사한 경우도 그렇다. 특히 유사성 원리가 데이트나 결혼에서 나타나는 현상을 '겉맞추기 원리'라고 한다.

● **마스킹 효과** Masking effect 크고 강한 음에 의해 어떤 음의 최저 가청

한계가 상승해 잘 들리지 않는 현상. 방해음이 함께 들어올 때 듣고자 하는 소리가 잘 들리지 않게 되거나 전혀 들리지 않게 되는 현상을 '마스킹'이라고 한다. 들으려고 하는 소리에 비해 방해음이 커지게 되면 '마스킹 효과'가 더 커진다. 특히 두 소리의 주파수가 비슷하면 마스킹 효과는 최대가 된다. 커다란 응원소리 때문에 다른 소리는 아무것도 들리지 않는 경우를 말하지만, 어떤 일이 다른 일에 의해 은폐되는 효과를 낼 때에도 마스킹 효과라는 표현을 사용한다.

● **선택적 지각** Selective perception 　주변 환경에 개의치 않고 자신에게 의미 있는 정보만을 선택적으로 받아들이는 것을 '선택적 지각' 또는 '선택적 주의'라고 한다. 이런 선택적 지각이나 주의가 나타나는 심리적 현상이 '칵테일 효과'다. 한 무리의 사람들이 하는 이야기에 집중적으로 주의를 기울이면서도 때로는 다른 무리의 사람들이 하는 대화에서 중요한 이야기를 엿듣기도 한다. 이것은 필요에 따라 주의를 분리시키기도 한다는 것을 의미한다. 망상증 환자들은 선택적 지각이 100퍼센트가 되는 사람들이다. 선택적 지각 결과를 자신의 논리에 맞춰 생각하기 때문에 사실을 있는 그대로 보지 못한다.

부메랑 효과 *Boomerang effect*

이대리 : 근무 후에 사무실 대청소를 하려고 했는데 하기 싫어지네.

장사원 : 왜 그러세요? 신입사원들과 같이 하기로 했잖아요.

이대리 : 그랬지. 그런데 부장님이 왜 이렇게 사무실이 더럽냐고 잔소리
　　　　를 자꾸 하니까 더 하기 싫어졌어.

장사원 : 부장님이 미처 '부메랑 효과'를 잊으셨군요.

- 인생에는 **'부메랑 효과'**가 있다. 우리들의 생각, 말, 행동은 언제가 될지 모르나 틀림없이
  되돌아온다.
- 금융전문가는 "정부의 금융 정책은 은행의 수익성 악화로 이어지고 결국 그것은 **'부메랑
  효과'**로 다시 국민들에게 돌아오게 될 수도 있다"고 지적했다.

Q　　**의미**　　　어떤 행위가 의도한 목적을 벗어나 불리한 결과
　　　　　　　　　로 돌아오는 것을 일컫는다. 일명 '긁어부스럼
효과'다. 부메랑은 원래 던진 사람에게 다시 돌아오는 속성을 가지고
있는데, 이때 돌아오는 부메랑에 던진 사람이 다칠 수 있다는 경고를
담고 있는 말이다. 심리, 사회, 일상 등에 많이 사용된다. 경제적 측

면에서는 선진국의 원조로 개발도상국에서 만들어진 생산품이 현지 시장 수요를 초과해 선진국으로 역수출되면서 선진국의 당해 산업과 경쟁하는 현상을 뜻한다. 제2차 세계대전 후 미국, 영국, 프랑스 등 선진국들이 일본에 자본재나 기술을 원조해준 결과, 일본의 생산품이 역수출돼 선진국들을 위협하는 현상이 벌어졌다.

환경적 측면에서는 인간에 의해 파괴된 생태계와 여러 가지 환경오염 문제들이 다시 인간에게 나쁜 영향을 미치는 현상을 의미한다. 심리적 측면에서는 상대방의 설득이 오히려 역효과를 가져와 설득 의도와 반대로 행동하는 현상을 나타내는 용어로 쓰인다. 일을 막상 하려고 하는데 누가 갑자기 하라고 할 때 하기 싫어지는 것, 담배를 못 피우게 하면 더 피우고 싶은 것 등이다. 누군가가 시키면 하기 싫어지는 반발 심리를 뜻한다. 청개구리 같은 심정의 변화다. 반발심은 침해받는 내용이 중요한 것일수록, 자존심이나 권위의식이 강한 사람일수록 강하게 나타난다.

♈ 유래　부메랑은 공중으로 던지면 되돌아오는 성질을 이용해 만든 기구. 목표물을 향해 던지면 되돌아오는 특성을 지니고 있다. '부메랑 효과'는 되돌아오는 특성을 가진 사냥도구인 부메랑에서 파생된 용어다.

부메랑은 반원형 나무로 된 투척기구. 우연히 던진 나무 지팡이가 되돌아오는 현상을 보고 고안해낸 것으로 알려져 있다. 원래 호주 원주민인 아보리진(Aborigine)의 사냥 도구였다. 새나 작은 짐승의 사냥,

또는 전투, 놀이 등에 사용했다. 고대 이집트와 아프리카에서도 사냥을 위해 사용했으며, 아메리카 인디언과 인도에서도 사용했다고 한다. 따라서 부메랑은 각 대륙이나 나라마다 저마다의 특징을 가지고 있다. 부메랑은 목재의 평평하고 가늘고 긴 막대기 모양으로 전체적으로 구부러져 있든가, 아니면 중간 부분이 구부러져 각도를 이루고 있다. 직경 약 60㎝, 무게 0.2~0.8㎏ 가량.

일반적으로 부메랑은 던지면 되돌아오는 것이라고 생각하지만 모든 부메랑이 그런 성질을 갖고 있는 것은 아니다. 특히 전투에 사용되는 것은 되돌아오지 않는다. 그 이유는 상대를 맞히지 못한 부메랑이 되돌아온다면 적에게 공격한 것과 마찬가지로 자신이 공격받게 되기 때문이다. 가볍고 되돌아오는 것은 사냥용이며, 무겁고 되돌아오지 않는 것은 전투용 무기로 사용된다.

 연관어　사필귀정(事必歸正). 자승자박(自繩自縛, 자기가 한 말과 행동에 자신이 구속돼 어려움을 겪는다). 출이반이(出爾反爾, 자기가 뿌린 씨는 자기가 거두게 된다).

연관법칙　● **자기잠식 효과**　자기 시장 잠식. 새로 내놓는 제품이 기존의 자사 주력상품 고객을 빼앗아 가는 현상. 제살깎기를 표현하는 경제용어. 기업에서 새로 출시하는 상품으로 인해 그 기업에서 기존에 판매하던 다른 상품의 판매량이나 수익, 시장점유율이 감소하는 현상을 가리킨다. 식인풍습을 뜻하는 'Cannibal'이라는 단어에서 유래한 마케팅 용어다. 식인종이 자신의 종족을 잡아먹듯이, 한 기업에서 새롭게 출시한 제품이나 기술이 기존에 그 기업에서 판매하고 있던 다른 제품이나 기술의 영역까지 침범해 해당 매출에 부정적인 영향을 끼치게 된다는 것을 뜻한다. 예컨대, 콜라 회사가 오리지널 콜라만 판매하다가 이와 유사한 다이어트 콜라나 레몬 콜라를 내놓자 기존 오리지널 콜라의 매출에 타격을 입힌다거나, 게임 개발회사가 인기가 높은 기존 게임의 후속편으로 새로운 게임을 출시했는데 이용자가 새로운 게임으로 이동하는 상황 등이 그 예이다. 또 홈쇼핑 업체들이 모바일 쇼핑 도입 이후에도 신규고객이 늘어나는 것이 아니라 기존 TV 고객들이 단순히 모바일로 옮기는 현상도 '카니발리제이션(Cannibalization)'의 대표적인 예다.

보이콧 *Boycott*

☞ 부메랑 효과

장사원 : 협력업체에서 우리가 제시한 조건을 받아들일 수 없다고 하네요.

이대리 : 우리가 갑인데 그냥 밀어붙여야지 별수 있겠어.

김과장 : 이대리 말이 맞아. 이럴 때일수록 강하게 나가야 돼.

오차장 : 그래도 더 좀 대화를 나눠봐. 그러다가 '보이콧'이라도 하는 날
　　　　엔 우리도 득이 없어.

- 뉴욕의 동물애호가들은 한국의 개고기 문화를 비난하며 한국산 제품을 '**보이콧**' 하겠다고
  선언했다.

- 명분 없는 '**보이콧**'은 자멸로 가는 길이 될 수 있다.

🔍 **의미**　　　　거부 운동. 공동으로 배척하는 일을 뜻한다. 정
　　　　　　　　　치, 경제, 사회, 노동 등 모든 분야에서 적용된
다. 보이콧은 통상 조직적, 집단적으로 의사표시를 하는 것을 말한
다. 노동운동에서 많이 쓰이고, 국제관계에서 사용되는 경우는 어떤
나라의 정책 또는 행동에 반대의사를 표시하는 수단으로 사용된다.
또한 특정 회사의 제품에 대한 불매동맹을 뜻하기도 한다.

♈ **유래** 영국 영지 관리인이었던 보이콧(Charles Cunningham Boycott, 1832~1897)이 1880년 소작인들을 추방하려다가 단합한 전체 소작인들의 항의로 물러난 데서 비롯된 말이다.

영국 육군 대위 출신인 보이콧은 아일랜드 백작의 재산 관리인이었다. 1879년 9월, 그는 소작료 25퍼센트를 깎아달라는 아일랜드 토지연맹의 요구를 거부했다. 아일랜드 토지연맹은 찰스 스튜어트 파넬(Charles Stewart Parnell, 1846~1891)의 지도 아래 높은 소작료와 강제퇴거에 저항하기 위해 설립된 단체. 보이콧은 소작료를 납부하지 않는 소작인들에게 퇴거 영장을 발부했다. 그러자 파넬 등의 지도를 받은 소작인들은 비폭력 저항행동에 나섰다. 그의 집에서 일하던 하인과 하녀가 철수했고 보이콧의 가족에게 생필품을 팔지 않았다. 우편배달도 거부했다. 보이콧은 추수가 어렵게 되자 자원봉사대와 군인들을 동원돼 가까스로 수확을 마쳐야 했다. 이후 보이콧은 철저하게 고립됐다. 이젠 자신이 마을을 떠나야 할 지경에 처했다. 이로부터 보이콧은 불매, 배척, 제재, 절교를 뜻하는 용어가 됐다.

레임덕 *Lame duck*

김과장 : 이번 인사에서도 김이사님은 여전히 건재하시네요.

나부장 : 그러게 말이야. 실적이 안 좋아서 자리 유지가 어렵지 않을까 생
각했는데.

김과장 : 게다가 승진까지 했잖아요. 이사님에서 상무님으로요.

이대리 : 김이사님에게 '**레임덕**'은 다른 세상 얘기네.

• 인생에 있어 '**레임덕**'은 없다.

• 대통령의 국정운용 능력에 힘이 실리면서 대통령의 '**레임덕**'이라는 단어 자체가 희미해지
고 있다.

Q **의미**　　권력누수 현상. 임기만료를 앞둔 공직자를 '절
름발이 오리'에 비유한 말이다. 레임은 '다리를
저는, 절름발이의'라는 뜻. 고위 공직자의 통치력 저하를 '기우뚱 기
우뚱 걷는' 절름발이 오리에 비유한 것이다.

특히 대통령 같은 정치 지도자의 집권 말기에 나타나는 지도력 공백
상태를 말한다. 대통령의 권위나 명령이 제대로 시행되지 않거나 먹

혀들지 않아서 국정 수행에 차질이 생기는 현상이다.

레임덕 현상은 대체적으로 대통령의 임기가 얼마 남지 않았을 때, 집권당이 의회에서 다수 의석을 얻지 못할 때 발생한다. 레임덕은 정치 분야에서 많이 차용된다. 예전에 잘나가던 사람이 제대로 기능하지 못하는 것을 지칭하는 말로 쓰인다.

♈ 유래 레임덕의 기원은 1600년대 영국까지 거슬러 올라간다. 원래 오리가 부정적인 내용으로 쓰인 것은 크리켓 게임을 표현하는 용어에서였다. 오리알은 경기 기록판의 '0'과 모양이 비슷했다. 그래서 점수를 내려면 오리알을 깨야만 했다. 레임덕은 1700년대 영국 증권시장에서 채무불이행 상태가 된 증권거래인을 가리키는 용어였다. 미국의 남북전쟁 때부터 대통령에게 사용되기 시작했다. 미국에서 실질적으로 정치적인 의미를 띠게 된 것은 1980년대 레이건 대통령 임기 말에 야당 의원 등이 대통령 말에 반하는 행동을 하면서 비롯됐다. 이후 미국에서 재선에 실패한 현직 대통령이 임기가 끝날 때까지 마치 뒤뚱거리며 걷는 오리처럼 정치력의 저하를 보이는 것에 비유됐다. 미국에서는 1933년 10월 미국 헌법 제20조 수정조항이 채택되기 이전에는 11월 선거에서 패배한 현직 대통령이 다음해 3월 4일까지 재직하도록 되어 있었다. 수정조항에서 대통령의 취임일을 1월 20일로 앞당김으로써 대통령 권력이 이완되는 기간을 줄였다.

연관어 　임기말 증후군.

연관법칙 　● **노블레스 오블리주** Noblesse oblige　프랑스어로 '명예(Noblesse)만큼 의무(Oblige)를 다해야 한다' 는 뜻. 사회지도층의 도덕적 의무를 말한다. 유럽에서 귀족이 전장에 나가 목숨을 바쳐 공동체의 안전을 지키고 그에 대한 대가로 농노들에게 세금과 복종을 요구한 데서 유래한다. 실제로 제1,2차 세계대전에서 영국의 고위층 자제가 다니던 이튼칼리지 출신 중 2000여 명이 전사했고, 포클랜드전쟁 때는 영국 여왕의 둘째 아들 앤드루가 전투 헬기 조종사로 참전했다. 6·25전쟁 때에도 미군 장성의 아들이 142명이나 참전해 35명이 목숨을 잃거나 부상을 입었다.

● **데드 덕** Dead duck　레임덕보다 더 심각한 권력공백 현상을 지칭하는 용어. 죽은 오리라는 뜻으로, 성공적이지 못하거나 실패한 사람이나 대상을 말한다.

● **시팅 덕** Sitting duck　가만히 앉아 있는 오리라는 뜻. 쉽게 공격받거나 비난받는 사람이나 대상을 말한다.

● **레임덕 마켓** Lame duck market　증권시장에서 비틀비틀 걷는 오리를 연상하듯 시장에서 탈락하는 것을 의미한다.

● **모럴 해저드** Moral hazard 도덕적 해이. 자기 이익만 추구함으로써 다른 사람이나 사회에 피해를 주는 것. 일종의 기회주의적 행동이다. 모럴 해저드는 원래 보험시장에서 사용됐던 용어다. 금융기관이나 예금자의 무책임한 행위를 가리키는 말로 많이 쓰인다. 이외에 법과 제도의 허점을 악용한 이익 추구, 자기 책임을 소홀히 하는 태도, 집단이기주의 등에 대해서도 '모럴 해저드'라고 표현한다.

● **디폴트** Default 채무불이행. 빚에 대한 원금이나 이자를 지불할 수 없는 상태. 한 나라의 정부가 외국에서 빌려온 빚을 상환기간 내에 갚지 못한 경우에 해당된다. 이에 비해 '모라토리엄(Moratorium)'은 빚을 갚을 시기가 되었으나 부채가 너무 많아 일시적으로 상환을 연기하는 것으로 '채무지불유예'라고 한다.

● **베어리시 마켓** Bearish market 증권시장에서 곰이 눕는 것을 연상하듯 주식시세가 조정을 받거나 하락할 때 쓰인다. 곰은 느린 걸음으로 어슬렁어슬렁 걷기 때문에 증시에서 재빨리 행동하지 못한다는 뜻.

● **불리시 마켓** Bullish market 증권시장에서 소가 머리를 드는 강세장을 뜻한다. 황소는 저돌적으로 돌진하는 습성이 있기 때문에 상승세의 장을 의미한다.

제노비스 신드롬 *Genovese syndrome*

이대리 : 지하철에서 노인석 자리를 놓고 시비가 붙어 난리가 났지. 경찰까
　　　　지 출동했어.

장사원 : 말리는 사람들은 없었나요?

이대리 : 그저 다들 멀뚱히 쳐다만 보더라고. 누가 잘못했는지는 알겠지
　　　　만. 가해자가 욕을 하며 거칠게 행동하니 선뜻 나서기가 그렇더
　　　　군. 사람들은 슬슬 피하기만 하고. '방관자 효과'가 따로 없었어.
　　　　물론 나도 그랬지만.

장사원 : '제노비스 신드롬'까지 일이 안 커진 게 다행이네요.

- 책임질 사람이 많아질수록 책임지려 나서는 사람은 줄어드는 **제노비스 신드롬**에 우리 정
  치인들이 빠져 있다.
- 한국 사회에서도 **제노비스 신드롬**을 떠올리게 하는 사건이 잇따르고 있다.

Q　　**의미**　　　　'방관자 효과'와 같은 뜻이다. 범죄심리학에서
　　　　　　　　　　는 방관자 효과를 이렇게 부른다. 범죄현장을
지켜보고도 쉬쉬하며 덮어버리는 현상이다. 여러 사람이 관계되는

경우 위험을 무릅쓰고 상황 해결을 위해 나서기보다 구경하는 방관자로 변해버리는 인간의 성향을 말한다. 목격자가 많을수록 책임감이 분산돼 개인이 느끼는 책임감이 적어져 도와주지 않고 방관하게 되는 심리현상을 일컫는 말이다.

♈ 유래 〉 미국 뉴욕에서 발생한 키티 제노비스(Kitty Genovese) 살해사건에서 유래된 말이다. 처음에는 평범한 살인사건에 불과했던 이 사건은 목격한 구경꾼들의 무관심으로 인해 미국 전역에 큰 파문을 일으켰다. 뉴욕 같은 대도시에서 살인사건은 흔했으며 이 사건도 그런 일상 속에 파묻혀 버릴 뻔했다. 그런데 사건 발생 1주일 후 뉴욕타임스의 에이브러햄 로젠탈(Abraham Michael Rosenthal, 1922~2006) 편집국장이 시의 경찰국장과 점심 식사 중에 38명의 구경꾼 얘기를 전해 들으면서 사건은 들불처럼 번져나갔다.

1964년 3월 13일 금요일 새벽. 제노비스라는 여성이 미국 뉴욕 시의 퀸스 지역 주택가(아파트 단지)에서 괴한의 칼에 찔려 무참히 살해됐다. 그녀는 뉴욕 퀸스에서 살던 28세의 바 매니저였다. 제노비스는 3시 15분에서 50분까지 무려 35분 동안이나 3번에 걸쳐 칼에 찔리며 도와달라고 비명을 질렀다. 이리저리 피해 다니며 몸부림쳤지만 죽음을 피하진 못했다. 이웃집 사람들은 35분 동안이나 계속된 살인현장을 자기 집 창가에서 바라만 보고 있었다. 그러나 그 어느 누구도 제노비스를 도와주거나 경찰에 신고하지 않았다. 이를 목격한 이웃은 모두 38명이나 됐다.

범인은 윈스턴 모즐리(Winston Moseley). 그는 부인과 두 아이가 있는 가장이었다. 어이없게도 그는 밤늦게 집을 나와 내키는 대로 여자를 하나 골라 죽일 생각을 했다. 우연히 길을 지나던 제노비스가 대상이 된 것이다. 그는 잔인한 살인마였다. 칼에 찔려 죽어가는 그녀를 강간하기도 했다. 그는 제노비스를 살해하고 6일이 지나서 다른 절도 혐의로 체포됐다. 그때 제노비스 살인을 자백했다. 조사결과, 30~40건의 절도와 다른 두 여성을 살인·강간한 것도 밝혀졌다. 처음에 제노비스 사건은 평범한 살인사건으로 취급됐다. 하지만 사건 발생 2주 후인 3월 27일, 〈뉴욕타임스〉가 크게 보도하면서 사건은 일파만파로 확대됐고 미국 사회는 충격에 빠졌다. 기사 제목은 '살인을 목격한 38명은 경찰에 신고하지 않았다'였다. 로젠탈이 사건을 소재로 쓴 책 제목도 《38명의 증인들:키티 제노비스 사건》이다.

〈뉴욕타임스〉는 정상적인 남녀 목격자 38명이 창가에 서서 희생자가 마지막 30분 이상 비명을 지르는데도 구조는커녕 경고성 고함 한번 지르지 않았다고 보도했다. 다른 신문들도 '차가운 사회', '무감각한 시민정신', '인간성의 소실' 등의 제목으로 분노와 개탄을 표출하는 기사와 칼럼을 앞다퉈 실었다. 목격자들의 이름과 주소를 공개하라는 분노가 빗발쳤다.

사건 발생 40여 년 후인 2007년, 〈아메리칸 사이칼로지스트〉가 이 사건을 다룬 〈뉴욕타임스〉를 비롯한 언론의 보도가 지나치게 과장됐다는 논문을 실어 눈길을 끌었다. 사건의 목격자가 38명이라는 건 사실이 아니며, 일부 목격자들도 여자의 비명을 듣고 창밖을 어렴풋

하게 보긴 했지만 그것이 살인사건일 것이라고는 생각하지 못했다는 것이다. 그렇다고 해서 이 사건이 이른바 '방관자 효과'의 사례로 그 가치까지 잃을 정도는 아니라는 게 중론이다.

♻️ **연관어**　구경꾼 효과. 대중 심리. 대중적 무관심. 다수의 무시. 군중 행동. 대중 사회. 군중 범죄. 집단 심리. 공중 심리. 단체 심리. 집단적 현상. 방관자. 냉담.

🔗 **연관법칙**　● **방관자 효과** Bystander effect　주위 사람이 많을 수록 어려움에 처한 사람을 돕지 않게 되는 현상. 방관자의 사전적 정의는 어떤 일에 상관하지 않고 곁에서 지켜보기만 하는 사람이다. 집단의 규모가 커질수록, 곤경에 처한 사람을 도우려는 내면적 동기는 오히려 더 약해진다. 일반적으로 주위에 사람들이 많을수록 약자를 도와줄 확률은 낮아지고, 도와준다고 하더라도 행동으로 옮기는 데까지 시간이 더 걸린다. '방관자 효과'는 우리사회 곳곳에서 볼 수 있다. 빈곤문제나 환경문제 등 전 세계적인 문제와도 연관이 있다. '나 아닌 누군가 하겠지'라는 생각을 가지게 되면 마음의 구경꾼이 된다. 방관자 효과는 '제노비스 사건'에서 파생됐다. 제노비스 사건에 자극을 받은 사회심리학자 존 달리(John Darley)와 빕 라타네(Bibb Latane)가 1968년 실험을 통해 이 같은 현상을 확인하고 방관자 효과라는 이름을 붙였다. 이들은 방관자 효과

가 일어나는 이유로 다원적 무지와 더불어 '책임감의 분산(diffusion of responsibility)'을 제시했다. 이들은 학생이 간질 발작을 일으키는 상황을 만들어놓고 실험을 했다. 그 결과 2명이 있을 때는 85퍼센트가 도움을 주는 반면, 4명이 있을 땐 62퍼센트, 7명이 있을 땐 31퍼센트로 점점 떨어졌다.

● **골드스미스의 법칙** 18세기의 영국 작가 올리버 골드스미스가 "침묵은 동의를 뜻한다"고 한 말에서 비롯됐다. 그는 침묵한 모두가 공범이라고 주장했다.

● **군중 심리** 군중 속에서 개인적 특성이나 사회적 관계는 소멸되고 사람들이 쉽게 동질화되는 사회심리 현상. 혼자가 아니라 많은 사람들이 함께 있을 때 어떤 자극에 대해 이성적으로 행동하는 것이 아니라 남의 말이나 행동을 비판이나 판단 없이 따라하거나 필요 이상으로 흥분하는 것을 말한다. 군중 속에 있는 사람은 자기 이상의 행동을 하게 되는데, 이러한 자기 이상의 행동은 사회적으로 위험하고 억제할 수 없는 집단 난동, 폭동, 파괴를 일으키기도 한다. 군중 심리가 건설적으로 발휘되면 평범한 상황에서 상상할 수도 없는 다이나믹한 성과가 탄생한다. 하지만 부정적으로 변질되는 경우가 훨씬 더 많다는 게 문제다. '군중 심리'라는 단어는 프랑스 학자 귀스타브 르봉(Gustave Le Bon, 1841~1931)이 처음 사용했다. 그의 저서 《군중심리학》은 '군중 심리' 연구에 효시가 된 책으로 오늘날에도 여전히 유효한 사회심리학의 고전이다. 책에서 심리적 관점으로 본 군중의 성격

을 규명하고 있다. 그는 원래 의사였고 민속학, 인류학, 역사학 등에 조예가 깊었다. 귀족 출신이었으나 프랑스 혁명으로 인해 집안이 몰락했고, 일반인들의 습격에 시달리는 청소년기를 보냈다. 프랑스 혁명의 가치를 부정하고 참가자를 모독하기 위해 책을 썼고, 군중심리라는 단어를 만들어낸 것이라는 후문이 있다. 프랑스에서 1895년에 처음 출간됐으며 군중의 심리와 행동을 분석함으로써 대중사회의 문제를 진단하고 해결책을 제시하려 했다. 책에 따르면, 군중은 모이게 되면 군중 전체의 힘과 자신의 힘을 동일시하는 착각에 빠져서 혼자서는 저지를 수 없었던 각종 기행과 악행을 양심의 거리낌 없이 행하게 된다고 한다. 그는 개별적으로는 합리적이고 배울 점이 있겠지만 뭉치면 하향평준화 된다고 말했다.

● **단테의 법칙**　선량한 방관자. 자신과 직접적인 관련이 없는 문제에 대해서는 무관심한 행동을 보이는 것을 말한다. 공연히 끼어들었다가 덤터기 쓸 것이 두려워 모른 척하는 경향을 보인다. 미국의 케네디 대통령이 단테의 《신곡》 지옥 편에 나오는 이야기를 비유로 들면서 언급한 말이다. 여기서 '단테의 법칙'이 파생됐다. "지옥에서 가장 뜨거운 자리는 도덕적인 위기에서 중립을 지킨 사람들을 위해 마련된 곳이다." 악에 항의하지 않는 사람은 악에 협조하는 것이므로 방관자도 공범이라는 말이다. 선량한 방관자들이 갈 곳은 바로 뜨거운 지옥불이라고 말하기도 했다.

● **도요타 상사 사건**　'제노비스 신드롬'과 유사한 유형. '도요타 상사 사

건'은 일본 사상 최악의 다단계 사기사건이다. 피해자는 노인을 중심으로 수만 명에 달했고, 무려 2000여억 엔을 횡령했다. 주모자는 도요타 상사의 나가노 가즈오(永野一男, 1952~1985) 회장. 1985년 6월 18일, 그가 자택에서 연행되는 장면은 전국에 생중계됐다. 그의 집 앞에는 신문사와 방송국 등 약 30여 명의 취재진들로 장사진을 이뤘다. 이때 갑자기 2명의 사나이가 "회장을 죽이러 왔다"라는 섬뜩한 말을 내뱉으며 취재진을 헤치고 집 안으로 들어갔다. 그리고 대담하게 회장을 살해한 후 다시 걸어 나왔다. 기자들을 포함한 주위의 목격자들은 범행을 그저 지켜보기만 했다.

● **동조 심리** 남의 생각을 자기 생각에 맞춰 정신적으로 안정과 질서를 찾으려는 것. 자신의 주관적인 생각이 뚜렷하지 않고 확신이 없을 때 일어난다. 불안한 사람이 어떤 단체조직이 아닌 어디서나 나타날 수 있는 현상이다. 동조 심리는 때로 도움이 될 수 있으나 때로는 사람을 위험으로 내몰 수도 있다. 학교 폭력 등이 부정적인 예다.

● **리더의 권위 효과** 사람은 어려서부터 연장자나 선배, 부모를 추종·모방하는 습관이 있다. 이런 습관에 따라 리더를 추종하게 된다. 리더는 군중을 형성하고 있는 각 개인이 반사회적 반응을 일으킬 때 생기는 불안을 제거해준다.

● **에드먼드 버크의 법칙** 버크는 "악의 승리를 위해 필요한 것은 선량한 사람들이 오직 가만히 있어주는 것이다"라고 말했다.

법칙으로 통하는 사회의 변화

● **착한 사마리아인** 구경꾼과는 반대다. '착한 사마리아인'은 앞장서서 문제를 해결하려고 하는 사람들이다.

● **책임감 분산 효과** 자신의 책임을 회피하는 것을 가리켜 심리학 용어로 '책임분산'이라고 한다. 책임감 분산은 상황의 모호성과 더불어 지켜보는 사람이 많으니, 자신이 아니더라도 누군가 도움을 주겠지 하는 심리적 요인에서 비롯된다.

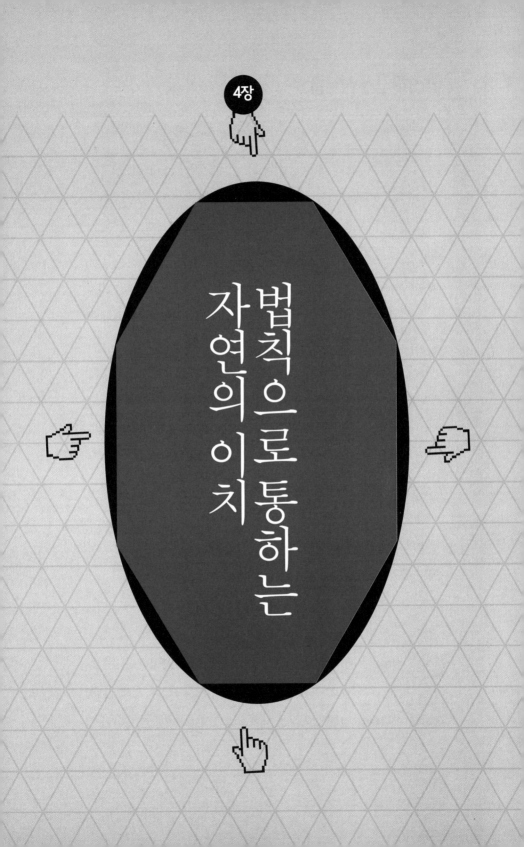

4장

자연의 이치

법칙으로 통하는

갈라파고스 신드롬 *Galapagos syndrome*

☞ 다윈의 법칙

이사원 : 과장님 무슨 일 있으세요?

김과장 : 무슨 일은 매일 똑같지. 이번 승진에서도 또 누락. 내 이름이 김
만년이라 그런가? 정말 만년 과장이네. 조상 탓을 해야 하나. 이
참에 아예 산에나 들어가서 살까.

이사원 : 그러다가 '갈라파고스 신드롬'을 앓으면 어쩌시려고요.

김과장 : 그렇겠지? 가끔 바람 쐬는 정도로 산에 가는 것은 괜찮지만, 산
속에 처박혀 영영 세상과 고립되면 우리 애들은 누가 먹여 살려.

- 한자 문화권 중에서 한국만 환갑 **갈라파고스 신드롬**'에 갇혀 있는 셈이다. 이제 환갑은 중
국은 물론 가까운 일본에서도 더 이상 쓰지 않는 개념이다.
- 전문점 규제는 세계적으로 전례가 없어 자칫 국내 유통산업의 **갈라파고스 신드롬**'을 초래
할 수 있다.

🔍 **의미** 세상과 동떨어져 단절되는 상황이나 고립되어
가는 현상. 갈라파고스가 지구라는 생태계에서
상당히 격리되어 있는 섬이라는 데에서 착안한 것이다. 외부와의 단

절된 형태로 발전을 모색했지만 오히려 이 때문에 의도하는 목적을 달성하지 못하는 경우를 일컫는다. 예컨대, 경제에서 글로벌 트렌드의 추세와 동떨어진 채 자신들만의 표준을 고집하다 곤란에 빠지는 경우다. 또는 자국 시장만을 염두에 두고 제품을 만들어 글로벌 경쟁에 뒤처지는 현상도 된다. 아무리 기술적으로 뛰어난 상품이라 하더라도 일부 지역에만 특화되어 있을 경우 그 외의 시장에서는 팔리지 않고 고립되기 일쑤다.

갈라파고스는 남미 에콰도르 서쪽 바다에 위치한 군도(群島). 에콰도르에서 약 1000㎞ 떨어져 있다. 크고 작은 19개의 화산섬과 다수의 암초로 이뤄져 있다. '갈라파고'는 옛 스페인어로 '안장'을 뜻한다. 갈라파고스 제도에서 발견되는 땅거북의 등딱지 모양이 안장과 비슷하다고 해서 갈라파고스라는 이름이 붙었다. 총면적은 7880㎢로 우리나라의 전라북도 크기. 인구는 약 2만 5000여 명(2010년 기준). 이사벨라 섬(5800㎢)이 가장 큰 섬이다. 다른 섬들은 대개 작고 평평하다. 아술산(1689m)은 최고봉을 자랑한다. 갈라파고스는 대륙에서 멀리 떨어져 있어 고유종(固有種)의 생물이 많다. 에스파냐의 토마스 데 베를랑가(Tomas de Berlanga)가 1535년에 발견했다. 갈라파고스는 찰스 다윈의 진화론 탄생지이기도 하다. 유네스코가 지정한 세계자연유산 중 하나로 태고의 신비가 깃든 섬이다.

♈ **유래**   일본 IT산업의 상황이 '갈라파고스 신드롬'과 유사하다고 해서 붙여진 이름이다. 일본 총무

법칙으로 통하는 자연의 이치

성의 2007년 일본 무선전화 시장보고서에서 처음으로 언급됐다. 갈라파고스 신드롬은 일본의 글로벌 전자제품 회사인 소니, 파나소닉, 도시바 등의 몰락을 설명하면서 제기됐다. 일본 기업들이 만든 휴대전화가 국내 소비자 취향만 따르다 갈라파고스에서 다윈이 발견했던 고유종들과 비슷해졌다는 것. 일본 휴대전화 인터넷망 i-mode의 개발자인 나쓰노 다케시(夏野剛, 1965~) 게이오 대학 교수가 일본 전자제품 시장의 몰락을 갈라파고스의 생태계와 비슷하다고 언급했다. 그는 와세다 대학을 졸업하고, 1993년 미국으로 유학을 떠나 펜실베이니아 대학 와튼 스쿨에서 MBA 과정을 마쳤다. 귀국 후 하이퍼넷의 부사장에서 1997년 NTT 도코모로 자리를 옮겨 게이트웨이 비즈니스부 콘텐츠 담당 부장을 지냈다. 2001년에는 회사를 최고의 무선 웹서비스 업체로 발전시킨 공로를 인정받아 미국경제 주간지 〈비즈니스 위크〉가 선정한 '세계에서 가장 영향력 있는 e-비즈니스 리더 25인'에 뽑히기도 했다.

일본 IT산업은 초창기부터 내수시장에 특화된 기술을 바탕으로 제품을 개발해 국제표준에 기초한 세계시장과는 다른 방향으로 발전했다. 일본의 휴대폰은 이메일 송수신 기능, 카메라폰, 음악 다운로드, 전자지불시스템, 디지털 TV 등 최고의 기술력을 갖추었음에도 세계적인 기술표준을 따르지 않아 일본 밖으로 나오지 못했다. 이는 일본이 가진 기술력과 상관없이 세계시장에서의 영향력 감소와 함께 경쟁력 약화로 일본시장마저 다른 나라에 내줄 위기에 처하게 되는 원인이 됐다. 이를 풍자해 갈라파고스 신드롬을 일본(Japan)과 합쳐 '잘라파고스(Jalapagos)'라는 말까지 등장했다.

연관어　정보쇄국(情報鎖國). 시대착오. 국제표준. 글로벌 스탠더드.

 연관법칙　● **정글의 법칙** Law of the jungle　밀림 지대에서의
생활력 법칙. 즉 약육강식의 법칙. 강자가 약자
를 지배하고 다스리는 세상 이치를 말한다. 약육강식은 오직 힘의 논
리만이 지배하는 경우에 사용하는 표현이다. 영국의 소설가 키플링
(Joseph Rudyard Kipling, 1865~1936)이 1894년에 발표한 소설 《정글북》
에서 처음으로 사용했다. 정글북은 7개의 단편동화로 구성된 책. 잘
알려진 모글리 이야기는 '모글리의 형제들', '카아의 사냥', '호랑이!
호랑이!'를 엮은 것이다.

　법칙으로 통하는 자연의 이치

다윈의 법칙 *Law of Darwin*

☞ 갈라파고스 신드롬, 멘델의 유전법칙

김과장 : 기획팀 김차장이 마케팅 부서로 발령났다며?

이대리 : 문책성 인사는 아닌 것 같은데. 전혀 다른 분야라서 녹록치 않겠
어요.

김과장 : 그런데, 김차장은 다소 여유 있어 보이던데?

이대리 : '다윈의 법칙'을 잘 아는 분이시잖아요. 애써 힘든 척 안 하는 것
인지도 몰라요.

· 모든 생명체는 생존에 적응할 수 있는 개체만이 살아남는다는 **'다윈의 법칙'**을 따른다.

· 비즈니스 업계에서는 냉혹하게도 **'다윈의 법칙'**이 적용된다.

Q **의미**　　　어떤 환경에서의 적응력을 표현할 때 쓰인다.
　　　　　　　적자생존론은 약육강식의 원리보다는 살아남
는 자가 강한 것이라는 사회진화적인 의미를 담고 있다. 또한 살아남
는 것은 가장 강하거나 지적인 것이 아니라, 변화에 잘 적응할 수 있
다는 것이다.

다윈이 진화론을 발표할 당시엔 사람들은 신의 창조설을 굳게 믿고

있었다. 이 때문에 종교계에서는 다윈을 사탄으로 여겼다. 다윈은 종교계의 반발을 우려해 《종의 기원》에서 인간을 언급하지 않았다. 또 "사람의 조상은 원숭이다"라고 한 적도 없다. 그렇지만 다윈은 '신' 대신 '자연선택'이라는 개념을 도입했다.

진화론 논쟁은 파문을 일으켰다. 다윈이 신을 모독했다는 비난이 쏟아졌다. 공교롭게 그 시기는 산업혁명이 한창인 때였다. 다윈의 생존경쟁에 의한 선택이론은 자유경쟁에서 강한 자가 이긴다는 신흥자본가의 생각과 일치하는 점이 많았다. 진화론이 지닌 과학성에 의해 논쟁은 시간이 흐름에 따라 진화론자에게 유리하게 진행됐다.

♈ 유래 영국의 자연사학자인 찰스 다윈(Charles Darwin, 1809~1882)의 진화론에서 따왔다. 다윈은 영국 슈롭시어 주의 슈루스버리에서 태어나 1825년에 에딘버러 대학 의학부에 입학했으나 의학에 흥미를 느끼지 못하고 박물학과 지질학을 탐구했다. 스승 헨슬로(John Stevens Henslow, 1796~1861) 교수의 추천으로 학술탐사선 비글호에 박물학자 자격으로 1831년에 승선해 1836년(22세~27세)까지 탐사했다. 1837년 《종의 기원》에 관한 제1 책자의 노트를 시작했고, 1839년에 훌륭한 조수이자 외사촌이던 엠마 웨지우드와 결혼했다. 1872년 《종의 기원》 6판을 출간했다.

1835년, 26세의 다윈은 비글호를 타고 갈라파고스 섬에 도착해 그곳의 핀치새가 저마다 다른 종류의 부리를 가지고 있는 것을 발견했다. 연구 끝에 핀치 부리 모양이 조금씩 다른 것은 먹이 종류에 따라 진화한 것이라는 결론을 얻었다. 훗날 세상을 뒤흔들 진화론의 서곡인 셈이다. 진화론의 핵심은 '자연선택'이다. 환경에 적응하는 생물은 자연의 선택을 받아 살아남는다. 반면 적응하지 못하고 도태된 생물은 사라진다. 그렇게 생물은 진화해왔다는 것이다.

《종의 기원》으로 알려진 책의 정식 명칭은 《자연선택에 의한 종의 기원에 관하여, 또는 생존투쟁에서 선호되는 품종의 보존》이다. 이 책은 과학 역사상 가장 중요한 저술 중 하나로 여겨지고 있다. 그는 25년 동안 그의 생각을 뒷받침할 만한 증거를 수집해 48세가 되던 1859년 11월에 이를 논문형식으로 발표됐다. 환경에 가장 잘 적응한 종이 살아남는다는 '적자생존'과 생존경쟁에 유리한 형질이 자연적으로 선택된다는 '자연선택' 개념이 진화 메커니즘의 핵심이다. 그의 진화론은 자연선택을 요인으로 삼았다. 생물 종의 개체 간 변이가 생겼을 경우에 그 생물이 생활하고 있는 환경에 가장 적합한 것만이 살아남고, 부적합한 것은 멸종한다는 내용이다. 개체 간 경쟁과 자연선택이 반복해 일어난 결과로 진화가 이뤄진다는 것이다. 그 이전에도 비슷한 견해가 제시됐으나 종교권력과 정치인들의 영향으로 학계에서 주된 학설로 인정받지 못했다.

 연관어　생존경쟁의 법칙. 적자생존의 법칙. 자연선택. 자연도태. 약육강식의 법칙. 인공선택.

연관법칙 ● **멘델의 유전법칙** Mendelian Inheritance 멘델은 생물학자 중에서 유일하게 수학적 토대 위에 자신의 이론을 설명한 과학자. 오스트리아 태생의 수사(修士)였던 그레고어 멘델(Gregor Johann Mendel, 1822~1884)은 수도원 정원에서 완두콩을 키우면서 인류 역사상 처음으로 종합적이고 체계적인 유전학 실험을 했다. 멘델은 자신의 유전법칙을 수식으로 전개해 유전학의 기초를 닦았다.

멘델의 유전법칙은 '우열의 법칙(우성의 법칙)', '분리의 법칙', '독립의 법칙'으로 구성되어 있다. 우열의 법칙은 순종인 대립형질끼리 교배시켰을 때, 잡종 1대에는 한 가지 형질만 겉으로 보인다는 학설이다. 키가 큰 완두콩과 키가 작은 완두콩을 서로 교배시키면 키가 큰 완두콩이 나오는 종자만을 얻을 수 있다. 이때 서로 다른 대립 형질 중에서 한쪽이 우성, 다른 쪽이 열성을 띠어 다음 세대에서 우성이 겉으로 드러난다. 멘델은 제1대 잡종의 콩을 자가수분시켰다. 이때 사라졌던 열성형질이 나타났으며, 제2대 잡종에서는 우성과 열성의 비율이 3:1로 나타났다. 이를 '분리의 법칙'이라고 부른다. 여기에 다시 완두콩 꽃의 색깔이라는 하나의 요소를 더했다. 제1대 잡종에서는 둥글고 노란색의 종자가 열렸다. 멘델은 그 다음 제1대 잡종을 자가수분(自家受扮, self-pollination) 했을 때, 양성잡종의 제2대 잡종 자손에서 9:3:3:1의 표현형의 비율이 나타나는 것을 발견했다. 이를 '독립의 법칙'이라고 정의했다. 여러 형질이 관여할 때에도 각각의 형질은 서로 독립적으로 우열의 법칙과 분리의 법칙을 나타냈다. 멘델은 3가지 결과를 가지고 유전법칙의 초석을 다져나갔다. 무려 약 8

법칙으로 통하는 자연의 이치

년 동안 완두콩 실험에 매달렸다. 멘델은 그동안 연구한 것을 토대로 브륀에서 개최된 자연과학사협회 정기총회에서 '식물의 잡종에 대한 연구'라는 논문을 발표했다. 논문은 그 다음해 동일 학회의 잡지에 게재됐으나 관심을 얻지는 못했다. 멘델은 끝내 아무것도 인정받지 못하고 쓸쓸하게 생을 마쳤다. 멘델의 법칙은 1900년 즈음 유럽 과학자들에게 재발견됐다.

● **적자생존의 법칙** Law of survival of the fittest 환경에 가장 잘 적응하는 생물이나 집단이 살아남는다는 뜻. 생물학에서 적자생존이라는 말은 더 강하고 우수한 생물이 살아남는다는 말이 아니라, 단순히 환경에 잘 적응해 잘 번식하는 생물이 살아남는다는 뜻이다. 기업도 역시 환경의 지배를 받는다는 점에서 적자생존의 원리가 적용된다. 이 말은 다윈의 상징처럼 진화론을 설명하는 말로 유명하지만, 다윈이 처음 사용한 말은 아니다. 영국의 철학자이며 경제학자인 스펜서(Herbert Spencer, 1820~1903)가 《생물학의 원리》(1864)라는 저서에서 처음 사용했다. 스펜서는 기계론적 진화론 위에 자신의 이론을 세우면서 '적자생존'이라는 개념을 처음으로 도입했다. 그는 "내가 여기서 이야기하려 했던 적자생존은, 다윈이 '자연선택'이라고 했던 것이며 생존경쟁에서 가장 좋은 종족이 살아남는다는 것을 의미한다"고 말했다. 적자생존은 스펜서의 저서인 《개인 대 국가》(1884)에서 더욱 강하게 사용된다. 그는 여기서 더 좋은 물건과 서비스를 제공하는 회사는 살아남아 시장을 점령하고, 이러한 소비자의 경향에 잘 따라오지 못하는 회사는 경쟁에 의해 도태된다는 이론을 주장했다.

다윈으로서는 자신의 이론을 가장 잘 표현할 수 있는 단어를 빼앗긴 셈이 되어 한동안 이의 사용을 기피했다. 그래서 다윈은《종의 기원》(4판)까지 자연선택이라는 단어를 주로 사용했다. 하지만 스펜서가 《생물학의 원리》에서 경제학과 생물학을 동일선상에 놓고 적자생존이라는 용어를 쓴 것을 착안, 결국은 그 단어의 매력에 이끌려 1869년에 나온《종의 기원》(5판)부터는 자연선택과 동일한 의미로 적자생존이라는 말을 쓰기 시작했다. 시간이 지나면서 적자생존이라는 문구는 진화론의 모든 것을 설명해줄 수 있는 말처럼 일반인들에게 받아들여지기 시작했다. 이는 결국 사회적 다윈주의와 우생학을 낳는 결과를 초래했다.

적자생존은 순환적이라는 부분에서 자주 공격을 받았다. 즉, '적합한 자가 살아남았고, 살아남은 생물은 또 적합하고' 식의 순환논리가 되고 만다는 지적이다. 그래서 이러한 순환논리라는 약점 때문에 현대 진화생물학에서는 적자생존이라는 문구를 잘 사용하지 않는다. 오히려 처음 다윈이 말했던 것처럼 '자연적으로 선택된 생물이 살아남으며, 그래서 유전된다'라고 표현하는 자연선택이라는 단어가 현대 생물학에서 자주 사용된다.

법칙으로 통하는 자연의 이치

도도새 _Dodo bird_ 의 법칙

☞ 갈라파고스 신드롬, 메기 효과, 청어의 법칙

나부장 : 저녁 내기 당구 한 판 어때?

김과장 : 부장님은 200, 나는 150, 이 대리는 120이지?

이대리 : 저는 당구를 거의 안 쳐서 지금은 100도 안 돼요.

나부장 : 나도 마찬가지야. '도도새의 법칙' 때문에 실력이 많이 줄었어.

• 행정 전문가는 "공공기관이 **'도도새의 법칙'**이 되어선 안 되고 끊임없이 진화해야 한다"고
  강조했다.

• 기업은 치열한 시장 상황에서 **'도도새의 법칙'**을 명심해야 한다.

🔍 **의미**　　천적이 없어 멸종한 도도새를 비유한 법칙. 세
상의 모든 것들은 외부의 도전과 시련이 없으
면 멸망한다는 것이다. 익숙한 환경에 적응해 날갯짓을 잊어버린 도
도새처럼 끊임없이 혁신하지 않으면 살아남을 수 없다는 것을 시사
한다. 인도양의 한 섬에 서식했던 도도새는 천적이 없어 날개가 퇴화
된 조류. 포식자가 살지 않는 서식지의 특성에 맞게 생존수단이었던
날개를 포기했다. 도도새처럼 주어진 환경 속에서만 안주하고, 노력

이나 자기계발을 하지 않으면 결국 도태된다. 영국의 역사학자 토인비(Arnold Joseph Toynbee, 1889~1975)는 외부의 도전 없이 스스로 사라져버린 문명으로 고대의 마야 문명을 언급했다. 마야 문명은 기원전 2000년 전부터 스페인 정복이 시작되는 15세기 후반(1492년 콜럼버스 아메리카 대륙 발견)까지 3500년 동안 지금의 멕시코와 과테말라, 온두라스, 엘살바도르 일대에서 번성했던 문명이다.

♈ 유래

루이스 캐럴이 쓴 동화 《이상한 나라의 앨리스》에 도도새 이야기가 나온다. 도도새는 인도양의 작은 섬 모리셔스(Mauritius)에 살던 날지 못하는 새. 도도새는 '진화사의 실패자'라고 볼 수 있다.

모리셔스는 천혜의 자연 속에 둘러 쌓여 있다. 미국의 작가 마크 트웨인(Mark Twain, 1835~1910)이 "신은 천국보다 모리셔스를 먼저 창조했다"라고 했을 정도다. 그곳에는 도도새의 먹이가 사방에 널려 있는데다가 천적마저 없었다. 도도새에게는 모리셔스가 바로 에덴동산이었다. 먹이가 풍부하고 천적이 없으니 애써 날아오를 필요도 없었다. 포르투갈 선원들이 섬에 첫 발을 디뎠을 때 새들은 날아가지 못하고 멀끔히 쳐다만 보았다. 선원들이 '바보, 멍청이'라는 뜻으로 붙여준 이름이 도도였다. 도도새는 사람들의 왕래가 늘어나고 다른 동물들이 유입되면서 결국 멸종했다. 그래서 오늘날 도도새가 어떻게 생겼고, 어떻게 우는지를 정확히 알지 못한다. 1681년에 마지막으로 목격된 뒤 우리 앞에서 영영 사라졌기 때문이다. 영국 옥스퍼드의 애시몰린 박물관에 보관되어 있던 유일한 박제도 1755년에 관리 상태가 나쁘다는 이유로 소각 처분됐다. 다만 불길이 완전히 박제를 휘감기 전에 누군가가 머리와 오른쪽 발을 꺼낸 덕에 다행히 그 두 조각은 남아 있다.

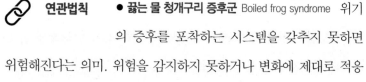

연관어   퇴화의 법칙.

연관법칙   ● **끓는 물 청개구리 증후군** Boiled frog syndrome   위기의 증후를 포착하는 시스템을 갖추지 못하면 위험해진다는 의미. 위험을 감지하지 못하거나 변화에 제대로 적응하지 못하는 사람과 조직을 비판할 때 쓰인다. 기업이 성공의 법칙에 매몰되어 외부의 변화에 둔감해지기 쉽다는 경구다. 기업이 전혀 다른 외부의 환경에 능동적으로 대처하지 못하고 안주한다면 서서히 침몰할 수 있다는 것이다.

'냄비 속의 개구리' 일화는 19세기 한 과학자의 실험이 잘못 전해져 오늘날까지 내려오고 있다. 그 후 수많은 실험을 해본 결과, 실제 정상적인 개구리는 어느 정도 온도가 높아지면 냄비에서 뛰쳐나오기 마련이다. 개구리 예화가 오류임에도 사람들이 계속 인용하는 건 그 속에 의미 있는 메시지가 담겨 있다고 여기기 때문이다.

미국의 한 대학에서 찬물에 개구리를 넣고 밑에서 불로 서서히 가열하는 실험을 했다. 그런데 개구리는 서서히 올라가는 온도 변화를 감지하지 못하고 비커에 남아 있다가 그대로 죽었다. 물의 뜨거움을 알았다면 얼마든지 밖으로 튀어나갈 수 있음에도 인식하지 못하는 속도로 서서히 물의 온도를 올리자 개구리는 결국 죽은 것이다.

시진핑 중국 국가주석도 이를 언급한 적이 있다. 그는 2015년 3월 양회(兩會, 최고권력기관인 전국인민대표대회(전인대)와 국정자문회의의 격인 전국인민정치협상회의)를 마치면서 '온수자청와(溫水煮青蛙: 천천히 끓는 물속의 청개구리)'를 인용했다. 그는 "몇 번의 식사, 몇 잔의 술, 몇 장의 카드(상품권)가 천천히 끓는 물속의 청개구리를 만든다"며 작은 변화를 무시하면 부지불식간에 삶아져 죽는다는 '개구리론'을 내세워 반부패 강화를 재천명했다. 이와 관련해서 "성공의 법칙은 늘 배반한다"(피터 드러커), "실패가 아닌 성공을 더욱 두려워하라"(앨빈 토플러), "위대한 성공은 필연적으로 자만을 낳고, 자만하는 자는 환경 변화에 귀를 기울이지 않는다"(앨빈 토플러) 등의 어록이 있다.

법칙으로 통하는 자연의 이치

메기 효과 *Catfish effect*

☞ 도도새의 법칙

김과장 : 마케팅 본부에 워커홀릭으로 소문난 김이사가 부임했다며?

이대리 : 그동안 마케팅 실적이 밋밋했는데 큰 변화가 있겠는데요.

오차장 : '메기 효과'를 톡톡히 보겠어. 조직에 활력이 넘쳐 실적이 높아
　　　　 지겠는걸.

김과장 : 글쎄요, 적절한 자극은 좋지만 너무 밀어붙이는 스타일이라 직
　　　　 원들 스트레스만 더 늘어나지 않을까 싶네요.

- 그는 무기력증에 빠진 자당의 강력한 외부 충격제가 되겠다며 **'메기 효과'**를 강조했다.
- 대형 전문점의 등장은 시장 판도를 흔드는 **'메기 효과'**를 창출한다.

🔍 **의미** 　　천적이 있으면 이를 피하느라 활력이 생겨 더
　　　　　　　　튼튼하고 건강한 상태를 유지하는 현상. 미꾸라
지만 있는 수조에서는 미꾸라지들이 활력을 잃고 무기력에 빠져 잘
움직이지 않는다. 그런데 천적인 메기를 집어넣으면 미꾸라지들이
잡아먹히지 않으려고 도망 다니면서 움직임이 활발해져 생기를 잃지
않는다. 미꾸라지를 장거리 운송할 때 그 속에 메기를 넣으면 미꾸라

지들이 죽지 않고 생생한 것도 그 이유다.

메기로 미꾸라지를 생존시키는 현상을 기업경영에 접목한 것이 '메기 효과'다. 기업이 치열한 경쟁 속에서 생존하기 위해서는 긴장과 자극, 위기의식과 같은 적절한 자극제가 필요하다는 논리다. 메기 효과를 아는 조직은 메기 같은 강력한 제도(다면평가와 진급제도, 성과급 제도, 신진세력 투입 등)를 적용해 조직의 정체현상을 극복하고, 동기를 부여해 생산성을 높이고자 한다.

♈ 유래 메기 이론은 영국의 경제학자이자 역사학자였던 토인비(Arnold Joseph Toynbee, 1889~1975) 박사가 즐겨 사용했다. 자신의 전매특허 역사 이론인 '도전과 응전(Challenge and Response)'을 비유적으로 설명할 때 메기 이야기를 자주 언급했다. 토인비는《역사의 연구》에서 인류의 역사를 '도전과 응전'의 과정으로 보았다. 그는 "도전과 응전이 없으면 필연적으로 위기가 찾아온다"며 "좋은 환경과 뛰어난 민족이 위대한 문명을 만드는 것이 아니라 가혹한 환경이 문명을 낳고 인류를 발전시키는 원동력으로 작용한다"고 역설했다. 메기 이론은 경제, 경영 및 다양한 분야에서 자주 인용되는 신경영의 핵심이론이다.

 연관어 상어 효과. 도전과 응전의 법칙. 스트레스 효과.

법칙으로 통하는 자연의 이치

연관법칙 ● **금붕어 효과** 조직의 난봉꾼을 금붕어의 배불 뚝이에 비유한 것. 먹성이 심한 한 사람 때문에 약하고 착한 다른 사람들이 희생되는 경우가 있다. 그 사람을 다른 곳으로 격리시키면 평화가 찾아온다. 그가 없으면 모두가 배불리 먹을 수 있고 회사업무도 잘 되고 경영도 잘 된다. 또 주주에게도 만족을 가져다준다.

● **청어** Pacific herring**의 법칙** 긴장감이 없으면 도태된다는 뜻. 천적으로 긴장감을 조성해서 살아있게 하는 원동력으로 만든다는 것이다. 청어는 몸 빛깔이 청색이라 붙여진 이름이다. 청어과에 속하는 바닷물고기로 한류성 어종이다. 등 쪽은 암청색, 배 쪽은 은백색인 등푸른 생선의 한 종류. 최대 몸길이 46cm. 영국인들이 가장 좋아하는 고급 어종이다. 훈제청어가 영국인을 가리키는 속어로 사용될 정도로 영국인들의 청어 사랑은 대단하다. 날것으로 먹는 청어는 해장에도 좋다. 청어가 잡히는 곳은 북해나 베링 해협 같은 먼 바다. 청어를 육지까지 옮기려면 오랜 시간이 걸리는데, 대부분 운송 중에 청어가 죽어 버린다.

냉장기술도 없었던 시절, 먼 북쪽 바다에서 청어 잡이를 하는 어부들의 가장 큰 관심사는 '어떻게 하면 런던까지 청어를 싱싱하게 살려 운반할까'였다. 그래서 살아 있는 청어는 냉동 청어보다 2배 정도 비쌌다. 그런데 꼭 한 어부의 청어는 늘 산 채로 있었다. 이를 신기하게 여긴 동료 어부들이 그 이유를 물었지만 그 어부는 좀처럼 비밀을 가르쳐주지 않았다. 동료들의 강요에 못 이긴 어부가 알려준 비밀은 매우 단순했다. 청어를 넣은 통에 물메기를 한 마리씩 잡아 넣는다는 것. 동료 어부들은 "그러면 물메기가 청어를 잡아먹지 않느냐"고 물었다. 이에 어부는 "물메기가 청어를 잡아먹기는 한다. 하지만 기껏해야 두세 마리 정도다. 통 안에 있는 수백 마리의 청어는 잡아먹히지 않으려고 계속 도망쳐 다닌다. 그래서 런던에 도착해도 청어들은 여전히 살아 싱싱한 것이다"고 말했다. 물메기는 곰치라고 불리는 사나운 육식 어종. 우리나라에서 잡히는 아귀와 흡사한 모양이다. 먼 바다에서 잡히는 청어를 이런 이유 때문에 식탁에서 싱싱하게 먹을 수 있게 됐다는 것이다. 미꾸라지 양식장에서 메기 몇 마리를 함께 넣는 것도 같은 이치다. 청어의 법칙은 자연계뿐만 아니라 기업의 생존에도 어김없이 작용한다. 미국의 경영 컨설턴트인 짐 콜린스(Jim Collins, 1958~)는 《성공하는 기업들의 8가지 습관》에서 잉태된 자만이야말로 망조의 근원이라고 지적하면서, 기업 리더가 성공이라는 추억에 빠져 교만해지는 게 쇠락의 첫 단계라고 말했다.

나비 효과 *Butterfly effect*

나부장 : 경쟁 업체와 매출 실적 차이가 크지 않은데, 이사님은 여전히 경
　　　　계심을 늦추지 말라고 하네.

김과장 : 미세한 차이라면 거의 비슷한 실적이라고 보면 되는데.

이대리 : 긴장하라고 일부러 그러시는 것 아닐까요.

오차장 : 글쎄. 나중에 '나비 효과'의 우려가 있으니 미리 신경 쓰라는 의
　　　　미가 아닐까.

　

- 전기차 배터리 시장이 **나비 효과**로 수혜를 볼 것으로 전망된다.
- 외국인 용병 선수들의 가세로 인한 **나비 효과**로 프로야구 판이 크게 흔들린다.

Q 　**의미**　　초기 조건의 미세한 변화가 예측 불가능한 결과
　　　　　　　로 확산될 수 있다는 원리다. 나비의 날갯짓처
럼 작은 변화가 커다란 변화를 일으키는 현상을 말한다. 브라질에 있
는 나비의 날갯짓이 미국 텍사스에 토네이도를 발생시킬 수도 있다
는 것이다. 또한 중국 베이징에 있는 나비의 작은 날갯짓이 미국 뉴
욕에 허리케인을 몰고 올 수 있다는 의미도 된다. 지구 어디에서인가

일어난 조그만 변화로 인해 예측할 수 없는 날씨의 변화가 나타날 수 있음을 비유적으로 표현했다.

♈︎ **유래**　　매사추세츠 공과대학 교수를 지낸 미국의 기상학자 에드워드 로렌츠(Edward Norton Lorenz, 1917~2008)가 발견한 이론. 그는 1961년 날씨를 연구하던 중 자신의 예상과는 너무 다른 결과가 나온 것을 보고 놀랐다. 원인은 단지 컴퓨터 프로그램에 숫자 하나를 잘못 입력했기 때문. 그 숫자는 1000분의 1보다도 작은 의미 없는 숫자. 하지만 그 잘못된 숫자 하나로 인해 몇 달 후의 날씨가 전혀 다르게 예측됐던 것이다. 그가 이 개념을 처음 발표했던 1962년에는 큰 반향을 일으키지 못했다. 세상에 알려져 유명해진 것은 10년 뒤의 일이다.

그는 1972년 미국 과학부흥협회의 강연에서 '브라질에 사는 한 나비의 날갯짓이 미국 텍사스 주의 토네이도 원인이 될 수 있는가?'라는 간단명료한 예시로 주목을 받기 시작했고, '나비 효과'라는 신어를 만들어냈다. 습도와 바람의 값을 조금씩 높이자 브라질에서 나비의 날갯짓에 불과하던 바람이 미국의 텍사스에 미칠 무렵에는 토네이도로 변했다. 그의 연구결과는 많은 과학자에게 영감을 주었다. 그가 1961년에 처음 이 현상에 착안했을 때에는 갈매기로 설명했지만, 이후 시적인 멋을 살리기 위해 나비로 바꾸었다고 한다.

나비 효과는 처음에는 날씨와 같은 복잡계를 설명하는 과학이론이었으나 차츰 경제학, 사회학 등 다양한 요인들에 의해 움직이는 복잡한 사회현상을 설명하는 이론으로 광범위하게 쓰이게 됐다. 물리학에서 오래전부터 연구해온 물체의 불규칙적인 운동에 대한 이론적 발판을 제공하기도 했다. 나비 효과는 20세기 '제3의 과학혁명'이라 불리는 카오스 이론의 토대가 됐다.

2004년에는 나비 효과이론을 접목시킨 영화 〈나비 효과〉가 상영되기도 했다. 나비의 작은 날갯짓은 한 인간의 기억이고, 이 기억에 대한 선택 또는 재구성이 자신은 물론 주변의 모든 것을 바꿔놓는다는 설정이다. 주인공은 유년 시절 끔찍한 사건을 경험한 에반(애슈턴 커처 분). 그의 기억 일부는 충격적인 사건이 있을 때마다 의식을 잃었기 때문에 백지로 남아 있다. 그는 기억을 찾기 위해 정신과 치료를 받으며 꼬박꼬박 일기를 쓴다. 성장하면서 기억이 끊기는 현상은 점차 사라졌다. 대학생이 된 어느 날, 예전에 쓴 일기를 읽다가 시공간 이동의 통로를 발견하게 된다. 그는 과거의 기억을 조금씩 되찾으면서 자신의 선택에 따라 자신은 물론 주변 사람들의 인생까지 송두리째 변한다는 것을 깨닫는다.

🔗 **연관법칙** ● **잔물결 효과** Ripple effect 파동 효과, 파급 효과. 호수에 큰 돌을 던지면 큰 파동과 함께 시간이 흐르면서 호수 가장자리까지 작은 파동이 이어지는 현상. 이를 경제 상황에 비유하면 한 국가의 경기침체가 다른 국가로까지 연쇄적으로 확산되는 경우를 뜻한다. 집단 구성원의 일부를 야단쳤을 때, 구성원들에게 미치는 효과도 '잔물결 효과'를 노린 것이다. 예컨대, 선생님

이 싸움을 한 친구를 많은 학생들 앞에서 본보기로 혼낼 때가 있다. 이는 한 사람을 벌함으로써 그것을 본 다른 친구들에게까지 영향을 미치게 하기 위함이다.

● **카오스 이론** Chaos theory   자연계에서 불안정하고 불규칙적으로 보이는 운동에 내재적인 질서와 규칙성이 있는지를 설명하려는 이론. '나비 효과'와 더불어 '카오스(혼돈) 이론'은 기상학과 물리학뿐 아니라 천문학, 수학, 생물학, 의학, 경제학 등 다양한 분야에서 응용되고 있다. 담배 연기의 확산이나 나뭇잎의 낙하 운동, 회오리 바람이나 지진의 메커니즘 등을 설명하는 데에 활용된다.

● **랜덤 워크 이론** Random walk theory   주가의 변화는 과거의 변화와 관계없이 독립적으로 움직인다는 이론이다.

퍼펙트 스톰 *Perfect storm*

김과장 : 회사에서 구조조정한다는 얘기가 있던데요.

오차장 : 글쎄, 듣기는 했는데. 40대인 우리 차례까지야 오겠어?

김과장 : 설마가 사람 잡는다는 말이 있잖아요. 이번에는 외부에서 구조
조정 전문가를 데려온다는 얘기도 들려요. 최대 10퍼센트까지
구조조정한다는 설도 있고요.

오차장 : 어이쿠, '퍼펙트 스톰'이 벌어지겠군. 빨리 일하자고.

- 신흥국과 선진국 일부 국가의 자본유입이 자산버블을 만들면서 전 세계가 **퍼펙트 스톰**에
  직면할 수 있다

- 그리스, 영국의 유로존 탈퇴, 난민과 과격 이슬람주의자의 테러 문제 등 위기의 **퍼펙트 스
  톰**이 유럽을 덮쳤다.

Q **의미** 강력한 폭풍. 둘 이상의 위력적인 태풍이 충돌
해 그 영향력이 폭발적으로 커지는 자연현상을
말한다. 다른 자연현상과 동시에 발생할 경우 상상을 초월하는 파괴
력을 가진 자연재해로 발전하는 현상을 일컫는다. 과학자들은 지구

온난화가 '퍼펙트 스톰'을 일으키는 원인으로 지목하고 있다. 지구온난화로 지구 환경이 불안정해지면서 가뭄, 홍수, 폭염이 빈번해졌고, 이로 인해 고온다습해진 환경이 지속되면서 뎅기열, 말라리아 등의 전염병이 확산되고 있다고 보고 있다.

원래는 기상 용어였지만 경제, 사회분야 등에도 적용하고 있다. 비유적으로 두 가지 이상의 악재가 동시에 겹쳐 그 영향력이 더욱 커지는 현상을 총칭한다. 특히 경제분야에서는 세계경제가 동시에 위기에 빠져 대공황이 초래되는 상황을 뜻한다. 2007년 미국 서브프라임 모기지(비우량 주택담보대출) 사태로 인한 미국 발 금융위기 이후 두 가지 이상의 악재가 동시에 발생하는 금융·경제위기 현상을 일컫는 용어로 사용되고 있다.

♈ **유래**　미국의 경제학자이자 뉴욕 대학 교수인 누리엘 루비니(Nouriel Roubini, 1959~)가 2011년 6월에 세계경제를 예측하면서 이 용어를 처음 사용했다. 그는 월가의 대표적 비관론자인 닥터 둠(Doctor Doom:파국을 예언하는 박사)이다. 2006년 9월에 미국 주택시장의 붕괴를 예측한 바 있다. '퍼펙트 스톰'은 그가 경제 대국들의 악재가 한꺼번에 뭉칠 것이라고 경고하면서 사용해 유명해졌다.

1997년에 세바스찬 융거(Sebastian Junger, 1962~)의 논픽션 소설《퍼펙트 스톰》이 대중에게 널리 알려지면서 이 용어는 더욱 유명해졌다. 소설은 1991년 미국 동부 해안을 강타한 허리케인에 휘말린 '안드레아 게일(Andrea Gail)'호의 실화를 바탕으로 쓴 것. 이 소설을 바탕으로 한 볼프강 페터젠이 감독하고 영화배우 조지 클루니가 주연한 재난영화 〈퍼펙트 스톰〉이 개봉되면서 이 용어는 일반인들에게도 친숙하게 알려졌다.

연관법칙 ● **블록버스터** Blockbuster 영화계에서 단기간에 큰 흥행을 올리기 위해 엄청나게 돈을 쏟아부어 만든 대작. 마치 전쟁터의 융단폭격을 연상하게 한다. '블록버스터'란 단어는 원래 제2차 세계대전 중에 독일의 드레스덴을 초토화시켰던 폭탄 이름에서 유래한다. 영국은 독일을 응징하기 위해 1.8톤에서 5.4톤에 이르는 초대형 폭탄을 제조해 독일 폭격에 사용했다. 이 폭탄은 도시의 한 구역(block)을 송두리째 날려버릴(bust) 위력을 지녔다고 해서 폭탄의 이름을 '블록버스터'라고 명명했다. '블록버스터'는 영화계로 흘러 들어오면서 뜻이 바뀌었다. 처음엔 흥행에서 단기간에 대성공을 거둔 영화를 가리켰는데, 후엔 단기간에 큰 흥행을 올리기 위해 엄청나게 돈을 들여 만든 대작을 '블록버스터'라고 부르고 있다. 블록버스터의 원조로는 스티븐 스필버그 감독의 〈죠스〉(1975)를 꼽는다. 이 작품은 미국 영화사상 최초로 흥행수입 1억 달러를 돌파했다. 조지 루카스의 〈스타워즈〉(1977)는 1억 8000만 달러라는 당시로는 기록적인 흥행수입을 올리며 본격적인 '블록버스터 시대'를 열었다.

빅뱅 이론 *Big Bang theory*

이대리 : 차장님, 우리 회사가 더 힘들어지겠어요.

오차장 : 시장 상황이 점점 어려워지니 어쩔 수 없는 거겠지.

이대리 : 그게 아니고요. 아는 지인한테 들은 얘기인데요. 경쟁회사가 다른 회사와 합병해서 시장마켓을 뒤흔든다고 하네요.

오차장 : 그런 거였어? 큰일 났군. 조만간 '빅뱅'이 일어나겠어. 우리 회사도 사정권에서 자유로울 수 없겠고.

- 새롭게 등장한 바이어슈머의 증가는 유통시장에 '**빅뱅**'을 가져오고 있다.

- 두 팀의 슈퍼매치 '**빅뱅**'에 관심이 쏠린다.

의미   우주가 태초의 대폭발로 시작됐다는 이론. 약 140억 년 전의 대폭발로 인해 지금과 같은 우주가 탄생했다는 것이다. '대폭발설(大暴發說)'이라고도 한다. 우주의 형성에 관한 인류가 만들어낸 가장 뛰어난 가설이다.

'빅뱅 이론'에 따르면 우주는 오래전 거대한 폭발로 생겨났다. 처음에 우주는 상상할 수 없을 만큼 작고, 밝고, 뜨겁고, 밀도가 높은 하나의 점으로부터 폭발했고, 이후 계속 팽창해 나가고 있다는 것이다. 이 팽창 과정에서 우주 질량의 일부가 뭉쳐 별들을 만들고 이들 별들이 거대한 별의 집단인 은하를 이루고 있다. 또한 팽창 우주는 생성되고부터 유한한 시간밖에 지나지 않았으며, 우주의 평균 밀도는 끊임없이 감소해 현재와 같은 희박한 상태가 됐다고 한다. 이런 엄청난 변화, 대폭발의 의미를 실생활에 끌어와 여러 분야에서 은유적, 비유적 용어로 사용하고 있다.

♈ **유래** 1920년대 러시아의 수학자이자 물리학자인 알렉산드르 프리드만(Alexander Friedmann, 1888~1925)과 벨기에의 신부이자 천문학자인 조르주 르메트르(Abbe George Lemaitre, 1894~1966)가 처음 제안했다. 현재까지 '빅뱅 이론'은 우주의 생성을 설명할 수 있는 가장 적합한 모형으로 알려져 있다. 1940년대 프리드만의 제자인 러시아 출신의 미국 물리학자 조지 가모프(George Gamow, 1904~1968)에 의해 현재의 대폭발 이론으로 체계화됐다. 가모프는 1948년 빅뱅 초기의 모습을 설명한 논문을 발표했다. 그는 온도와 밀도가 높은 초기 우주가 급격하게 팽창하면서 점차 식기 시작했고, 이 초기 우주에서 수소, 헬륨 같은 가벼운 원소가 만들어져 현재까지 우주의 대부분을 차지하게 됐다고 주장했다. 그리고 대폭발과 함께 방출됐던 엄청난 열과 복사선의 흔적인 우주배경복사선이 남아 있을 것이라고 예견했다. 우주배경복사는 대폭발의 흔적으로 남아 있는 마이크로파. 아노 펜지어스(Arno Penzias, 1933~)와

로버트 윌슨(Robert Wilson, 1936~)이 1965년 우주배경복사선을 발견함으로써 가모프의 예견을 증명했다. 이들의 발견으로 빅뱅 이론에 대한 진지한 연구가 이뤄졌고, 오늘날 우주론자의 대다수가 이 이론을 받아들이게 됐다. 펜지어스와 윌슨은 이 연구로 1978년 노벨상을 받았다.

하지만 빅뱅 이론은 그 이전의 우주 상태를 제대로 설명하지 못하는 문제가 있었다. 이에 대해 해명을 시도한 것이 1981년에 앨런 구스(Alan Guth)가 제안한 '인플레이션 팽창론'이다. 구스에 따르면 대폭발 이전의 우주는 에너지만으로 가득 차 있었고, 거품 같은 형태의 에너지가 대폭발을 일으켰다는 것이다. 구스의 이론은 빅뱅 이론을 기반으로 초기의 불균일한 우주가 어떻게 현재의 균일한 우주의 모습으로 진화했는지를 잘 설명한 이론으로 받아들여진다.

'빅뱅'이란 용어는 1940년대 빅뱅 이론의 반대편에 섰던 정상우주론(The Steady State Theory)자였던 영국의 천문학자 프레드 호일(Fred Hoyle)이 빅뱅 이론을 조롱하는 의미로 "설마 우주에 빅뱅이라도 있었다는 말인가?"라고 말한 데서 유래한다. 이후 대폭발론은 빅뱅 이론의 대중적인 명칭으로 자리잡았다.

연관법칙　● **도플러 효과** Doppler effect　파동을 발생시키는 파원(波源)과 그 파동을 관측하는 관측자 중 하나 이상이 운동하고 있을 때 발생하는 효과. 파원과 관측자 사이의 거리가 좁아질 때에는 파동의 주파수가 더 높게, 거리가 멀어질 때에는 파동의 주파수가 더 낮게 관측되는 현상이다. 오스트리아의 수학자이며 물리학자인 크리스티안 도플러(Christian Johann Doppler, 1803~1853)가 발견했다. 체코 프라하 대학 교수였던 그는 1842년 '도플러 효과'를 발견하고, 이를 논문 〈이중성 및 그 밖의 몇 개 항성의 착색광에 관하여〉에 발표했다. 그는 수차, 항성, 색채론에 관한 연구 및 망원경, 광학적 거리계의 개량 등에 업적이 크다. 기차가 마주 보면서 다가올 경우 상대 기차의 기적소리가 높게 들리다가 멀어지면서 기차의 기적소리가 낮아지는 것, 달려오는 구급차의 사이렌 소리가 높게 들리다가 지나가면 소리가 낮아지는 것, 경찰이 스피드건으로 전파를 발사해 차량의 속도를 측정하는 것 등이 이 효과에 의한 것이다. 스피드건은 레이더파의 도플러 효과를 이용해 고속도로를 달리는 자동차의 속력을 측정한다. 이런 원리로 서로 멀어지는 별의 운동이나 우주의 배경복사 등을 측정할 수 있다.

● **중력 렌즈** 아인슈타인의 상대성 이론에 의하면 블랙홀 주변의 공간이 휘어져서 질량이 없는 빛도 이 중력에 의해 끌려간다고 한다. 이렇게 중력에 의해 빛이 휘어지는 현상을 '중력 렌즈'라고 한다. 블랙홀을 직접 관측할 수 없기 때문에 이 중력 렌즈 현상은 블랙홀을 간접적으로 관측할 수 있는 도구로 사용되고 있다.

● **토크빌의 역설** 흔히 폭정이나 부패가 극에 달해 민중의 삶이 도탄에 빠졌을 때 혁명이 일어난다고 생각한다. 하지만 프랑스의 정치사상가 토크빌(Alexis de Tocqueville, 1805~1859)의 통찰은 다르다. 사태가

악화될 때가 아니라 상황이 개선될 때, 특히 물질적 조건이 호전되기 시작하는 시기에 발생한다는 것이다. 이른바 '토크빌의 역설'이다. 일부 폐단이 개선되기 시작하면 사람들은 아직 시정되지 않은 문제점들을 더 참기 힘들어 한다는 것이다. 토크빌은 "부패한 정부에게 가장 위험스러운 시기는 그 정부가 개혁을 시작할 때"라고 지적했다. 그는 《앙시앵 레짐과 프랑스혁명》(1856)이라는 책에서 1789년의 프랑스 혁명을 분석하면서 혁명이란 사회적 조건들이 개선되고 있을 때 일어나며 최악에 빠졌을 때에는 일어나지 않는다고 주장했다.

● **특이점** Singularity 우주는 어느 방향으로나 똑같은 비율로 팽창하고 있으며, 어느 은하에서 관측하더라도 같은 결과를 얻게 된다. 따라서 팽창의 중심은 없는 것이다. 곧 우주의 중심이 없다는 것을 의미한다. 그런데 만약 우주가 팽창하고 있다면, 필름을 거꾸로 돌리듯 시간을 거슬러 올라가면 언젠가는 한 점에 모이게 된다. 이는 우주가 팽창하고 있음을 의미하고, 역으로 계산하면 약 200억 년 전에는 우주가 하나의 점과 같은 상태였으며, 이 점에서 일어난 대폭발로부터 현재의 우주가 만들어진 것으로 볼 수 있다. 대폭발 전의 크기가 0이고, 밀도와 온도가 무한대인 상태를 '특이점'이라고 한다. 이것이 '빅뱅 이론'의 기초가 됐다.

● **허블의 법칙** Hubble's law 미국의 천문학자 에드윈 허블(Edwin Powell Hubble, 1899~1953)은 1929년 은하들의 적색 이동을 조사한 끝에 멀리 떨어진 은하일수록 더 빠르게 멀어지고 있다는 사실을 알아냈다.

법칙으로 통하는 자연의 이치

허블은 이 사실이 우주가 팽창하고 있음을 말해주는 중요한 증거라고 보았다. 우주에 있는 은하들은 모두 우리 은하로부터 멀어지고 있으며, 그 후퇴 속도는 외부은하까지의 거리에 비례한다는 것이다. 그는 거리가 100만pc(parsec, 1pc은 3.26 광년) 증가할 때마다 은하의 후퇴속도가 50~100km/s씩 증가하는 것을 알아냈다. 이것을 '허블의 법칙'이라 한다. 허블 우주 망원경은 그의 이름에서 따왔다.

● **블랙홀** Black hole   모든 것을 빨아들이는 거대한 우주 공간. 빛조차 빠져나올 수 없는 어둠의 구멍이란 뜻. 가공할 중력의 블랙홀은 주위에 있는 모든 것을 집어삼키면서 비대해지고, 거대해진 블랙홀은 더욱 강력한 중력으로 또 다시 주위의 물체들을 삼킨다. 블랙홀은 빛을 포함한 모든 것을 빨아들인다. 과학자들은 블랙홀 내부로 들어가면 어느 순간 벽과 같은 경계면이 나타난다고 한다. 이 벽을 넘어서면 블랙홀에 완전히 갇힌다고 생각해왔다. 이 경계면을 '사건의 지평선(event horizon)'이라고 부른다. 즉, 사건의 지평선 안에 있는 모든 것은 중심의 특이점으로 빨려 들어간다. 사건의 지평선이란 이름은 태양이 지평선으로 지고 나면 볼 수 없듯이 사건의 지평선 안에서 일어나는 일은 빛이 밖으로 나오지 못해 밖에서 절대 볼 수 없기 때문에 붙여진 것이다. 핵융합 에너지로 타오르던 별은 에너지를 다 소모하면 팽창하는 힘은 없어지고 내부로 수축하면서 죽게 된다. 별들은 죽을 때 적색의 큰 별(적색거성)로 부풀어 올랐다가 흰색의 조그만 별(백색왜성)로 남게 된다. 태양보다 8배 이상의 질량을 가진 큰 별들은 엄청나게 큰 폭발을 일으킨다. 그것이 초신성 폭발이다. 초신성이 폭발

하면 중성자별이 되거나, 중력으로 오그라들면서 블랙홀이 된다. 중성자별의 질량은 엄지손톱 크기가 10억 톤이 넘는다. 블랙홀은 손톱 하나 크기의 질량이 지구 전체 질량과 맞먹는다. 블랙홀을 직접 볼 수는 없다. 블랙홀을 관측하기에 가장 좋은 천체는 블랙홀에게 점차 먹혀들어가며 가스 원반에 물질을 공급하는 역할을 하는 보통의 별과 짝을 이루고 있는 쌍성계다. 블랙홀 주변에 있던 가스가 블랙홀의 '사건의 지평선' 너머로 사라지면서 방출하는 빛은 관측이 가능하기 때문이다.

블랙홀은 빛의 속도로도 도망칠 수 없는, 모든 물질을 다 삼켜 버리는 아주 무서운 천체로 알려져 있다. 은하계도, 태양계도, 지구도 언젠가는 거대한 블랙홀의 희생양이 될 것이라는 게 블랙홀 이론가들의 주장이다. 모든 것을 빨아들이는 블랙홀이 있다면 모든 것을 뱉어내는 '화이트 홀(White hole)'이 있다고 가정한다. 블랙홀과 화이트홀을 잇는 가느다란 통로가 '웜홀'이다. 웜홀은 공상과학 소설이나 영화에서 다른 우주로 통하는 길로 묘사되고 있다. 화이트홀은 우주 초기의 대폭발을 제외하고는 너무 불안정해서 우리가 살고 있는 우주에서는 존재할 수 없다고 증명됐다. 블랙홀도 빅뱅이론과 마찬가지로 그 과학적 의미를 여러 분야에 차용해 비유적 표현으로 사용하고 있다. 미국의 저명 물리학자 존 휠러(John Archibald Wheeler, 1911~2008)가 1969년 블랙홀이라는 이름을 지었다. 사실 이전에는 '블랙홀'이란 이름조차 없었다. 그 대신 '얼어붙은 별', '붕괴한 별' 등의 이상한 이름으로 불려왔다. 블랙홀은 '빛까지 빨아들이는 지옥', '시공간의 무서운 구멍' 등으로 불리며 모든 것을 남으로부터 빼앗기만 하

법칙으로 통하는 자연의 이치

는 존재의 이미지로 굳히게 됐다. 영국의 우주물리학자 스티븐 호킹 (Stephen William Hawking, 1942~) 박사는 블랙홀 이론으로 세계적 명성을 얻은 인물이다. 그는 블랙홀에 대한 개념을 모조리 바꿔놓았다. 1973년에는 블랙홀은 검은 것이 아니라 뜨거운 물체처럼 빛을 발한다는 학설을 내놓았고, 1974년에는 블랙홀은 모든 것을 빨아들여 파괴한다는 이론을 발표했다. 당시 호킹은 '호킹 복사'를 통해 에너지가 빠져나오면서 모든 질량을 잃기 때문에 블랙홀과 함께 내부로 들어간 물질정보가 모두 소멸된다고 주장했다. 그런데 2015년 8월의 대중강연에서는 "블랙홀은 영원한 감옥이 아니며 빠져나오는 출구가 다른 차원의 우주에 있을 수 있다"라고 발언하기도 했다.

● **빨대 효과** Straw effect 강력한 한 힘으로 인해 주위의 모든 것들을 빨아들이는 현상. 좁은 빨대로 컵의 음료를 빨아들이듯이, 대도시가 주변 중소도시의 인구나 경제력을 흡수하는 대도시 집중현상을 말한다. '빨대 효과'는 고속도로나 고속철도 개통의 부작용 중 하나로 수도권의 강력한 흡인력에 지방이 쪼그라드는 현상이다. 빨대 효과라는 단어가 처음 쓰이기 시작한 것은 1960년대 일본의 신칸센이 도입되면서부터다. 당시 일본에서 고속철도 신칸센이 개통된 후 도쿄와 오사카 양대 도시로 인력과 경제력이 집중되면서 제3의 도시였던 고베가 위축되는 현상이 발생했다. 이를 빨대 효과라고 부른 데서 연유한다.

확률론 *Probability theory*

이대리 : 로또를 괜히 샀나 싶어.

장사원 : 당첨 확률이 약 800만 분의 1이라고 하잖아요.

이대리 : 벼락 맞을 확률보다 더 어렵군.

오차장 : '확률론'으로 보면 그렇지. 하지만 단 한 번에 당첨될 수도 있고,
수억 번을 사도 당첨되지 않을 수도 있지. 그것이 개연성이야. 복
권을 사지 않고 복권에 당첨될 확률은 제로지만, 샀으니 확률적
으로는 가능성이 있는 거 아닐까?

· 전문가는 원전에 대한 과도한 사고 **'확률론'**을 경계했다.

· 데이터 오류나 왜곡을 바로 잡아주는 수학의 **'확률론'**이나 부호 이론이 없다면 스마트폰의
기능을 이용해 통신하는 것은 불가능했을 것이다.

의미　　확률에 따라 현상을 규명한다는 법칙. '전체를
지배하는 것은 확률이고 개체를 지배하는 것은
운명이다'는 말이 있다. 확률론은 통계학의 수학적 기초이자 과학.
사람들은 매 순간 의식적이든 무의식적이든 확률에 기초해서 변화

하는 환경에 관해 결정을 내릴 필요가 생긴다. 확률론적 방법론은 완전한 정보가 알려지지 않은 복잡계를 기술하는 데에 큰 역할을 한다. 확률은 특히 경제, 경영 등의 분야에서 중요하게 다룬다. 확률은 경험적인 통계적 확률과 선험적인 수학적 확률로 나눌 수 있다. 주사위를 던지는 경우에 임의의 숫자가 나타날 확률은 6분의 1이다. 하지만 실제로 나타나는 것은 이와 다른 통계적 확률이다. 통계적 확률은 주사위를 던지는 횟수를 아주 많이 함으로써 수학적 확률에 근접한다. 이를 '대수의 법칙', '아주 큰 수의 법칙'이라고 한다. 사례가 많아질수록 이론적인 확률에 근접하게 된다는 것이다. 이 법칙은 표본이 충분히 클 경우, 우연이 아니고서는 도저히 일어날 것 같지 않은 일도 종종 일어남을 뜻한다. 그래서 '아주, 우연의 일치의 법칙'이라고도 한다. 그러나 사망률과 같은 자연현상이나 제품 공정상의 불량률 등은 조건에 따라 결과가 항상 변할 수 있다. 이와 같이 원인과 결과가 조건에 좌우되는 경우에는 통계적 확률만 있을 뿐 수학적 확률을 계산할 수 없다. 가능성은 계산할 수 있어도 개연성은 예측할 수 없는 것이 확률이다.

♈ 유래 　확률론은 17세기 중엽 프랑스 수학자 블레즈 파스칼(Blaise Pascal, 1623~1662)과 그의 친구 피에르 드 페르마(Pierre de Fermat, 1601~1665) 사이에 오간 문서에서 비롯됐다. 도박에 관한 의견을 나누다가 도박을 수학적으로 다루게 됐다고 한다. 파스칼은 도박사 친구 페르마 덕분에 확률론의 기초를 닦은 것

으로 알려져 있다. 파스칼은 "지금의 선택과 결정이 미래의 확률을 결정한다"는 확률론에 관한 명언을 남겼다. 파스칼은 확률론을 처음으로 제기한 대표적 인물이다.

어느 날 유명 도박사인 페르마가 파스칼에게 조언을 구하는 편지를 보냈다. 페르마가 "나는 지금 심각한 문제에 봉착해 있다네. A, B 두 사람이 각각 32피스톨(화폐 단위) 씩을 걸고 도박을 했다네. 먼저 3번을 이긴 사람이 64피스톨을 모두 갖는 내기였네. 내기가 시작되어 A가 먼저 두 번을 이겼고 B가 한 번을 이겼을 때 그중 한 사람이 사정이 생겨 내기를 계속할 수 없게 되었네. 이럴 때 '64피스톨을 어떻게 나누어 가지는 것이 좋을까'하는 문제일세. A가 두 번, B가 한 번을 이겼으니 64피스톨을 3등분해서 A에게 2의 몫을, B에게 1의 몫을 나눠주면 좋겠지. 그런데 64를 3으로 나눌 수가 없으니 문제일세. 자네라면 충분히 풀 수 있을 것 같아 의견을 구하는 것이니 지혜를 빌려주시게"라는 내용을 보냈다. 이에 대해 파스칼은 "시합을 한 번 더 할 경우 A가 이긴다면 A는 3번을 모두 이겼으므로 64피스톨을 모두 가지면 되고, B가 이긴다면 A, B 모두 두 번씩을 이긴 것이 되므로 32피스톨씩 나누어 가지면 되지 않겠는가. 따라서 A는 이미 두 판을 이겼으니 최소한 32피스톨을 확보한 셈이지. 다시 한 판을 더 한다면 A나 B나 이길 가능성은 모두 2분의 1이므로 남은 32피스톨을 둘로 나누어 16피스톨씩 가지면 되지 않을까. 따라서 A의 몫은 32+16=48 피스톨, B는 16피스톨을 나누어 가지도록 하게"라고 답신을 보냈다.

파스칼은 세무 공무원이던 아버지와 부유한 상인의 딸인 어머니 사이에서 태어났다. 일찍 어머니를 잃고 아버지 밑에서 성장했다. 아버지는 아들의 재능을 알아보고 수학과 과학을 가르쳤다. 그런 영향으로 파스칼은 13세 때에 파스칼의 삼각형이라고 불리는 '수의 피라미드'를 발견했다. 17세 때는 원뿔 곡선에 대한 정리를 발표했다. 또 세무 공무원이었던 아버지를 돕기 위해 계산기를 만들기도 했다. 21세 때는 오늘날 '파스칼의 법칙'으로 알려진 기압의 원리를 발견했다. 밀폐된 용기에 압력을 가하면 유체의 압력은 줄지 않고 그대로 모든 방향으로 전달되며, 유체와 접촉하고 있는 면에 수직으로 작용한다는 이론이다. 파스칼은 30대 초반에 신비주의에 빠졌다. 다리 위에서 마차가 전복되는 바람에 죽을 고비에서 가까스로 벗어나면서부터다. 이 무렵 수학과 결별하고 명상집 《팡세》를 썼다. '사람은 생각하는 갈대다', '클레오파트라의 코가 조금만 낮았더라면 세계의 역사는 지금과 달라졌을 것이다' 등 수많은 명언을 남긴 것으로도 유명하다. 39세의 나이로 일생을 마쳤다.

파스칼 이후 확률론은 19세기 이후 널리 자연과학이나 사회과학에 응용됐다. 주로 유럽 수학자들의 연구를 통해 확률론의 진전이 이뤄졌다. 그러다가 프랑스 수학자 피에르시몽 라플라스(Pierre Simon de Marquis Laplace, 1749~1827)에 이르러 고전확률론이 《확률의 해석적 이론》(1812)으로 집대성됐다. 확률론을 현대적인 통계학의 개념으로 정립한 사람은 18세기 영국의 성공회 목사였던 토마스 베이즈(Tomas Bayes, 1702~1761)다. 그는 방정식으로 신의 존재를 증명할 수 있다고 주장했다. 그의 논문들이 발견되면서 소위 '베이즈 통계학'이 탄생했다.

연관어　회로 이론. 통계학. 확률 분포.

연관법칙　● **퍼지 이론** Fuzzy theory　애매하고 불분명한 상황 등의 여러 문제들을 판단하고 결정하는 과정에서 이를 수학적으로 접근하려는 이론. 퍼지란 '애매모호한', '경계가 명확하지 않은'이라는 뜻. 컴퓨터 프로그램은 정확성, 즉 'on-off, 예-아니오, 옳고-그름'을 필요로 한다. 그러나 사람들은 이런 방식으로 세상을 살아가지는 않는다. 영상 50도는 뜨겁고, 영하 40도는 차갑다고 말할 수 있다. 그렇다면 영상 25도는 어떨까? 뜨겁다, 따뜻하다, 알맞다, 차다 중 어느 것이 맞겠는가. 해답은 없다. 온도에 대한 각자의 경험, 바람, 습도, 입고 있는 옷 등의 요인에 따라 다를 것이기 때문이다. 우리의 활동 가운데 상당부분은 반드시 정확성을 요하지는 않는다. 인공지능 분야 중 퍼지 이론은 부정확성을 허용하고, 이를 이용해 과거에는 풀 수 없었던 문제들을 해결한다. 퍼지 이론은 불확실하고, 신뢰할 수 없는 지식을 표현하고 추론하기 위한 다양한 개념과 기법들로 구성되어 있다. 퍼지 이론은 가전제품, 자동제어 분야 등 다양한 분야에서 도입해 이용하고 있다. 미국 버클리 캘리포니아 대학의 교수로 재임했던 로트피 애스커 자데(Lotfi Asker Zadeh, 1921~)가 1965년 처음으로 '퍼지 이론'을 제창했다.

유레카 *Eureka*

장사원 : 어떻게 하면 여자 친구의 호감을 살 수 있을까요?

이대리 : 맛있는 거 많이 사주고, 비싼 선물 많이 사주고. 주기별로 이벤트 자주 하고.

김과장 : 무엇보다 예쁘다는 말이 최고일 걸? 할머니도 예쁘다고 하면 좋아한다고 하잖아.

장사원 : 아, "유레카!" 당장 예쁘다고 전화해야지. 돈도 안 들고 기분도 좋게 하고. 일석이조가 따로 없네요.

- 탁월한 아이디어는 '**유레카**'에 기댄 우연보다 살아온 환경이 더 좋은 아이디어다.

- 바로 이 맛, '**유레카**'.

Q **의미** 유레카는 '찾았다', '알았다', '발견했다', '깨달았다'라는 뜻의 영어식 표현. 어원은 그리스어의 '헤우리카'. 특히 어떠한 질문에 대해 순간 해법이 떠오를 때의 기쁨을 나타낸 말이다. 어떤 문제에 대한 해결책을 찾았을 때 많이 사용한다.

♈ 유래

고대 그리스 최대의 수학자이자 발명가이고 물리학자인 아르키메데스(Archimedes, 기원전 287~212)가 부력을 발견했을 때 한 말이다.

기원전 220년경 아르키메데스는 시라쿠사의 왕 히에론 2세(Hieron II, 기원전 308~215)의 명에 따라 왕관이 순금으로 만들었는지를 조사하게 된다. 히에론 왕은 대장장이에게 의뢰해서 만든 자신의 금관이 순금이 아니고 은이 섞인 가짜라는 소문을 들었다. 이에 왕은 아르키메데스에게 진위 여부를 밝혀달라고 했다.

아르키메데스는 마땅한 해법을 찾지 못한 채 고민에 빠졌다. 그러던 어느 날 피곤한 몸을 풀기 위해 목욕탕에 들어갔다. 욕조에 몸을 담그고 쉬고 있는데 갑자기 그의 몸 부피만큼 욕조에 채워진 물이 넘쳐흘렀다. 아하! 문득 뭔가 떠올랐다. '부력 원리'다. 같은 크기일 때 다른 물질이 섞인 것은 순수한 물질보다 물속에서 더 높이 떠오른다는 사실을 발견했다. 이것이 그 유명한 '아르키메데스의 원리'다. 아르키메데스는 너무 기뻐서 물속에서 벌떡 일어나 '유레카! 유레카!'를 외치며 벌거벗은 채로 집으로 달려갔다. 그리고 왕의 금관에 은이 섞였음을 알아냈다. 은이나 구리 등의 물질은 금보다 밀도가 작기 때문에 같은 질량의 금보다 그 부피가 더 크다. 따라서 왕관에 은이나 구리 등을 섞었다면 같은 질량의 금으로 만든 왕관보다 그 부피가 더 클 것이다. 아르키메데스는 왕관과 또 그것과 같은 질량의 금을 따로따로 물속에 담그고 넘쳐 흘러나온 물의 부피를 측정했다. 그리고 왕관을 넣은 쪽에서 흘러나온 물이 더 많다는 것을 근거로 왕관이 순금으로 만들어지지 않았다는 것을 알아낼 수 있었다.

법칙으로 통하는 자연의 이치

아르키메데스는 이탈리아 시칠리아 섬의 시라쿠사에서 태어났고, 히에론 왕의 총애를 받았다. 이집트의 알렉산드리아에서 오랫동안 유학한 뒤 고향으로 돌아와 수학 이론과 응용에 열중했다. 그는 로마와 시라쿠사가 전쟁을 하는 동안 많은 무기를 고안했다. 건조한 군함이 너무 커서 진수시키는 데 곤란을 겪자 도르래를 이용해 군함을 진수시켰다. 또한 반사경을 이용해 적의 군함을 불태웠고, 돌을 날리는 기계를 만들어 적군을 크게 괴롭혔다. 하지만 시라쿠사는 마침내 로마군에 의해 함락됐다. 승리한 로마 병사들이 그의 집안으로 들이닥쳤을 때 그는 방바닥에 도형을 그려 놓고 연구에 여념이 없었다. 병사 한 명이 그가 그린 원을 밟자, 그는 "원을 밟지 말라"고 고함쳤다. 순간, 병사는 그가 대과학자인 줄 모르고 창으로 찔러 죽이고 말았다.

아르키메데스는 수학과 물리에 관해 여러 저서를 남겼다. 그중 가장 유명한 것이 원과 구에 관한 연구다. 1906년에 콘스탄티노플(오늘날의 이스탄불)에서 아르키메데스의 저서 《방법론》이 발견됐다. 이것은 그리스의 지리학자인 에라토스테네스(Eratosthenes, 기원전 273~192)에게 보낸 편지의 형식으로 되어 있다. 저서에는 아르키메데스가 오늘날 적분의 개념과 밀접한 정리들을 발견하는 데 쓴 방법에 대해 자세히 적혀 있다. 《방법론》의 필사본은 양피지에 씌어졌는데, 그것이 살짝 지워지고 그 위에 12세기 경의 그리스 정교회의 의식에 관한 내용이 덧씌워져 있다. 이 문헌은 1920년대 이후 행방이 묘연하다가 1998년에 한 프랑스인이 뉴욕의 크리스티 경매장에 내놓은 것을 1999년에 익명의 미국인이 220만 달러로 낙찰받아 그 뒤 미국에서 공개됐다.

연관어 부력의 원리.

연관법칙 ● **아르키메데스의 원리** 액체나 기체 속에 있는 물체는 그 물체가 차지한 액체나 기체의 부피만큼의 부력을 받는다는 법칙이다. 어떤 물체이건 물에 잠기게 되면 그 물체의 부피에 상당하는 물의 무게만큼 부력을 받는다. 어떤 물체가 물에 뜨면 양성 부력, 가라앉으면 음성 부력, 물속에서 뜨지도 가라앉지도 않으면 중성부력을 가졌다고 한다.

수중에 있는 물체는 그 물체의 부피와 같은 물의 중량에 상당하는 힘을 상향으로 받는다. 즉 배제한 물의 중량만큼 겉보기 중량이 감소하는데, 이것을 '아르키메데스의 원리'라고 하고 물체가 받는 힘을 '부력'이라 한다. 유체(액체나 기체) 속에 정지해 있는 물체는 중력과 반대방향으로 부력, 즉 물체를 위로 뜨게 만드는 힘을 받는다. 부력은 물체 주위의 유체가 물체에 미치는 압력의 합이라고 할 수 있다. 이 힘의 크기는 물체를 그 유체로 바꾸었을 때 작용하는 중력의 크기와 같다. 이 원리는 아르키메데스가 발견했다고 해서 그의 이름이 붙었다. 그는 물속에 있는 물체가 실제의 무게보다 가볍게 느껴지는 현상을 설명하는 데 이 원리를 이용했다.

참고문헌

- 《1984》, 조지 오웰 지음, 정회성 옮김, 민음사, 2003
- 《깨진 유리창 법칙》, 마이클 레빈 지음, 김민주 · 이영숙 옮김, 흐름출판, 2006
- 《과학의 열쇠》, 로버트 M 헤이즌 · 제임스 트레필 지음, 이창희 옮김, 교양인, 2015
- 《관계 심리학-3배 더 느낌 좋은 사람이 되기 위한》, 시부야 쇼조 지음, 신주혜 옮김, 지식여행, 2015
- 《괴짜심리학》, 리처드 와이즈먼 지음, 한창호 옮김, 웅진지식하우스, 2008
- 《그들은 어떻게 지적 성과를 내는가》, 야마구치 슈 지음, 이현미 옮김, 인사이트앤뷰, 2015
- 《넛지:똑똑한 선택을 이끄는 힘》, 리처드 탈러 · 캐스 선스타인 지음, 안진환 옮김, 리더스북, 2009
- 《논란의 건축, 낭만의 건축-에펠탑, 126년의 시간을 따라 걷다》, 정대인 지음, 문학동네, 2015
- 《누가 제노비스를 죽였는가?》, 디디에 드쿠앵 지음, 양진성 옮김, 황금가지, 2011
- 《니체 씨의 발칙한 출근길-직장인을 위한 제대로 먹고사는 인문학》, 이호건 지음, 문학동네, 2015
- 《단 한 마디의 말로 상대방을 설득하는 대화의 법칙 vs 상황의 법칙》, 스테판 M 폴란 · 마크레빈 지음, 서율택 옮김, 스테디북, 2004
- 《독일 명작 기행》, 홍성광 지음, 연암서가, 2015
- 《랜덤 워크 이론》, 버튼 G 맬키엘 지음, 김헌 옮김, 국일증권경제연구소, 2000
- 《마시멜로 이야기》, 호아킴 데 포사다 · 엘런 싱어 지음, 공경희 옮김, 21세기북스, 2012
- 《마음을 움직이는 88가지 원리:아무도 말해주지 않는 경영학 법칙》, 김수욱 지음, 밥북, 2015
- 《마음의 혼란:사람의 이름을 갖게 된 마음의 병들》, 다우어 드라이스마 지음, 조미현 옮김, 에코리브르, 2015
- 《명품시대》, 왕얼쑹 지음, 이예원 옮김, 더난출판사, 2012
- 《명품 인생을 만드는 10년 법칙》, 공병호 지음, 북이십일, 2006
- 《미의 심리학:아름다운 자기의 탄생》, 엘런 싱크먼 지음, 배충효 옮김, 책세상, 2015
- 《복작복작 세상을 바꾸는 법칙》, 박동석 지음, 꿈꾸는꼬리연, 2014
- 《마케팅 전략 백과-비즈니스 기획자가 알아야 할 모든 승부의 기술》, 김훈철 · 장영렬 · 이상훈 지음, 고즈윈, 2007
- 《메디치 효과》, 프란스 요한슨 지음, 김종식 옮김, 세종서적, 2005
- 《멘토링, 오래된 지혜의 현대적 적응》, 마고 머레이 지음, 이용철 옮김, 김영사, 2005
- 《바보 빅터:17년 동안 바보로 살았던 멘사 회장의 이야기》, 호아킴 데 포사다 · 레이먼드 조 지음, 한국경제신문, 2011
- 《블루오션 전략》, 김위찬 · 르네 마보안 지음, 강혜구 옮김, 교보문고, 2005
- 《블랙 스완:0.1%의 가능성이 모든 것을 바꾼다》, 나심 니콜라스 탈레브 지음, 차익종 옮김, 동녘사이언

스, 2008

- 《비합리성의 심리학》, 스튜어트 서덜랜드 지음, 이세진 옮김, 교양인, 2008
- 《상상하면 이긴다:기대 심리의 놀라운 힘》, 크리스 버딕 지음, 이현주 옮김, 프런티어, 2015
- 《상식으로 꼭 알아야 할 그리스 로마 신화》, 김성대 지음, 삼양미디어, 2007
- 《상식으로 꼭 알아야 할 통하는 심리학》, 나솜마루 지음, 삼양미디어, 2011
- 《상황의 심리학》, 샘 소머스 지음, 김효정 옮김, 책읽는수요일, 2015
- 《쌤, 부자가 되고 싶어요:십대가 꼭 알아야 할 진짜 돈 이야기》, 복대원 · 선보라 지음, 다른, 2015
- 《설득의 심리학:사람의 마음을 사로잡는 6가지 불변의 법칙》, 로버트 치알디니 지음, 이현우 옮김, 21
  세기북스, 2011
- 《세상을 움직이는 100가지 법칙:하인리히에서 깨진 유리창까지》, 이영직 지음, 스마트비즈니스, 2009
- 《세상의 모든 법칙》, 이재영 지음, 이른아침, 2009
- 《신데렐라 콤플렉스》, 콜레트 다울링 지음, 이호민 옮김, 나라원, 2002
- 《심리 상식사전》, 마테오 모테를르니 지음, 이현경 옮김, 웅진지식하우스, 2009
- 《심리 지능 Psy-Q》, 벤 앰브리지 지음, 정명진 옮김, 부글북스, 2015
- 《심리학 산책:플라톤에서 스턴버그까지》, 송송라오한 지음, 홍민경 옮김, 시그마북스, 2010
- 《심리학의 모든 지식(원제:Psych 101)》, 폴 클라인먼 지음, 정명진 옮김, 부글북스, 2015
- 《심리학의 즐거움》, 크리스 라반 지음, 김문성 옮김, 휘닉스, 2004
- 《아웃라이어:성공의 기회를 발견한 사람들》, 말콤 글래드웰 지음, 노정태 옮김, 김영사, 2009
- 《왜 케이스 스터디인가:복잡한 세상을 꿰뚫는 관찰의 힘, 분석의 기술》, 이노우에 다쓰히코 지음, 송경
  원 옮김, 도서출판 어크로스, 2015
- 《외상후 스트레스 장애:충격적 경험의 후유증》, 김순진 · 김환 지음, 학지사, 2000
- 《위대한 개츠비》, F 스콧 피츠제럴드 지음, 김영하 옮김, 문학동네, 2009
- 《의사결정의 심리학》, 하영원 지음, 21세기북스, 2012
- 《이것이 당신을 더 스마트하게 할 것이다》, 존 브록만 지음, 장석봉 옮김, 책읽는 수요일, 2011
- 《이상한 나라의 앨리스》, 루이스 캐럴 지음, 김정신 엮음, 대교베텔스만, 2007
- 《잠의 사생활》, 데이비드 랜들 지음, 이충호 옮김, 해나무, 2014
- 《젊은 베르테르의 슬픔》, 요한 볼프강 폰 괴테 지음, 박찬기 옮김, 민음사, 1999
- 《패러독스의 세계》, 윌리엄 파운드스톤 지음, 민찬홍 옮김, 뿌리와이파리, 2005
- 《프레이밍:마음을 훔치는 안경》, 황순영 지음, 로그인, 2012
- 《피노키오》, 카를로 콜로디 지음, 김영숙 옮김, 현암사, 2008
- 《피터팬》, 제임스 매튜 배리 지음, 서소울 옮김, 김영사, 2006
- 《피플웨어》, 톰 디마르코 · 티모시 리스터 지음, 박승범 옮김, 매일경제신문사, 2003
- 《핀볼효과》, 제임스 버크 지음, 장석봉 옮김, 궁리출판, 2015
- 《행복이란 무엇인가》, 탈 벤 샤하르 지음, 김정자 옮김, 느낌이있는책, 2014